U0573333

17

玉器之道

张远山作品集

北京出版集团
北京出版社

本书说明

　　《玉器之道》是《伏羲之道》的续书，写于2014年7月至2017年3月，期间于2015年10月至11月做玉器之道考察，寻访河姆渡文化、良渚文化、大汶口文化、红山文化等相关遗址。主要解密上古四千年（前6000—前2000）玉器三族（黄帝族、东夷族、南蛮族）的玉器图法，探索其天文历法初义和宗教神话内涵。

　　全书十章，连载于《社会科学论坛》2016年第11期至2017年第9期。《玉器之道》前言《复原华夏知识总图，贯通华夏八千年史》，后记《穿越历史风沙，回到上古现场》，发表于《书屋》2018年第1期。

　　《张远山作品集》之前，《玉器之道》仅有一个版本：中华书局2018年8月版。本次收入《张远山作品集》，订正了初版讹误，另增《玉器之道》备忘录（见第十九卷末《伏羲学四书备忘录》）。

目 录

下编　玉器之道的上古传播和后世影响

第九章　昆仑台传播史

——解密华夏文化核心奥秘"昆仑之谜"

第十章　顺天应人，以人合天

——夏商周礼玉制度及祭天、威仪、装饰玉器总论

复原华夏知识总图，贯通华夏八千年史

　　现存先秦文献，不仅严重缺损，而且面目全非，造成这一局面的主要原因有四。一是春秋战国百家之学兴起，对于传世文献各有弃取。二是战国末年秦灭六国，尽焚各国史书和相关图籍。三是秦始皇"焚书坑儒"，焚毁百家之书和先秦图籍。四是汉武帝"罢黜百家，独尊儒术"，废黜百家之书和先秦图籍。四次灭顶之灾，导致夏代《连山》、商代《归藏》等夏商图籍，东周列国的各国史书，《邹子》《惠子》等百家之书，刘向《别录》、刘歆《七略》和《汉书·艺文志》著录的大量先秦图籍，全部亡佚。

　　残存先秦文献又多非全璧，比如《诗经》原有三千篇，今存三百篇；《尚书》原有数百篇，今存数十篇；《墨子》原有七十一篇，今存五十三篇；《管子》原有八十六篇，今存七十六篇；《庄子》原有五十二篇，今存三十三篇；《公孙龙子》原有十二篇，今存五篇。残存先秦文献又多非原貌，不仅道家经典《老子》《庄子》均非原貌，而且儒家经典也非原貌，因为每一朝代都会根据时代需要加工改造。

　　由于先秦文献严重缺损而百不存一，因此先秦研究可谓巧妇难为无米之炊。根据残存先秦文献研究先秦文化，顶多只能窥见先秦知识总图的极小部分。对于另外的极大部分，研究者或是不知其存在，或是妄加臆测，大多属于盲人摸象的梦呓，毫无准星的胡诌。

　　由于残存先秦文献既非全璧又非原貌，因此陈寅恪知难而退地放弃了先秦研究。王国维知难而上地另辟蹊径，以考古出土的先秦文物补充残存先秦文献之不足，一举成为中国现代学术的开山鼻祖。但是王国维凭借商代甲骨文、商周金文、商周简帛等夏商周考古材料，顶多只能窥见残存先秦文献以外的一小部分，复原夏商周知识总图依然渺茫。所以在王国维取得重大突破之后，一百年来的先秦研究仍然无法彻底摆脱困境，只能凭借夏商周的新出考古材料补充若干要地，无法复原夏商周的知识总图。

夏商周的知识总图，无法根据夏商周的考古材料直接复原，只能借助秦汉以后的考古材料和夏代以前的考古材料间接补充。但是前者属于逆流而上，颠倒了文化源流和历史因果，所以此路不通；后者属于顺流而下，符合文化源流和历史因果，才是唯一通途。

伏羲学的宗旨，就是根据夏代以前的考古材料，首先复原上古四千年的华夏知识总图，进而结合残存先秦文献，填补夏商周知识总图的知识空白，解密夏商周知识总图的历史疑案，再与秦汉以后的中华知识总图全面对接，最终贯通八千年华夏文化史和四千年中华文明史。

由于上古华夏共有四大族群，而华夏西部内陆的伏羲族是唯一的彩陶族，华夏东部沿海的黄帝族、东夷族、南蛮族是玉器三族，所以我撰写了《伏羲之道》《玉器之道》二书。

《伏羲之道》探索了夏代以前四千年上古伏羲族的彩陶之道，解密了上古至中古的一系列中国之谜。主要是"伏羲六十四卦"之谜、"伏羲太极图"之谜，以及"伏羲连山历"之谜、"神农归藏历"之谜、"浑天说"之谜、"宣夜说"之谜、"太极说"之谜、"无极说"之谜，兼及夏代《连山》六十四卦之谜、商代《归藏》六十四卦之谜、周代《周易》六十四卦之谜。

《玉器之道》探索了夏代以前四千年上古玉器三族的玉器之道，解密了上古至中古的 系列中国之谜。主要是观大玉器之谜、祭天玉器之谜、威仪玉器之谜、装饰玉器之谜，以及"万字符"之谜、"万舞"之谜、"昆仑台"之谜，兼及夏代"巡狩五玉"之谜、商代"方明六玉"之谜、西周"祭天六玉"之谜、"绝地天通"之谜、"明堂月令"之谜、"天人合一"之谜、"盖天说"之谜、《山海经》之谜。

《玉器之道》对《伏羲之道》建立的伏羲学框架，进行了全方位的补充、扩展、深化、验证，首先证明了伏羲学框架的逻辑自洽，进而通过上古考古证据与残存先秦文献的全面印证，厘清了上古华夏文化与中古夏商周文明的源流关系和因果关系。二书描述的上古四千年华夏知识总图，既是中古两千年夏商周知识总图的最初基因，也是秦汉以后两千年中华知识总图的终极源头，华夏八千年史的主要脉络至此贯通。

2017 年 2 月 25 日

玉器三族的玉器原理和天文之道

第一章

玉器三族，用管窥天
——上古玉器族、中古夏商周观天玉器总论

内容提要　本章根据考古、文献双重证据，论证上古玉器三族的玉器分为观天玉器、祭天玉器、威仪玉器、装饰玉器四类；观天玉器是华夏玉器的源头，衍生出祭天玉器、威仪玉器、装饰玉器；上古玉器三族的观天玉器被夏商周三代承袭，成为华夏天文历法长期领先世界的重要原因。

关键词　伏羲族圭表测影；玉器族用管窥天；观天玉琯（天文窥管）；璇玑玉衡（原始浑天仪）；多孔玉圭（星组定位仪）。

弁言　伏羲族圭表测影，玉器族用管窥天

人类异于动物，始于旧石器时代的创造工具，学会用火，仰望星空。有些动物能够制造和使用简单工具，但是没有一种动物学会用火，更没有一种动物为了发现天象的周期变化而仰望星空。

旧石器时代的远古先民已经开始观测天象，也能制作粗糙的石制工具、木制工具、骨制工具，但是普通石头无法精密加工，木头容易腐烂磨损，骨头的形状则有天然限制，所以不能制作精密的观天工具，只能凭借肉眼夜观星象，除了发现太阳每日东升西落和月亮每月盈亏圆缺，无法发现更深层次的天文规律。

新石器时代的上古先民不再仅凭肉眼夜观星象，而是开始制作观星工具。

华夏新石器时代，除了精细石器，另有两种"新石器"：一是人造石器——陶器，这是全球新石器时代的共同标志。二是特殊石器——玉器，这是华夏新石器时代的独有标志。

我的首部伏羲学专著《伏羲之道》，已经运用遗传学、考古学、文献学三重证据，系统论证了上古华夏两支四族，都是七万年前走出非洲、六万年前抵达华夏的晚亚洲人。

华夏西部的晚亚洲人西支，是华夏全境唯一的彩陶族：甘青地区、大地湾——马家窑文化的伏羲神农族。他们创造了抵达全球巅峰的精美彩陶，使用除了玉器之外的各种材料制作精密观天工具，彩陶的形制、纹样蕴含着丰富而精确的天文历法知识和宗教神话内涵。

华夏东部的晚亚洲人东支，是东部沿海的玉器三族：内蒙古东部、辽宁西部地区、兴隆洼——红山文化的黄帝族，黄河下游、大汶口——凌家滩文化的东夷族，长江下游、河姆渡——良渚文化的南蛮族。他们创造了抵达全球巅峰的精美玉器，使用包括玉器在内的各种材料制作精密观天工具，玉器的形制、纹样也蕴含着丰富而精确的天文历法知识和宗教神话内涵。

《易传·系辞》记载："古者庖羲氏之王天下也，仰则观象于天，俯则观法于地。"

《后汉书·天文志》记载："天文之官，仰占俯视。"

两种记载共同证明，新石器时代的上古先民：仰观星象在先，俯察圭影在后。

《系辞》所言"仰则观象于天"，《后汉书》所言"仰占"，就是抬头夜观星象，由上古华夏四族各自独立发明。华夏境外的新石器时代先民，也都各自独立发明。因为夜晚的月亮盈亏周期，是最易发现的天文规律，满天繁星也只能夜晚观察，所以夜观天象是全球智人的普遍行为，只不过夜观星象的工具、方法、领悟、发现，各族既有差异，也有早晚。

《系辞》所言"俯则观法于地"，《后汉书》所言"俯视"，就是低头昼测圭影，即上古伏羲族发明的圭表测影。发明圭表测影以前，只能通过肉眼粗浅地发现太阳每日的东升西落，每年的北归南藏。发明圭表测影以后，可以精确测量和计算太阳每日的东升西落，每年的北归南藏。

伏羲族既能"仰观于天"夜观星象，又能"俯察于地"昼测圭影，可以全天候地不间断观测天象，观测体系最为完备，因此早期伏羲族创造了上古最为完善的太阳历——伏羲连山历，超越了全球初民普遍使用的太阴历。晚期伏羲族（神农族）又用伏羲六十四卦配伏羲太极图，创造了上古最为完善的阴阳合历——神农归藏历，成为夏商周以降华夏阴阳合历的鼻祖。领先全球的华夏阴阳合历，是华夏农业文明领先全球的终极原因。

玉器三族只会"仰观于天"夜观星象，不会"俯察于地"昼测圭影，无法全天候地不间断观测天象，观测体系不够完备，因此天文历法全面落后于伏羲神农族。玉器三族使用观天玉器，专注于夜观星象，尽管天文历法水准落后于伏羲神农族，但是全都发现了作为北极天枢的北极七星和围绕北极天枢旋转的北斗七星，并且创造了独特的天文历法符号。

玉器三族的一切玉器，可以按其使用功能，分为四大类别：观天玉器，祭天玉器，威仪玉器，装饰玉器。

观天玉器用于夜观星象，是另外三类玉器的源头和原型。

祭天玉器、威仪玉器、装饰玉器的形制，植根于观天玉器。而祭天玉器、威仪玉器、装饰玉器的纹样，记录了使用观天玉器夜观星象获得的天文历法知识，以及植根于天文历法的宗教神话。

本书第一章，总论上古玉器族、中古夏商周的观天玉器，作为论证华夏一切玉器植根于观天玉器的基础。

一　黄帝族观天玉器：兴隆洼玉琯，红山旋垣

上古黄帝族的玉器文化，是华夏八千年文化的两大源头之一。其对华夏文化的影响力，仅次于上古伏羲族的彩陶文化。

上古黄帝族的兴隆洼—红山文化区域，处于西辽河流域，今内蒙古东

部、辽宁西部、河北北部，是华夏东部沿海玉器三族中最北的一族。

兴隆洼—红山文化区域的上古黄帝族，具有悠久的观星传统。始于八千年前的兴隆洼文化（前6200—前5400），中经赵宝沟文化（前5200—前4400）的发展，在红山文化（前4700—前3000）时期达于极盛。小河沿文化（前3000—前2500）时期向南扩张，融入覆盖华夏全境的龙山文化（前3000—前2000）。龙山末期，黄帝族通过"炎黄之战"南下入主中原建立夏朝。夏商周黄帝族的玉器，承袭上古黄帝族的玉器。

兴隆洼文化早期，黄帝族的天文窥管是骨管、石管。内蒙古赤峰市林西县的白音长汗遗址，出土了动物腿骨制成的骨管（图1-1.1）和汉白玉制成的石管（图1-1.2）。赤峰市敖汉旗的兴隆洼遗址，也出土了两件石管（图1-1.3、4）。

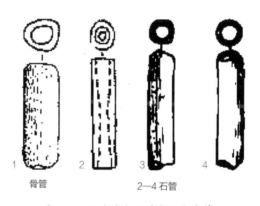

图1-1　兴隆洼文化早期天文窥管

骨管的加工难度较低，优点是天然有孔，不足是直度、长度受到天然限制，于是黄帝族把天文窥管从骨管升级为石管。石管的加工难度较高，优点是直度、长度不受天然限制，不足是硬度不够，容易风化损坏，于是黄帝族又把石管升级为玉琯。玉琯的加工难度最高，优点是千年不坏，便于长期观测星象。

兴隆洼文化中期以后，黄帝族攻克了玉质太硬的加工难题，掌握了打通玉琯中孔的管钻技术，制作了华夏最早的玉琯，开启了华夏八千年玉器史。

图 1-2　兴隆洼文化中期天文窥管（玉琯 7 例）

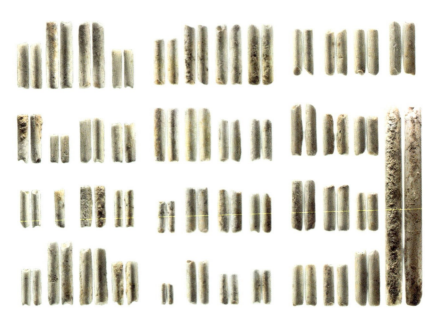

图 1-3　兴隆沟观天玉琯 45 例（右最长者兴隆洼出土）

　　赤峰市兴隆洼遗址出土了三件观天玉琯（图 1-2.1、2，图 1-3 右最长者），另有若干征集品和传世品（图 1-2.3、4、5）。

　　辽宁阜新查海的兴隆洼文化遗址，出土了一件观天玉琯（图 1-2.6）。

　　赤峰市白音长汗的兴隆洼文化遗址，出土了四件观天玉琯，其中一件长达 9.5 厘米（图 1-2.7）。

　　赤峰市兴隆沟的兴隆洼文化遗址，出土了四十多件观天玉琯（图 1-3）。

综上所述，黄帝祖族在兴隆洼文化早期制作了骨管、石管，开始使用天文窥管夜观星象；在兴隆洼文化中期以后制作了大量玉琯，进入了系统化的夜观星象。

装饰派学者认为玉琯是装饰品，但是无法解释骨管、石管有何装饰作用，更无法解释长达10厘米的玉琯是什么装饰品。兴隆洼文化的骨管、石管、玉琯，实为华夏全境最早的天文窥管。

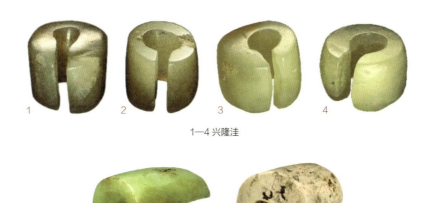

1—4 兴隆洼

兴隆洼   查海

图1-4 兴隆洼文化观天玦琯

上古黄帝族的第二种天文窥管是玦形玉琯。内蒙古兴隆洼遗址出土了四件（图1-4.1—4），另有一件征集品（图1-4.5），辽宁查海遗址也出土了一件（图1-4.6）。

装饰派学者认为玉玦是耳环，但是无法解释玦琯如何充当耳环。长达4厘米的玦琯，超出了耳垂的宽度，不可能是用于装饰的耳环，而是用于观星的特殊天文窥管，即单星追踪仪。使用方法是：中孔瞄准北极天枢，玦口瞄准特定亮星，随着斗转星移，玦口同步旋转。

玦琯用于观星的证据，见于兴隆沟4号墓：墓主右眼眶内，嵌有一枚玦口向右的玉玦（图1-5）。

图 1-5　兴隆沟 M4 墓主右眼玉玦　　图 1-6　牛河梁女神像以玉为目

有些学者猜测，或许古人有"以玉示目"的风俗，因为牛河梁女神庙的泥塑女神也用玉珠作为眼珠（图1-6）。然而后者与前者并无因果关系，何况后者所嵌是玉珠，前者所嵌是玉玦。

另有学者猜测，或许墓主生前右目失明，或许古人有"目盲嵌玉"的风俗。姑且不论两者均属猜测，即使墓主生前确实右目失明，也不可能生前就把玉玦嵌入眼眶。

探索眼中玉玦的意义，首先必须厘清玉玦进入眼眶的过程：入葬之时，玉玦置于墓主右眼之上。右眼腐烂以后，玉玦落入眼眶。

其次必须厘清两个互有关联的重要细节。

一是玉玦置于墓主右眼的眼皮之上，证明玉玦的母型玦琯是观星工具，因为大多数人单眼观察时使用右眼，夜观星象者也不例外。

二是玉玦的玦口向右，亦即向东，也证明玉玦的母型玦琯是观星工具，因为东方是日出方向，夜观星象的起点也是东方。

除了上古的考古证据，中古的文献证据同样可以证明玉琯、玦琯是天文窥管。

其一，《大戴礼记·少闲》卢辩注："琯，所以候气。"

"候气"是天文术语，动词。"气候"是历法术语，名词。使用玉琯夜观星象"候气"，方能编制符合"气候"的历法。证明玉琯正是"候气"的天文窥管。

其二，《庄子·秋水》曰："用管窥天。"

"管"即玉琯，证明玉琯正是夜观星象的天文窥管。

其三，《玉篇》曰："珖，琯也。"

珖是琯的异体字，从玉从光，证明玉琯正是观测星光的天文窥管。

上古考古证据和中古文献证据共同证明：兴隆洼文化的骨管、石管、玉琯、玦琯，均为华夏最早的天文窥管。

黄帝族在兴隆洼文化时期，首先发明了初级版的天文窥管，即骨管、石管、玉琯，追踪大量亮星。通过长期观测，黄帝族发现了基础性的天文规律：整个星空围绕北极天枢顺时针旋转，一年一循环。

为了验证这一天文规律，黄帝族又发明了升级版的天文窥管，即玦琯：中孔瞄准北极天枢，玦口瞄准特定亮星。通过长期观测，黄帝族验证了基础性的天文规律：整个星空围绕北极天枢顺时针旋转，一年一循环。

黄帝族长期使用玉琯、玦琯夜观星象，又发现了更为简便易识的天文规律：北斗七星是全部星空围绕北极天枢顺时针旋转的核心标志。

黄帝族以北斗七星为天文核心的考古证据极多，本章先举直接证据。

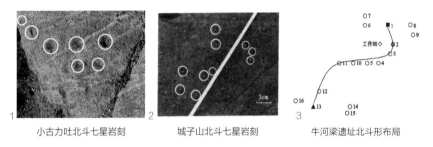

图1-7　北斗岩刻与北斗形遗址布局

赤峰市敖汉旗的小古力吐祭坛（图1-7.1）、城子山祭坛（图1-7.2），均有北斗七星岩刻。辽宁建平牛河梁遗址十三处地点的选址，按照北斗七星总体布局（图1-7.3）：最高祭坛女神庙所在的第一地点，对应北斗第一星"天枢星"；制高点所在的第十三地点，对应北斗第七星"摇光星"。充分证明上古黄帝族的天文核心正是北斗七星。

牛河梁是晚期黄帝族的最大祭祀中心，不仅按照北斗七星总体布局，而且出土了大量用北斗七星判断四季的观天玉器：四斗旋垣（图1-8）。

图 1-8　红山文化四斗旋垣（勾云形器Ⅰ型）

　　红山文化的四斗旋垣，学术界旧称"勾云形器"。这一命名缺乏文献依据，与中国文化脱钩，正确命名应为"四斗旋垣"，简称"旋垣"，因为黄帝族的族名是"玄鼋氏"或"轩辕氏"，而华夏天文学把北极天区分为三垣（紫微垣、太微垣、天市垣）。"黄帝玄鼋氏"发明"旋垣"，正如"伏羲连山氏"发明连山历。

　　"勾云形器"有三种基本形制，即观天玉器"旋垣"及其衍生的祭天玉器"玄鼋""玉帝"（详见黄帝章）。"四斗旋垣"仅指勾云形器Ⅰ型（图1-8），形制分为内外两部分。

　　中心的顺时针旋转，标示北斗七星围绕北极天枢旋转。其正面的中心是顺时针，反面的中心则是逆时针，正反面的打磨痕迹差异很大。

　　外缘的四条弧线，标示春夏秋冬的四季北斗。比对四季北斗与四斗旋垣，即可判断一年四季。黄帝族以渔猎、采集为主，以农耕为辅，谷物仅占食物的三分之一，无须编制精密历法，只要使用四斗旋垣判断一年四季即已足够。

　　中古黄帝族通过"炎黄之战"入主中原建立夏朝以后，根据上古黄帝族的旋垣（图1-8左），造字为"亘"。"亘"是"垣"的初文，金文作🔄，拟形天象旋转，逆时针是地面坐标。后来🔄旁加土，作垣，训墙，"旋亘"遂成"旋垣"。"垣"又称"元"，二字音同。《淮南道训》曰："元者，气之始也。"[1]意为：北极旋元（旋垣），气候之始。

　　上古黄帝族的三种观天玉器玉瑗、玦瑗、旋垣，是上古黄帝族祭天玉器、威仪玉器、装饰玉器的源头和基因（详见黄帝章）。

---

[1]　引自《说文解字》段注。《淮南道训》又名《九师易》，专言伏羲象数易，异于《周易》义理易。伏羲象数易之"气"，专指气候。地球气候变化，源于全部天象围绕北极天元旋转。

二 南蛮族观天玉器：河姆渡漆管，良渚玉琯

河姆渡—良渚文化区域的上古南蛮族，也有悠久的观星传统。始于七千年前的河姆渡文化（前5000—前3000）和马家浜文化（前5000—前4000），中经崧泽文化（前4000—前3300）的发展，在良渚文化（前3300—前2200）时期达于极盛，融入覆盖华夏全境的龙山文化（前3000—前2000）。南蛮族的良渚文化虽然在"炎黄之战"中遭到黄帝族重创而急剧衰落，但是抵达上古顶峰的良渚玉器却被夏商周黄帝族充分吸收，成为夏商周玉器文化的重要组成部分。

兴隆洼文化的观天玉器玉琯、玦琯，以及取自玦琯截面的祭天玉器玉玦，迅速向外传播，因为其他区域尚无玉器文化。但是红山文化的观天玉器"旋垣"基本没有向外传播，是红山文化独有的观天玉器。其他民族接受黄帝族的玉琯、玦琯以后，形成了本族玉器的传统，发明了本族的新型观天玉器，于是不再接受黄帝族的新型观天玉器。

1	2	3	4、5 日本
浙江余姚塔山	浙江余姚河姆渡	俄罗斯远东	

图1-9 南蛮族小型玉琯

1—3 江苏江阴祁头山　　　　4、5 江苏常州圩墩

图1-10 南蛮族小型玦琯

早期南蛮族接受了黄帝族影响，制作了观天玉琯（图1-9.1、2）、观天玦琯（图1-10），以及祭天玉玦（详见南蛮章）。俄罗斯远东滨海地区的上古民族和日本的上古民族，也有小型的观天玉琯（图1-9.3、4、5）。

　　南蛮族在河姆渡文化时期，尚未掌握打通大型玉器中孔的技术，只能制作小型的玉琯、玦琯，不能制作大型的玉琯、玦琯，于是用木管代替玉琯夜观星象。为了避免木管腐烂，发明了髹漆工艺，制作了华夏最早的漆管，开启了华夏七千年漆器史。

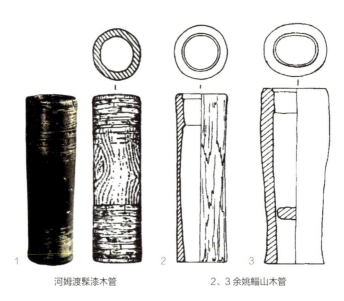

河姆渡髹漆木管　　　　　　2、3余姚鲻山木管

图1-11　南蛮族早期天文窥管

　　河姆渡遗址出土了二十多件打通中孔的髹漆木管（图1-11.1），长达二十多厘米。余姚鲻山的河姆渡文化遗址出土了两件打通中孔的木管（图1-11.2、3），长达三十多厘米。

　　南蛮族在良渚文化时期，掌握了打通大型玉器中孔的管钻技术，于是制作了大量的观天玉琯（图1-12），精美程度超越了黄帝族的兴隆洼玉琯。

　　良渚玉琯是观天玉器，形制是圆柱圆孔，中古文献的专名是"琯"（guǎn），学术界旧称"柱形器"或"玉管"。纹样朴素，雕饰简单。器形

图 1-12 　良渚观天玉琯 24 例

中等，一般长度五六厘米，巨制可有十几厘米、二十多厘米。

良渚玉琮是祭天玉器，形制是方柱圆孔，中古文献的专名是"琮"（cóng）。纹样精美，雕饰繁复。器形有大有小，一般长度十几厘米，巨制可有四五十厘米。由于玉琮的祭天功能植根于玉琯的观天功能，所以无论玉琮多长，必须仿照玉琯钻通中孔。祭天玉琮的中孔，既无实用功能，又无装饰效果，若非仿照观天玉琯，没有理由费尽万难钻通中孔。

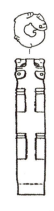

图 1-13 　石家河观天玉琯 1 例

长江中游的西扩南蛮支族"屈家岭—石家河文化"区域，也有圆柱圆孔的观天玉琯（图1-13），俯视图是一条首尾相衔、终始循环、顺时针旋转的玦形龙，是玉玦取自玦形琯截面的重要旁证。

南蛮祖族处于长江下游，西扩南蛮支族处于长江中游，长江中下游是全球范围最早出现人工栽培水稻的地区。目前考古所知的最早人工栽培水稻，见于公元前8500年的湖南道县玉蟾岩。长江中下游的南蛮族，是华夏全境的三大农耕民族之一，比黄帝族更加依赖农业，更加需要使用观天工具夜观星象，发现天文规律，编制精密历法，所以南蛮族虽然从模仿黄帝族的观天玉器开始起步，琢玉技术却很快超越了黄帝族，天文历法长期领先于黄帝族和东夷族，仅仅落后于伏羲族。

上古南蛮族的观天玉器，是上古南蛮族祭天玉器、威仪玉器、装饰玉器的源头和基因（详见南蛮章）。

三　东夷族观天玉器：璇玑玉衡，原始浑天仪

上古东夷族的大汶口—凌家滩文化区域，处于黄河下游和淮河流域，北有从西辽河流域南扩的黄帝族，南有从长江中下游北扩的南蛮族，西有从黄河上游东扩到黄河中下游的伏羲族，生存空间和文化发展受到三大外族挤压。而且第四纪冰川末期的全新世（11000年前至今）全球气候变暖，两极冰帽、高山积雪融化，海平面上升，海岱地区长期遭遇海侵、洪灾，导致东夷族在新石器时代早期、中期的文化发展时断时续，常有断裂期和空白期，玉器制作和天文历法较为落后。东夷族玉器始于大汶口文化中期，早期玉器深受黄帝族玉器、南蛮族玉器及其天文历法内涵的双重影响，后期玉器又深受伏羲族彩陶及其天文历法内涵的强烈影响（详见东夷章）。

凌家滩2例
图1-14　东夷族
观天玉琯

目前考古发现的东夷族最早观天玉琯，见于安徽凌家滩遗址（图1-14）。

三大外族的持续影响，在大汶口文化晚期爆发出多种文化融汇聚变的巨大能量，于是东夷族发明了超越黄帝族、南蛮族的玉制浑天仪"璇玑玉衡"。

"璇玑玉衡"共有三大构件，主件是玉琯，辅件是东夷族创制的两种异形玉器，学术界旧称"三牙璧""有领环"。

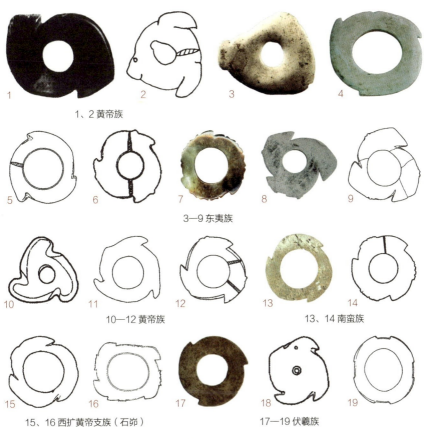

1、2 黄帝族

3—9 东夷族

10—12 黄帝族　　　　　　　13、14 南蛮族

15、16 西扩黄帝支族（石峁）　　　17—19 伏羲族

图 1-15　牙璧（璇玑）演变过程

"三牙璧"的演变过程，较为复杂。

最早的牙璧，是黄帝族接受伏羲族影响而制作的太极形二牙璧，目前发现的一例见于辽宁大连四平山的红山文化遗址（图1-15.1），二弧分别标示上下半年。随后黄帝族按照北极三垣分区和北斗猪神崇拜，制作了猪首形牙璧，目前发现的一例见于辽宁大连长海县大长山岛吴家村的红山文化遗址（图1-15.2）。

东夷族接受了黄帝族影响，也制作了猪首形牙璧，目前发现的一例见于大汶口文化区域的江苏花厅（图1-15.3）。这是牙璧的早期起源。

随后东夷族把黄帝族的猪首形三牙璧，改造成标准三牙璧，见于海阳司马台、安丘老峒峪、胶县三里河、滕县[1]庄里西、五莲丹土、临朐西朱封等大量遗址（图1-15.4—9）。

东夷族的标准三牙璧，北传黄帝族，见于辽宁大连的文家屯、四平山和辽宁建昌和尚房子等遗址（图1-15.10—12）。

东夷族的标准三牙璧，南传南蛮族，见于石家河文化区域（图1-15.13、14）；再西传西扩黄帝支族，见于陕西神木石峁遗址（图1-15.15）。至此，东夷族的标准三牙璧传遍了玉器三族及其支族。

然而西扩黄帝支族的陕西神木石峁遗址，既有接受东夷族影响的三牙璧，也有接受伏羲族影响的四牙璧（图1-15.16）。龙山时代的伏羲族，既有山西陶寺的三牙璧（图1-15.17），也有山西临汾下靳陶寺文化遗址、陕西延安芦山峁等遗址发现的四牙璧（图1-15.18、19），用于对应二十八宿的四大天区。

以上是龙山时代牙璧演变和传播的基本情况。

栾丰实《牙璧研究》统计：

> 在有出土地点的54件牙璧中，辽东半岛地区发现了16件，约占全部的30%，其中四平山和文家屯积石冢就出土了10件。山东地区的发现多达21件，约占全部的39%，其中三里河和丹土两处遗址就发现10件。仅辽东和山东两个地区之和，便超过已发现牙璧总数的三分之二。而且辽东半岛和山东地区的牙璧出现时代较早，除2件外，其他均为新石器时代。其他地区发现的牙璧则多属于夏商和西周时期。另外，在辽东半岛还发现有陶质牙璧，山东地区则有蚌壳做成的牙璧，这是其他地区所未见到的现象。因此可以认为，牙璧首先产生于山东和辽东半岛南部，后来逐渐向外传播，其扩散方向以西部地区为主。
>
> 山东地区的21件牙璧，除了庄里西和刘家店子发现的2件之外，均应属于大汶口文化和龙山文化，准确地说，在大汶口

---

[1] 滕县为庄里西遗址发现时的名称，现为滕州市（县级）。类似情形，以下只注现名。

文化中期到龙山文化前期之间，其绝对年代约为距今5400—4300年[1]。

综上所述，龙山时代的牙璧共有三型，均有精确的天文历法内涵：黄帝族的二牙璧，对应上下半年。黄帝族的猪首形三牙璧，东夷族的标准型三牙璧，对应玉器三族的北极三垣。伏羲族、西扩黄帝支族的四牙璧，对应伏羲族的二十八宿四大天区。

"三牙璧"的命名，缺乏文献依据，与中国文化脱钩，正确命名应为《尚书·尧典》所言"璇玑玉衡"之"璇玑"。清末吴大澂所著《古玉图考》，根据《尚书·尧典》孔颖达疏"运玑使动于下，以衡望之，是王者正天文之器，汉世以来谓之浑天仪者是也"，最先命名传世的商代三牙璧（见34页图1-27.8）为"璇玑"。

不过吴大澂仅见"璇玑"实物，未见"玉衡"实物，不知"璇玑"必须与"玉衡"配套才能旋转，因而错误理解了"璇玑"的旋转原理：

> 是玉外郭，有机牙三节，每节小机括六，若可钤物使之运转者，疑是浑天仪中所用之机轮。今失其传，不知何所设施。

夏鼐《所谓玉璇玑不会是天文仪器》一文，对吴大澂误解的"璇玑"旋转原理，进行了有力驳斥（撮引）：

> 我们看它的图像，便知道这玉器不能起齿轮的作用，不能扣住他物使它运转的。吴氏虽承认这只是一个"疑是"的假设，也承认他不知道这零件怎样配起来使用。后来美国汉学家劳佛在《玉器》一书中大量引用吴大澂的说法，包括璇玑在内，并加以高度的赞许。由于这两位学者在学术界的地位，所以后来中外学者几乎都相信他们的说法。但是他们也都提不出它们的使用方

---

[1]　栾丰实:《牙璧研究》,《文物》2005年7期。

法。1947年比利时人密舍尔提出一个说法，认定它是'环极星的观测板'，还认为玉琮是套在板的中心圆孔的窥筒。他的意思似乎以为二者一起便可作简易的浑仪使用。他的说法一出来后，便被许多中外学者所接受，包括李约瑟教授在内[1]。

夏鼐《商代玉器的分类、定名和用途》一文，再次驳斥了吴大澂所言的璇玑旋转原理：

> 另一异形的璧，吴大澂称为"璇玑"，据说是浑天仪一类天文仪器的构件。这种璧的外周边缘有三组齿状突出，实为边缘有饰的璧，和天文仪器无关。这样以凹槽分离开作三组齿形突起，各齿高低阔狭又不一致，是不能作为仪器中齿轮以起转动之用[2]。

不过夏鼐的正确驳斥，仅仅适用于吴大澂所言的错误旋转原理，并不适用于璇玑的正确旋转原理，不足以否定三牙璧是"璇玑"和浑天仪构件。夏鼐又以中国考古界最高领导的身份，"建议今后璇玑这名称在古玉实物的命名中可以删除不用"，以行政命令干涉学术自由，导致牙璧研究长期误入歧途。

吴大澂误解璇玑的旋转原理，夏鼐被吴大澂误导而否定三牙璧是"璇玑"，共同原因是没有见到考古出土的"璇玑—玉衡"玉器套装。

"有领环"（玉衡）是为"三牙璧"（璇玑）定制的玉制浑天仪配件，没有复杂的演变过程，出现以后很快定型。

目前考古发现的最早"有领环"，见于山东泰安大汶口文化中期遗址的七件象牙"有领环"（图1–16.1），又见于台湾卑南文化（图1–16.2），均为内缘单面凸起。上古、中古的大量"有领环"，均为内缘双面凸起。

---

[1]　《夏鼐文集》中册41页，社会科学文献出版社2000。
[2]　《夏鼐文集》中册20页，社会科学文献出版社2000。

山东大汶口玉衡（7例选1）　　　　　　　台湾卑南玉衡

图1-16　有领环（玉衡）2例

"有领环"或"碟形璧""凸缘璧""异形琮"等等命名，全都缺乏文献依据，与中国文化脱钩，正确命名应为《尚书·尧典》所言"璇玑玉衡"之"玉衡"。错误的命名，导致了错误的解说。早期的"乳环说"过于荒谬，近年已被"手镯说"取代。然而"手镯说"只能勉强解释直径10厘米左右、略微大于手腕的小型"有领环"，无法解释直径20厘米左右、远远大于手腕的大型"有领环"[1]。

1982年，山东海阳司马台的大汶口文化中期遗址出土了"三牙璧"套在"有领环"之外的玉器套装（图1-17），一举推翻了夏鼐的错误观点，证明"三牙璧"正是《尧典》所言"璇玑"，"有领环"正是《尧典》所言"玉衡"。

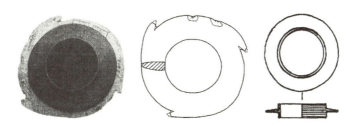

图1-17　东夷族璇玑玉衡套装（山东海阳司马台）

---

[1] 杨建芳：《中国古玉研究论文集》下册《略论有领环的起源、传播与用途》169页，台北众志美术出版社2001："关于有领环的用途，已故的冯汉骥教授认为是钏——手镯，这个判断是正确的。……至于妇好墓出土的四件形体较大的有领环璧（直径15—19厘米），其功能与一般有领环（直径约10厘米）似有不同。"

1988年曲石发表《为璇玑正名》一文，2000年王大有出版《三皇五帝时代》一书，都认为司马台玉器套装是"璇玑玉衡"[1]。2005年栾丰实发表《牙璧研究》，认为："能否最终否定牙璧和有领环就是古文献所载用来'以齐七政'的'璇玑玉衡'，还需要假以时日。"也有学者认为，司马台玉器套装仅是孤证，尚难动摇夏鼐的观点[2]。

其实司马台的"璇玑玉衡"玉器套装并非孤证。山西芮城清凉寺的庙底沟二期文化（又称"山西龙山文化"）遗址，也出土了伏羲族的"璇玑玉衡"（图1-18.1、2），只不过"璇玑"是对应二十八宿四大天区的四牙璧，"玉衡"外缘亦非圆形，这是东夷族"璇玑玉衡"西传伏羲族产生的变异。另外，内蒙古喀喇沁旗的小河沿文化遗址也出土了龙山时期的黄帝族"玉衡"（图1-18.3）。

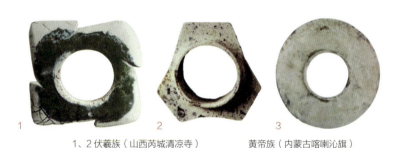

1、2伏羲族（山西芮城清凉寺）　　黄帝族（内蒙古喀喇沁旗）

图1-18　伏羲族璇玑玉衡和黄帝族玉衡

东夷族两大异形玉器"三牙璧""有领环"之谜破解以后，东夷族发明的玉制浑天仪"璇玑玉衡"的三大构件组装方式及其旋转原理，均已水落石出（图1-19）：

组装方式——

"璇玑"（三牙璧）套在"玉衡"（有领环）外面，"玉衡"套在"玉琯"（天

[1]　曲石：《为璇玑正名》，《文博》1988年5期。王大有：《三皇五帝时代》375页，中国社会出版社2000。

[2]　安志敏《牙璧试析》仍然支持夏鼐观点，见《东亚玉器》第一册。

文窥管）外面。

旋转原理——

居内的"玉琯"不旋转，仅用于观星。

居中的"玉衡"也不旋转，其平面是"璇玑"的承托面，其内缘凸起是"璇玑"的稳定轴，确保"璇玑"围绕"玉琯"平衡旋转，减少旋转误差，提高观测精度。"玉"言材质，"衡"言平衡，故称"玉衡"。

最外的"璇玑"，三牙对应北极三垣，随其同步顺时针旋转。"璇"言旋转，"玑"言几微，故称"璇玑"。

《周髀算经》如此记载"璇玑玉衡"的使用方法：

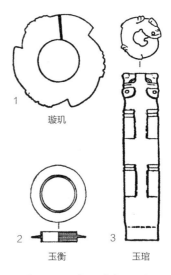

图 1-19　龙山时代 1.0 版浑天仪

欲知北极枢、璇玑四极：当以夏至夜半时北极南游所极，冬至夜半时北游所极，冬至日加酉之时西游所极，日加卯之时东游所极。此北极璇玑四游，正北极枢璇玑之中，正北天之中。……春分、秋分，日在中衡。……立二十八宿，以周天历度之法。……立周度者，各以其所先至游仪度上。……凡八节二十四气[1]。

使用"璇玑玉衡"，首先可以"知北极枢"，"正北极璇玑之中，正北天之中"。其次根据"北极"的"璇玑四游"判断二分二至，"南游所极"为夏至，"北游所极"为冬至，"日在中衡"为春分、秋分。最后根据二十八宿旋转到"游仪"上的刻度，测知全年的"周天历度""八节二十四气"。

《尚书·尧典》如此记载尧舜时代的"璇玑玉衡"：

---

[1]　钱宝琮校点《算经十书》上册54页，中华书局1963。

正月上日，（虞舜）受终于文祖，在璇玑玉衡，以齐七政。肆类于上帝，禋于六宗，望于山川，遍于群神。辑五瑞，既月乃日，觐四岳群牧，班瑞于群后。[1]

"璇玑玉衡"后面的八字"以齐七政""禋于六宗"，乃言北极七星、北斗七星、苍龙七宿、朱雀七宿、白虎七宿、玄武七宿共计"六宗"的"七政"。"政治"二字的本义：政，即正天象；治，即治万民。夏商周"政治"的两大要义：一是使用浑天仪"候气"，编制符合"气候"的历法；二是根据天文历法，治理天下万民（详见昆仑台章、夏商周章）。

汉代以降的历代天文学家，曾经反复论证《尧典》所言"璇玑玉衡"是尧舜时代的浑天仪，举其五例如下。

其一，东汉的马融——

璇，美玉也。机，浑天仪，可转旋，故曰机。衡，其中横箫。以璇为机，以玉为衡，盖贵天象也。（《史记·天官书》索隐）

其二，东汉的郑玄——

璇玑玉衡，浑天仪也。（《史记·五帝本纪》集解）

动运为机，持正为衡，皆以玉为之。（《宋书·天文志》）

马融所言"以璇为机，以玉为衡"，郑玄所言"动运为机，持正为衡"，正确解释了《尧典》所言"璇玑玉衡"的使用方法。

马融所言"机，浑天仪"，郑玄所言"璇玑玉衡，浑天仪也"，石破天惊地认为尧舜时代的"璇玑玉衡"是中国最早的浑天仪，把浑天仪从公元前后的西汉落下闳、东汉张衡，上推至公元前2200年代的尧舜时代，提前了两千年，逼近东夷族发明"璇玑玉衡"的龙山时期。

---

[1] 今文《尚书》仅有《尧典》(含《舜典》)，《舜典》为后人从《尧典》中分出。

其三，东汉的蔡邕——

> 玉衡长八尺，孔径一寸，下端望之，以视星宿，并悬玑以象天，而以衡望之，转玑窥衡，以知星宿。玑径八尺，圆周二丈五尺而强也。（《史记·五帝本纪》集解）

"悬玑以象天"，明言璇玑（三垣牙璧）的三牙，对应北极天枢的三垣。比马融的含糊之言"盖贵天象也"，更加明确。

"转玑窥衡，以知星宿"，正确解释了璇玑玉衡的使用方法和初始功能。

不过蔡邕所言浑天仪，并非龙山时代的1.0版、尧舜时代的2.0版、西汉落下闳的3.0版，而是其亲眼所见的东汉张衡4.0版，即"今史官所用候台铜仪"[1]。"候台"即天文台，"铜仪"即铜制浑天仪。张衡的4.0版铜制浑天仪，"玉衡""玉琯"已经合一，所以长八尺，径一寸。

其四，三国的王蕃——

> 《虞书》（即《尚书·尧典》）称"在璇玑玉衡，以齐七政"，则今浑天仪，日月五星是也。郑玄说"动运为机，持正为衡，皆以玉为之。视其行度，观受禅是非也。"浑仪，羲和氏之旧器，历代相传，谓之机衡，其所由来，有原统矣。而其器设在候台，史官禁密，学者寡得闻见，穿凿之徒，不解机衡之意。……郑玄有瞻雅高远之才，沈静精妙之思，超然独见，改正其说，圣人复出，不易斯言也。（《宋书·天文志》引王蕃《浑天象说》）

王蕃赞成郑玄的观点，认为《尧典》所言"璇玑玉衡"即"今浑天仪"

---

[1] 《后汉书·天文志》注引蔡邕曰："言天体者有三家，一曰周髀，二曰宣夜，三曰浑天。宣夜绝无师说。周髀术数具在，考验天象，多所违失，故史官不用。惟浑天者，近得其情。今史官所用候台铜仪，则其法也。"

的祖型，为伏羲族的"羲和氏"创造。反对汉代经学家对"璇玑玉衡"的错误解释，理由与蔡邕相近，认为浑天仪"设在候台，史官禁密，学者寡得闻见，穿凿之徒，不解机衡之意"。王蕃不仅见过张衡的4.0版浑天仪，而且制作了新型的5.0版浑天仪，成为其后各版浑天仪的母型。

其五，北宋的沈括——

> 以玑衡求极星，初夜在窥管中，少时复出，以此知窥管小，不能容极星游转，乃稍稍展窥管候之，凡历三月，极星方游于窥管之内，常见不隐。（《梦溪笔谈·象数一》）

沈括所言"玑衡"，是"璇玑玉衡"的简称。所言"窥管"，是张衡以后"玉衡""玉琯"合一的铜制天文窥管。所言浑天仪，是其亲眼所见的北宋苏颂8.0版浑天仪，并非东汉张衡的4.0版、三国王蕃的5.0版、东晋孔挺的6.0版、唐代李淳风的7.0版。

沈括所言"以玑衡求极星""极星方游于窥管之内"，点明"璇玑玉衡"是以北极为中心、以北斗为核心的观天工具。

马融、郑玄、蔡邕、王蕃、沈括都是精通天文历法的天文学家，至少亲眼见过浑天仪，甚至亲手制作过浑天仪，所以都能正确解释《尧典》所言"璇玑玉衡"，仅因两千年来未有考古实证，不被经学家们采信。

正如王蕃所言："浑天之义，传之者寡，末世之儒，或不闻见。"由于经学家们都不精通天文历法，也没见过深藏秘府的浑天仪，只能望文生义地胡乱解释《尧典》所言"璇玑玉衡"，然而两千年来，经学家们的错误解释压倒了天文学家的正确解释，成了权威谬见。幸而考古出土的上古东夷族"璇玑玉衡"玉器套装，证实了历代天文学家对《尧典》"璇玑玉衡"的正确解释，并把中国浑天仪的起源时间从西汉上溯至龙山时代，提前了整整三千年，终结了西汉以降的两千年聚讼。

龙山时代的1.0版浑天仪，由于深埋地下而幸存至今。尧舜时代的2.0版浑天仪到北宋苏颂的8.0版浑天仪，由于朝代更替而化为尘沙。而元代郭守敬的9.0版浑天仪，作为终极版的中国浑天仪，今日仍在北京的中国国家天文台（图1-20）[1]。

图1-20 元代郭守敬浑天仪

图1-21 清代璇玑玉衡图

　　清代孙家鼐《钦定书经图说》的"璇玑玉衡图"（图1-21），仿照元代郭守敬的9.0版浑天仪，图解《尧典》所言2.0版浑天仪"璇玑玉衡"，尽管是照猫画虎而时代错置，不符合历史发展的复杂过程，但是足以证明：虽然经学家们拒不采信天文学家的正确解释，但是天文学家始终坚信《尧典》所言"璇玑玉衡"是浑天仪。

　　龙山时代的1.0版浑天仪实物，元代郭守敬的9.0版浑天仪实物，以及文献记载的中间各版浑天仪，清晰呈现了中国浑天仪的五千年发展史。

　　东夷族的玉器制作和天文历法，原本落后于黄帝族、南蛮族，更落后于伏羲族，为何能在龙山时代创制中国浑天仪的1.0版"璇玑玉衡"？

　　一是东夷族具有融汇三大外族文化养料的后发优势，二是东夷族受到了伏羲族天球仪的直接启发。

---

[1]　中国浑天仪的历代各版，没有公认的定论，本书所列仅供参考。南京紫金山天文台今存明代正统四年（1439）仿制的宋代浑天仪复制品，异于北宋苏颂的水运浑仪，本书未予计入。

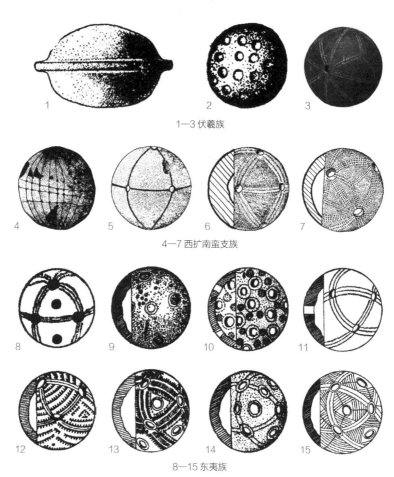

1—3 伏羲族

4—7 西扩南蛮支族

8—15 东夷族

图 1-22 上古天球仪

　　仰韶时代中期（前4500），东扩伏羲支族制作了1.0版天球仪，见于陕西临潼姜寨遗址（图1-22.1）。同一时期，南扩伏羲支族的四川大溪文化制作了2.0版天球仪，见于四川巫山大溪遗址（图1-22.2、3）。

　　龙山时代早期（前3000），西扩南蛮支族的屈家岭文化接受了从四川东进的大溪文化影响，制作了3.0版天球仪，见于湖北京山屈家岭遗址（图1-22.4—7）。

　　龙山时代中期（前2500），东夷族的薛家岗文化接受了从湖北东进的屈家岭文化影响，制作了4.0版天球仪，见于安徽潜山薛家岗遗址（图1-22.8—15）。

东夷族正是以天球仪为天文模型，才为观天玉琯新增了两个提高观星精度的配件"璇玑"（三牙璧）、"玉衡"（有领环），创制了中国浑天仪的祖型"璇玑玉衡"。

东夷族的观天玉器"璇玑玉衡"，融汇了三大外族的文化养料。东夷族的祭天玉器、威仪玉器、装饰玉器，同样融汇了三大外族的文化养料（详见东夷章）。

四 龙山时代观天玉器：多孔玉圭，星组定位仪

上古玉器三族的观天玉器，各有特色，各有所长，也各有不足。

黄帝族的四斗旋垣，可以定位观测北极天枢和北斗七星，但其不足是观测精度较低，只能大致判断四季转换。

南蛮族的观天玉琯，可以定位观测任何天区，但其不足是仅有单孔，无法锁定两颗以上亮星的相对位置。

东夷族的璇玑玉衡，可用璇玑三牙锁定北极三垣，提高了观测精度，但其不足仍是仅有单孔，观测范围仍然局限于北极天枢及其周边，不能扩大到北极天枢以外的全部星空。

早在先仰韶时期（前6000—前5000），伏羲族已把夜观星象的范围，从北极天区扩大到全部星空；仰韶时期（前5000—前3000），伏羲族又把地面坐标二十八山投射为天空坐标二十八宿，对全部星空予以精确分区和坐标定位。

仰韶、龙山之交（前3000），东扩伏羲支族到达黄河下游，与玉器三族相遇，进入了华夏四族文化交流与文化融合的龙山时代。龙山时代华夏全境的重大文化事件，就是玉器三族普遍接受了东扩伏羲支族带来的伏羲连山历。

2009年，中国科学院的孙小淳研究员和中国社科院的何驽研究员等人联合组成天文考古队，系统考察了内蒙古东部、辽宁西部红山文化区域和山东大汶口文化区域的大量新石器时代遗址，使用全站仪进行测量，证实

内蒙古赤峰的城子山、辽宁喀左的东山嘴、山东莒县大朱村的豆家岭、山东日照的两城镇等龙山时代的祭祀台具有天文台功能，可以根据台东、台西的山峰轮廓线，观测二分二至等重要节气的日出、日落[1]。这是玉器三族普遍接受伏羲连山历以及伏羲连山历的天文台"昆仑台"的系统证据。正因玉器三族普遍接受了东扩伏羲支族带来的伏羲连山历，所以他们把东扩伏羲支族（亦即神农族）称为"连山氏"[2]。

玉器三族不仅接受了东扩伏羲支族带来的伏羲连山历及其天文台"昆仑台"（详见昆仑台章），也接受了伏羲族彩陶，以及伏羲连山历的二十八山地面坐标向天空投射的二十八宿天空坐标。

由于玉器三族在龙山时代接受了伏羲族的二十八宿，天文视野从北极天区扩大到全部天空，于是龙山时代出现了一种按照伏羲族二十八宿的分区需要观测星组的新型观天玉器——不规则多孔玉圭。因其大量见于伏羲族区域（图1-23.1—6）和东夷族区域（图1-23.7—9），当属伏羲族创制，东传东夷族。

龙山时代的多孔观天玉圭，出土数量极大。由于是实用观天工具，所以极其朴素，鲜有雕饰。孔数、孔径、孔距、孔位全无定制，是上古最为奇特的异形玉器。

学术界对其功能做出了种种猜测，普遍认为：上古先民不能打成孔数、孔径、孔距、孔位相同的多孔，一不小心就会打歪打偏，打大打小，打远打近。

这一观点完全无法成立，驳正如下。

其一，龙山先民若欲制作孔数相等、孔径相同、孔距划一、孔位笔直的多孔观天玉圭，轻而易举，证见严格对称、无比工整的大量精美玉器。

其二，龙山先民为玉器钻出孔径不同的钻孔，必须调换直径不同的管钻。钻孔并非开枪，无法瞬间完成，每一钻孔必须钻磨甚久。假如一不小心拿错管钻，打错孔数、孔径、孔距、孔位，可以立刻修正位置、调换管

[1] 孙小淳、何驽等：《中国古代遗址的天文考古调查报告——蒙辽黑鲁豫部分》，《中国科技史杂志》2010年4期。

[2] 详见张远山：《伏羲之道》65页，岳麓书社2015。作品集第十六卷68页。

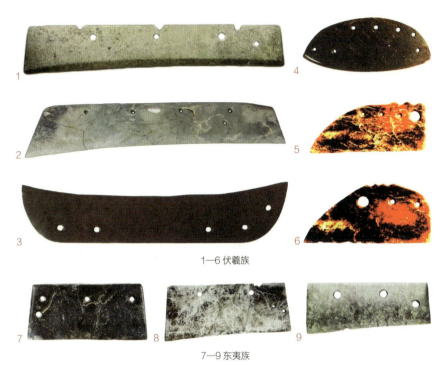

1—6 伏羲族

7—9 东夷族

图1-23　龙山时代多孔观天玉圭

钻，无须将错就错、费时费力打通钻孔，做出毫不美观的不规则多孔玉圭。

其三，假如没有实用功能，费尽万难制作毫不美观的不规则多孔玉圭，就是不可理喻的非理性行为。从古至今的人类历史，非理性行为固然不少，然而某种特定的非理性行为，多为特定地区的特定民族所为，不可能是不同族群共有的普遍行为，更不可能成为不同族群持之以恒的千年传统。

龙山时代遍布华夏全境的大量不规则多孔玉圭，绝非技术低劣的无意失误，而是技术高超的有意制作，亦即对应特定星组的星组定位仪。每一星组的星数多少、星体大小、星距远近、星位正偏都不相同，必须特制一件星组定位仪，所以龙山先民制作了大量的不规则多孔玉圭：孔数多少，对应星数多少；孔径大小，对应星体大小；孔距远近，对应星距远近；孔位正偏，对应星位正偏。

夜观星象者使用不规则多孔玉圭，就能锁定特定星组的二维分布，及时发现任何一星的异动：某星偏离孔心或偏出孔外，某星亮度突然提高或突然降低，二星距离逐渐增大或逐渐缩小等等。龙山先民遂从此前的初步认知天象基本恒常，进至深入认知天象偶有异常，甚至发现短期异象的长期规律：某星并非年年出现，而是按照特定周期有规律地出现，比如约12年循环一周的木星，约76年出现一次的哈雷彗星，等等。

龙山先民通过使用不规则多孔玉圭夜观星象，确定了大量星组的二维分布，于是制作了四千年前的最早中国星图：有些无孔，仅以若干凹坑标示星组的二维分布（图1-24.1）。有些凿有一孔、二孔标示主星，再用若干凹坑标示其余各星（图1-24.2、3）。

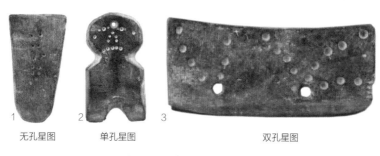

1　　　　　2
无孔星图　单孔星图　　　　　双孔星图

图1-24　龙山时代石制星图

作为观天玉圭的不规则多孔玉圭，衍生出了作为祭天玉圭的有规则多孔玉圭，孔数虽然不同，但是孔径相同，孔距相等，孔位对称。正如祭天玉琮的祭天功能植根于观天玉琯的观天功能，祭天玉圭的祭天功能同样植根于观天玉圭的观天功能（详见夏商周章）。

龙山时代的不规则多孔玉圭和有规则多孔玉圭，学术界统称"多孔玉刀"，这一命名缺乏文献证据，与中国文化脱钩。正确命名应为"玉圭"，因为创制灵感来自伏羲族的圭表。

圭表用于昼测日影，玉圭用于夜观星象，两种天文工具的观测对象、观测方法、观测时间全都不同，为何均以"圭"名？首先是玉圭的创制灵感来自圭表。其次是两者的功能实有相似之处，圭表用于观测太阳的位置，玉圭用于观测星宿的位置。

两种不同的天文工具同名，容易搞混，必须加以区分。

口语区分，加言材质：昼测日影的天文工具，称为"圭木"。夜观星象的天文工具，称为"玉圭"。

书写区分，采用专字：昼测日影的天文工具，专字为"晷"，全称"日晷"。夜观星象的天文工具，专字为"珪"，全称"玉珪"。

龙山时代的观天玉器不规则多孔玉圭，是龙山时代的祭天玉器、威仪玉器、装饰玉器的源头和基因（详见龙山章）。

五　夏商周观天玉器：承袭上古，兼收并蓄

中古夏商周的观天玉器，全盘承袭上古玉器三族的观天玉器，而以伏羲族的天文历法体系为基础，融合了上古华夏四族的天文历法知识。但是黄帝族通过上古、中古之交的"炎黄之战"入主中原建立夏朝以后，实行"绝地天通"，严禁传播涉及天文历法的一切知识和一切器物，观天玉器属于"史官禁密，学者寡得闻见"（王蕃），中古文献基本不记夏商周的观天玉器，因此本文只能根据考古发现，抉发夏商周的观天玉器。

考古发现的夏商周观天玉器，无不承袭上古观天玉器。但是夏代尚未被公认为信史，导致龙山文化的下限被延长了四五百年，截止于商代以前。目前考古界习惯上把夏代文物的时间，判定为新石器时代晚期或龙山文化晚期。将来夏代被公认为信史以后，需要有系统地从新石器时代晚期或龙山文化晚期的文

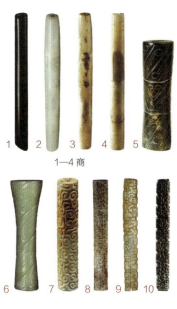

1—4 商

6 7 8 9 10

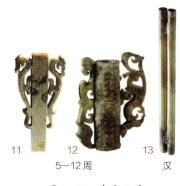

11 12 13

5—12 周　　　　汉

图 1-25　中古玉琯

物中，把夏代文物甄别出来。目前还不具备这一条件，因此下文仅以商周观天玉器为例。

其一，商周的玉琯。

夏商周黄帝族承袭了上古黄帝族的"用管窥天""以琯候气"，仍以玉琯、玦琯为天文窥管。形制基本不变，仅是增加一些纹饰。

商代琢玉技术提高，除了大量10厘米以下的玉琯，另有不少10厘米以上的玉琯，比如河南安阳殷墟花园庄东地商墓出土的玉琯长10厘米（图1-25.1），江西新干大洋洲商墓出土的玉琯长17至21厘米（图1-25.2—4）。

西周玉琯（图1-25.5—8）的工艺逐渐精致，琯身外壁刻有精美的天文纹样。春秋战国出现了扁形玉琯（图1-25.9—10）和外饰双龙的玉琯（图1-25.11、12），后者衍生出了同时期的祭天玉器出廓玉璧（详见夏商周章）。

江苏徐州汉墓出土的双管玉琯（图1-25.13），类似于现代的双筒望远镜，长达26.2厘米，是目前考古所见的最长观天玉琯。

学术界通常把观天玉琯解释为用于玉组佩的"管状珠"，但这只能勉强解释10厘米以下的玉琯，无法解释10厘米以上和20厘米以上的玉琯，更无法解释外饰双龙的玉琯。何况八千年前的兴隆洼骨管、石管、玉琯，七千年前的河姆渡木管、漆管，均非玉组佩的"管状珠"。更为合理的解释是，上古的骨管、石管、木管、漆管、玉琯，以及中古的超长玉琯，均为天文窥管。由于中古以后玉器产能过剩，于是遵循观天玉器衍生一切玉器的华夏玉器原理，按照观天玉琯的形制而制作了玉组佩的"管状珠"。

其二，春秋战国的玦琯。

目前尚未发现商代和西周的玦琯，正如作为玦琯截面的玉玦，中古以后也很少见。因为玦琯是单星追踪仪，其观星功能已在龙山时代被浑天仪"璇玑玉衡"覆盖，因此龙山时代和夏商周基本没有玦琯。由于观天玉器玦琯被历史淘汰，其所衍生的祭天玉器玉玦同时被历史淘汰，所以夏商周尽管仍有承袭古制的玉玦，但是玉玦没有进入夏代祭天五玉、商代祭天六

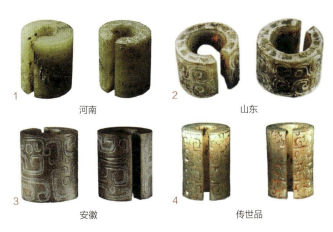

图1-26　春秋战国玦珰

玉、西周祭天六玉。

目前考古发现的中古玦珰，均属春秋战国（图1-26），与兴隆洼玦珰、红山玦珰一样，玦珰的长度超过耳垂的厚度，成为装饰派学者的"耳环说"无法逾越的障碍。

其三，商周的璇玑玉衡。

夏商周承袭了龙山时代、尧舜时代的浑天仪"璇玑玉衡"，仍有大量的璇玑和玉衡。

商代的璇玑，见于河南安阳殷墟的妇好墓和小屯西北地、河南淮阳冯塘乡、河南罗山天湖、河北藁城台西村等处。周代的璇玑，见于陕西长安张家坡、湖北黄陂鲁台、河南浚县辛村、山东沂水刘家子店春秋墓等处。形制基本承袭上古，也有一些新的特点。

商代璇玑以三牙为主（图1-27.1—7），有些璇玑的三牙有六个扉齿，呈"业"字形，便于观测星宿的细微移动。吴大澂的《古玉图考》的璇玑也有同样的扉齿（图1-27.8），当属商代三牙璇玑。但是目前发现的西周三牙璇玑没有扉齿（图1-27.9、10）。

商代的四牙璇玑（图1-27.11、12）和春秋的四牙璇玑（图1-27.13），承袭上古伏羲族，对应二十八宿的四大天区。

商代另有上古没有的五牙璧（图1-27.14），西周承之（图1-27.15），

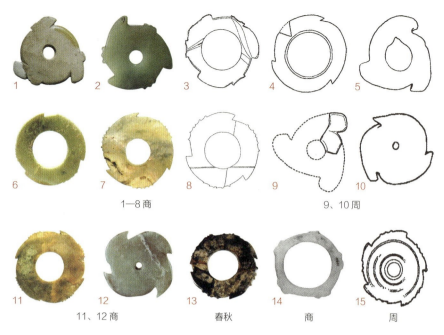

图 1-27　商周璇玑

1—8 商

9、10 周

11、12 商

春秋　　商　　周

对应黄帝族的"五行说"。

商代的玉衡，见于中原的河南安阳殷墟（图1-28.1），又见于商代中期的江西新干大洋洲（图1-28.2、3）、广东深圳大梅沙（图1-28.4），又见于商代中期的四川广汉三星堆（图1-28.5—9）、商代晚期的四川成都金沙（图1-28.10—12）。形制全同于上古，因为玉衡的功能是连接玉琯和璇玑，功能长期不变，形制也长期不变。三星堆、金沙的玉衡全同于上古的玉衡和商代的中原玉衡，是三星堆文化、金沙文化承自华夏上古、并非外来文化的重要证据。

商代玉衡有两个新特点。

一是璧面刻有多个同心圆（图1-28.1、2、8、9），类似于《周髀算经》的"七衡六间图"，可能是观星的刻度。

二是个别玉衡器形硕大，三星堆的一件直径17.5厘米（图1-28.7），金沙的一件直径26.4厘米（图1-28.12），说明商代浑天仪比龙山时代、尧舜时代的浑天仪更为硕大，也使装饰派的"手镯说"彻底无法成立。

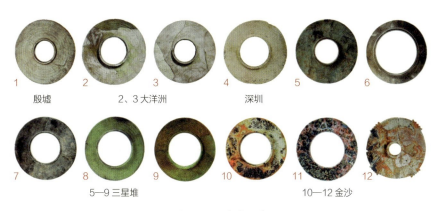

图 1-28　商代玉衡

　　目前的考古，尚未发现周代的玉衡，可能原因是周代已把玉衡与玉琯合一，成为后世铜制浑天仪把玉衡、玉琯合一的先驱（详上第三节）。

　　如上所言，夏商周承袭了上古的三种观天玉器，即作为天文窥管的玉琯，作为单星追踪仪的玦琯，作为浑天仪祖型的璇玑玉衡。

　　夏商周没有承袭上古黄帝族的"北极天文仪"旋垣（勾云形器Ⅰ型），因为旋垣只能大致判断四季，不能制定精密历法，已被历史淘汰。不过夏商周承袭了"北极天文仪"旋垣（勾云形器Ⅰ型）衍生的祭天玉器"玄鼋"（勾云形器Ⅱ型）和"玉帝"（勾云形器Ⅲ型），详见黄帝章。

　　夏商周也没有承袭龙山时代的"星组定位仪"不规则多孔玉圭，因为夏商周的浑天仪"璇玑玉衡"不断完善，不规则多孔玉圭的观天功能已被覆盖，也被历史淘汰。不过夏商周承袭了"星组定位仪"不规则多孔玉圭衍生的祭天玉器有规则多孔玉圭和威仪玉器单孔玉圭、无孔玉圭，详见夏商周章。

　　夏商周不承袭上古的两种观天玉器，却承袭两种观天玉器衍生的祭天玉器，是因为观天技术一旦进步，落后的观天仪器就会遭到历史淘汰，但是植根于观天玉器的祭天玉器，植根于天文历法的宗教神话，却会融入文化传统而继续存在。

　　夏商周的两千年文明，承袭了上古华夏四族的四千年文化。其中的核心部分，就是夏商周的天文历法及其观天仪器，承袭了上古华夏四族的天夏商周的天文台"灵台",承袭上古伏羲族的天文台"昆仑台"(详见昆仑台章)。其上树立着上古伏羲族昼测日影的圭表,并用伏羲六十四卦记录全年圭影(卦象)。其上架设着上古东夷族夜观星象的浑天仪"璇玑玉衡",核心部件是上古黄帝族首创、上古南蛮族完善的天文窥管"玉琯"。

夏商周玉器的天文历法之道,以上古伏羲族的天文历法之道为核心,融合了上古华夏四族观天仪器的精华,延续着始于上古的全天候天文观测,保存了全世界最早最完整的星象记录,不断完善中国的天文历法体系,强力支撑中国的农业文明发展,领先全球数千年,直到农业文明升级为工业文明的近代。

结语　观天玉器属天文,祭天玉器属人文

本章抠要抉发了"玉器之道"的基础部分与核心内容,即上古玉器三族的主要观天玉器,兼及中古夏商周承袭上古的观天玉器,最后简要概括如下。

其一,上古早期的黄帝族,在兴隆洼文化时期发明了华夏最早的天文窥管:兴隆洼骨管、石管、玉琯、玦琯。上古后期的黄帝族,在红山文化时期发明了升级版的观天玉器:旋垣(勾云形器Ⅰ型)。衍生出祭天玉器"玄鼋"(勾云形器Ⅱ型)、"玉帝"(勾云形器Ⅲ型)。祭天玄鼋的祭天功能,植根于观天旋垣的观天功能。

其二,上古早期、中期的南蛮族,在河姆渡文化、马家浜文化、崧泽文化时期,接受了黄帝族的玉琯、玦琯,但是尚未充分掌握管钻技术,只能制作小型的玉琯和玦琯,于是制作了二三十厘米的木管、漆管。上古后期的南蛮族,在良渚文化时期制作了超越黄帝族玉琯的天文窥管:良渚玉琯。衍生出良渚文化的祭天玉器良渚玉琮。良渚玉琮的祭天功能,植根于良渚玉琯的观天功能。

其三,上古早期的东夷族,在后李文化、北辛文化、大汶口文化时期,

由于地理限制和持续海侵的多重影响，文化发展时断时续，先仰韶时期和仰韶时期一直落后于三大外族。上古晚期的东夷族，在凌家滩文化时期，充分吸收了三大外族的文化养料，实现了文化爆发，创制了华夏最早的1.0版浑天仪"璇玑玉衡"，成为《尚书·尧典》所记尧舜时代2.0浑天仪"璇玑玉衡"的先驱，也是西汉落下闳3.0版、东汉张衡4.0版、三国王蕃5.0版、东晋孔挺6.0版、唐代李淳风7.0版、北宋苏颂8.0版、元代郭守敬9.0版等等一切中国浑天仪的源头。

其四，龙山时代的玉器三族，由于华夏西部伏羲族的东扩、华夏南部南蛮族的北扩、华夏北部黄帝族的南扩，在黄河下游区域的东夷族祖地，发生了激烈的文化碰撞和高度的文化融合，产生了以山东龙山文化为核心、辐射华夏全境的龙山文化。龙山时代的主要观天玉器是作为星组定位仪的不规则多孔玉圭，虽然中古以后因其观天功能被升级完善的浑天仪覆盖而遭到历史淘汰，但其衍生的祭天玉圭、威仪玉圭，仍然成为夏商周礼玉制度不可或缺的重要玉器。

综上所述，上古四千年（前6000—前2000）华夏东部玉器三族的观天玉器，是其祭天玉器、威仪玉器、装饰玉器的源头和基因。

尽管上古玉器三族的夜观星象不晚于上古伏羲族，而且观天玉器不断进步，持续升级，日益精密，但是玉器三族只会夜观星象，不会昼测圭影，无法全天候地不间断观测天象，因而天文水准、历法水准长期落后于伏羲族。尽管玉器三族已经发现了以北斗七星为核心的全部星象围绕北极天枢旋转，但是仅知其然，不知其所以然。唯有伏羲族既知其然，又知其所以然。

根据观天玉器的观星功能，可以判断玉器三族的天文水准；根据观天玉器衍生的祭天玉器、威仪玉器、装饰玉器，可以判断玉器三族的历法水准，以及植根于天文历法的宗教神话，这是本书后续各章的内容。

2014年7月23日—2016年7月30日八稿

第二章

北极玄鼋，黄帝轩辕
——黄帝族祭天、威仪、装饰玉器总论

内容提要　本章根据考古、文献双重证据，论证红山文化是上古黄帝族的文化，是夏商周黄帝族的祖族文化；红山文化的祭天玉器、威仪玉器、装饰玉器植根于观天玉器，均有精确的天文历法对位和宗教神话内涵。

关键词　"黄帝""黄河"南移；北斗猪神；北极玉帝；旋垣—玄鼋—轩辕；猪首玦；龙首玦；玄鼋玉璧；勾云形器；黄帝四面。

弁言　红山文化是黄帝族文化

上古黄帝族是晚亚洲人东支的北小支，父系Y染色体主要是O1、O2[1]。祖地并非"炎黄之战"以后的中原仰韶文化区域，而是内蒙古东部、辽宁西部的红山文化区域。"炎黄之战"之前的上古四千年（前6000—前2000），中原仰韶文化区域是伏羲神农族的"赤县神州"（邹衍），亦即"赤帝之县，神农之州"（王献唐）。

黄帝族是华夏八千年玉器史的开创者，玉器三族的先驱者。

---

[1]　详见张远山：《伏羲之道》13页，岳麓书社2015。作品集第十六卷9页。

先仰韶期，伏羲族在华夏西北的甘肃天水大地湾（前6000—前2800）进入彩陶时代。与此同时，黄帝族在华夏东北的内蒙古赤峰兴隆洼进入玉器时代，历经兴隆洼文化（前6200—前5400）、赵宝沟文化（前5200—前4400）、红山文化（前4700—前3000）、小河沿文化（前3000—前2500）四大时期，在龙山中期（前2500）融入波及华夏全境的龙山文化（前3000—前2000），并在龙山末期（前2200—前2000）通过"炎黄之战"南下中原征服农耕三族，先后建立了中原黄帝族的夏、商、周三大王朝（前2070—前221）。红山黄帝族后裔的夏家店下层文化（前2200—前1400），与同祖异宗的中原王朝平行。

一 "黄帝""黄河"二名南移

《山海经》记载了上古华夏四千年的大量神话传说和口传历史，提及黄帝族族名"轩辕"四次，方位有二，一在华夏东北，一在华夏西北。后人常常视为矛盾，而多取后者，亦即相信黄帝族像炎帝族一样起源于华夏西北，甚至相信炎帝、黄帝是"同父异母兄弟"，不信黄帝族起源于华夏东北。

现代考古证实了《山海经》记载不误。

《北山经》提及太行山东北的"轩辕之山"，对应华夏东北红山文化区域的黄帝祖族，始于距今八千多年的先仰韶期。

《西山经》提及西王母玉山西面的"轩辕之丘"，《大荒西经》提及西王母之山西面的"轩辕之台"和"轩辕之国"，对应华夏西北石峁文化区域的西扩黄帝支族，始于距今四千多年的龙山中晚期。

由于"炎黄之战"以前的新石器时代仅有口传史，"炎黄之战"以后的青铜时代才有文字史，因此在现代考古开始以前，学者们只能根据《山海经》《吕览》《淮南子》《帝王世纪》《路史》《竹书纪年》等中古文献记载的上古口传史，判定南下入主中原建立夏朝的黄帝族，原是长城以北的游牧民族。

比如历史学大家吕思勉最先提出（撮引）：

伏羲氏之后是神农氏，是农耕时代的酋长。黄帝邑于涿鹿之阿，则在今河北涿县，为河北游牧之族。阪泉涿鹿之战，便是这个农耕民族为游牧民族所征服的事迹[1]。

再如炎黄史大家王献唐认为（撮引）：

黄河流域，炎帝所居在此，黄帝所争亦在此。邹衍以中国又名赤县神州。赤县，即赤帝之县。神州，犹神农之州。知中国古代为神农旧壤，黄帝一族非其土著矣[2]。

现代考古开始以后，学者们根据新石器时代遗址的系统证据，逐渐确认了"兴隆洼—红山文化"是"炎黄之战"以前的上古黄帝族文化。

比如考古学大家苏秉琦认为（撮引）：

传说中的五帝早期的活动大约就在这里。《史记·五帝本纪》中所记黄帝时代的活动中心，只有红山文化时空框架可以与之相应[3]。

苏秉琦不仅认为"红山文化"属于"传说中的五帝早期"，是"黄帝时代的活动中心"，也对炎、黄文化的上古"碰撞"与中古"结合"有所认知：

七千年前华山脚下的仰韶文化，沿太行山向北发展，与辽西大凌河流域（笔者按：即西辽河流域）的红山文化碰撞，又同河套文化（笔者按：即石峁文化）结合，三个原始文化结合在一起，

[1] 吕思勉：《吕思勉中国文化史 中国政治思想史讲义》94页，天津古籍出版社2007。
[2] 王献唐：《炎黄氏族文化考》15页，齐鲁书社1985。
[3] 苏秉琦：《论西辽河古文化》，《华人·龙的传人·中国人——考古寻根记》130页，辽宁大学出版社1994年。

又折回晋南，就是陶寺。在晋南与东南沿海、西部地区结合在一起。或者说，华山一个根（笔者按：即仰韶文化），泰山一个根（笔者按：即龙山文化），北方一个根（笔者按：即红山文化），三个根在陶寺结合（笔者按：即陶寺神农族酋邦），这就是五帝时代的中国，这是第一个中国，在晋南[1]。

苏秉琦除了认为"陶寺"是"第一个中国"，也注意到了中原伏羲族的仰韶文化与东北黄帝祖族的红山文化、西北黄帝支族的石峁文化相互"碰撞"，并且强调"三个原始文化结合"。这一认知，距离黄帝族通过"炎黄之战"伐灭陶寺神农族酋邦建立夏王朝，仅有一步之遥。

逯宏《黄帝族源地新考》也认为，红山文化是炎黄之战以前的上古黄帝族文化：

> 红山文化最有可能即是（炎黄）大战前的黄帝族文化。……《礼记·乐记》载，"武王克殷，及商，未及下车，而封黄帝之后于蓟。"按：蓟在今河北的北部，当属于幽州。武王之所以封黄帝之后于这里，最大的可能就是：这里是黄帝部族的发祥地，有其旧宗庙。因为，封后的重要目的之一是祭祀先祖。综合上述文献来看，黄帝的"轩辕古国"应在幽州[2]。

上古黄帝族通过"炎黄之战"南下征服中原伏羲族，成为夏商周三代的统治民族，另有两项重要旁证，即"黄帝""黄河"二名的南移。

其一，"黄帝"之名从红山文化区域南移仰韶文化区域。

上古炎、黄二族，居于不同地域，属于不同文化类型，天文历法不同，天文基准有异。

---

[1] 苏秉琦:《现阶段烟台考古——在第一次环渤海考古座谈会上的讲话》,《华人·龙的传人·中国人——考古寻根记》45页, 辽宁大学出版社1994年。
[2] 逯宏:《黄帝族源地新考》,《张家口职业技术学院学报》2007年4期。

伏羲族居于长城以南的"大地湾—仰韶文化"区域，以"天球赤道"为天文基准。晚期伏羲族又称"炎帝"族，"炎帝"又称"赤帝"。"赤帝"正是"天球赤道之帝"的简称。

黄帝族居于长城以北的"兴隆洼—红山文化"区域，以"太阳黄道"为天文基准，"黄帝"正是"太阳黄道之帝"的简称。

伏羲族"赤帝"之"赤"，黄帝族"黄帝"之"黄"，源于二族分别以"天球赤道"和"太阳黄道"为天文基准。天文历法既是当时的最高知识，也是每个民族区别于其他民族的根本标志，所以伏羲族因其天文基准"天球赤道"而称"赤帝氏"，因其连山历而称"连山氏"；黄帝族因其天文基准"太阳黄道"而称"黄帝氏"，因其崇拜北极玄鼋而称"玄鼋氏"（轩辕氏）。

伏羲族以"天球赤道"为天文基准，在全球范围内独一无二。黄帝族以"太阳黄道"为天文基准，则与全球其他民族相同，因为黄帝族是居于北纬45°左右的草原游牧民族，与欧亚大草原同一纬度的其他草原游牧民族具有广泛的文化交流。近代以降的全球天文学，始知天球赤道是最佳天文基准，于是像上古伏羲族一样以天球赤道为天文基准。

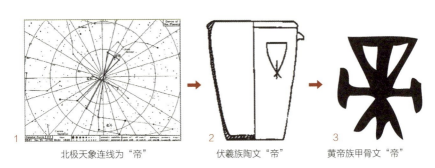

1	2	3
北极天象连线为"帝"	伏羲族陶文"帝"	黄帝族甲骨文"帝"

图 2-1　从天象到陶文、甲骨文"帝"

尽管伏羲族、黄帝族的天文基准不同，但是二族同在北半球，均把地球自转轴北端所指的北极天枢，视为永居"天心"不动的"天极"。所以伏羲族的"赤帝"之"帝"，黄帝族的"黄帝"之"帝"，均指"北极天帝"；所以北极天象的"帝"形连线（图2-1.1），首先产生了上古伏羲族的陶文"帝"字（图2-1.2），随后产生了中古黄帝族的甲骨文"帝"字（图2-1.3）[1]。

黄帝族通过"炎黄之战"南下中原征服农耕三族建立夏朝以后，因其天文历法落后于伏羲族，大量聘用伏羲族担任天文历法官"羲和""常羲""共工""祝融"，所以中古以后的中国天文学仍然采用伏羲族的天文基准"天球赤道"，黄帝族的天文基准"太阳黄道"处于从属地位。

黄帝族南下入主中原，导致其天文名词"黄帝"（太阳黄道之帝），转化为黄帝族的神话始祖，并与中原捆绑，从天上的"中央黄帝"变成了地上的"中央（中原）黄帝"。于是"黄帝"之名从长城以北的红山文化区域，南移至长城以南的仰韶文化区域。

其二，"黄河"之名从红山文化区域南移仰韶文化区域。

距今八千年（前6000）的新石器时代中期，黄帝族在内蒙古赤峰市敖汉旗的兴隆洼地区文化发祥。兴隆洼位于西辽河上游西拉木伦河的南岸，西辽河支流老哈河的上游（图2-2）。"西拉木伦"即蒙古语"黄"，"西拉木伦河"即"黄河"。新旧《唐书》为了区别于中原"黄河"，为"黄"字另加"氵"旁，把"西拉木伦河"译为"潢水"。

兴隆洼黄帝族把母亲河命名为"西拉木伦河"亦即"黄河"，正是因为以"太阳黄道"为天文基准。

"炎黄之战"以前的上古四千年，黄河上游、中游的伏羲族和黄河下游的东夷族，无论是祖族部落、支族聚落，全都各居一水，缺乏命名黄河水系总名的宏大视野和政治需要，中原黄河尚无"黄河"之名，仅有黄河支流或支流之支流的名称，比如黄河上游的洮水、湟水，黄河中游的渭水、姜水、泾水、洛水、伊水、汾水，黄河下游的汶水、济水等等。

黄帝族通过"炎黄之战"南下中原征服农耕三族建立夏朝以后，才有了命名黄河水系总名的宏大视野和政治需要。由于不愿忘记祖族祖地，于是把北方祖地的母亲河之名"西拉木伦河"（黄河），移用于中原新地的大河，命名为"黄河"；正如英国殖民者用英国祖地之名"英格兰""约克郡"，

---

[1]　详见张远山：《伏羲之道》28页，岳麓书社2015。作品集第十六卷25页。

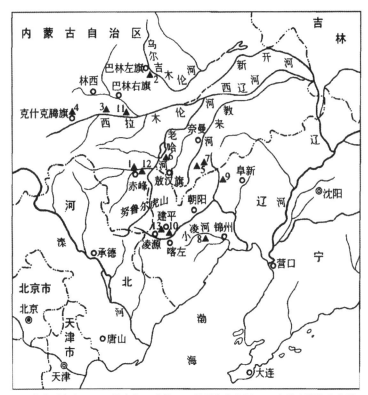

1. 赤峰西水泉　2. 巴林左旗二道梁　3. 林西白音长汗　4. 克什克腾旗南台子
5. 敖汉旗西台　6. 敖汉旗四棱山　7. 敖汉旗兴隆洼　8. 锦州沙锅屯　9. 阜新
胡头沟　10. 喀左东山嘴　11. 巴林右旗那斯台　12. 赤峰红山后　13. 凌源牛河梁

图 2-2　兴隆洼—红山文化主要遗址分布图

命名北美新地"新英格兰""新约克"（纽约），法国殖民者用法国祖地之名
"奥尔良"，命名北美新地"新奥尔良"。于是"黄河"之名从长城以北的
红山文化区域，南移至长城以南的仰韶文化区域。

　　中古夏商周的黄帝族，出于统治需要，仅言黄帝生于黄河支流"姬
水"[1]，不言"姬水"位于何处，以便虚构炎帝、黄帝是同在黄河流域的
"同父异母兄弟"，意在消除中原神农族的抵抗心理和敌对心理。这一政
治谋略取得了极大成功，尽管黄河全境根本找不到"姬水"，但是四千

---

[1] 《国语·晋语》："黄帝以姬水成，炎帝以姜水成。"

年来的历史学家和普通民众，普遍相信"姬水"是黄河的支流，普遍相信黄帝族自古以来居于中原黄河流域，普遍相信"黄帝"是中原民族的直系祖先。

尽管黄河全境找不到"姬水"，但是"姬水"未必是黄帝族的虚构，因为即使出于政治需要，任何民族都不会虚构祖宗发祥地，所以"姬水"不是南"黄河"的支流，而是北"黄河"西拉木伦河的支流。

综上所述，"黄帝""黄河"二名并非始于"炎黄之战"以后的仰韶文化区域，而是始于"炎黄之战"以前的红山文化区域，"炎黄之战"以后才南移仰韶文化区域，亦即作为夏商周统治中心的中原。

二　黄帝族祭天玉器的天文来源

黄帝族的祭天玉器源于观天玉器，所以祭天玉器的祭天功能，植根于观天玉器的观天功能。

1. 祭天玉玦源于观天玦琀

黄帝族的第一种祭天玉器是玉玦，形制取自观天玦琀。玉玦的祭天功能，植根于玦琀的观天功能。

黄帝族的祭天玉玦，共有三种形式，各有天文内涵。

其一，兴隆洼文化的祭天玉玦。

兴隆洼玉玦（图2-3.2）的形制，取自兴隆洼玦琀（图2-3.1）的截面。

兴隆洼玉玦全都没有纹饰，玦形标示天象循环，呈现C形。玦口标示新旧年交接点，位于正东春分。所以中古"黄帝后天八卦"（图2-3.3），改变了上古"伏羲先天八卦"的排列方式，始于标示正东春分的震卦，谓之"帝出乎震"（《易传·说卦》）。[1]

---

[1]　详见张远山：《伏羲之道》181页，岳麓书社2015。作品集第十六卷191页。

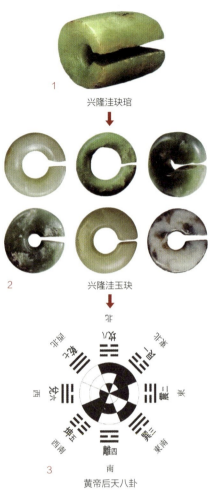

兴隆洼玦珰

兴隆洼玉玦

黄帝后天八卦

图2-3 兴隆洼玉玦与黄帝后天八卦

玦，从玉从夬，玉言其材，夬言其义。首先训缺，因为玉玦的缺口标示天象循环。其次训诀，因为玉玦的初义是诀别旧年，新年复始。

装饰派学者认为，玉玦属于装饰玉器，是挂于耳垂的耳环。然而作为玉玦母型的玦珰（图2-3.1），长度大于耳垂的宽度，不可能充当耳环；大部分玉玦的玦口，小于耳垂的厚度，无法挤过耳垂；不少玉玦的外壁，大于耳洞的尺寸，无法穿入耳洞；诸多困难，证明"耳环说"难以成立。

陈星灿《中国史前的玉（石）玦初探》指出："大部分的玦类只有一个长条形的狭仄缺口，恐怕很难像有些学者想象的那样直接套在耳垂上。要以绳子之类的物品捆扎起来，然后再悬挂在人的耳朵或头饰上。"[1]

既然玉玦必须借助绳子才能悬挂于耳，那么玦口就会导致玉玦滑脱绳子，玦口不仅不是"耳环说"的证据，而且是"耳环说"的反证。所以玉玦的初始功能并非装饰性的耳环，而是源于观天玦珰、象征天道循环的祭天玉器。

其二，红山文化祭祀北斗的猪首玦。

---

[1] 陈星灿：《中国史前的玉（石）玦初探》，收入邓聪主编：《东亚玉器》第一册61页，香港中文大学中国考古艺术研究中心1998。

兴隆洼玉玦

图 2-4 红山猪首玦：正反各 15 例

红山猪首玦（图2-4），是兴隆洼玉玦的升级版；玦形仍是标示天象循环的C形，玦口仍然标示新旧年交接点正东春分。旧名"玉猪龙"，既无文献证据，又与中国文化脱钩。"玉"言材质，"猪"言猪首，"龙"无着落，又未点明形制为"玦"。

目前发现的数十件红山猪首玦，均有两种纹饰，各有天文内涵。

一是颈部的钻孔，标示北极"帝星"。钻孔并非猪眼，因为猪首已有猪眼。

二是玦端的猪首，标示围绕北极"帝星"循环旋转的北斗猪神。

黄帝族把猪视为北斗之神，证据无数，略举其要。

证据一，牛河梁遗址。

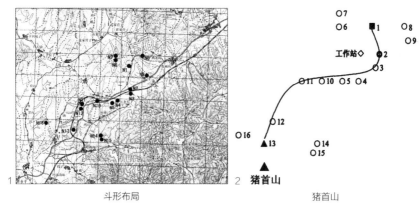

图2-5　牛河梁遗址

辽宁建平的牛河梁遗址（图2-5），是红山黄帝族的最大祭祀中心，方圆五十里没有人烟。其十六处地点的选址，按照北斗七星布局：第一地点是作为祭祀中心之核心的女神庙，对应北斗第一星"天枢星"；第十三地点是整个遗址的制高点，对应北斗第七星"摇光星"。第十三地点的正南，则是"猪首山"。这是黄帝族以北斗七星为天文核心，把猪视为北斗之神的第一铁证。

证据二，城子山遗址。

内蒙古赤峰敖汉旗的城子山遗址，有夏家店下层文化的祭坛和观星台。祭坛的石头表面，刻有北斗七星（图2-6.1）。观星台的南面山岩，雕出巨型猪首（图2-6.2）；猪首石的正南，则是观星台据之确定正南方位的鸭鸡山。这是黄帝族以北斗七星为天文核心，把猪视为北斗之神的第二铁证。

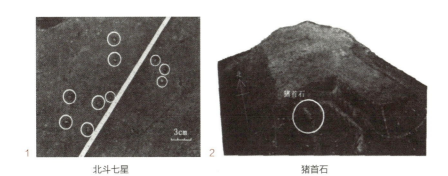

北斗七星　　　　　　　　　　　猪首石

图2-6　城子山遗址

证据三，上古华夏的另外三大族群，也把猪视为北斗之神。

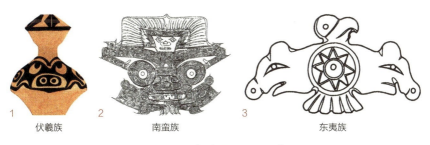

伏羲族　　　　南蛮族　　　　　　　东夷族

图2-7　农耕三族北斗猪神

伏羲族的四猪首彩陶壶（图2-7.1），象征四季北斗。

南蛮族的"天帝骑猪巡天图"（图2-7.2），象征天帝骑斗巡天（详见南蛮章）。

东夷族的"天鹰骑猪巡天图"（图2-7.3），象征天帝骑斗巡天（详见东夷章）。

根据目前的考古发现，早在先仰韶期（前6000—前5000），伏羲族和黄帝族已把猪视为北斗之神。到了仰韶期（前5000—前3000），南蛮族、东夷族受到伏羲族或黄帝族影响以后，也把猪视为北斗之神。最早把猪视为北斗之神的究竟是伏羲族还是黄帝族，目前尚难断言。

证据四，中古文献证明，猪是主宰四时的北斗之神。

由于上古华夏四族均把猪视为北斗之神，所以中古以后把北斗七星称为"彘星"，证见《春秋说题辞》："斗星时散精为彘。"（《初学记》引）中古以后又认为北斗之猪"主时"，证见《大戴礼记·易本命》："四主时，时主豕。"又见《淮南子·坠形训》："四主时，时主彘。"又见《淮南道训》（即《九家易》）："主时，精为豕。"

所谓"北斗彘星主时"，意为北斗斗柄是指示四时的指针，亦即《鹖冠子·环流》所言："斗柄东指，天下皆春；斗柄南指，天下皆夏；斗柄西指，天下皆秋；斗柄北指，天下皆冬。"

或问：上古华夏四族为何把猪视为北斗之神？

因为动物之中仅有猪的鼻孔向外，眼鼻四孔形成倒梯形（图2-8.2），天然对应斗魁四星的倒梯形（图2-8.1）：猪眼对应天枢星、天权星，鼻孔对应天璇星、天玑星。

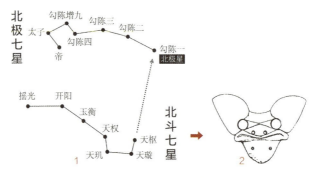

图 2-8　北斗七星斗魁四星＝北斗猪神眼鼻四孔

斗魁四星之"魁"，从斗从鬼，斗即北斗，鬼即天神，初义正是北斗之神。于是北斗"彘星"的天象，产生了北斗猪神的神话。斗柄"主时"的天文知识，产生了北斗猪神主时的神话。

证据五，兴隆洼遗址的人猪合葬酋长大墓。

图 2-9　兴隆洼人猪合葬酋长大墓（M118）

兴隆洼遗址中心房址底下的118号墓（图2-9），是兴隆洼部落的酋长大墓，酋长与雌雄双猪合葬。

图腾派学者对人猪合葬的解释是：兴隆洼人以猪为图腾。

图腾派的万能解释，既不解释为何以猪为图腾，也不解释为何人猪合葬，又不解释为何不是部民与猪合葬，只有酋长与猪合葬，仅及考古现象的表层，未能深入古人的灵魂。

兴隆洼酋长之所以与猪合葬，是因为黄帝族不仅把猪视为北斗之神，而且认为酋长生前是北斗猪神下凡，死后归位升天，重新成为北斗猪神。

中古文献记载，上古黄帝族酋长和中古夏商周天子的天文对位都是北斗七星，宗教对位都是北斗之神。这一对位，始于黄帝族的神话始祖"黄帝轩辕氏"。

比如《河图始开图》："黄帝名轩辕，北斗神也。"

再如《河图握矩纪》："黄帝名轩[辕]，北斗黄神之精。……黄帝母曰地祇之子，名附宝，之郊野，大霓绕北斗，枢星耀，感附宝，生轩辕。"

又如《尚书帝命验》："黄曰神斗。"郑玄注："神斗者，黄帝含枢纽之府，名曰神斗。"

"黄帝含枢纽"，言其源于北极天枢。"黄帝玄鼋氏"，言其拟形北极天象。"黄帝轩辕氏"，则是同音转写。可见黄帝族神话始祖"黄帝"的每种别名，均与北极天象有关，又都落实于北斗。

上古黄帝族酋长和中古夏商周天子，作为神话始祖"黄帝"的子孙，天文对位和宗教对位与"黄帝"相同。

中古文献之所以仅言"黄帝"对位"北斗神"，不言"黄帝"对位"北斗猪神"，是因为夏商周黄帝族天子又新增了另一种天文对位"苍龙七宿"，于是上古黄帝族酋长的天文对位"北斗猪神"沉入了历史忘川。

"黄帝"对位"北斗神"，思维方式是"以人合天"，亦即人间秩序仿效天文秩序。

天文秩序是：北极天帝之子北斗之神（北斗七星），率领天上繁星，围绕北极天帝（北极帝星）旋转。

人间秩序是：北极天帝之子酋长、天子（对位北斗七星），率领人间万民，仿效天道而行。

所以上古黄帝族酋长和中古黄帝族天子的权力，全都来自北极天帝，此即"君权神授"的天文对位。

秦汉以后尽管遗忘了上古黄帝族酋长、中古黄帝族天子对位"北斗猪神"，但是并未彻底遗忘君王的天文对位是"北斗之神"，因此《晋书·天文志》仍言："斗为人君之象，号令之主也。"

至此已明，兴隆洼酋长之所以与猪合葬，是因为酋长对位北斗猪神。至于兴隆洼酋长为何与雌雄双猪合葬，详下证据六至证据九。

证据六，兴隆沟灰坑的雌雄双猪图腾。

内蒙古赤峰市兴隆沟遗址第一地点最大灰坑（H35）的坑底中部，相对放置两个猪头骨，并用陶片、石块摆放出S形的猪身。真猪的身体不可能是S形，所以并非对人间凡猪的崇拜，而是另有特殊的宗教含义。

发掘报告认为："与兴隆洼遗址人猪合葬墓相比，H35的发现表明兴隆沟先民超越了崇拜野猪实体的范畴，具有图腾崇拜的含义。"[1]所言甚确，仅是未言"图腾崇拜"的确切含义是崇拜雌雄北斗猪神。

证据七，赵宝沟文化的雌雄双猪彩陶罐。

---

[1] 《内蒙古赤峰市兴隆沟聚落遗址2002—2003年的发掘》，《考古》2004年7期。参看刘国祥：《兴隆沟遗址第一地点发掘回顾与思考》，《内蒙古文物考古》2006年2期。

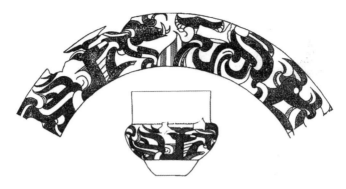

图 2-10　赵宝沟文化雌雄猪神彩陶尊

赤峰市敖汉旗小山遗址出土的赵宝沟文化彩陶罐，画有雌雄双猪和雌雄双鹿（图2-10）。

双猪之一有獠牙为雄（图2-10上，中左），另一无獠牙为雌（图2-10上，中右），标示上古黄帝族的雌雄北斗猪神。

双鹿之一有枝形大角为"麒"（图2-10上，左），另一无枝形大角为"麟"（图2-10上，右），标示上古伏羲族的雌雄北方七宿"麒麟"。

伏羲族于先仰韶期（前6000）在甘肃天水大地湾发明彩陶以后，伏羲支族四方扩张，形成了以彩陶为标志、遍及黄河上游中游的仰韶文化（前5000—前3000）。仰韶中期（前4500）以后，东扩伏羲支族把伏羲族彩陶及其天文历法纹样传播到东部沿海的玉器三族。黄帝族正是在赵宝沟文化（前5200—前4400）晚期，接受了伏羲族的彩陶和二十八宿，于是把对应本族方位的北方麒麟和出于本族传统的北斗猪神同时画在彩陶罐上，象征四季。——中古黄帝族把北方七宿的连线从拟形"麒麟"改为拟形"玄武"，则是后话。

证据八，牛河梁遗址的双猪首祭天玉器。

辽宁牛河梁遗址出土的祭天玉器双猪首（图2-11.1），与安徽凌家滩遗址出土的祭天玉器猪翅鹰（图2-11.2）相似，合于《山海经·海外西经》所言"并封"（图2-11.3）："并封在巫咸东，其状如彘，前后皆有首。"

"并封"正是黄帝族的北斗猪神：两个猪首，标示上下半年。一个猪身，标示全年。猪之四足，标示四时。猪之行走，标示"天行"（天象运行）。

牛河梁双猪首

凌家滩猪翅鹰   《山海经》并封

图2-11　牛河梁双猪首与凌家滩猪翅鹰

　　《山海经》的"并封"，即《左传》的"封豕"、《淮南子》的"封豨"。兴隆洼黄帝族由于崇拜北斗猪神"封豨"，所以族名"豨韦氏"。兴隆洼遗址正是黄帝族"豨韦氏"部落的遗址，人猪合葬墓的墓主则是"豨韦氏"部落的酋长。

　　《庄子·大宗师》根据上古以降的口传史，认为"豨韦氏"是先于"伏羲氏"的第一位"得道"者：

　　　　夫道，有情有信，无为无形。可传而不可受，可得而不可见。自本自根，未有天地，自古以固存。……豨韦氏得之以挈天地，伏羲氏得之以袭气母。

　　所谓"豨韦氏得之以挈天地"，意为崇拜北斗猪神的黄帝族"豨韦氏"，通过夜观星象，发现了北斗斗柄的指时功能，领悟了天地相对旋转的契合关系。

　　所谓"伏羲氏得之以袭气母"，意为发明圭表测影的"伏羲氏"，通过昼测圭影，分解了太阳运行的周期规律，领悟了太阳北归南藏是气候发生阴阳变化、四季循环的根本原因。

两者悟"得"之"道",均为天文历法之道,仅是观天方法和领悟内容有所不同。

证据九,中古黄帝族的两种式盘(占星盘),揭示了上古黄帝族雌雄双猪的确切天文内涵。

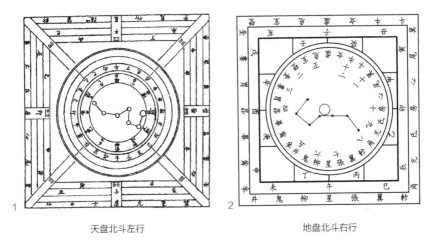

图 2-12　中古黄帝族式盘

中古黄帝族的第一种式盘,斗杓在左(图2-12.1),是演示天球旋转的天盘,圆盘的正月至十二月是顺时针旋转。

中古黄帝族的第二种式盘,斗杓在右(图2-12.2),是演示地球旋转的地盘,圆盘的正月至十二月是逆时针旋转。

《淮南子·天文训》如此解释两种式盘:"北斗之神有雌雄,雄左行,雌右行。"

"雄左行",又称"天左旋",指第一种式盘的圆盘(天盘)下端左行,对应天球的顺时针旋转。

"雌右行",又称"地右旋",指第二种式盘的圆盘(地盘)下端右行,对应地球的逆时针旋转。

"雄左行,雌右行"或"天左旋,地右旋",均指式盘的圆盘下端向左或向右。因为占星者占星之时,都是用手转动圆盘的下端,这样手臂不会挡住视线。

至此已明，兴隆洼大墓、兴隆沟灰坑、赵宝沟陶尊、牛河梁玉器反复出现的雌雄双猪，具有精确的天文内涵：雄猪对应顺时针旋转的天盘北斗，雌猪对应逆时针旋转的地盘北斗。两者对应天地的相对旋转，亦即《庄子》所言"豨韦氏得之以挈天地"。

证据十，上古黄帝族祭祀北斗猪神的面具和玉佩。

图2-13　红山黄帝族北斗猪神

黄帝族祭祀北斗猪神之时，祭司必须佩戴北斗猪神面具和北斗猪神玉佩。两者均有考古证据，前者见于内蒙古赤峰林西县白音长汗（图2-13.1）、河北易县北福地（图2-13.2）等新石器时代遗址，后者见于辽宁建平牛河梁（图2-13.3）、辽宁大连长海（图2-13.4）等新石器时代遗址。

证据十一，红山黄帝族的"北斗猪神仰望星空"彩陶罐。

2015年8月伏羲学第一书《伏羲之道》出版以后，我准备撰写伏羲学第二书《玉器之道》，用了一个多月时间实地考察了华夏东部沿海玉器三族的重要遗址和相关博物馆。10月10日，我在赤峰市博物馆的"日出红山"

图2-14　"北斗猪神仰望星空"彩陶罐

展厅，看见了赤峰市松山区红山文化遗址出土的"北斗猪神仰望星空"彩陶罐（图2-14）（博物馆标签为"兽形彩陶双耳罐"），堪称红山黄帝族崇拜北斗猪神的最佳证物：器型拟形猪首，两只猪眼如豆，器耳拟形猪耳，器口拟形猪口，口部上缘拟形猪鼻，口部大张作惊讶状。

表现了红山黄帝族对天象循环的无比震惊，对北斗猪神的无上崇拜。

综上所述，红山黄帝族以北斗七星为天文核心，以北斗猪神为宗教核心，于是把兴隆洼文化的玉玦升级为红山文化的猪首玦，作为专祭北斗猪神的祭天玉器。

其三，小河沿文化祭祀苍龙七宿的龙首玦。

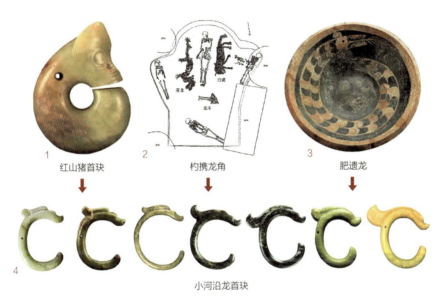

图 2-15　从猪首玦到龙首玦

小河沿文化龙首玦（图2-15.4），是红山文化猪首玦（图2-15.1）的升级版；玦形仍是标示天象循环的C形，玦口仍然标示新旧年交接点正东春分。旧名"C形龙"，既无文献证据，又与中国文化脱钩。"C"言其形，"龙"言龙首，但未点明形制为"玦"。

本书所举小河沿文化龙首玦7例，均有三种纹饰，各有天文内涵。

一是玦端的龙首，标示玦身整体对应苍龙七宿。

由于龙首玦是猪首玦的升级版，所以龙首是猪首的变形。

黄帝族在赵宝沟文化晚期已经接受了伏羲族的二十八宿，包括领衔二十八宿的苍龙七宿。

二是玦背的龙角，标示苍龙七宿的第一宿"角宿"。

先仰韶期的伏羲族，除了独创的昼测圭影，同样夜观星象，也以北斗七星为天文核心，也以北斗猪神为宗教核心（见上图2-7.1）。仰韶中期，伏羲族把伏羲连山历的二十八山投射为二十八宿，并把北斗七星与二十八宿融为一体，于是仰韶中期（前4500）的河南濮阳西水坡M45，出现了北斗龙虎图（图2-15.2）；除了标示东方苍龙七宿的"龙"和标示西方白虎七宿的"虎"，另有标示斗柄指向龙角的"北斗"。伏羲族的二十八宿之所以始于苍龙七宿，苍龙七宿之所以始于"角宿"，正是因为北斗七星与二十八宿的天象关联：北斗七星的斗柄，指向苍龙七宿的第一宿"角宿"（参看图2-12.2式盘），此即《史记·天官书》所言："北斗七星，杓携龙角。"

龙首玦的龙角证明，小河沿黄帝族把本族的传统天文知识"北斗七星"，与伏羲族的全新天文知识"二十八宿"进行了接轨，图解了天文新知"北斗七星，杓携龙角"。

三是中部的钻孔，标示苍龙七宿中部的"心宿二"，俗称"龙星"，亦即伏羲族"火历"的标志星"大火星"。

黄帝族于赵宝沟文化晚期接受了伏羲族的二十八宿，当时伏羲族仍在使用伏羲连山历，尚未发明"龙星纪时"的"火历"。龙山中期（前2500），伏羲连山历向神农归藏历升级，以"火历"为过渡形态，此即《左传·昭公十七年》所言"太皞氏以龙纪""炎帝氏以火纪"[1]。黄帝族于小河沿文化时期出现的龙首玦，则是表现"龙星纪时"的伏羲族"火历"，所以酷似山西陶寺神农族酋邦历法盘上的"肥遗龙"（图2-15.3）。

综上所述，小河沿黄帝族接受了伏羲族的天象坐标"二十八宿"和最新历法"火历"，于是把红山文化的猪首玦升级为小河沿文化的龙首玦，作为专祭苍龙七宿的祭天玉器。

小河沿黄帝族把猪首玦升级为龙首玦，意味着伏羲族的"龙星"取代了黄帝族的"猪星"。这一重大历史事件，导致上古黄帝族酋长的天文对位"天猪"隐入了历史长河，中古夏商周天子的天文对位"天龙"登上了历史

---

[1]　大火星和火历，详见张远山：《伏羲之道》68页，岳麓书社2015。作品集第十六卷71页。

舞台。

由于小河沿文化是上古黄帝族四大文化分期的最后时期，因此"炎黄之战"以后的中国龙，均以小河沿龙首玦为祖型。如果黄帝族入主中原的"炎黄之战"没有发生，中原"赤县神州"始终是"赤帝之县，神农之州"，那么后世中国龙就不会以小河沿龙首玦为祖型，而是以陶寺神农族酋邦的"肥遗龙"为祖型。

图 2-16 黄帝族观天玦琯与祭天玉玦三型

上古黄帝族在其四大文化分期的三大时期，分别创制了祭天玉玦的三种形制（图2-16），各有精确的天文对位和宗教内涵。

其一，兴隆洼文化时期，黄帝族根据观天玦琯（图2-16.1）的截面，创制了象征天象循环的祭天玉玦（图2-16.2）。

其二，赵宝沟文化时期，黄帝族初步接受伏羲族的先进天文历法，但是暂未融入本族传统，所以红山文化时期仍以本族天文传统为主，小河沿文化时期才全面接受伏羲族的先进天文历法。

红山文化时期，黄帝族根据其所崇拜的北斗猪神，创制了象征"猪星指时"、专祭北斗猪神的猪首玦（图2-16.3）。

其三，小河沿文化时期，黄帝族根据其所接受的伏羲族苍龙七宿和"火历"，创制了象征"龙星纪时"、专祭苍龙七宿的龙首玦（图2-16.4）。

2. 祭天玉璧源于观天玉琯

黄帝族的第二种祭天玉器是玉璧（图2-17.2、3、4），形制取自观天玉琯（图2-17.1）的截面。玉璧的祭天功能，植根于玉琯的观天功能。

根据目前的考古发现，兴隆洼文化只有祭天玉玦，没有祭天玉璧；红山文化既有祭天玉玦，也有祭天玉璧。

红山黄帝族的祭天玉璧，共有三种形式，各有天文内涵。

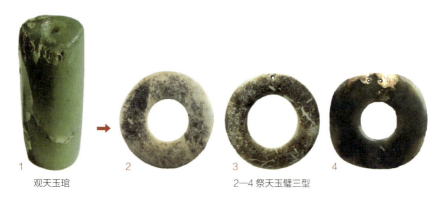

1 观天玉琯   2—4 祭天玉璧三型

图2-17　黄帝族观天玉琯与祭天玉璧三型

其一，普通玉璧（图2-17.2）：璧面没有钻孔，天文内涵是天象循环旋转，新年旧年无缝衔接。

其二，天枢玉璧（图2-17.3）：璧面钻有一孔，标示北极"帝星"，天文内涵是全部天象围绕北极"帝星"循环旋转。

其三，玄鼋玉璧（图2-17.4）：璧面钻有二孔，标示北极"玄鼋"的双目。其上另有凿穿璧边的二孔，四孔对应斗魁四星的倒梯形。"玄鼋"是红山黄帝族对北极天象的拟形（详下）。

装饰派学者认为，玉璧是挂于胸前的装饰玉器，璧面小孔用于穿绳悬挂。然而玉璧中心的大孔即可穿绳，何须破坏璧面的完整性和美观度，费时费力另钻璧面小孔？何况上古玉器三族的巨型玉璧（良渚文化尤多），直径数十厘米，大如圆盾，重如磐石，不可能是挂于胸前的装饰玉器，只可能是供于祭坛的祭天玉器。假如玉璧仅是挂于胸前的装饰玉器，也无法解释中古夏商周为何都把玉璧作为第一祭天玉器（详见夏商周章）。

可见装饰派解释玉璧功能的"挂件说"，与解释玉玦功能的"耳环说"一样难以成立。玉璧并非挂于胸前的装饰玉器，而是源于观天玉琯、象征天道循环的祭天玉器。

黄帝族的祭天玉玦和祭天玉璧，源于不同的观天玉器，所以天文内涵略有差异：玉玦有玦口，天文内涵是天象循环似断实连。玉璧无玦口，天文内涵是天象循环终始相连。

红山黄帝族的祭天玉璧，重要性逐渐超过了兴隆洼黄帝族的祭天玉玦，因此晚期黄帝族的玉玦数量逐渐减少，玉璧数量逐渐增多，这一趋势延续到中古夏商周。

中古夏商周的浑天仪"璇玑玉衡"，核心构件仍是观天玉琯（详见观天玉器章），所以夏商周三代都把取自玉琯截面的玉璧作为第一祭天玉器。中古夏商周不再使用观天玦琯，所以夏商周三代的祭天玉器都不包含作为玦琯截面的玉玦。这一同步现象再次证明：祭天玉器的祭天功能，植根于观天玉器的观天功能。一旦某种观天玉器已被历史淘汰而废弃不用，那么其所衍生的祭天玉器也会同时被历史淘汰而废弃不用。

或问：既然上古黄帝族先有观天玉琯，后有观天玦琯，为何作为观天玦琯截面的祭天玉玦，产生于较早的兴隆洼时期，而作为观天玉琯截面的祭天玉璧，却产生于较晚的红山时期？

原因可能是，兴隆洼黄帝族创制观天玉琯之时，尚无以玉祭天的宗教意识，创制观天玦琯之时，萌发了以玉祭天的宗教意识，于是根据观天玦琯的截面，制作了祭天玉玦；到了红山文化时期，黄帝族又根据观天玉琯的截面，制作了祭天玉璧。玉璧从此取代玉玦，成为第一祭天玉器，延续到中古夏商周。

3. 祭天玄鼋源于观天旋垣

黄帝族的第三种祭天玉器是北斗星君"玄鼋"，第四种祭天玉器是北极帝君"轩辕"，亦即"玉帝"。两者的共同源头是黄帝族的第三种观天玉器"旋垣"，所以三者的形制高度相似。不少学者统称三者为"勾云形器"，既无文献证据，又与中国文化脱钩，更未明其形制差异和功能差异。

辨析"勾云形器"三型的形制差异和功能差异之前，先要辨明黄帝族对北极天象的拟形。

1

红山旋龟

红山玉龟

图 2-18　从红山旋龟到红山玉龟

上古黄帝族对北极天象的拟形，见于红山黄帝族最大祭祀中心牛河梁出土的"旋龟"（图2-18.1）。"旋龟"之名，见于《山海经》的《南山经》和《中山经》，《南山经》又称为"玄龟"。

红山旋龟的腹心，拟形北极天象的顺时针旋转。天文内涵是：全部天象围绕北极"帝星"顺时针旋转。

红山旋龟的四足，拟形四季北斗的顺时针旋转。天文内涵是：全部天象以北斗七星为核心，围绕北极"帝星"顺时针旋转。

真实的乌龟，腹心和四足不可能作顺时针旋转，这是"旋龟"象征天象循环的根本硬证。

黄帝族把北极天象拟形为"旋龟"以后，不再受到北极天象的约束，又制作了酷似真龟的大量玉龟（图2-18.2）。

黄帝族把北极天象拟形为"旋龟"以后，又根据北极"旋龟"的循环规律，用龟占卜，预测人运的循环规律。后来上古黄帝族又接受了伏羲族记录太阳圭影的六十四圭，又根据六十四圭的循环规律，用圭卜筮，预测人运的循环规律，六十四圭遂成六十四卦（卦＝圭＋卜），详见前著《伏羲之道》。

夏商周黄帝族承袭了上古黄帝族的双重预测系统，由于用龟占卜采用本族的天象符号，用卦卜筮借用异族的天象符号，所以前者的地位高于后者的地位，此即《左传·僖公四年》所言"筮短龟长"。夏商周黄帝族预测小事，通常用卦占筮；预测大事，才会用龟占卜。假如用卦占筮不合心意，就会用龟占卜；假如用龟占卜仍然不合心意，就会放弃执念。

黄帝族三种"勾云形器"的形制，无不植根于拟形北极天象的"旋龟"

（表2-1）。

表2-1清晰显示了"勾云形器"三种形制全部植根于北极"旋龟"及其演变关系。

表2-1　红山旋龟衍生红山勾云形器三型

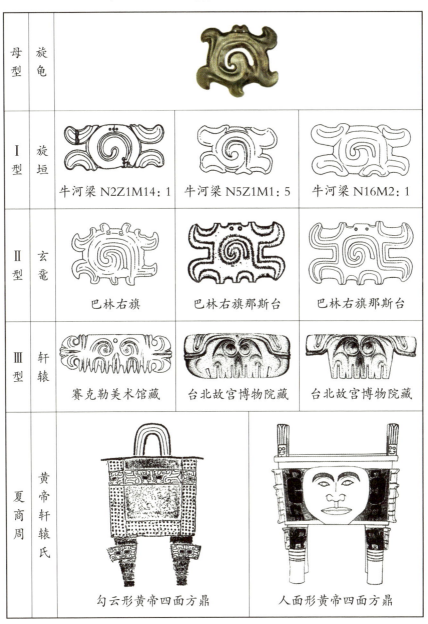

母型	旋龟		
Ⅰ型	旋垣	牛河梁 N2Z1M14：1	牛河梁 N5Z1M1：5	牛河梁 N16M2：1
Ⅱ型	玄鼋	巴林右旗	巴林右旗那斯台	巴林右旗那斯台
Ⅲ型	轩辕	赛克勒美术馆藏	台北故宫博物院藏	台北故宫博物院藏
夏商周	黄帝轩辕氏	勾云形黄帝四面方鼎	人面形黄帝四面方鼎	

第一横排，是上古黄帝族对北极天象的拟形"旋龟"。

第二横排，是上古黄帝族的观天玉器"旋垣"（勾云形器Ⅰ型），即北极观星仪：中心的顺时针旋转，对应北极天象。外缘的四条弧线，标示四季北斗（详见观天玉器章）。"垣"字源于黄帝族对北天极的三大分区：紫微垣、太微垣、天市垣。

第1例，上钻三孔，标示日月星。第2例和第3例，向Ⅱ型逐渐演变：内外两部分逐渐融合，趋于鼋形。三例均无鼋尾，尚非祭天玉器，而是观天玉器。

第三横排，是上古黄帝族的祭天玉器"玄鼋"（勾云形器Ⅱ型），即祭祀北斗星君的专用玉器。"玄"源于"旋"，"鼋"源于"垣"。

三例的鼋形，逐渐逼真：一是三孔变成二孔，标示玄鼋二目（玄鼋玉璧即源于此）。二是内垣、四斗逐渐融合。三是增加鼋尾。

第四横排，是上古黄帝族的祭天玉器"轩辕"，亦即"玉帝"（勾云形器Ⅲ型），是祭祀北极帝君的专用玉器。"轩"源于"玄"，"辕"源于"鼋"。

三例的人形天帝，逐渐逼真。

一是为Ⅰ型、Ⅱ型的顺时针旋转，另增对称的逆时针旋转，对应天球的顺时针旋转和地球的逆时针旋转，拟形北极天帝的双目，标示其主宰天地旋转的伟力。

二是印堂位置另钻一孔，标示北极"帝星"。所以同一位置，Ⅰ型是三孔，Ⅱ型是二孔，Ⅲ型是一孔。

三是让Ⅱ型的左二足、右二足上下靠近，拟形北极天帝的双耳（第一例）。

四是让Ⅱ型的上部二足连于头顶，拟形北极七星斗部四星的覆斗，成为北极天帝的帝冕（第二例）。

五是取消Ⅱ型的下部二足，仅仅保留北极天帝的帝冕，成为黄帝族"盖天说"的"天盖"（第三例）。

第五横排，是夏商周黄帝族的青铜方鼎，由于方鼎四面均有"黄帝轩辕氏"，中古文献称为"黄帝四面"（《太平御览》引《尸子》）。第一例是河南郑州出土商代方鼎的"黄帝四面"，"黄帝"呈勾云形纹，承袭红山黄帝族的"轩辕玉帝"（勾云形器Ⅲ型）。第二例是湖南宁乡出土商代大禾方鼎的"黄帝四面"，"黄帝"虽从勾云形纹变成人脸，然而双耳上下的斗形纹和龙形纹，分别标示夏商周天子的两种天文对位：北斗七星（这一对位始于上古），苍龙七宿（这一对位始于中古）。

辨明"勾云形器"三型的形制差异和功能差异之后，另有两点补充。

其一，夏商周黄帝族不仅承袭了兴隆洼黄帝族的北斗之神"玄豕"（即天猪），而且承袭了红山黄帝族的北斗之神"玄鼋"（即天鼋），成为商周金文常见的两种族徽（表2-2）。

表2-2　商周金文玄豕（天猪）、玄鼋（旋鼋）

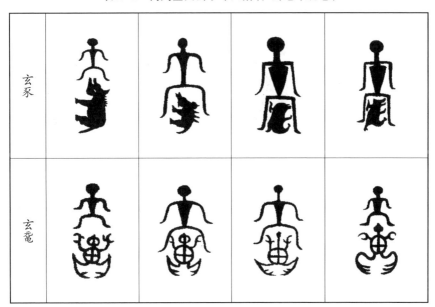

商周金文的"玄豕"族徽（表2-2上排），源于兴隆洼黄帝族的族名"豨韦氏"，是中原黄帝族一支的族名。正如北方黄帝族"豨韦氏"后裔的一支，后来成了成吉思汗蒙古族的族名"室韦氏"（实为"豕韦氏"）。

商周金文的"玄鼋"族徽（表2-2下排），源于红山黄帝族的族名"玄鼋氏"，是中原黄帝族的总名，仅是后来改写为"轩辕氏"。

商周金文的"玄鼋"族徽，远远多于"玄豕"族徽，证明红山黄帝族的北斗之神"玄鼋"，逐渐替代了兴隆洼黄帝族的北斗之神"玄豕"。所以中原黄帝族的族名不再采用兴隆洼黄帝族的族名"豨韦氏"，而是采用红山黄帝族的族名"玄鼋氏"。新石器时代晚期的黄帝族开始使用车轮，于是又把族名"玄鼋氏"改写为"轩辕氏"，此即《释名》所言："黄帝造车，故号轩辕氏。"（《太平御览》七七二引）

其二，红山黄帝族植根北极天象的"玉帝"崇拜形成以后，同样不再受到北极天象的约束，大量制作脱离勾云形器Ⅲ型的人形玉帝，成为红山玉帝的后期形制。不过由于上古以降的数千年盗掘，以及近代以来的文物外流，目前所见的六例红山玉帝后期形制，均非出于科学发掘，出土地点不明，散见于中外博物馆（图2-19）。

图 2-19　红山玉帝晚期形制

红山玉帝的后期形制，头部非人非兽，手足均取人形，威严肃穆，气象不凡，其为人形天帝无疑。五官浑沌不明，角数多寡不等，各有天文内涵和宗教内涵，兹不深究。六例均为曲腿蹲姿，因为《山海经》所记上古华夏神话，北极帝君名叫"帝俊"，"俊"通"踆"，"踆"训蹲。五例双手按膝，一例双臂曲抱（图2-19.5）。五例均为单人，标示北极天帝唯我独尊。一例雌雄合体（图2-19.6），承袭黄帝族的雌雄北斗之神，当属北极帝君、北斗星君合一的至高神。目前尚未发现中古夏商周对红山玉帝后期形制的承袭，可能是因为夏代黄帝族源于华夏西北的石峁黄帝族（详见龙山章），导致了华夏东北的红山黄帝族这一玉帝形制在中古以后失传。

综上所述，红山黄帝族把北极天象拟形为"旋龟"以后，创制了观天玉器"旋垣"（勾云形器Ⅰ型），进而创制了专祭北斗星君的祭天玉器"玄鼋"（勾云形器Ⅱ型），以及专祭北极帝君的祭天玉器"轩辕"即"玉帝"（勾云形器Ⅲ型）。

中古以后，"玄鼋"成为黄帝族的族徽，"轩辕"成为黄帝族的族名，"玉帝"成为"玉皇大帝"的源头。"玉帝"的全称"玉皇大帝"，"玉"训玉制，"皇"训上古，证明"玉皇大帝"正是源于上古黄帝族的玉制北极天帝。

三 黄帝族威仪玉器的天文对位

黄帝族的观天玉器和祭天玉器，又衍生了黄帝族的两种威仪玉器。每种威仪玉器，均有明确的形制来源和精确的天文对位、宗教内涵。

1.束发玉冠上通北极玉帝

黄帝族的第一种威仪玉器，是酋长专用的束发玉冠（图2-20.3）；形制取自黄帝族的第一种观天玉器玉琯（图2-20.1、2）。

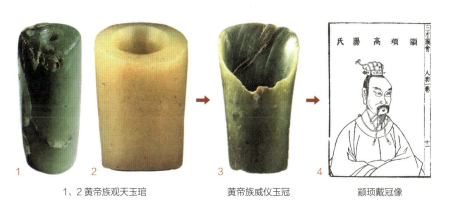

1、2 黄帝族观天玉琯　　　　黄帝族威仪玉冠　　　　颛顼戴冠像

图2-20 从观天玉琯到威仪玉冠

兴隆洼的观天玉琯（图2-20.1），牛河梁的观天玉琯（图2-20.2），均有向上的斜口，便于夜观星象之时，紧贴眼部，倾斜向上。

牛河梁的每座酋长大墓，墓主头顶均有斜口的束发玉冠（图2-20.3）。

红山黄帝族正是仿照观天玉琯制作了酋长的威仪玉冠：一是模仿观天玉琯的斜口，标示酋长玉冠的形制来源。二是模仿玉琯钻通中孔，标示酋长受命于北极天帝而权力通天。三是对应斗魁四星的倒梯形，标示酋长的天文对位是北斗七星，宗教对位是北斗猪神。

玉冠下端的两侧，均有穿绳的小孔。明代《三才图会》的颛顼戴冠像（图2-20.4），揭示了上古黄帝族酋长佩戴玉冠的方式：绳子从头顶绕到下颌打结，即可固定玉冠。颛顼正是启动"炎黄之战"、击败神农族首领"蚩尤"的"黄帝玄鼋氏（轩辕氏）"酋长。中古夏商周的黄帝族天子、诸侯、贵族束发冠，承袭了上古黄帝族酋长的束发冠。尽管中古以后束发冠日益豪华，但是基本形制承袭上古，四千年不变。

束发与否，是黄帝族与农耕三族的重要区别。

《易传·系辞》记载："黄帝尧舜垂衣裳，而天下治。"黄帝族通过五位酋长颛顼、帝喾、唐尧、虞舜、夏禹的连续征伐，终于征服农耕三族，建立了中国第一王朝夏朝，也制定了中国最早的衣冠制度。黄帝族认为"身体发肤，受之父母，不敢毁伤，孝之始也"（《孝经》首章），所以束发而不断发。

农耕三族均无束发传统。南蛮族酋长的三叉形玉冠，并非束发玉冠（详见南蛮章）。《庄子·逍遥游》记载："宋人资章甫而适诸越，越人断发文身，无所用之。"宋国是商族遗邦，其章甫冠近承商代黄帝族的束发冠，远承上古黄帝族的束发冠。越人是上古南蛮族后裔，仍然断发而不束发。

夏商周的衣冠制度，用于区分君臣尊卑，确立上下等级，主要是黄帝族"君子"束发而冠，伏羲族"小人"披发无冠。庄子继承老子，弘扬伏羲之道，批判黄帝族"君子"，颂扬伏羲族"小人"，主张"天之小人，人之君子；天之君子，人之小人"（《大宗师》），所以《庄子》全书反复颂扬"披发"的农耕族"小人"。《庄子·寓言》"向也括撮而今也披发"，对举黄帝族的"括撮"（束发）和伏羲族的"披发"。《庄子·田子方》"孔子见老聃，老聃新沐，方将披发"，"披发"无冠的老聃，教诲了束发戴冠的孔子，因为孔子赞扬黄帝族的"束发右衽"，鄙弃伏羲族的"披发左衽"（《论语·宪问》)。《庄子·渔父》中，"披发"无冠的渔父，教诲了束发戴冠的孔子。《庄子·达生》中，束发戴冠的孔子，赞扬了"披发行歌而游于塘下"的吕梁丈夫。道教道士登坛作法无不披发，《三国演义》描写诸葛亮登坛作法借东风，同样是扮作道士而披发，因为道教之道、老庄之道全都承袭上古伏羲之道。李白名句"人生在世不称意，明朝散发弄扁舟"，也以散发无冠隐喻在野，而以束发戴冠隐喻在朝。

红山文化独有的束发玉冠，正是颛顼以降夏商周天子的束发玉冠，再次证明红山黄帝族是夏商周黄帝族的上古祖族。

黄帝族仿照观天玉琯制作酋长玉冠，意为酋长拥有"通天"法力，隐喻"君权神授"。威仪玉冠的威仪功能，植根于观天玉琯的观天功能。

2. 玉制权柄对位北斗猪神

黄帝族的第二种威仪玉器，是酋长的玉制权柄。酋长双手所持权柄如果相同，过于单调，有损威仪，因此黄帝族酋长的玉制权柄有两种形制，双手各持一种。

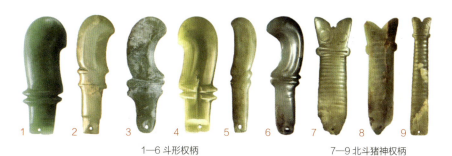

1—6 斗形权柄　　　　　7—9 北斗猪神权柄

图 2-21　黄帝族权柄

其一，斗形权柄，可举六例（图2-21.1—6）。两例出土于赤峰市巴林右旗那斯台，一例出土于赤峰市敖汉旗大甸子，两例是红山文化区域的征集品，一例出土于商代妇好墓。长度在7至15厘米之间，下端均有连接木柄的榫部，总长度适合酋长手持。

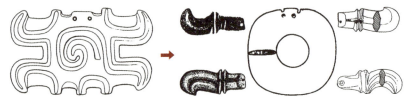

玄鼋（勾云形器Ⅱ型）　　　　　　玄鼋玉璧、斗形权柄

图 2-22　玄鼋与斗形权柄

斗形权柄的形制，取自"玄鼋"（勾云形器Ⅱ型）的四角；正如玄鼋玉璧的形制，取自"玄鼋"的中心。所以四件斗形权柄（威仪玉器），一件玄鼋玉璧（祭天玉器），即可组装还原一件"玄鼋"（祭天玉器）（图 2-22）。

斗形权柄旧名"勾形器"，既无文献证据，又与中国文化脱钩，不过正确辨识出了斗形权柄源于"勾云形器"。

上古黄帝族的玉制权柄，是中古夏商周玉制权柄的源头（详见夏商周章）。中文"权柄"一词，"权"字对应北斗七星的第四星"天权星"（图 2-8.1），"柄"字对应上古至中古的玉制权柄。

其二，北斗猪神权柄，可举三例（图 2-21.7—9），均为红山文化区域的征集品。长度在 9 至 15 厘米之间，下端均有连接木柄的榫部，总长度适合酋长手持。

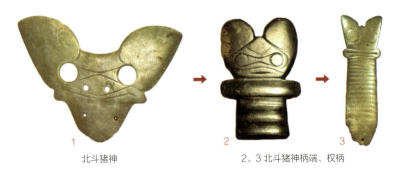

1　北斗猪神　　　　　　　　2、3 北斗猪神柄端、权柄

图 2-23　北斗猪神玉佩与权柄

北斗猪神权柄的形制，是北斗猪神另加长柄（图 2-23）。

上古黄帝族酋长权柄的两种形制之所以均与北斗有关，正是因为酋长的天文对位是北斗七星，宗教对位是北斗猪神。

综上所述，上古黄帝族酋长主要有两种威仪玉器：一是取自观天玉琯、象征酋长权力通天的斜口束发玉冠。二是取自祭天玄鼋、象征酋长对位北斗七星的北斗猪神权柄。

两种威仪玉器既明，只要找到上古黄帝族酋长的经典造型，即可还原其威仪造型。

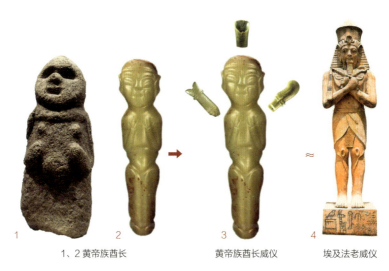

1	2	3	4
1、2 黄帝族酋长		黄帝族酋长威仪	埃及法老威仪

图2-24　黄帝族酋长与埃及法老威仪造型

考古发现的上古黄帝族酋长造型，见于内蒙古赤峰林西县西门遗址出土的兴隆洼文化酋长石像（图2-24.1），又见于牛河梁出土的红山文化祭司玉人（图2-24.2）。两者造型相同，均为双臂曲肘上举，仰首双目望天，证明其为上古黄帝族酋长兼祭司的经典造型。

上古黄帝族信仰政教合一的萨满教，酋长兼为祭司（巫师），所以只要为牛河梁的祭司玉人（图2-24.2）配上威仪玉器，就是黄帝族酋长兼祭司的威仪造型（图2-24.3）。

黄帝族酋长的威仪造型，酷似埃及法老的威仪造型（图2-24.4），是因为上古黄帝族和古埃及人同处北半球，观测相同的天象，发现相同规律（仅是天文分区和天象拟形有异），又都认为酋长、君王是天神下凡。

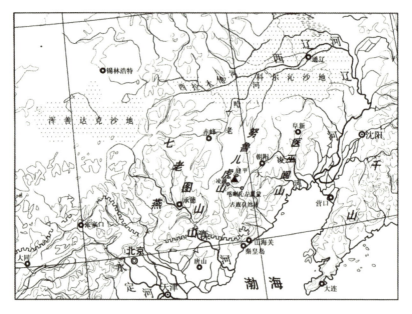

图 2-25　牛河梁（三角处）与医巫闾山（三角右）

　　紧邻上古黄帝族第一祭祀中心牛河梁的"医巫闾山"（图 2-25），是上古黄帝族举行巫术仪式的重镇，中古文献多有记载。

　　《周礼·夏官·职方氏》："东北曰幽州，其山镇曰医无闾。"郑玄注："医无闾在辽东。"

　　《楚辞·远游》："朝发轫于太仪兮，夕始临乎於微闾（医无闾）。"

　　《旧唐书·礼仪志四》："北镇医无闾山，于营州。"

　　综上所述，上古黄帝族酋长的威仪玉器，或者取自观天玉器，或者取自植根于观天玉器的祭天玉器，均有精确的天文历法对位和宗教神话内涵。

四　黄帝族装饰玉器的天文内涵

　　黄帝族的玉器，处于华夏玉器史的起源阶段和早期阶段，绝大部分都是观天玉器、祭天玉器、威仪玉器，装饰玉器较少。本书选取艺术成就较高的几件装饰玉器精品，略言其天文历法对位和宗教神话内涵。

其一，东山嘴的双龙首玉珩。

双猪首玉佩

2 龙首玉玦

3 双龙首玉珩

图2-26 双龙首玉珩的形制来源

辽宁喀左东山嘴出土的红山文化双龙首玉珩（图2-26.3），雕饰精美，堪称华夏第一玉珩，是夏商周玉珩的祖型。其龙首形象，源于龙首玉玦（图2-26.2），象征伏羲族的苍龙七宿。其双龙首形式，源于双猪首玉佩（图2-26.1），象征黄帝族的北斗猪神。

整体的弯弧形，象征北极七星斗部四星的覆斗形、天盖形，表现黄帝族的"盖天说"。

双龙首玉珩虽是装饰玉器，每一细节仍然具有精确的天文历法对位和宗教神话内涵。

其二，牛河梁的玉凤。

牛河梁第十六地点4号墓出土的红山文化玉凤（图2-27），雕饰精美，堪称华夏第一玉凤，是夏商周玉凤的祖型。

凤形是伏羲族对西方七宿的早期拟

图2-27 牛河梁玉凤

形。目前考古所见的东龙西凤，可以追溯到先仰韶期（前5200）的陕西宝鸡北首岭下层（图2-28.1）。

虽然仰韶中期（前4500）的伏羲族用东龙西虎（图2-15.2）取代了东龙西凤，导致东龙西凤降为民俗化的吉祥图案，但是凤形仍与龙形一样源于天文。

其三，牛河梁的龙凤玉佩。

1　伏羲族龙凤陶纹　　2　黄帝族龙凤玉佩　　3　后世龙凤图式

图 2-28　从龙凤陶纹到龙凤玉佩

牛河梁第二地点23号墓出土的红山文化龙凤玉佩（图2-28.2），雕饰精美，堪称华夏第一龙凤玉佩，是夏商周龙凤玉佩的祖型。

玉佩的上端中间和下端中间，均有用于穿绳悬挂的小钻孔。

第一种悬挂方式是左凤右龙（图2-28.2所示）。这是伏羲族天图、地图的方位：左西右东，上北下南。

第二种悬挂方式是左龙右凤（图2-28.2旋转180°）。这是黄帝族天图、地图的方位：左东右西，上南下北。

上下两个钻孔说明，黄帝族在接受伏羲族先进天文历法之后，曾在两种图式之间摇摆。本书采用伏羲族图式予以说明。

伏羲族的左凤右龙图式，可以追溯到先仰韶期（前5200）陕西宝鸡北首岭的彩陶壶（图2-28.1）：右龙为阳，标示上半年；左凤为阴，标示下半年。

后世的标准龙凤图式（图2-28.3），承袭伏羲族的左凤右龙。

其四，那斯台的玉鹰和牛河梁的玉鸮。

那斯台玉鹰 　　　　　　　　　　　　牛河梁玉鸮

图 2-29　黄帝族天鸟的两种形制

巴林右旗那斯台出土的红山文化玉鹰（图2-29.1），是上古黄帝族天鸟的早期形式。

双翅拟形北极七星斗部四星的覆斗形、天盖形，正如表2-1"轩辕"（勾云形器Ⅲ型）第3例（台北故宫博物院藏），"玉帝"的帝冕也是拟形北极七星斗部四星的覆斗形、天盖形。

双翅各有四羽。右翅四羽标示上半年四大节气：立春、春分、立夏、夏至。左翅四羽标示下半年四大节气：立秋、秋分、立冬、冬至。

鹰尾六羽，标示六月。其上双爪，分别执掌半年，合计一年十二月。

牛河梁第二地点23号墓出土的红山文化玉鸮（图2-29.2），是上古黄帝族天鸟的后期形式。

上下两个鸮首，拟形伏羲连山历河图的标准图式。两个鸮首共计四目，对应四季。

左右各有七线六羽，拟形伏羲连山历之东七山、西七山的七山六谷，标示上半年六月和下半年六月。夏商周玉钺、玉戚承袭这一传统，两侧各有六扉齿，标示上半年六月和下半年六月（详见夏商周章）。

综上所述，黄帝族的装饰玉器，深受观天玉器、祭天玉器、威仪玉器影响，仍然具有精确的天文历法对位和宗教神话内涵，仅是略有稀释。装饰玉器虽然淡化了观天玉器、祭天玉器、威仪玉器的神圣性，增强了美化生活的世俗性，仍然植根于天象崇拜和把天象神圣化的宗教崇拜。

比如祭天玉玦源于观天玦管的截面，原本并非耳环。但是古人把天象崇拜转化为宗教崇拜以后，就会仿照观天玦管、祭天玉玦制作耳环，于是产生了作为装饰玉器的玦形耳环。佩戴玦形耳环的风俗，植根于天象崇拜和把天象神圣化的宗教崇拜。

结语　黄帝族玉器无不源于天文

上古黄帝族玉器是华夏玉器的起源，观天玉器是最早玉器，祭天玉器、威仪玉器、装饰玉器全都植根于观天玉器。四类玉器无不源于天文，均有精确的天文历法对位和把天象神圣化的宗教神话内涵。

黄帝族的琢玉技术较低，玉料来源不足，玉器产能有限，而玉器硬度很高，加工不易，所以黄帝族的玉器主要是神圣的观天玉器、祭天玉器、威仪玉器，较少世俗的装饰玉器。

2015年1月1日—2016年9月13日八稿

第三章

万字开天，天帝骑猪

——南蛮族祭天、威仪、装饰玉器总论

内容提要　本章根据考古、文献双重证据，论证良渚文化是上古南蛮族的文化，是中古南蛮族、百越族的祖族；良渚文化的祭天玉器、威仪玉器、装饰玉器植根于观天玉器，均有精确的天文历法对位和宗教神话内涵。

关键词　河姆渡四季北斗合成符"万字符"；良渚神徽"天帝骑猪巡天图"；良渚两大神像；良渚纹样三种图式；良渚玉钺成为越族族名。

弁言　南蛮族玉器后来居上

上古南蛮族是晚亚洲人东支的南小支，父系Y染色体是O1、O2[1]。在距今七千年的仰韶初期（前5000）进入玉器时代，晚于黄帝族一千年。

南蛮族的文化发祥，始于长江下游的最大支流钱塘江流域。

新石器时代早期，南蛮族开启了全球最早的稻作农业（前8500）。目前发现的最早文化类型，是钱塘江南岸的浙江浦江上山文化（前9000—前7000），只有石器、陶器，没有玉器。其后的浙江余姚河姆渡文化（前5000—前3000），出现了深受黄帝族玉器影响的南蛮族最早玉器。

---

[1]　详见张远山：《伏羲之道》13页，岳麓书社2015。作品集第十六卷9页。

新石器时代中期，钱塘江北岸的浙江萧山跨湖桥文化（前6000—前5000），仍然没有玉器。其后的浙江嘉兴马家浜文化（前5000—前4000）、上海青浦崧泽文化（前4000—前3300），也出现了深受黄帝族玉器影响的玉器。

新石器时代晚期，钱塘江北岸的浙江余杭良渚文化（前3300—前2200），抵达了南蛮族玉器的顶峰，一举超越黄帝族玉器，领跑玉器三族。

一　河姆渡南蛮族的玉器发轫

南蛮族的玉器文化，起源于天文历法，发轫于河姆渡文化（前5000—前3000）。由于玉器刚刚发轫，河姆渡南蛮族记载天文历法的最初载体，并非全是玉器，而是混用石器、骨器、象牙器、陶器、玉器等各种材料。

1. 南蛮族、黄帝族的玉玦同异

河姆渡南蛮族的玉器，从仿效黄帝族玉器起步，琢玉技术较低，只能制作小型的观天玉琯和观天玦琯，不能有效地夜观星象，于是另外制作了长达二三十厘米的髹漆木管，开创了华夏七千年漆器史（详见观天玉器章）。河姆渡南蛮族通过"用管窥天"（《庄子·秋水》），初步掌握了天象循环的基本规律，创制了指导农耕的简单历法。

河姆渡南蛮族又仿效黄帝族，按照观天玦琯的截面，制作了祭天玉玦。

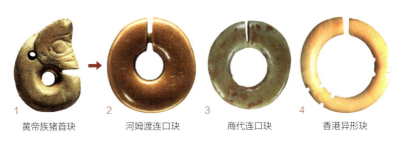

| 1 | 2 | 3 | 4 |
| 黄帝族猪首玦 | 河姆渡连口玦 | 商代连口玦 | 香港异形玦 |

图 3-1　南蛮族玉玦源于黄帝族玉玦

河姆渡的大部分玉玦，仿效黄帝族的普通玉玦，玦口全断，标示新旧年的分界。但有一件特殊玉玦，仿效黄帝族的猪首玦（图3-1.1），玦口相连（图3-1.2），标示新旧年似断实连。玦口打磨光滑，证明其为有意制作，是玉玦并非耳环的重要证据。山东滕州前掌大商墓也出土了一件商代连口玦（图3-1.3），命义相同。有人认为玉玦是技术不足导致的特殊玉璧，因为古人不能钻通玉璧内孔，先用线割到达玉璧中部，再用线割取下中部玉料，于是形成了玉玦。上古河姆渡和商代前掌大的连口玉玦，证明这一观点无法成立。

玉玦并非耳环的另一证据，是香港屯门涌浪新石器时代遗址出土的一件南扩南蛮支族异形玦，玦身的正东方位和西南方位，共有定位星象的八处缺口（图3-1.4），也是打磨光滑的有意制作。

黄帝族首创的玉玦，以玦身标示天象的一年循环，以玦口标示新旧年的交接点。仿效黄帝族玉玦的东夷族玉玦、南蛮族玉玦，同样如此。但是玉器三族的祖地，位于华夏东部沿海的上中下，纬度不同，气候不同，各以不同节气为新旧年交接点，所以标示新旧年交接点的玉玦玦口，方位也不相同。

黄帝族居于北纬45°左右的西辽河流域，春分（约3月21日）以后开始转暖，以北斗斗柄指向正东"春分"为新旧年交接点，所以兴隆洼文化的玉玦，红山文化的猪首玦，小河沿文化的龙首玦，玦口均在正东；"黄帝后天八卦"也以对应"春分"的正东震卦为第一卦，谓之"帝出乎震"（《易传·说卦》）。

"炎黄之战"以后，黄帝族南下入主中原，从西辽河流域南移至黄河流域，夏历《连山》承袭神农归藏历，把新旧年交接点从正东"春分"调整为东北"立春"；"黄帝后天八卦"也相应地调整为以对应"立春"的东北艮卦为第一卦，谓之"《连山》首艮"[1]。

东夷族居于北纬35°左右的黄河下游和淮河流域，立春（约2月5日）以后开始转暖，以北斗斗柄指向东北"立春"为新旧年交接点，玦口位于东北。——伏羲族居于黄河上游、中游，纬度与东夷族相同，神农归藏历也以东北"立春"为新旧年交接点。

---

[1] 详见张远山：《伏羲之道》250页，岳麓书社2015。作品集第十六卷269页。

南蛮族居于北纬25°左右的长江流域，冬至（约12月21日）以后开始转暖，以北斗斗柄指向正北"冬至"为新旧年交接点，玦口位于正北。

2. 双鸟象牙佩和四鸟兽骨尺

河姆渡南蛮族以正北"冬至"为新旧年交接点的证据，除了河姆渡连口玦，另有河姆渡出土的双鸟象牙佩和四鸟兽骨尺。两者根据南蛮族的太阳鸟神话，以太阳鸟的形象记录天文知识。

《山海经》记载了南蛮族的太阳鸟神话，见于《海外东经》《大荒东经》，对应南蛮族方位。

汤谷上有扶桑，十日所浴，在黑齿北。居水中，有大木，九日居下枝，一日居上枝。（《海外东经》）

汤谷上有扶木，一日方至，一日方出，皆载于鸟。（《大荒东经》）

考古证据与文献证据的契合，证明至迟在河姆渡时期，南蛮族已经认为日月星辰行于天空，乃由神鸟背负。所以河姆渡的双鸟象牙佩、四鸟兽骨尺，均以太阳鸟记录天文知识。

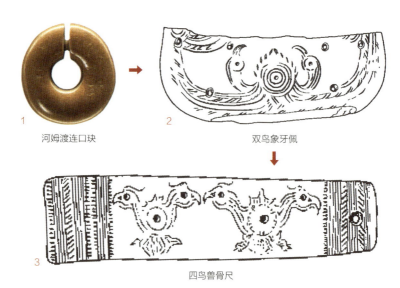

1 河姆渡连口玦   2 双鸟象牙佩

3 四鸟兽骨尺

图 3-2　河姆渡双鸟象牙佩与四鸟兽骨尺

河姆渡出土的双鸟象牙佩（图3-2.2），一鸟标示半年，双鸟标示全年。双鸟之首合围于正北"冬至"，同于河姆渡连口玦（图3-2.1）。

中孔标示北极"帝星"，九孔标示"北斗九星"。帝星外的四圈，标示北斗九星围绕帝星四季旋转。

河姆渡南蛮族所处的新石器时代中期，北斗九星均属恒显圈，全年均在地平线以上，所以把北斗九星的第九星"招摇"作为全年的指时星。此即《淮南子·时则训》所言（十二地支方位，见下图3-4）：

孟春之月，招摇指寅；

仲春之月，招摇指卯；

季春之月，招摇指辰。

孟夏之月，招摇指巳；

仲夏之月，招摇指午；

季夏之月，招摇指未。

孟秋之月，招摇指申；

仲秋之月，招摇指酉；

季秋之月，招摇指戌。

孟冬之月，招摇指亥；

仲冬之月，招摇指子；

季冬之月，招摇指丑。

由于地球自转轴的陀螺式摇摆而导致的岁差，西汉时期"招摇"已经越出恒显圈，部分时间转入地平线以下，不能充当全年指时星，因此《淮南子·时则训》所言"招摇指时"，实为新石器时代中期流传下来的天文知识。只不过新旧年交接点，是"招摇指寅"的立春，采纳承袭神农归藏历的西汉太初历。

《山海经》第一卷《南山经》的第一山"招摇之山"，同样对应南蛮族方位，同样证明新石器时代中期的南蛮族以"招摇星"为全年指时星。"招摇"星名，正是"招摇"山名向上投射的结果，原理同于伏羲连山历把二十八山向上投射为二十八宿[1]。"招摇之山"位于正南夏至方位，是因为南蛮族最初以夏至为新年之始，华夏南部的很多少数民族至今如此。

河姆渡出土的四鸟兽骨尺（图3-2.3），一鸟标示一季，双鸟标示半年，四鸟标示一年四季。中间两个鸟首相衔，标示上下半年相衔的"夏至"。

中孔标示北极"帝星"，七孔标示"北斗七星"。帝星外的圆圈，标示北斗七星围绕帝星旋转。

或问：河姆渡南蛮族为何既用双鸟象牙佩的九孔标示"北斗九星"，又用四鸟兽骨尺的七孔标示"北斗七星"？

因为河姆渡南蛮族不仅发现了定位北极"帝星"的"北极七星"，而且发现了北极七星、北斗七星的相似、相对，于是减去北斗九星的第八星"玄戈"、第九星"招摇"，让北斗七星与北极七星配套，成为揭示天象循环核心奥秘的"北极天象图"。

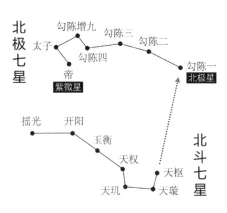 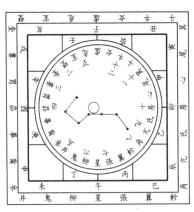

图 3-3　新石器时代中期北极天象图　　　图 3-4 西汉占星盘的斗柄指时

新石器时代中期的"北极天象图"（图3-3），要义可用四句十六字概括：三星指帝，二星指极。双斗相对，斗柄指时。

三星指帝：即北斗斗柄"摇光""开阳""玉衡"三星形成的箭头，指向

---

[1]　详见张远山：《伏羲之道》52页，岳麓书社2015。作品集第十六卷50页。

北极"帝星"（俗称紫微星）。

二星指极：即北斗斗魁"天璇""天枢"二星的连线，指向北极七星的第一星"勾陈一"（俗称北极星）。

双斗相对：即北极七星的斗部四星为正梯形的覆斗，北斗七星的斗部四星为倒梯形的仰斗。

斗柄指时：即北斗七星每年旋转一周，斗柄可作四季的指针。

中古夏商周承袭了始于新石器时代中期的"斗柄指时"知识，谓之"斗建"。举其四证如下。

其一，《大戴礼记·夏小正》（撮引）："正月斗柄悬在下，六月斗柄正在上。"黄帝族的天图和地图，以下为北，以上为南。斗柄在下，即冬至指向正北；斗柄在上，即夏至指向正南。

其二，《逸周书·周月解》："斗柄建子，始昏北指。"子位是十二地支之首，标示正北冬至（图3-4）。

其三，《鹖冠子·环流》："斗柄东指，天下皆春；斗柄南指，天下皆夏；斗柄西指，天下皆秋；斗柄北指，天下皆冬。"

其四，《淮南子·天文训》："帝张四维，运之以斗；月徙一辰，复反其所。正月指寅，十二月指丑；一岁而匝，终而复始。"

3. 四鸟万字符和北斗猪神

河姆渡南蛮族不仅用双鸟象牙佩记录北斗九星的"招摇指时"，用四鸟兽骨尺记录北斗七星的"斗柄指时"，而且创造了"斗柄指时"的完美符号——四鸟万字符（图3-5.1）。

河姆渡四鸟万字符的拟形过程，大致如下：

首先，把四季北斗合成为圆心的万字符，拟形为四鸟颈。

然后，让圆心的四鸟颈延伸，拟形为圆周的四鸟首，分解为四季北斗：一个鸟首拟形一季北斗，一个鸟嘴拟形一季斗柄（图3-5.2）。

河姆渡南蛮族运用高超的图像思维，自我论证了万字符是四季北斗的合成符号，巧妙阐释了万字符的"斗柄指时"功能。

河姆渡四鸟万字符是对应地球逆时针旋转的地盘卐，后来又衍生出对

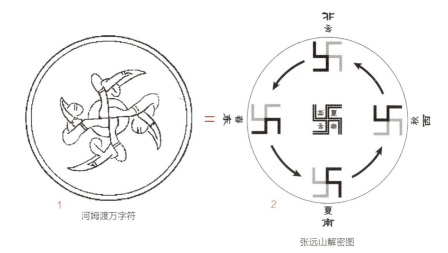

1 河姆渡万字符   2 张远山解密图

图3-5 河姆渡万字符解密

应天球顺时针旋转的天盘卍。上古华夏的两种万字符，完美对应天地的相对旋转（详见万字符章）。

河姆渡南蛮族不仅创造了"斗柄指时"的完美符号，而且与伏羲族、黄帝族、东夷族一样崇拜北斗猪神。

1 河姆渡   2 马家浜

3 河姆渡   4 崧泽

图3-6 南蛮族北斗猪神

河姆渡文化所在的宁绍平原，马家浜文化所在的环太湖平原，出土了大量的南蛮族陶猪（图3-6.1、2），均非人间凡猪，都是北斗猪神。

河姆渡黑陶方钵的外壁，刻着北斗猪神（图3-6.3）：猪腹中心是北极帝星，左侧是水稻禾苗，右侧是水稻谷穗。意为北斗猪神围绕帝星旋转，导致了季节变化，带来了农业丰收。

崧泽文化承袭河姆渡文化、马家浜文化，把黑陶匜塑成了威严肃穆的北斗猪神（图3-6.4）。

综上所述，河姆渡南蛮族不仅与黄帝族一样，以北斗七星为天文核心，以北斗猪神为宗教核心，而且创造了完美图解北斗七星"斗柄指时"的万字符。

二　良渚南蛮族的玉器超越

南蛮族在河姆渡文化、马家浜文化时期，接受了黄帝族的玉器文化。在崧泽文化时期，接受了伏羲族的彩陶文化及其先进天文历法。到了良渚文化时期，农业生产力和玉器生产力突飞猛进，形成了版图广袤的良渚酋邦（图3-7），建造了300万平方米的良渚反山都城（与神农族酋邦的山西陶寺都城规模相当），制作了高达半米的良渚玉琮，抵达了南蛮族农耕文化、玉器文化的双重顶峰。

1. 良渚琯王的纹样密码

良渚反山12号墓，是良渚文化遗址中出土玉器最多、玉器规格最高的顶级大墓，已被公认为良渚酋邦的王级大墓。墓中出土的多件良渚文化顶级玉器，均被誉为同类良渚玉器之王，比如一件祭天玉琮被誉为"良渚琮王"（详下图3-15.1），一件威仪玉钺被誉为"良渚钺王"（详下图3-22.1）。

该墓出土的十二月神玉琯（图3-8），堪称"良渚琯王"。然而很多学者不知其为观天玉琯，称为"筒形器"或"琮形管"而不予重视。其实十二月神玉琯的重要性，远远超过"良渚琮王""良渚钺王"，是解密良渚

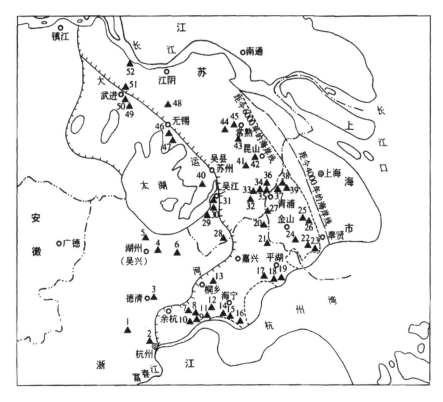

图 3-7　良渚文化分布图

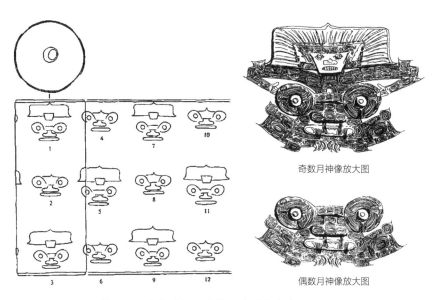

奇数月神像放大图

偶数月神像放大图

图 3-8　南蛮族十二月神玉琮（良渚反山 M12）

玉器的形制、纹样及其天文历法内涵的第一重器。

十二月神玉琮的琮身纹样，图解河姆渡万字符的"斗柄指时"：四面十二神像，标示四季斗柄指示十二月。一面三神像，标示一季斗柄指示三月。交替排列两种神像，标示单双月。

交替排列两种神像标示单双月的最早之例，见于仰韶文化中期（前4000）陕西南郑龙岗寺的伏羲族十二月神彩陶罐（图3-9）：上下两排各六神，标示上下半年各六月。交替排列两种神像，标示单双月。

图3-9 伏羲族十二月神彩陶罐（陕西南郑龙岗寺）

《山海经》记载了伏羲族的两种神像，见于《海外北经》《大荒北经》，对应伏羲族方位。

钟山之神，名曰烛阴，视为昼，瞑为夜。（海外北经）
有神，人面蛇身而赤，直目正乘，其瞑乃晦，其视乃明，不食不寝不息，风雨是谒。是烛九阴，是为烛龙。（大荒北经）

"钟山"实为中央之山"昆仑山"，亦即建有昆仑台之山。"钟山之神"实为"昆仑之神"，亦即天文历法之神（详见昆仑台章）。龙岗寺十二月神彩陶罐的两种神像，均为"昆仑之神"：睁眼神像，是"其视乃明"的"烛龙"；闭眼神像，是"其瞑乃晦"的"烛阴"[1]。

考古证据与文献证据的契合，证明至迟在仰韶中期（前4000），伏羲族的图像历已经交替排列两种神像标示单双月，比良渚十二月神玉琮使用同一方法早一千年。良渚南蛮族接受了东扩伏羲支族带来的彩陶及其先进天文历法，也学会了这一方法。

2. 良渚酋邦的两大神像

河姆渡四鸟万字符，是北极天象的天文拟形（图3-10左）。良渚十二月神玉琮的两种神像，则是以天文拟形为基础、把天象神圣化的宗教拟形（图3-10右）。

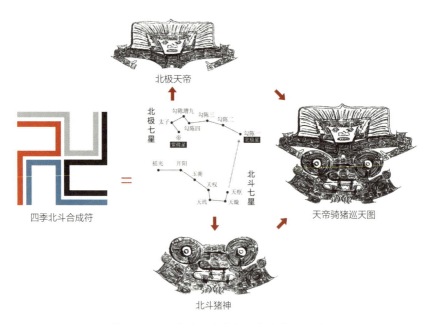

图 3-10　南蛮族万字符和天帝骑猪巡天图

良渚南蛮族把北极七星拟形为"北极玉帝"（图3-10中上）：斗部四星"帝星""太子星""勾陈增九""勾陈四"，拟形为玉帝的帝冕。斗柄三星

---

[1]　详见张远山：《伏羲之道》37页，岳麓书社2015。作品集第十六卷34页。

"勾陈三""勾陈二""勾陈一"，拟形为玉帝的左臂。玉帝的右臂，则是完型化的想象性添加。

"北极玉帝"的天文识别标志，是帝冕对应北极七星的覆斗四星，又称"天盖"。但是良渚南蛮族为北极玉帝添加的拟人化细节，导致了后人的辨识困难。

良渚南蛮族又把北斗七星拟形为"北极玉帝"四季巡天的坐骑，亦即"北斗猪神"（图3-10中下）：斗魁四星"天枢""天璇""天玑""天权"，拟形为天猪的眼鼻四孔。斗柄三星"玉衡""开阳""摇光"，拟形为天猪的右半身。天猪的左半身，则是完型化的想象性添加。

"北斗猪神"的天文识别标志，是眼鼻四孔对应北斗七星的仰斗四星；猪形识别标志，则是野猪独有的上下交叉獠牙。但是良渚南蛮族又为北斗猪神添加了太阳鸟的鸟爪，导致了后人的辨识困难。

植根于北极七星的"北极玉帝"，是良渚至高神。植根于北斗七星的"北斗猪神"，是良渚次高神。两大神像合为"天帝骑猪巡天图"（图3-10右）。

"天帝骑猪巡天图"是良渚玉器的第一纹样，其地位相当于良渚酋邦的国徽，仅仅出现于良渚王和极少数大酋长使用的少量顶级观天玉器、顶级祭天玉器、顶级威仪玉器、顶级装饰玉器。

图3-11　天帝驾车巡天图（东汉武梁祠）

南蛮族把北斗七星拟形为猪，认为天帝骑着北斗之猪四季巡天，于是出现了良渚国徽"天帝骑猪巡天图"。

新石器时代晚期出现车轮以后，中国人又把北斗七星拟形为车，认为天帝驾着北斗之车四季巡天，于是"天帝骑猪巡天图"变成了"天帝驾车巡天图"，图像证据见于东汉武梁祠（图3-11），文献证据见于《史记·天官书》：

> 斗为帝车，运于中央，临制四乡。分阴阳，建四时，均五行，移节度，定诸纪，皆系于斗。

已有很多学者对良渚玉器的第一纹样做过大量研究。注重纹样上部的学者，认为是"天神""神人""祭司""巫师"等等。注重纹样下部的学者，认为是"熊""虎""猛兽""神兽"等等。通常不分上下，统称"兽面纹"，并有一项基本共识：确认良渚玉器"兽面纹"是商周青铜器"饕餮纹"的源头，因此很多学者已把商周青铜器的"饕餮纹"改称为"兽面纹"。

确认良渚"兽面纹"是商周"饕餮纹"的源头，是当代良渚玉器研究的最大成果。但是统称两者为"兽面纹"均不恰当，无法正确阐释良渚玉器第一纹样和商周青铜器第一纹样的天文内涵和宗教内涵。

性崇拜派学者，则一如既往地认为良渚"兽面纹"是生殖崇拜的图腾。有人把猪眼视为睾丸，把猪鼻视为男根，认为是男性生殖崇拜的图腾。有人把猪眼视为乳房，把猪嘴视为女阴，认为是女性生殖崇拜的图腾。

其实"天帝骑猪巡天图"并非生殖崇拜的文化图腾，而是天象崇拜的宗教图腾。

3. 良渚纹样的三种图式

良渚国徽"天帝骑猪巡天图"，包含良渚玉器的两大纹样：取其全图是第一纹样"北极玉帝"，提取下部是第二纹样"北斗猪神"。

良渚南蛮族又从第二纹样"北斗猪神"中，提取猪面，省略猪身，成为第三纹样"斗魁猪神"。因为北斗七星之所以被拟形为猪，正是源于斗魁四星被拟形为猪面的眼鼻四孔。

良渚南蛮族又运用高超的图像思维，把对应三大天象的三大纹样演绎为三种图式，即标准图式、简化图式、星象还原图式（表3-1）。

表 3-1　良渚玉器三大纹样和三种图式

三大天象 → 三大纹样	北极七星 ↓ 北极玉帝	北斗七星 ↓ 北斗猪神	斗魁四星 ↓ 斗魁猪神
标准图式	反山 M12：98	反山 M17：8	反山 M12：97
简化图式	反山 M22：8	反山 M22：11	反山 M12：97
星象还原图式	反山 M15：7	反山 M16：4	反山 M16：3

表3-1三个竖栏，是北极玉帝、北斗猪神、斗魁猪神的三种图式。

第一横栏是标准图式的三大纹样，运用拟形思维，把星象拟形为神像。

第二横栏是简化图式的三大纹样，兼用拟形思维、还原思维，介于神像、星象之间。

第三横栏是星象还原图式的三大纹样，运用还原思维，把神像还原为星象。

每种图式的三大纹样，风格完全相同，不仅体现了图像思维的精纯，而且证明了良渚酋邦对不同贵族、不同场合使用的玉器纹样实行了制度化的严格管理。而其卓越有效的管理能力，证明良渚酋邦已经超越了原始社会的文化形态，迈入了早期国家的文明门槛。

良渚国徽"天帝骑猪巡天图"演绎出的对应三大天象的三大纹样及其三种图式，成为良渚玉器的基本纹样和基本图式。

三 良渚祭天玉器的天文来源

由于南蛮族玉器深受黄帝族玉器影响，因此良渚文化四类玉器的关系，同于黄帝族四类玉器的关系：祭天玉器、威仪玉器、装饰玉器的形制和纹样，无不植根于观天玉器的形制和纹样。祭天玉器的祭天功能，威仪玉器的威仪功能，装饰玉器的装饰功能，无不植根于观天玉器的观天功能。

1. 祭天玉璧源于观天玉琮

良渚南蛮族的第一种祭天玉器是玉璧，取自良渚观天玉琮的截面。玉璧的祭天功能，植根于玉琮的观天功能。

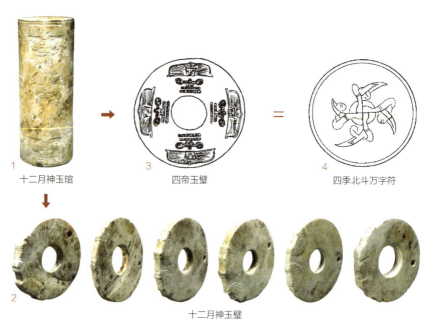

图 3–12　良渚玉璧源于良渚玉琮截面

反山22号墓出土的一套六件十二月神玉璧（图3–12.2），把十二月神玉琮的北斗猪神（图3–12.1中），分刻于六件玉璧，每件玉璧雕刻一对北斗猪神。

台湾收藏家收藏的一件良渚四帝玉璧（图3-12.3），则把十二月神玉琮的北极玉帝（图3-12.1上、下），分刻于四正方位，标示天帝骑猪四季巡天，图解河姆渡万字符的"斗柄指时"（图3-12.4）。

两例良渚玉璧与良渚十二月神玉琮的内在联系，充分证明良渚祭天玉璧取自良渚观天玉琮的截面，具有精确的天文历法对位和宗教神话内涵。

2. 祭天方琮源于观天圆琮

良渚南蛮族的第二种祭天玉器是玉琮，同样源于良渚观天玉琮。玉琮的祭天功能，同样植根于玉琮的观天功能。

图3-13　良渚祭天圆琮8例

良渚玉琮的早期形制，仿照观天玉琮，成为圆柱圆孔的圆琮（图3-13）。由于无须观天，柱体不高，均为单节，矮于观天玉琮。

良渚玉琮的后期形制，柱体从圆变方，成为方柱圆孔的方琮（图3-14）。同样由于无须观天，大多柱体不高，矮于观天玉琮，多为单节或双节；少数柱体较高，高于观天玉琮，节数逐渐增加，最多十九节。

玉琮是实用观天工具，大多不刻神像。圆琮、方琮是祭天专用礼器，均刻所祭神像。

所有圆琮和大多数方琮，均刻第二纹样"北斗猪神"或第三纹样"斗

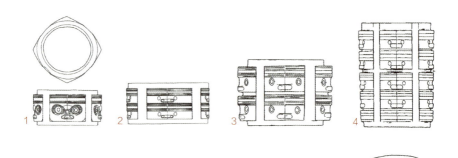

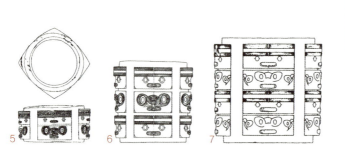

图 3-14　良渚祭天方琮 8 例

　　魁猪神"，不刻第一纹样"北极玉帝"。或为标准图式，或为简化图式，或者仿效十二月神玉琯，交替使用两种图式。

　　良渚玉琮从圆柱变成方柱，原因是良渚南蛮族接受了伏羲族的先进天文历法，首先仿照伏羲族的亚形"昆仑台"建造了方形天文台（详见昆仑台章），然后把玉琮的柱体改成象征天文台的方柱，于是圆琮变成了方琮。

　　天文台的方形，具有观天功能，用于确定四正四维，观测分至启闭。玉琮的方柱，具有祭天功能，用于象征四季北斗的斗柄指时，所以多刻北斗猪神。但是良渚玉琮的北斗猪神，均不刻于对应冬至、春分、夏至、秋分的四正，全都刻于对应立春、立夏、立秋、立冬的四角（图3-14.1、5），证明良渚晚期的南蛮族接受了伏羲族的阴阳合历"神农归藏历"，以立春、立夏、立秋、立冬为四季起点[1]。

---

[1]　详见张远山：《伏羲之道》第二章《神农归藏历》，岳麓书社2015。作品集第十六卷。

顶级良渚方琮兼刻"北极玉帝""北斗猪神"两种纹样，主祭良渚至高神"北极玉帝"，附祭良渚次高神"北斗猪神"。

普通良渚方琮仅刻"北斗猪神"一种纹样，主祭良渚次高神"北斗猪神"，附祭良渚南蛮族的列祖列宗。因为酋长生前对位北斗猪神，死后归位北斗猪神，成为良渚南蛮族的列祖列宗。中古以后所造"琮"字，从玉从宗，仍寓此义。

良渚南蛮族的大酋长、小酋长全都有权祭祀北斗猪神和列祖列宗，所以仅刻"北斗猪神"的普通方琮极多。只有良渚王和少数大酋长（可能是大祭司）有权祭祀北极玉帝，所以兼刻"北极玉帝""北斗猪神"的顶级方琮极少，目前仅见两件（图3-15）。

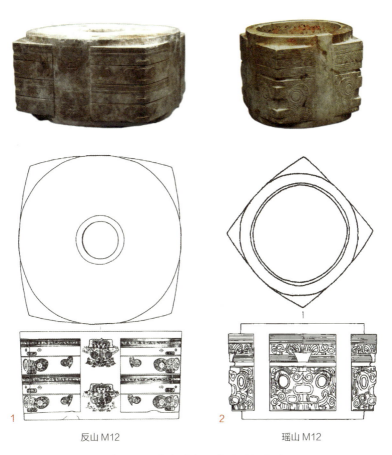

反山 M12　　　　　　　瑶山 M12

图 3-15　祭祀北极天帝的顶级方琮

一是反山良渚王墓M12出土、重达6.5公斤的琮王（图3-15.1），"北极玉帝"刻于四正，"北斗猪神"刻于四角，均为标准图式。

二是瑶山大酋长墓M12出土的玉琮（图3-15.2），"北极玉帝""北斗猪神"全都刻于四角，均为简化图式。

1 观天圆琯　　2 祭天圆琮　　3、4 祭天方琮

图3-16　良渚玉琯衍生圆琮、方琮

综上所述，良渚观天玉琯衍生了良渚祭天圆琮，良渚祭天圆琮又衍生了良渚祭天方琮（图3-16）。祭天圆琮、祭天方琮全都源于观天玉琯，祭天功能全都植根于观天玉琯的观天功能。

良渚晚期的巨型方琮，形制均为上粗下细的倒梯形，拟形斗魁四星的倒梯形；纹样均为刻于四角的斗魁猪神简化图式，形制与纹样构成了互相阐释。中古以后的人们，不知倒梯形拟形斗魁四星，又把斗魁猪神的简化图式视为抽象纹样，误以为上细下粗才是符合平衡原理的正确摆放方式，于是常常颠倒摆放良渚玉琮。酷好古玉的乾隆皇帝，又在颠倒摆放的玉琮上题字，于是博物馆、出版社不得不颠倒展出、颠倒印刷乾隆题字的传世良渚玉琮。

良渚晚期的最高方琮，柱体高达半米，远远超过了观天玉琯的高度。大英博物馆收藏的一件良渚方琮（图3-16.3），高49.5厘米，19节，是目前所知次高的良渚方琮。中国国家博物馆收藏的一件良渚方琮（图3-16.4），高49.7厘米，19节，是目前所知最高的良渚方琮[1]。两者均为19节，再次证明良渚晚期的南蛮族接受了伏羲族的"十九年七闰"神农归藏历。

由于西周把源于良渚的方琮列为祭天六玉之一，所以很多学者仅仅重视良渚祭天方琮，却对良渚祭天圆琮视而不见。又多蹈袭日本学者梅原末治、林巳奈夫等人的错误观点，认为良渚祭天方琮源于良渚装饰玉镯。其实外方的祭天玉琮，不可能源于外圆的装饰玉镯。外圆的祭天圆琮，也不是源于外圆的装饰玉镯，而是源于外圆的观天玉瑄，所以早期祭天圆琮像观天玉瑄一样中孔极小（图3-16.2），无法套入手腕。

四　良渚威仪玉器的天文对位

良渚南蛮族的观天玉器和祭天玉器，衍生出良渚酋长的三种威仪玉器。良渚威仪玉器的纹样，与黄帝族威仪玉器的纹样一样，无一例外均刻北斗猪神，因为酋长的天文对位是北斗七星，宗教对位是北斗猪神。

1. 三叉玉冠上通北极玉帝

良渚南蛮族的第一种威仪玉器，是酋长戴于头顶的玉冠。按照良渚酋邦的三级权力结构，分为三大等级。良渚王、大酋长佩戴纹样图式不同的两种三叉玉冠（旧称"三叉形器"），小酋长佩戴形制不同的无叉玉冠。三种玉冠均不见于普通墓和女性墓，仅见于男性酋长大墓，出土位置均在墓主头顶，证明其为酋长玉冠。

考古发现的16件三叉玉冠，15件出土于浙江余杭的反山、瑶山、汇观山、横山的酋长大墓，仅有1件出土于余杭以外的浙江桐乡普安桥的

---

[1] 中国国家博物馆:《文物中国史》1册150、180页，中华书局2008。称为瑶山七号墓出土，待考。

酋长大墓[1]，证明只有良渚文化核心区域的良渚王、大酋长才能佩戴三叉玉冠。

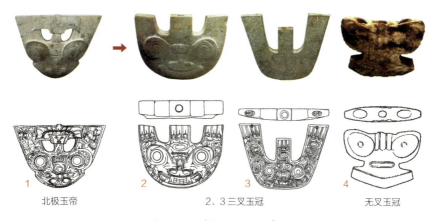

北极玉帝　　　　　　　　　2、3 三叉玉冠　　　　　无叉玉冠

图 3-17　酋长玉冠形制来源

　　三叉玉冠的形制，源于良渚文化的"北极天帝"玉佩（图3-17.1）：减去帝冕、帝面，保留帝颈、帝臂，即为"三叉"（图3-17.2、3）。

　　所以三叉玉冠的寓意有二。

　　其一，玉冠的形制"三叉"，标示北极天帝授权酋长统治人间，象征"君权神授"。

　　其二，玉冠的纹样"北斗猪神"，标示酋长是对位北斗的"天帝之子"，简称"天子"。

　　良渚王、大酋长的三叉玉冠，形制基本相同，纹样均为"北斗猪神"，仅是图式不同：良渚王采用"北斗猪神"的标准图式（图3-17.2），标示其地位等同于"北斗猪神"，是"天帝之子"。大酋长采用星象还原图式（图3-17.3），标示其地位仅次于良渚王。

　　小酋长不能佩戴三叉玉冠，只能佩戴无叉玉冠（图3-17.4），但以猪

---

[1]　反山5件（M12、M14、M16、M17、M20），瑶山7件（M2、M3、M7、M8、M9、M10、M12），汇观山1件（M4），横山2件（M1，M2），普安桥1件（M11）。参看王书敏：《良渚文化三叉形玉器》，《四川文物》2005年2期。

眼中间的三条竖纹象征三叉，标示其地位仅次于大酋长。纹样采用"北斗猪神"的简化图式。

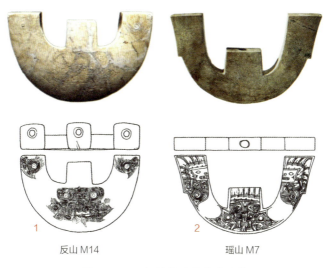

反山 M14　　　　　　瑶山 M7

图 3-18　玉冠纹样对位北斗猪神

三叉玉冠的纹样，通常是中叉雕刻酋长对位的北斗猪神（图3-18.1），左右二叉分刻北极玉帝的双眼。瑶山7号墓的三叉玉冠（图3-18.2），中叉仍刻酋长对位的北斗猪神，左右二叉则把北极玉帝的双眼完型为北极玉帝的半个帝面。

三叉玉冠的中叉，均有上下钻通的深孔，用于插入鸟羽（图3-19）。玉冠的鸟羽和"北斗猪神"的鸟爪，共同源于南蛮族的太阳鸟神话。左右二叉，或者无孔，或有另嵌小件玉饰的浅孔。

图 3-19　良渚酋长戴冠图

良渚酋长的玉冠，灵感来自黄帝族酋长的玉冠。由于两族酋长都对位北斗，所以纹样均为北斗猪神；由于两族的风俗不同，所以形制略有小异。

黄帝族有束发风俗，酋长玉冠仿照观天玉琯而钻通中孔，既有象征权力通天的威仪功能，又有束发的实用功能。

南蛮族有披发风俗，酋长玉冠仿照观天玉琯而钻通中孔，仅有象征权力通天的威仪功能，没有束发的实用功能，上插鸟羽以壮威仪。

2. 通天权柄对位北斗猪神

良渚南蛮族的第二种威仪玉器，是酋长持于手中的玉制权柄，旧称"玉柄形器"或"玉锥形器"。不见于普通墓和女性墓，仅见于男性酋长大墓。每座酋长大墓或有多件，出土位置多在手部，证明其为酋长权柄。

良渚酋长的威仪权柄（图3-20），形制、纹样全都源于祭天玉琮。

祭天玉琮的形制，不便手持，只能供于祭坛，用于祭祀。

威仪权柄的形制，便于手持，标示酋长身份，彰显威仪。

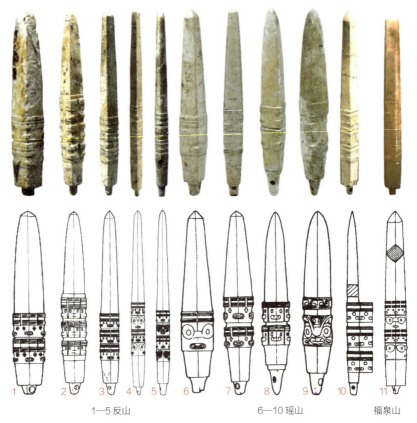

1—5 反山　　　　6—10 瑶山　　　　福泉山

图 3-20　权柄纹样对位北斗猪神

祭天玉琮有北极玉帝、北斗猪神两种纹样，分别用于祭祀至高神"北极玉帝"和次高神"北斗猪神"。

威仪权柄仅有北斗猪神一种纹样，因为酋长是"天帝之子"，不能对位至高神"北极玉帝"，只能对位次高神"北斗猪神"。

良渚酋长的权柄，灵感来自黄帝族酋长的权柄：形制的相似之处是，下端均有连接木柄的榫部；纹样的相似之处是，均刻酋长对位的北斗猪神。

黄帝族酋长有两种权柄，一种拟形北斗之形，标示酋长的天文对位；一种雕刻北斗猪神，标示酋长的宗教对位。

良渚酋长只有一种权柄，形制是中间粗、两头细的菱形柱体，上半部分拟形北极七星之覆斗四星的正梯形，下半部分拟形北斗七星之仰斗四星的倒梯形。纹样均为北斗猪神，刻于权柄中部，标示酋长对位北斗，上承天帝授权，下辖本族万民。

无论是和平时期或战争时期，上古民族均有或主动或被动的族际交往。酋长的威仪造型，植根于本族的文化传统和宗教信仰，在族际交往中，成为本族区别于异族的最高象征。和平时期，酋长的威仪造型可以显示本族的优越。战争时期，酋长的威仪造型具有不战而屈人之兵的威慑功能。各族酋长的威仪造型，既有互相模仿、互相学习的成分，也有互相攀比、互相炫耀的成分，因此相邻文化区域的各族酋长威仪造型，既有某些趋同性，也有某些相异处，因而大同小异。

黄帝族酋长头戴束发玉冠，手持两种威仪权柄，引发了南蛮族不甘示弱的模仿心理和攀比心理，于是南蛮族酋长仿制了不束发而插鸟羽的三叉玉冠，以及独具特色的菱形权柄。

南蛮族酋长单手持有一种权柄，并不担心其威仪造型逊色于双手分持两种权柄的黄帝族酋长，因为南蛮族酋长另有黄帝族酋长没有的第三种威仪玉器——玉钺。

3. 威仪玉钺成为越族族名

良渚南蛮族的第三种威仪玉器，是作为酋长仪仗的玉钺。灵感并非来自黄帝族，而是源于农耕三族均有、黄帝族独无的石钺、陶钺。

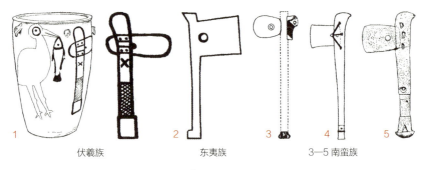

图 3-21　农耕三族石钺、陶钺

南蛮族是长江流域的湿地农耕民族，伏羲族、东夷族是黄河流域的旱地农耕民族，全都需要农耕工具耜、犁。掘地之耜又发展为砍树之斧，所以农耕三族的酋长均有源于实用石斧的威仪石钺、陶钺（图3-21），隐喻"君权神授"的酋长握有杀伐权力。南蛮族、东夷族是农耕三族中的玉器族，所以又有源于石钺、陶钺的玉钺。伏羲族是农耕三族中的彩陶族，所以早期伏羲族仅有石钺、陶钺，没有玉钺，龙山时代的晚期伏羲族才出现了少量玉钺（详见龙山章）。

黄帝族并非农耕民族，新石器时代中期，以游猎为主，以农业为辅，但其沙地农业无需耜、犁耕耘，仅需耒（木棍、石棒）点种。新石器时代晚期，全球气候转暖，长城以北逐渐沙漠化、草原化，沙地又在新石器时代中期的数千年间逐渐耗尽肥力，沙地农业难以为继，于是黄帝族像同一纬度的其他草原民族一样放弃了辅助性农业，从游猎为主转向游牧为主。黄帝族没有耜、犁、斧，也没有源于实用石斧的威仪石钺、陶钺、玉钺[1]。目前在红山文化区域仅仅发现了一件石钺和一件玉钺[2]，并非每座黄帝族酋长大墓均有的威仪玉器，当属黄帝族南下打秋草，得自东夷族、南蛮族的战利品。

南蛮族在河姆渡、马家浜时期，使用骨耜耕地；崧泽时期，开始使用石犁耕地，于是崧泽中期出现了源于石犁的石钺、陶钺，既见于男性墓，

[1]　参看徐中舒：《耒耜考》《耒耜考续》，《农业考古》1983年1、2期。
[2]　牛河梁石钺、玉钺出于N2Z1M9、N16Z1，分见《牛河梁》上册87页、中册429页。

也见于女性墓（比如吴县[1]草鞋山 M38），因为南蛮族当时处于母系氏族社会向父系氏族社会的过渡期。石钺尚有可能被视为实用工具，但是陶钺之易碎，证明其非实用工具，而是威仪礼器。崧泽晚期，南蛮族进入父系氏族社会，出现了华夏全境最早的威仪玉钺，仅见于男性酋长大墓，不见于普通墓和女性墓，证明其为酋长专用的威仪玉器。

良渚玉钺承袭崧泽玉钺，同样按照良渚酋邦的三级权力结构，分为三大等级。

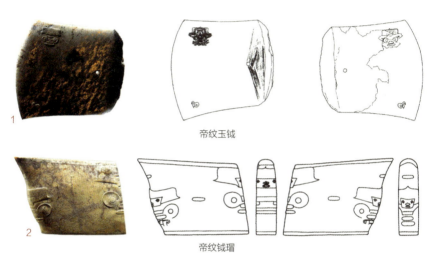

帝纹玉钺

帝纹钺瑁

图 3-22　良渚王刻纹玉钺、刻纹钺瑁（反山 M12）

反山 12 号墓出土了良渚王使用的玉钺和钺瑁（图 3-22），两者均刻"天帝骑猪巡天图"的标准图式，被誉为"良渚钺王""良渚钺瑁王"。这是"天帝骑猪巡天图"属于良渚国徽的最大硬证。

瑶山 7 号墓出土了良渚大酋长使用的玉钺和钺瑁（图 3-23.1、2）。玉钺素面，不刻良渚国徽。钺瑁刻有良渚国徽的简化图式。

良渚小酋长使用的玉钺、钺瑁均为素面，不刻良渚国徽。小酋长的素

---

[1]　现为苏州市唯亭镇。

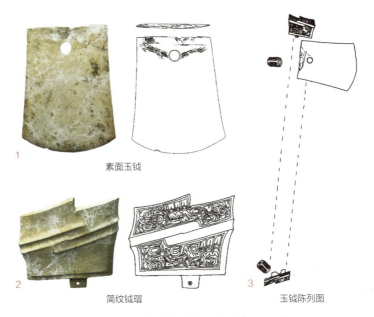

1

素面玉钺

2

简纹钺瑁

3

玉钺陈列图

图 3-23　良渚大酋长玉钺（瑶山 M7）

图 3-24　良渚小酋长素面钺瑁（上海福泉山 M65、M74）

面钺瑁，也仅见于良渚文化核心区域以外的少量小酋长墓，比如上海青浦福泉山（图 3-24）、江苏武进寺墩、江苏吴县张陵山等。

　　反山 12 号墓出土了"良渚琯王""良渚琮王""良渚钺王""良渚钺瑁王"等多件顶级玉器，墓主正是大名鼎鼎的"良渚王"。不过"良渚"仅是现代考古学的命名，并非良渚南蛮族的自名。拥有"钺王"的良渚酋邦之王，实为"越王"。良渚南蛮族的三种威仪玉器，玉冠、权柄全都模仿黄帝族，仅有玉钺属于自创，所以良渚南蛮族自称"钺族"，后世写为"越族"。

五 良渚装饰玉器的天文内涵

良渚装饰玉器的形制和纹样，仍然植根于观天玉器、祭天玉器、威仪玉器，天文内涵丰富，体现了良渚南蛮族的天象崇拜，以及把天象神圣化的宗教崇拜。

良渚装饰玉器的种类繁多，今以玉镯、玉璜为例。

其一，装饰玉镯源于祭天圆琮。

1、2 四斗圆琮

4 四斗万字符   3 四斗玉镯

图 3-25　良渚玉镯源于良渚圆琮

正如良渚祭天方琮不可能源于良渚装饰玉镯，良渚装饰玉镯也不可能源于良渚祭天方琮。良渚装饰玉镯，其实源于良渚祭天圆琮。

良渚装饰玉镯源于良渚祭天圆琮的形制证据是，孔径极小的早期圆琮（图3-25.1），产生了孔径渐大的后期圆琮（图3-25.2）。孔径渐大的后期圆琮，产生了良渚玉镯（图3-25.3）。

良渚装饰玉镯源于良渚祭天圆琮的纹样证据是，两者均刻四季北斗猪神，图解河姆渡万字符的"斗柄指时"（图3-25.4）。

其二，装饰玉璜源于祭天玉璧。

二斗玉璧   四斗玉璜

图 3-26　良渚玉璜源于良渚玉璧

　　良渚装饰玉璜是良渚玉组佩下端的挂件，上端钻有穿绳悬挂的小孔。

　　良渚装饰玉璜源于良渚祭天玉璧的形制证据是：祭天玉璧的一部分，即为装饰玉璜。良渚玉璜是装饰玉器，尚无定制，或取祭天玉璧的一半，或取三分之一、四分之一。西周玉璜则是祭天玉器，定制是"半璧为璜"（详见夏商周章）。

　　良渚装饰玉璜源于良渚祭天玉璧的纹样证据是：玉璧（图3-26.1）、玉璜（图3-26.2）均刻四季北斗猪神，图解河姆渡万字符的"斗柄指时"。

　　良渚装饰玉器虽然种类繁多，有玉佩、玉珩、玉璜、玉梳柄、玉带钩等等（图3-27），但有两种基本轮廓，一是拟形北极七星之覆斗四星的正梯形，二是拟形北斗七星之仰斗四星的倒梯形。基本纹样，仍是良渚国徽"天帝骑猪巡天图"衍生的三大纹样及其三大图式。

　　良渚装饰玉器的形制来源、基本轮廓、基本纹样，浸透了良渚南蛮族的天象崇拜，亦即把天象神圣化的宗教崇拜。

　　良渚酋邦的良渚王、大酋长、小酋长，在其生前的不同阶段，分别使用与其身份匹配的不同祭天玉器、威仪玉器、装饰玉器，同时采用与其身份匹配的三大纹样及其三大图式，死后全部随葬入墓，所以良渚酋邦的酋长大墓，随葬玉器常常多达数百件，不同形制、不同纹样的同类玉器，常常多达数十件。

　　良渚玉器的总量，居于玉器三族之冠，但在海量的良渚玉器中，雕刻"北极玉帝"者极少（本章已举绝大部分），雕刻"北斗猪神"或"斗魁猪神"者极多（本章仅举极小部分），原因非常复杂，辨析其要如下。

　　其一，观天玉器通常不刻神像，仅有少量顶级观天玉器，比如良渚王

图 3-27　良渚装饰玉器的三大纹样及三种图式

墓的十二月神玉琯，才会雕刻北极玉帝、北斗猪神。

　　其二，祭天玉器均刻其所祭祀的神像。祭祀"北极玉帝"的仪式较少，仅在冬至、夏至或二分二至举行大祭，所需专用祭祀玉器较少。祭祀"北斗猪神"的仪式较多，四季的重要节气都要祭祀，所需专用祭祀玉器较多。

　　其三，祭天玉器中的祭祖玉器，只能雕刻北斗猪神，不能雕刻北极玉帝。因为良渚南蛮族的列祖列宗生前是北斗猪神下凡，死后归位北斗猪神。

　　其四，威仪玉器为酋长专用，只能雕刻酋长对位的北斗猪神，不能雕刻北极玉帝，否则就会违背把天象神圣化的宗教信仰。

　　其五，装饰玉器为酋长及其眷属专用，而非良渚普通民众所用。只有良渚王的少量顶级装饰玉器雕刻北极玉帝，仅限于祭祀北极玉帝的重大仪式方可佩戴。良渚王、大酋长、小酋长的海量普通装饰玉器，只能雕刻北斗猪神，不能雕刻北极玉帝。黄帝族的玉器产能有限，所以装饰玉器在其玉器总量中比例很低。良渚南蛮族的玉器产能发达，所以装饰玉器在其玉器总量中比例很高。酋长大墓的陪葬玉器动辄数百件，绝大部分是仅刻北斗猪神的装饰玉器。

其六，最为根本的原因，"北极玉帝"（天帝骑猪巡天图）既是良渚至高神，又是象征"君权神授"的良渚国徽，只有良渚王和极少数大酋长的顶级玉器可以使用。

综上所述，良渚酋邦的"君权神授"理念，良渚酋邦的神权统治方式，良渚酋邦对玉器纹样的严格管理，良渚酋长及其列祖列宗的天文对位、宗教对位，多种原因的综合作用，导致了海量的良渚玉器中，雕刻"北斗猪神"的极多，雕刻"北极玉帝"的极少。

结语　良渚文化的突然终结和后世影响

南蛮族玉器尽管晚于黄帝族玉器一千年，但是发展迅速，后来居上，在良渚时期超越了黄帝族，不仅反过来深刻影响了东夷族玉器和黄帝族玉器，而且对夏商周玉器影响深远，成为中华玉器文化的重要源头之一。

南蛮族在良渚时期达到文化顶峰，良渚酋邦的版图急剧扩张。北扩到达淮河南岸的江苏南京北阴阳营和江苏新沂花厅区域，与东夷族的大汶口文化、凌家滩文化相遇；西扩到达长江中游的最大支流汉水流域，与南扩伏羲支族的四川大溪文化相遇，形成湖北、湖南的屈家岭—石家河文化；南扩到达闽江流域和珠江流域，形成福建的昙石山文化和广东的石峡文化，东扩到达台湾，形成大坌坑文化和卑南文化（详见龙山章）。

龙山末期（前2200—前2000），黄帝族通过"炎黄之战"南下中原，征服农耕三族建立夏朝。农耕三族的历史发展进程，遂被黄帝族征服者同时终结，均从龙山时代（前3000—前2000）的文化顶峰跌落。

中古文献记载，黄帝族酋长大禹征服中原建立夏朝（前2070），在会稽山大会万国诸侯，越王防风氏由于迟到而被斩首，正是黄帝族征服者终结良渚文化的历史注脚。

然而良渚文化的突然终结，并未终结南蛮族文化的后世影响。

河姆渡南蛮族创造的四季北斗合成符"万字符"，上古时代已经传遍华夏全境和全球各地，中古以后则被夏商周继承，见于商代甲骨文和商周青铜器，成为夏商周天文历法的"斗建"符号（详见万字符章）。

良渚南蛮族创造的"天帝骑猪巡天图"，经过石家河文化的发展演变，成为商周青铜器"饕餮纹"（实为天帝纹）的源头（详见龙山章）。

良渚文化的突然终结，也未终结南蛮族的生存发展。

"炎黄之战"以后，南蛮族从覆盖长江中下游并辐射黄河流域、淮河流域的良渚文化顶峰跌落。夏商一千年间，退化为远远逊色于良渚文化的钱山漾文化（前2200—前2000）、广富林文化（前2200—前2000）、马桥文化（前2000—前1000）等百越族各支的地方文化形态。

西周（前1046）以后，长江下游的南蛮族形成了吴越文化。长江中游的西扩南蛮支族形成了荆楚文化。不过荆楚文化并非纯粹的南蛮族文化，因为西扩南蛮支族早在上古时代已经大量接受了伏羲族文化，中古以后又大量接受了"炎黄之战"以后从黄河流域南撤到长江流域的神农族文化，也大量接受了夏商周黄帝族的中原文化。

中古以后，以吴越文化、荆楚文化为代表的长江流域文化，虽然长期处于黄河中游的中原王朝南部边缘，但是中原王朝一旦发生周期性衰败，长江以南就会爆发出强大的文化活力和经济活力。

华夏区域的经济重心和文化重心，在以千年为单位的大年气候变化和大年环境变化下不断由北移南，最终形成了北中国的黄河流域政治文明与南中国的长江流域经济文明互补共荣、各擅胜场的中华文明基本格局。

2015年1月1日—2016年10月7日八稿

第四章

融汇三族，下启三代
——东夷族祭天、威仪、装饰玉器总论

内容提要　本章根据考古、文献双重证据，论证大汶口文化、凌家滩文化是上古东夷族的文化，是中古东夷族、九夷族、淮夷族的祖族；上古东夷族文化的祭天玉器、威仪玉器、装饰玉器植根于观天玉器，均有精确的天文历法对位和宗教神话内涵；因其地理位置的特殊性，受到北面的黄帝族、南面的南蛮族、西面的伏羲族三重影响；三大外族的丰富养料，导致其创制的多种新型玉器被夏商周三代玉器承袭。

关键词　东夷族玉器的黄帝族元素；东夷族玉器的南蛮族元素；东夷族玉器的伏羲族元素；东夷族玉器的突破与创新。

弁言　丁字路口的东夷族

上古华夏共有四大族群，父系Y染色体却仅有三种，即黄帝族的O1、南蛮族的O1、O2，伏羲族的O3。

东夷族是晚亚洲人东支的玉器三族之一，由于处于黄帝族、南蛮族之间，因而没有独立的Y染色体，而是兼有黄帝族的O1、南蛮族的O1、O2[1]。

---

[1]　详见张远山：《伏羲之道》13页，岳麓书社2015。作品集第十六卷9页。

东夷族的文化发祥，始于先仰韶期的后李文化（前6500—前5500），其时尚无玉器。继以仰韶期的北辛文化（前5500—前4500）和大汶口文化（前4500—前2500），玉器仍然极少。

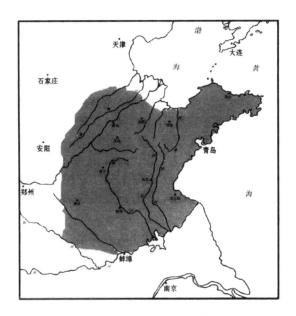

图 4-1　大汶口文化区域图

山东全境、江苏北部、安徽北部广泛分布着大汶口文化的大量遗址（图4-1），其中仅有20多处遗址发现了少量玉器，而且种类单一，形制普通，缺少特色，多为黄帝族玉器、南蛮族玉器的仿制品[1]。

大汶口东夷族的文化发展缓慢，玉器数量稀少，有天、地、人三大原因。

一是天文气候不利。第四纪冰川末期的全新世（11000年前至今）全球气候变暖，两极冰帽、高山积雪融化，海平面上升，海岱地区长期遭遇洪灾、海侵，导致东夷族的文化发展时断时续，常有断裂期和空白期。——

---

[1] 吉林大学孙研硕士学位论文《大汶口文化玉器研究》：山东省境内，大范庄、岗上、杭头各1件，红土埠、景芝镇、尚庄各2件，尼山3件，陵阳河、王村各4件，西夏侯5件，建新9件，大汶口、王因各11件，三里河22件。两处遗址出土玉器较多，焦家48件，野店49件。江苏省境内的大汶口文化遗址40余处，仅有刘林2件，大墩子31件。安徽省的淮北地区有大汶口文化遗址40余处，仅有尉迟寺发现7件玉器。

另外，黄河、淮河的决堤泛滥，导致东夷族的很多文化遗址深埋地下，增加了考古发现和考古发掘的困难。

二是地理位置不利。东夷族居于黄河下游、淮河流域的山东半岛和海岱地区，被黄海、渤海环绕，海岸线极长，是受到海平面上升影响最大的玉器族。

三是人文环境不利。东夷族北邻黄帝族，南邻南蛮族，西邻伏羲族，处于华夏东部的丁字路口，生存空间受到三大外族的极大挤压。

由于先仰韶期和仰韶中期以前缺乏天时、地利、人和，所以早期东夷族尽管是黄帝族玉器南传南蛮族的中介，自身的玉器发展却极其缓慢，长期落后于黄帝族和南蛮族，直到晚期东夷族的凌家滩文化（前3800—前2000）异军突起，才一举终结了东夷族玉器的长期落后局面。

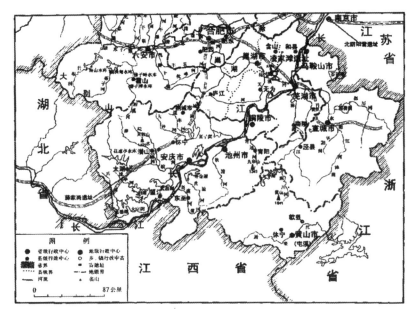

图4-2　凌家滩地理位置图

安徽含山的凌家滩文化（图4-2），之所以能在仰韶中期以后创造晚期东夷族的玉器高峰和文化高峰，同样有天、地、人三大原因。

一是天文气候从不利转为有利。仰韶中期以后，气候转暖逐渐稳定，海侵逐渐停止。

二是地理位置从不利转为有利。仰韶中期以后，伏羲族东扩，南蛮族北扩，黄帝族南扩，处于丁字路口的东夷族区域，成为三大外族文化的文化信息集散地。

三是人文环境从不利转为有利。仰韶中期以后，伏羲族东扩到达黄河下游，带来了先进的彩陶文化，尤其是先进的天文历法。

由于仰韶中期以后有了天时、地利、人和，所以晚期东夷族的玉器不再单纯模仿黄帝族玉器、南蛮族玉器，而是融汇三大外族的文化养料，尤其是凭借其所接受的伏羲族先进天文历法异军突起，创制了一系列影响深远、延至中古的新型玉器。比如晚期东夷族创制的原始浑天仪"璇玑玉衡"，突破了黄帝族、南蛮族延续数千年的观天玉琯（详见观天玉器章）。观天玉器的突破和创新，又进一步导致了祭天玉器、威仪玉器、装饰玉器的突破和创新。

上古黄帝族奠定了华夏玉器的基本原理：观天玉器衍生祭天玉器、威仪玉器、装饰玉器，祭天玉器的祭天功能、威仪玉器的威仪功能、装饰玉器的装饰功能都植根于观天玉器的观天功能。

黄帝族的玉器原理南传，被东夷族、南蛮族全面接受，成为玉器三族共同遵循的华夏玉器基本原理。由于东夷族所处地理位置的特殊性，本章打破祭天玉器、威仪玉器、装饰玉器的分类，首先描述东夷族玉器蕴含的三大外族文化元素，然后描述东夷族玉器的突破和创新。

一　东夷族玉器的黄帝族元素

先仰韶期（前6000—前5000），太行山东麓和古黄河下游之间，有一条沟通南北的文化走廊，黄帝族与东夷族的文化交流较多。所以后李文化之后的仰韶前期（前5000—前4000），黄帝族的赵宝沟文化（前5200—前4400），经由北福地二期文化—后岗一期文化的中介，对东夷族的北辛文化（前5500—前4500）具有压倒性影响，导致两族文化具有极大的相似性[1]。仰韶中期以后异军突起的凌家滩文化（前3800—前2000），在其早期的仰韶阶段（前3800—前3000），仍然受到黄帝族玉器的压倒性影响。

东夷族面对的三大外族，伏羲族最为先进，南蛮族较为先进，黄帝族最为落后，为何黄帝族却对东夷族影响最大？

因为伏羲族、南蛮族都是农耕民族，流动性较小，侵略性较弱，地域扩张步步为营，速度缓慢。仰韶时期，伏羲族东扩仅仅到达黄河中游，尚未逼近黄河下游，南蛮族北扩仅仅到达长江北岸，尚未逼近淮河南岸。而黄帝族是游牧民族，流动性极大，侵略性极强，每年秋冬枯草季节，必定南下打秋草，最先到达东夷族之地，所以从先仰韶期到仰韶期的三千年间（前6000—前3000），黄帝族对东夷族具有压倒性影响，可举五例。

其一，观天玉琯和玉璧三型。

图4-3　玉琯衍生玉璧三型

---

[1]　参看《北福地》，文物出版社2007。

黄帝族创制了华夏最早的观天玉琯，又按其截面制作了祭天玉璧的三种形制：普通玉璧，单孔的天枢玉璧，双孔的玄鼋玉璧（图4-3上排）。东夷族全面仿制（图4-3下排）。南蛮族仅仅仿制了黄帝族的观天玉琯和普通玉璧，没有仿制天枢玉璧、玄鼋玉璧和双联璧。

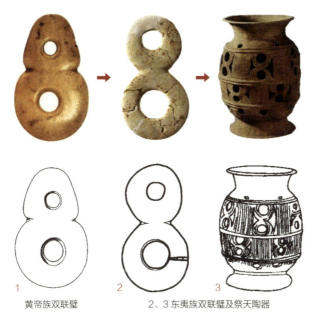

黄帝族双联璧　　　　2、3东夷族双联璧及祭天陶器

图4-4　黄帝族与东夷族的双联璧

黄帝族又创制了华夏最早的双联璧（图4-4.1），东夷族不仅予以仿制（图4-4.2），而且把双联璧的纹样移用于祭天陶器（图4-4.3）。

双联璧的天文内涵是：较小的上璧，标示北极七星在内圈围绕北极帝星旋转；较大的下璧，标示北斗七星在外圈围绕北极帝星旋转。

其二，以北极玉帝为至高神。

玉器三族通过使用观天玉琯夜观星象，全都发现了北斗七星围绕北极帝星循环旋转的天文规律，所以均以北极玉帝为至高神，均以北斗猪神为次高神。

黄帝族的北极玉帝，既有正面构图，也有侧面构图（图4-5.1）。东夷族仿效后者（图4-5.2），两者酷似。

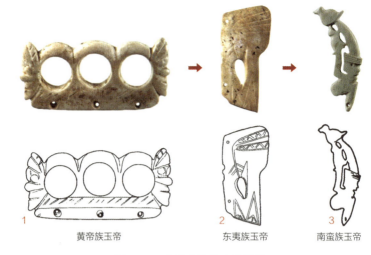

图4-5　玉器三族的玉帝形象

1　黄帝族玉帝　　　2　东夷族玉帝　　　3　南蛮族玉帝

1　黄帝族

3　　　4　　　5　　　6

2—6 东夷族

图 4-6　北斗猪神

南蛮族的北极玉帝，既有正面构图，见于良渚国徽"天帝骑猪巡天图"；也有侧面构图，见于江苏昆山的赵陵山玉帝（图4-5.3），头戴南蛮族的太阳鸟。

其三，以北斗猪神为次高神。

黄帝族的北斗猪神（图4-6.1），仰望星空，口形大张，表现了对北斗七星绕极旋转的无比震惊和无上崇拜。大汶口东夷族仿效之，制作了著名的猪形红陶罐（图4-6.2），两者酷似。

由于崇拜北斗猪神，东夷族像黄帝族、南蛮族一样制作了大量的陶猪、玉猪，见于江苏高邮龙虬庄（图4-6.3）、江苏新沂花厅（图4-6.4、5）、安徽含山凌家滩（图4-6.6）等遗址。

其四，酋长对位北斗猪神。

玉器三族的酋长，天文对位均为北斗七星，宗教对位均为北斗猪神，这一原理为黄帝族首创，然后南传东夷族、南蛮族。所以兴隆洼的黄帝族酋长，与雌雄双猪合葬（详见黄帝章）。而凌家滩的东夷族酋长，墓顶放置一件镇墓的巨大玉猪（图4-7.1），长达72厘米，重达88公斤，堪称上古华夏第一玉猪。

其五，酋长的通天玉冠。

1　原件

2　凌家滩博物馆仿品

图 4-7　凌家滩酋长镇墓玉猪

1、2 黄帝族　　　　3、4 东夷族

图 4-8　观天玉琯衍生威仪玉冠

黄帝族仿照观天玉琯的形制，制作了酋长的威仪玉冠（图4-8.1、2）：一是模仿玉琯的斜口，标示玉冠的形制来源；二是模仿玉琯钻通中孔，标示酋长受命于北极天帝而权力通天；三是拟形斗魁四星的倒梯形，标示酋长的天文对位是北斗七星，宗教对位是北斗猪神。

东夷族的观天玉琯和酋长玉冠（图4-8.3、4），全都仿效黄帝族。

综上所述，先仰韶期到仰韶中期，东夷族全面仿制了黄帝族的红山玉器，同时全面接受了黄帝族玉器蕴含的天文历法内涵和宗教神话观念。

二　东夷族玉器的南蛮族元素

仰韶晚期以后，南蛮族的良渚玉器后来居上。东夷族又全面仿制了良渚玉器，同时全面接受了良渚玉器蕴含的天文历法内涵和宗教神话观念，可举四例。

其一，花厅东夷族的酋长玉冠。

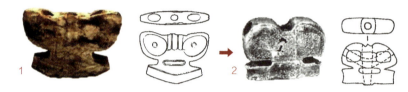

良渚小酋长玉冠　　　　　　　　　　　　花厅酋长玉冠

图4-9　东夷族玉冠仿效良渚玉冠

江苏北部的新沂花厅，属于大汶口文化区域的南端，文化特征以东夷族的大汶口文化为主，同时受到南蛮族的良渚文化较大影响。

良渚大酋长使用三叉玉冠，良渚小酋长使用无叉玉冠（图4-9.1）。花厅东夷族的酋长玉冠（图4-9.2），仿效后者，有两种可能原因。

可能原因之一，花厅东夷族慑于良渚酋邦的强大，不敢仿制良渚大酋长的三叉玉冠，只敢仿制良渚小酋长的无叉玉冠。

可能原因之二，良渚酋邦的统治范围，北扩到达花厅区域，因此把良渚小酋长的无叉玉冠，赐给了花厅部落的东夷族酋长。

其二，凌家滩东夷族的酋长玉冠。

凌家滩酋长的玉冠，没有模仿黄帝族和南蛮族，而是自创新型（图4-10.2），但是借鉴了南蛮族北斗猪神的"三星指帝"纹样。

良渚玉琮的天帝骑猪巡天图（图4-10.3），下部的北斗猪神，眼鼻四孔

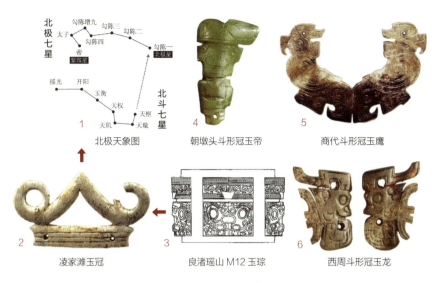

北极七星

勾陈增九
勾陈三
太子
勾陈二
帝
勾陈四
紫微星
勾陈一
北极星

摇光 开阳
玉衡
天权
天枢
天玑
天璇
天玑

1

北极天象图

北斗七星

4

朝墩头斗形冠玉帝

5

商代斗形冠玉鹰

2

凌家滩玉冠

3

良渚瑶山 M12 玉琮

6

西周斗形冠玉龙

图 4-10　凌家滩玉冠自创新型

拟形斗魁四星，额部纹样拟形斗柄三星：二圆对应"摇光""玉衡"，尖顶对应"开阳"。三星构成箭头，上指北极天帝，表达北极天象图的要义"三星指帝"（图4-10.1）。

凌家滩东夷族把良渚北斗猪神额部的"三星指帝"纹样独立出来，制成了酋长的玉冠。寓意有二：斗柄三星，标示酋长对位于北斗猪神；三星指帝，标示酋长受命于北极天帝。

江苏中部的南京高淳县朝墩头，属于良渚文化区域的北端。朝墩头的北极玉帝，用斗形冠拟形北极七星（图4-10.4），很可能启发了凌家滩酋长玉冠的拟形。

朝墩头玉帝用斗形冠拟形北极七星的方法，又见于安阳妇好墓出土的商代北极天鹰（图4-10.5），钟华培收藏的西周北极天帝（图4-10.6），证明用斗形冠作为北极天帝的标志，是上古延至中古的华夏传统。

其三，花厅酋长的良渚式权柄。

东夷族酋长有三种威仪玉器，即玉冠、权柄、玉钺。上文已言，东夷族玉冠的形制，经历了模仿黄帝族、模仿南蛮族、自创新型三个阶段。东夷族玉钺的形制，模仿良渚玉钺（详下第四节）。东夷族权柄的形制（图

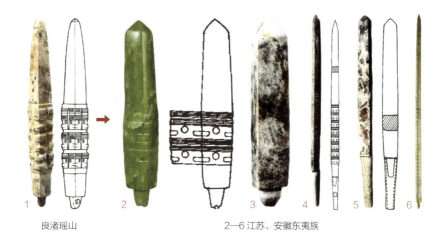

1　良渚瑶山　　　　　　　　　　　　　2—6 江苏、安徽东夷族

图 4-11　东夷族权柄承袭良渚

4-11.2—6），同样模仿良渚权柄（图4-11.1）：柄尖上指北极帝星，标示酋长受命于北极天帝。有些权柄刻有良渚式北斗猪神（图4-11.2、4、6），标示酋长对位于北斗猪神；下端均有可接手柄的榫头。有些权柄（图4-11.3、5）素面无纹，异于无一素面的良渚权柄。

　　黄帝族、南蛮族的酋长权柄，下端均有可接木柄的榫头，随葬入墓以后，木柄均已朽烂不存。花厅东夷族的酋长权柄下端，并非均接木柄，而有多件下接玉制手柄（图4-11.4、5），呈现了玉器三族酋长权柄的完整形态，同时成为玉器三族的"玉柄型器""玉锥型器"均为酋长权柄的硬证。

　　其四，东夷族的良渚式玉琮三型。

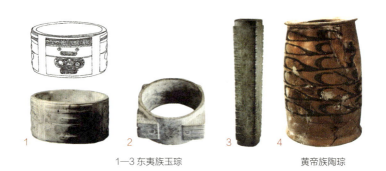

1—3 东夷族玉琮　　　　　　　　黄帝族陶琮

图 4-12　东夷族的良渚式玉琮

良渚南蛮族按照观天玉琯的截面，创制了祭天玉琮的三种形制：低矮圆琮，低矮方琮，高大方琮。东夷族予以全面仿制（图4-12.1—3）。

黄帝族尽管没有直接仿制良渚玉琮，但也接受了良渚玉琮的间接影响。黄帝族第一祭祀中心牛河梁的祭坛，都会摆放一圈用于祭天的无底筒形陶器（图4-12.4），形制近于良渚圆琮，功能同于良渚玉琮。

综上所述，仰韶晚期以后，东夷族又全面仿制了南蛮族的良渚玉器，同时全面接受了南蛮族玉器的天文内涵和宗教神话观念。

三　东夷族玉器的伏羲族元素

东夷族玉器接受黄帝族玉器、南蛮族玉器及其天文历法内涵、宗教神话观念的双重影响，已如上述。仰韶晚期以后，东扩伏羲支族到达黄河下游、淮河流域的东夷族区域，东夷族玉器又全面接受了伏羲族彩陶及其天文历法内涵、宗教神话观念的巨大影响，可举五例。

其一，凌家滩祭司玉人的两种腿姿，分别来自黄帝族和伏羲族。

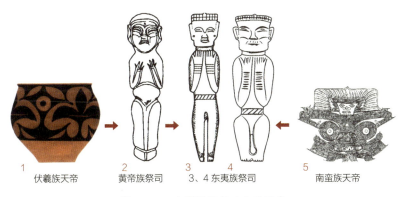

1 伏羲族天帝　　2 黄帝族祭司　　3、4 东夷族祭司　　5 南蛮族天帝

图4-13　凌家滩祭司玉人的腿姿

东夷族的祭司玉人，模仿黄帝族的祭司玉人，均作曲肘上举、膜拜天帝的祈祷状，但有三个细节不同。

一是黄帝族的祭司玉人包以头巾（图4-13.2），不戴酉长玉冠。说明上古晚期的黄帝族已经政教分离，其萨满教祭司已是专业神职人员，不再由酋长兼任，酋长仅是名义上的最高祭司。

东夷族的祭司玉人却戴尖顶玉冠（图4-13.3、4），同于南蛮族玉帝的冠饰（图4-13.5）。说明东夷族政教合一，祭司并非专业神职人员，仍由酋长兼任。

二是黄帝族的祭司玉人数量较少，目前仅有牛河梁遗址出土一件，双腿直立。

东夷族的祭司玉人，目前已在凌家滩遗址出土六件。一座大墓（87M1）出土三件，均为双腿直立（图4-13.3），同于黄帝族的祭司玉人。一座大墓（98M29）出土三件，均为双腿蹲踞（图13-4），异于黄帝族的祭司玉人，同于伏羲族的北极天帝（图4-13.1）和南蛮族的北极玉帝（图4-13.5）。

伏羲族的北极天帝"帝俊"（图4-13.1），"俊"通"踆"，训蹲。南蛮族北极玉帝和东夷族祭司玉人的蹲踞姿势，正是来自伏羲族的北极天帝"帝俊"。

夏商周黄帝族的祭司玉人均为曲腿（详见夏商周章），异于上古黄帝族祭司玉人的立姿，同于上古东夷族祭司玉人的蹲姿，同样来自伏羲族的北极天帝"帝俊"。因为中古夏商周的天文历法和植根于天文历法的宗教神话，主要来自伏羲族，因此伏羲族的北极天帝"帝俊"成了华夏天帝的通名。

三是黄帝族祭司玉人的双臂素朴无文，东夷族祭司玉人的双臂均刻卦画。因为东夷族接受了伏羲族的圭表测影、画卦制历、以爻计日；旁证另见凌家滩四象八圭玉板的卦画（详下图4-18）。

其二，凌家滩陶轮的双面纹样，分别来自伏羲族和南蛮族。

1	2	3
伏羲族八角星	凌家滩陶轮双面纹样	崧泽万字符

图4-14　凌家滩陶轮双面纹样来源

凌家滩陶轮的一面纹样是八角星（图4–14.2左），来自伏羲族天文台"昆仑台"的符号（图4–14.1）。

凌家滩陶轮的另一面纹样是绳结形万字符（图4–14.2右），来自崧泽南蛮族的环带形万字符（图4–14.3）。崧泽南蛮族的环带形万字符，则是南蛮族万字符与伏羲族昆仑台的合形，方形标示昆仑台，环带形酷似伏羲族八角星中心的四季天象旋转线。

凌家滩陶轮的双面纹样，又是伏羲族八角星、南蛮族万字符均为天文符号的重要旁证：万字符标示天文知识"斗柄指时"，即"天道曰圆"；八角星标示天文知识来自方形天文台，即"地道曰方"。

其三，凌家滩猪翅鹰的形制和纹样，分别来自黄帝族、南蛮族和伏羲族。

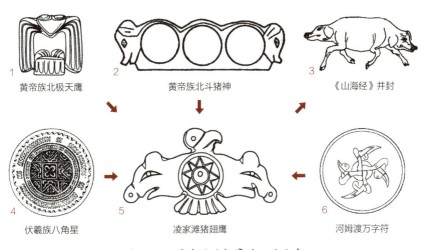

图 4–15　凌家滩猪翅鹰的三族元素

凌家滩猪翅鹰的形制和纹样（图4–15.5），融合了三大外族的大量元素。

天鹰之首，来自南蛮族的四鸟万字符（图4–15.6），鹰首、鸟首均为侧面造型。

天鹰之尾，来自黄帝族的北极天鹰（图4–15.1），两者均以六尾羽对应六月。黄帝族用天鹰双爪各抓六尾羽，标示上下半年各六月。东夷族则用猪翅鹰的双翅展开，标示上下半年各六月。

天鹰双翅，来自黄帝族的雌雄北斗猪神（图4-15.2）。两者均为《山海经》雌雄北斗猪神"并封"（图4-15.3）的源头。

天鹰之腹的八角星，是伏羲族昆仑台的专用符号（图4-15.4），但其角度不正，说明东夷族刚刚接受伏羲族八角星之时，尚未明白正确视角。因为伏羲族的天文历法符号常常画于圆形陶器的底部，虽以陶器的双耳、四耳、边纹标示正确视角，但是外族不易明白正确视角。正如当代学者如果不理解伏羲族彩陶纹样、玉器族玉器纹样的天文历法内涵，也不易明白正确视角。

其四，凌家滩玉龟的形制和纹样，分别来自黄帝族、南蛮族和伏羲族。

黄帝族玉龟　　　　　　　　凌家滩玉龟　　　　　　　　凌家滩玉板

图4-16　凌家滩玉龟、玉板来源

黄帝族的玄鼋崇拜，导致了龟卜传统，制作了大量玉龟（图4-16.1），以隆起的背甲拟形北极"天盖"。

东夷族受其影响，也有龟卜传统，也制作了大量玉龟，其中最为重要的一件，是腹内含有四象八圭玉板的凌家滩玉龟（图4-16.2），以玉龟背甲的纹样表现"斗柄指时"。

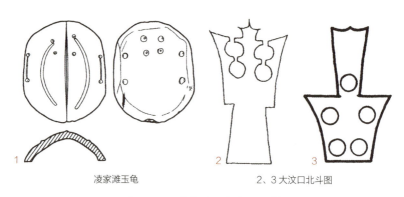

凌家滩玉龟　　　　　　　　　　2、3大汶口北斗图

图4-17　凌家滩玉龟背甲纹样

凌家滩玉龟的背甲（图4-17.1），上部钻有倒梯形四孔，标示北斗七星的斗魁四星，同于大汶口文化的北斗图（图4-17.2、3）。

玉龟背甲顶部中间的椭圆形平面，从倒梯形四孔引出左右两条弧线，标示北斗七星围绕北极帝星旋转，上下半年各行半周。

玉龟背甲的左右边缘，各刻二星，标示日月的交替升降：东为昼出之日、夜出之月；西为夜落之日、昼落之月。

其五，凌家滩玉龟腹中所含四象八圭玉板的纹样，证明东夷族接受了伏羲族的圭表测影。

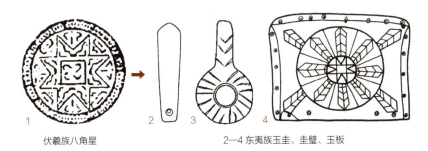

伏羲族八角星   2—4 东夷族玉圭、圭璧、玉板

图4-18 凌家滩四象八圭玉板纹样来源

上文已言，凌家滩猪翅鹰的八角星方位不正（图4-15.5），证明东夷族尚不理解伏羲族八角星的天文历法内涵。凌家滩玉板的八角星方位已正（图4-18.4），证明东夷族已经理解了伏羲族八角星的天文历法内涵。

伏羲族的昆仑台符号（图4-18.1），以八角星为核心符号。八角星里面，另有四方形以及四方形中间的四季天象旋转线；八角星外面，另有标示圭表测影的圭木纹∣和圭影纹∧。

东夷族理解了伏羲族的八角星、掌握了伏羲族的圭表测影以后，根据伏羲族八角星外的圭木纹∣和圭影纹∧，创制了新型玉器玉圭（图4-18.2）、圭璧（图4-18.3），并把玉圭、圭璧的纹样刻入了凌家滩玉板（图4-18.4）。

凌家滩玉板的小圆内，是标示天文台的八角星；大圆内，是标示四时八节的八支玉圭，与小圆合为圭璧之形；大圆外，是标示四季起点的四支玉圭。所有纹样都是阐释八角星、圭表测影的天文历法内涵。

凌家滩玉板的天文历法内涵，前著《伏羲之道》已言，引录于下。

玉板大圆外的四圭，标示四时，是伏羲族"两仪生四象"的四象，居于"四维"（东北、东南、西南、西北），是二分二至的等分点。每圭均刻三线，标示一季三月，合计一年十二月。

玉板大圆内的八圭，标示八节，是伏羲族"四象生八圭"的八圭，居于"四正四维"。四正是"二分二至"（冬至、春分、夏至、秋分），四维是"二启二闭"（立春、立夏、立秋、立冬）。每圭均刻三线，标示一节三节气，合计二十四节气。

玉板小圆内的八角星，是伏羲连山历之天文台"昆仑台"的专用符号[1]。

不过《伏羲之道》认为玉板整体的方形是标示"天圆地方"的"盖天说"，经过进一步研究，应予修正。玉板的方形，实为东夷族方形昆仑台的符号，与玉板中心的八角星共同标示"地道曰方"；正如八角星外的大圆、小圆共同标示"天道曰圆"。"天道曰圆，地道曰方"的观念，源于伏羲族，意为：夜观星象于天，遵从终始循环的圆道；昼测圭影于地，使用四面八方的亚形方台（玉器族的方台只能对应四方）。

凌家滩玉龟的北斗七星纹样，表现了东夷族夜观星象的传统天文知识。凌家滩玉板的四象八圭纹样，表现了伏羲族昼测圭影的先进天文知识。

综上所述，仰韶晚期以后，东夷族又全面接受了伏羲族的彩陶，包括伏羲族彩陶纹样的天文历法内涵和宗教神话观念，而且掌握了伏羲族的圭表测影。

四　东夷族玉器的突破与创新

晚期东夷族全面吸收了黄帝族玉器、南蛮族玉器、伏羲族彩陶的文化养料，并且凭借其所接受的伏羲族先进天文历法，获得了巨大的文化提升。

---

[1]　详见张远山：《伏羲之道》73页，岳麓书社2015。作品集第十六卷76页。

于是晚期东夷族以融汇三大外族的文化精髓为基础，玉器形制和玉器纹样均有大量的突破和创新，可举七例。

其一，按照伏羲族的分至图，创制分至玉璧。

图4-19 道枢纹与分至图

伏羲族创造了标示二分二至的两种图像，天文内涵等价。

第一种图像是三条直线组成的道枢纹（图4-19.1）：一条斜线连接冬至的日出点和夏至的日落点，一条斜线连接夏至的日出点和冬至的日落点，横线连接春分、秋分的日出日落点。

伏羲族的道枢纹，见于文化发祥的祖地甘肃天水王家阴洼（图4-19.3），道枢纹左右画了两个太阳。又见于东扩之地西安半坡，道枢纹左右省略了太阳。

伏羲族的道枢纹东传东夷族，见于山东大汶口的陶罐（图4-19.4）。

伏羲族的道枢纹北传黄帝族，见于内蒙古赤峰市敖汉旗小古力吐遗址的岩刻（图4-19.5）。

第二种图像是三个圆圈组成的分至图（图4-19.2）：外圆标示冬至的太阳位于南回归线上空，内圆标示夏至的太阳位于北回归线上空，中圆标示春分、秋分的太阳位于赤道上空。

伏羲族的分至图，见于郑州大河村的彩陶罐（图4-19.6），用十二个太阳明确标示二分二至的太阳轨迹。

伏羲族的分至图东传东夷族，见于安徽凌家滩的分至玉璧（图4-19.7）。东夷族玉工运思精妙，为免玉璧从中间断掉，中圆不刻整圆，左右半圆分别标示上下半年。璧面另钻数孔，标示重要星象。

伏羲族的分至图北传黄帝族，见于辽宁牛河梁的分至祭坛（图4-19.8），中古以后称为"天坛"。五千年后的北京天坛，仍是标示二分二至旋转线的三层圆坛。

东夷族的分至玉璧，是上古玉璧象征天道循环的硬证。

其二，按照伏羲族的地轴倾斜纹，创制倾斜玉珩。

1 伏羲族地轴倾斜纹　　　　2 凌家滩倾斜玉珩　　　　3 战国倾斜玉璧

图4-20　凌家滩倾斜玉珩来源

上古华夏四族均知二分二至，但是玉器三族全都知其然不知其所以然，唯有伏羲族发现了二分二至的原因是地轴倾斜。

伏羲族彩陶有大量的地轴倾斜纹（图4-20.1），亦即《淮南子·天文训》所言"天倾西北"。

东夷族接受了伏羲族的地轴倾斜知识以后，创制了标示地轴倾斜的倾斜玉珩（图4-20.2）：左面三孔标示"三星指帝"，亦即北斗七星之斗柄三星形成的箭头指向北极帝星。

《淮南子·天文训》记载了把伏羲族的"地轴倾斜"知识与"炎黄之战"融合为一的中古神话：

> 昔者共工与颛顼争为帝，怒而触不周之山。天柱折，地维绝。天倾西北，故日月星辰移焉；地不满东南，故水潦尘埃归焉。

"共工"是伏羲族的天文历法官，"颛顼"是启动"炎黄之战"的第一位黄帝族酋长。"天倾西北"，是具有普遍性的地轴倾斜。"地不满东南"，是具有特殊性的华夏地理。"共工与颛顼争为帝"，是具有偶然性的华夏历史。这一神话与全世界一切民族的神话一样，综合了具有普遍性的天文特点、具有特殊性的地理特点、具有偶然性的人文历史三大要素。并用具有偶然性的人文历史，解释具有普遍性的天文特点和具有特殊性的地理特点，杜撰了必须为天文特点、地理特点负责的替罪羊。

黄帝族作为"炎黄之战"胜利者而创作的这一神话，不仅认为发现地轴倾斜的伏羲族天文历法官"共工"，必须为"天倾西北"和"地不满东南"负责，而且透露了炎黄二族对待"地轴倾斜"知识的不同态度。

"炎黄之战"以前的伏羲族，观测天象，探索天道，发现了地轴倾斜的客观事实。

"炎黄之战"以后的黄帝族，按照天象秩序建立人间秩序，以天子对应天象，担心承认地轴倾斜不利于建立天子的绝对权威，于是扭曲天道迎合人道，不肯承认地轴倾斜的客观事实。

尽管"地轴倾斜"被黄帝族认为政治不正确，但是伏羲族的"地轴倾斜"知识上古以降始终存在，比如战国时代的倾斜玉环，即与凌家滩倾斜玉珩完全同形（图4-20.3）。

东夷族玉工和战国玉工制作玉器，都会先在玉料上打样，确定中点极其容易，不可能一不小心标错。所以东夷族玉珩和战国玉环的倾斜，均非无意之错，而是有意制作，共同天文内涵正是上古伏羲族发现的地轴倾斜。

其三，按照伏羲族的苍龙七宿，创制衔尾玉龙。

1—3 伏羲族龙虎图、大鲵纹、肥遗纹

东夷族玉珑   黄帝族玉珑   南蛮族玉珑

图 4-21　东夷族玉珑来源

伏羲族把伏羲连山历的地面坐标二十八山向上投射，产生了天文坐标二十八宿。

仰韶中期（前4500），河南濮阳西水坡45号墓的北斗龙虎图（图4-21.1）：龙形标示苍龙七宿，虎形标示白虎七宿；北斗斗柄指向龙角，标示斗柄三星指向苍龙七宿第一宿"角宿"，亦即《史记·天官书》所言"北斗七星，杓携龙角"。

四方七宿的排列顺序之所以是东方苍龙七宿，南方朱雀七宿，西方白虎七宿，北方麒麟七宿（中古黄帝族改为玄武七宿），正是因为斗柄三星指向苍龙七宿第一宿"角宿"。

玉器三族之所以能够毫无困难地接受伏羲族的二十八宿，也是因为其传统天文知识"北斗七星"，与伏羲族的先进天文知识"二十八宿"，可用"杓携龙角"作为完美连接点。

由于二十八宿始于苍龙七宿，所以伏羲族用苍龙七宿的循环旋转代表二十八宿的循环旋转，创造了多种衔尾龙，比如甘肃马家窑彩陶瓶的大鲵纹（图4-21.2），山西陶寺彩陶盘的肥遗纹（图4-21.3）[1]。

---

[1]　大鲵纹至肥遗纹的演变，详见张远山《伏羲之道》103页，岳麓书社2015。作品集第十六卷107页。

东夷族在凌家滩文化（前3800—前2000）时期，接受了伏羲族的二十八宿和衔尾龙，制作了华夏最早的衔尾玉龙（图4-21.4）。

黄帝族在小河沿文化（前3000—前2500）时期，接受了伏羲族的二十八宿和衔尾龙，也制作了衔尾玉龙（图4-21.5）。

南蛮族在良渚文化（前3300—前2200）时期，接受了伏羲族的二十八宿和衔尾龙，也制作了衔尾玉龙（图4-21.6）。

伏羲族的二十八宿和彩陶衔尾龙，衍生了玉器三族的玉制衔尾龙，成为华夏龙、中国龙的源头。

其四，按照伏羲族的白虎七宿，创制璜形玉虎。

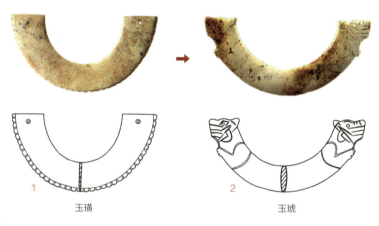

图4-22　东夷族玉璜衍生东夷族玉琥

东夷族不仅根据伏羲族二十八宿的东方苍龙七宿，创制了华夏最早的衔尾玉龙，而且根据伏羲族二十八宿的西方白虎七宿，创制了华夏最早的璜形玉虎。

东夷族创制玉龙参照了伏羲族的原型，创制玉虎却没有伏羲族的原型可资参照，所以按照玉璜的形制（图4-22.1），创制了玉虎（图4-22.2）。

东夷族创制的玉龙、玉虎是相互配套的祭天玉器：玉龙对应东方苍龙七宿，是春分日祭祀东方苍龙七宿的专用玉器。玉虎对应西方白虎七宿，是秋分日祭祀西方白虎七宿的专用玉器。

中古夏商周承袭了东夷族创制的玉龙、玉虎，但把天子对位于领衔二十八宿的苍龙七宿，于是玉龙不再是祭天玉器，转为象征天子的威仪玉器。玉虎的祭天功能不变，仍是秋分日祭祀西方白虎七宿的专用玉器，此即《周礼·春官·大宗伯》所言"以白琥礼西方"。

其五，按照伏羲族的圭表测影，创制玉圭。

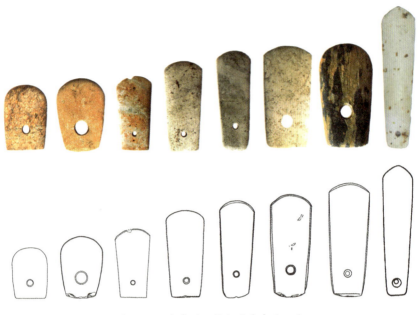

图4-23　东夷族玉钺衍生东夷族玉圭

东夷族像南蛮族一样，原有源于实用石斧的威仪石钺、陶钺（详见南蛮章）。良渚南蛮族的琢玉技术领先于东夷族，因此早于东夷族制作了酋长专用的威仪玉器玉钺，并且自称"钺（越）族"。根据良渚钺王的神徽和大量的良渚钺架，可知良渚玉钺的标准摆法是钺柄竖置，玉钺横置。

东夷族的琢玉技术进步以后，也制作了玉钺，同样是钺柄竖置，玉钺横置。随后东夷族根据伏羲族的圭表测影知识，逐渐延长玉钺，创制了新型祭天玉器玉圭（图4-23）。不再像玉钺那样横置，而是改为竖置。玉圭的倒梯形，对应斗魁四星的倒梯形。

南蛮族、东夷族的玉钺，均有用于穿绳绑于钺柄的中孔。东夷族玉圭下端的一孔，正是源于玉钺的遗形，但无实用价值，仅仅象征通天。

东夷族玉圭是伏羲族圭木的玉器化，所以被东夷族刻入了凌家滩四象八圭玉板，标示圭表测影。

东夷族创制的玉圭，后来成为夏商周的重要祭天玉器和重要威仪玉器（详见夏商周章）。

其六，按照伏羲族的羊角仪，创制獐角仪和玉璋。

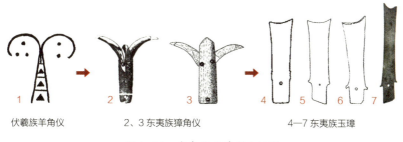

伏羲族羊角仪　　　　　2、3东夷族獐角仪　　　　　4—7东夷族玉璋

图4-24　东夷族玉璋产生过程

仰韶伏羲族曾经发明一种观测天象的羊角仪，形制见于伏羲族彩陶（图4-24.1）。

大汶口东夷族受到伏羲族羊角仪的启发，创制了獐角仪（图4-24.2、3）。进而按照观天玉器衍生祭天玉器的原理，创制了华夏最早的玉璋，见于山东临沂大范庄（图4-24.4、5），山东海阳司马台（图4-24.6），山东五莲石场乡上万家沟（图4-24.7）等遗址。

东夷族创制的玉圭、玉璋也是相互配套的祭天玉器：玉圭对应北方麒麟七宿，是冬至日祭祀北方七宿的专用玉器。玉璋对应南方朱雀七宿，是夏至日祭祀南方七宿的专用玉器。

中古夏商周承袭了东夷族创制的玉圭、玉璋，但是玉圭从冬至日祭祀北方七宿，改为春分日祭祀东方七宿，填补玉龙转为象征天子留出的空缺，此即《周礼·春官·大宗伯》所言"以青圭礼东方，以赤璋礼南方"；玉璜用于冬至日祭祀北方七宿，填补玉圭留出的空缺，此即《周礼·春官·大宗伯》所言"以玄璜礼北方"。

其七，融合玉圭、玉璧，创制圭璧。

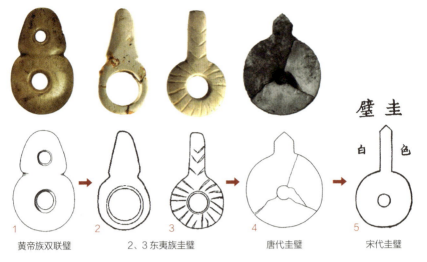

| 1 | 2、3 | 4 | 5 |
| 黄帝族双联璧 | 东夷族圭璧 | 唐代圭璧 | 宋代圭璧 |

图4-25 东夷族圭璧产生过程

图4-26 西周祭祖圭璧

凌家滩遗址既出土了东夷族圭璧的早期形态（图4-25.2），又出土了东夷族圭璧的晚期形态（图4-25.3）。

早期形态证明，东夷族创制圭璧的灵感，来自黄帝族的双联璧（图4-25.1）。

晚期形态证明，东夷族圭璧是玉圭与玉璧的结合（图4-25.3），上部的玉圭刻了三条圭影纹，与凌家滩四象八圭玉板上的玉圭纹完全同形，充分证明东夷族玉圭正是伏羲族圭木的玉器化。

圭璧的形制和纹样，均有精确的天文内涵：

下部的圆璧，标示天道循环，所以刻有循环的直线。

上部的直圭，标示观测天象循环的圭木，所以刻有左右的圭影，左为上午圭影，右为下午圭影。

东夷族创制的圭璧和分至玉璧，是相互配套的祭天玉器：圭璧标示圭表测影，是祭祀天球的专用玉器；夏商时代，"圭璧以祀日月星辰"（《周礼·春官·典瑞》）。分至玉璧标示二分二至，是祭祀地球的专用玉器；夏商时代，"玄圭（圭璧）礼上，黄璧礼下"（《仪礼·觐礼》）。

西周不再像夏商那样"玄圭（圭璧）礼上，黄璧礼下"，改为《周礼·春官·大宗伯》所言"苍璧礼天，黄琮礼地"。

上古至夏商祭祀地球的玉璧，西周转用于祭祀天球。同时改用玉琮祭祀大地，否定地球为圆，宣扬大地为方，先以"天圆地方"支持"天尊地卑"，再以"天尊地卑"支持"君尊臣卑"（详见夏商周章）。

上古至夏商祭祀天球的圭璧（玄圭），西周转用于祭祀祖先。所以清代《钦定书经图说》所载西周圭璧图（图4-26），不同的圭璧分别注明"太王"（亶父）、"王季"（季历）、"文王"（姬昌）。

秦汉以后，圭璧仍然长期存在。见于唐代长安大明宫遗址出土的唐代圭璧（图4-25.4）等实物证据，南宋《新定三礼图》著录的圭璧图（图4-25.5）等文献证据。

夏鼐曾以"先秦古玉中没有圭璧"为据，错误否定了《周礼》及其郑注和南宋《新定三礼图》的圭璧图[1]。然而安徽凌家滩出土的上古东夷族圭璧，证明了华夏圭璧始于上古；长安大明宫遗址出土的唐代圭璧，又证明了南宋《新定三礼图》著录的圭璧图真实可信。

结语　东夷族文化的后发优势和迅速终结

由于地理位置特殊而导致生存空间受到三大外族挤压，加上全新世早期的持续海侵和洪灾，因此早期东夷族的玉器水准、文化水准、天文历法水准均比黄帝族、南蛮族落后。但在受到三大外族挤压的同时，东夷族充

---

[1] 《夏鼐文集》中册22页，社会科学文献出版社2000。

分吸收了三大外族的文化养料，尤其是接受了伏羲族的先进天文历法，使东夷族获得了黄帝族、南蛮族缺乏的后发优势。晚期东夷族通过博采众长，融会贯通，玉器水准、文化水准、天文历法水准迅速提高，不仅大量仿制了黄帝族、南蛮族已有的玉器，而且大量创制了黄帝族、南蛮族没有的玉器。

尽管东夷族玉器的全盛期在玉器三族中出现最晚，但是由于上古东夷族紧邻上古黄帝族的北方祖地，中古东夷族紧邻中古黄帝族的中原新地，因此东夷族玉器在夏商周玉器中的影响力，甚至超过了上古黄帝族玉器和上古南蛮族玉器的影响力。比如西周的祭天六玉"璧琮圭璋琥璜"，玉璧为上古黄帝族创制，玉琮为上古南蛮族创制，玉圭、玉璋、玉琥为上古东夷族创制，玉璜截取自玉璧而为玉器三族共有。西周祭天六玉的一半，均为晚期东夷族创制的新型玉器。

辉煌的凌家滩文化，把晚期东夷族推向了迟到的文化高峰。龙山文化晚期（前2600—前2200），山东日照两城镇出现了100多万平方米的城址，山东五莲县丹土出现了50万平方米的城址，标志着东夷族在黄帝族、南蛮族之后，也进入了酋邦阶段[1]。

然而东夷族的文化高峰距离"炎黄之战"太近，因此延续时间极其短暂。龙山末期（前2200—前2000），黄帝族通过"炎黄之战"征服农耕三族，东夷族区域的上古文化发生了重大变异，迅速被中古以后的岳石文化（前1900—前1600）取代。

岳石文化除了少量继承山东大汶口文化和安徽凌家滩文化，又渗入了来自夏家店下层文化的大量元素。红山文化区域的夏家店下层文化，是与夏代同时的先商文化，亦即商代黄帝族的文化源头。

方辉所著《岳石文化》认为：

---

[1]　方辉：《岳石文化》69—70页，山东文艺出版社2004。参看《山东日照市两城地区的考古调查》，《考古》1997年4期。《山东日照地区系统区域调查的新收获》，《考古》2002年5期。

尤为值得关注的是，二者（引者注：岳石文化、夏家店下层文化）的泥质陶器表都流行彩绘，而且彩绘图案也存在许多相同和相似之处。学者们认为，岳石文化的彩绘陶可能是受到了夏家店下层文化的影响才产生的。夏家店下层文化属于我国北方系统的，其族属与夏代及商代早期生活在此地的戎狄族系有关。而夏代时代生活于海岱地区的古代部族中，确实存在着奉黄帝为宗神的姬姓、妊姓和嬉姓等国族[1]。

岳石文化又与同时期的辽东半岛南端的双坨子二期文化相近，也是黄帝族文化对东夷族文化的覆盖。岳石文化又向南扩张，影响了同一时期淮河下游的淮夷文化，即江苏点将台文化、安徽斗鸡台文化等[2]。

晚期东夷族的文化爆发，使其成功跻身上古华夏四族。东夷族玉器不仅是上古华夏玉器不可或缺的组成部分，也是中古以后中华玉器举足轻重的重要源头。

2014年10月13日—2016年10月27日八稿

---

[1] 方辉：《岳石文化》42—43页，山东文艺出版社2004。
[2] 方辉：《岳石文化》43—47页，山东文艺出版社2004。

第五章

龙山玉器，上古顶峰
——龙山时代祭天、威仪、装饰玉器总论

内容提要　本章根据考古、文献双重证据，论证湖北石家河文化是西扩南蛮支族的文化，是中古楚族的祖族；黄河上游的齐家文化是伏羲祖族的文化，黄河中游的陶寺文化是东扩伏羲支族的文化；陕北石峁文化是西扩黄帝支族的文化，是中古夏族的祖族。龙山时代华夏东部玉器三族的玉器文化沿着长江、黄河、长城三线西传，产生了长江中游西扩南蛮支族的石家河文化玉器，黄河中上游的龙山伏羲族陶寺文化玉器和齐家文化玉器，长城以北西扩黄帝支族的石峁文化玉器。龙山时代的伏羲族彩陶文化东传和玉器三族玉器文化西传，完成了上古华夏四族文化的交流与融合，奠定了中古夏商周文化的基础。

关键词　石家河南蛮族玉器；龙山伏羲族玉器；石峁黄帝族玉器；夏代黄帝族源于石峁黄帝族。

弁言　龙山玉器的三线西传

上古华夏的玉器文化，由玉器三族共同创造。黄帝族玉器是杰出的开端，南蛮族玉器是伟大的超越，东夷族玉器是卓越的综合。经过玉器三族从先仰韶期（前6000—前5000）至仰韶期（前5000—前3000）的三千年发

展，到了龙山期（前3000—前2000）一千年，上古华夏玉器抵达了辉煌的顶峰。

前面三章分述了玉器三族的玉器特色和不同贡献，均已部分涉及龙山时代。比如黄帝族的小河沿文化（前3000—前2500），从龙山初期延续至龙山中期。东夷族的大汶口文化（前4500—前2500），从仰韶中期延续至龙山中期；东夷族的凌家滩文化（前3800—前2000），从仰韶中晚期延续至龙山末期。南蛮族的良渚文化（前3300—前2200），从仰韶晚期延续至龙山末期。

本章描述龙山中晚期（前2500—前2000）华夏东部沿海玉器三族的玉器文化，通过三大路径西传华夏内陆的中部和西部：南线是从长江下游传播至长江中游的西扩南蛮支族石家河文化玉器，中线是从黄河下游传播至黄河中上游的龙山时代伏羲族玉器，北线是从内蒙古东部草原传播至内蒙古中西部草原的西扩黄帝支族石峁文化玉器。

龙山中期以前的伏羲族彩陶文化东传和龙山中期以后的玉器三族玉器文化西传，完成了上古四千年华夏四族的文化交流和文化融合，奠定了中古至今四千年的中华文化基础。

一　西扩南蛮支族：石家河文化玉器

龙山中期以后的南线玉器西传，产生了长江中游的石家河文化（前2600—前2200）玉器。本节先言石家河文化的族属和来源，再言石家河文化的祭天玉器、威仪玉器、装饰玉器。

1. 石家河文化的族属和来源

上古时代的长江中游，共有前后相续的四种文化类型。

一是从四川东部延伸至湖南西南部，分布于沅水流域的高庙文化（前5800—前4500）。

二是从四川东部延伸至湖南西北部、湖北西南部，分布于长江中游、洞庭湖周边的大溪文化（前4500—前3300）。

三是与大溪文化区域基本重叠的屈家岭文化（前3300—前2600）。

四是与屈家岭文化区域基本重叠的石家河文化（前2600—前2200）。

由于四种文化类型的分布区域交叉重叠，导致了族属判别的重大困难，但是根据有无彩陶、有无玉器，以及纹样承续关系，即可判别四种文化类型的族属和来源。

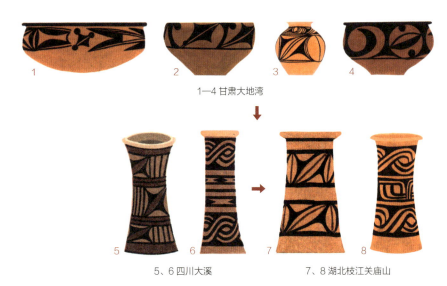

图5-1　伏羲族彩陶南传东传

伏羲族的主要标志，是伏羲族彩陶及其天文历法纹样。

先仰韶期的甘肃天水大地湾，彩陶上已有地轴倾斜纹和天象循环纹（图5-1.1—4）。

仰韶中期的四川巫山大溪，出现了类似于甘肃大地湾的地轴倾斜纹和天象循环纹（图5-1.5、6），证明其为从甘肃南下的南扩伏羲支族。

仰韶中期的湖北枝江关庙山（图5-1.7、8）和湖北松滋桂花树，也出现了与四川大溪相同的地轴倾斜纹和天象循环纹，证明其为从四川东进的南扩伏羲支族。而且湖南、湖北两省从西部到东部，伏羲族的彩陶逐渐减少，南蛮族的灰陶、黑陶渐多，也证实了南扩伏羲支族与西扩南蛮支族的基本势力范围。

伏羲族的另一重要标志，是伏羲族天文台"昆仑台"的专用符号"八角星"。伏羲族八角星的内涵将会另章专论（详见昆仑台章），本章不予展开。

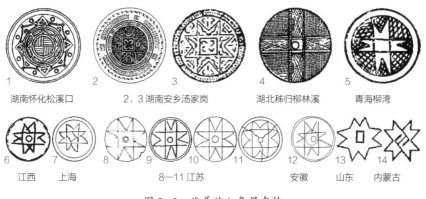

1 湖南怀化松溪口　　2、3 湖南安乡汤家岗　　湖北秭归柳林溪　　青海柳湾

6 江西　7 上海　8—11 江苏　12 安徽　13 山东　14 内蒙古

图 5-2　伏羲族八角星东传

目前考古所见的伏羲族八角星雏形，见于仰韶中期（前4600）高庙文化的湖南怀化松溪口遗址（图5-2.1），四正四维各有一山，是伏羲连山历的标志。稍后见于大溪文化（前4500）的湖南安乡汤家岗（图5-2.2、3）、湖北秭归柳林溪（图5-2.4），已是伏羲族八角星的标准型。

湖北秭归柳林溪的八角星，北传伏羲祖族的青海柳湾（图5-2.5），两者风格相同。

湖南安乡汤家岗的八角星，东传南蛮族的江西靖安郑家坳（图5-2.6）、上海崧泽（图5-2.7），江苏昆山绰墩（图5-2.8）、武进潘家塘（图5-2.9）、海安青墩（图5-2.10）、邳县[1]大墩子（图5-2.11），又北传东夷族的安徽凌家滩（图5-2.12）、山东大汶口（图5-2.13），最后北传黄帝族的内蒙古小河沿（图5-2.14）。

伏羲族也与玉器三族一样，以猪的眼鼻四孔拟形北斗七星的斗魁四星，因而伏羲族彩陶上也有北斗猪神。主要强调眼鼻四孔，而不强调野猪獠牙。

甘肃天水王家阴洼出土的葫芦形彩陶罐（图5-3.1），四面画了四个北

---

[1]　现为邳州。

斗猪神，标示四季北斗的循环旋转。猪眼的眼珠，标示太阳。猪眼的眼白，标示月亮。精妙绝伦的图像思维，令人叹为观止。

1、2 甘肃大地湾　　　　　　　　　　湖南高庙

4—6 湖南高庙

图5-3　伏羲族北斗猪神南传

甘肃出土的一件彩陶盆（图5-3.2），北斗猪神的眼珠、眼白仍然标示太阳、月亮，猪鼻二孔改为标示阳半年、阴半年的两仪纹，辅以标示伏羲连山历的南北对顶山、东西对顶山。

南扩伏羲支族的湖南高庙文化，彩陶上也有北斗猪神纹样，不再强调眼鼻四孔，而是强调野猪獠牙：早期纹样较为写实，仅有两个下獠牙（图5-3.3）。后期纹样较为夸张，变成了上下交叉的四个獠牙（图5-3.4、5、6）。

甘肃伏羲祖族强调猪的眼鼻四孔，注重的是天文内涵。南扩伏羲支族强调野猪獠牙，注重的是宗教内涵，亦即强调天神（天象之神）的威力。后者之宗教内涵，是前者之天文内涵的发展和神化，充分证明了宗教崇拜源于天象崇拜。

仰韶晚期，良渚文化（前3300—前2200）强势崛起，四方扩张，西扩到达长江中游的洞庭湖周边，与伏羲族的高庙文化、大溪文化相遇，形成了西扩南蛮支族的屈家岭文化（前3300—前2600），既有作为南蛮族陶器标志的大量黑陶，又有接受伏羲族影响的少量彩陶，也有少量简单玉器。

龙山中期以后，屈家岭文化区域出现了大量精美玉器，抵达了西扩南蛮支族的玉器顶峰，形成了石家河文化（前2600—前2200），又称"湖北龙山文化"。

综上所述，长江中游上古文化的四种类型，高庙文化、大溪文化是彩陶文化，族属是南扩伏羲支族。屈家岭文化、石家河文化是玉器文化，族属是西扩南蛮支族。

高庙文化、大溪文化的少量玉器，来自西扩南蛮支族的影响[1]。屈家岭文化、石家河文化的少量彩陶，来自南扩伏羲支族的影响。

西扩南蛮支族的石家河文化，承袭西扩南蛮支族的屈家岭文化。而其玉器形制和玉器纹样，主要承袭南蛮祖族的良渚玉器，同时接受了伏羲族彩陶、黄帝族玉器、东夷族玉器的综合影响，形成了自身的独特风格。

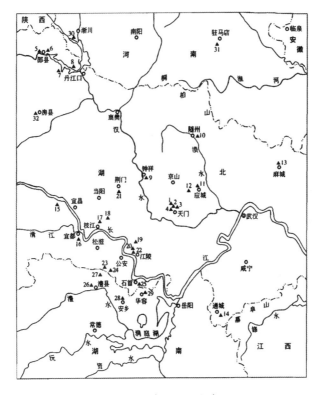

图5-4　石家河文化分布图

[1]　参看杨建芳:《大溪文化玉器渊源探索》,《南方民族考古》,四川大学出版社1987。

石家河南蛮族以湖北天门的石家河为都城，城址面积120万平方米。出土玉器的石家河文化重要遗址（图5-4），湖北省境内有天门市的肖家屋脊、罗家柏岭，荆州市的汪家场屋、枣林岗，钟祥市的六合等遗址，湖南省境内有常德市的孙家岗、度家岗等遗址。

2. 石家河文化的祭天玉器

1

猪冢

2

陶猪

图 5-5　石家河北斗猪神

石家河南蛮族与玉器三族一样，以北极帝星为天文中心，以北斗七星为天文核心；以北极玉帝为至高神，以北斗猪神为次高神。政治建构也以酋长对位北斗七星、北斗猪神。

湖北天门石家河遗址发现的猪冢（图5-5.1），类似于兴隆洼黄帝族酋长与雌雄双猪合葬（详见黄帝章），以及凌家滩东夷族酋长用玉猪为镇墓神兽（详见东夷章），证明石家河南蛮族同样崇拜北斗猪神。因此湖北天门邓家湾遗址出土的石家河文化陶猪（图5-5.2），也非普通凡猪，而是北斗猪神。

石家河玉器同样遵循观天玉器衍生祭天玉器、威仪玉器、装饰玉器的华夏玉器基本原理。其观天玉器已见第一章，其祭天玉器则有北极玉帝、刻纹玉圭，以及玉璧、玉琮、玉璋等等。

其一，石家河文化的北极玉帝。

石家河文化的北极玉帝，既有大量出土品，也有大量传世品，大致可以分为五类。

第一类石家河玉帝是鹰冕玉帝，融合了高庙文化的北斗猪神和良渚文化的北极玉帝。

仰韶初期，南扩伏羲支族的高庙文化创造了夸张野猪獠牙的北斗猪神（图5-6.1）。仰韶中期，高庙文化的北斗猪神、八角星等文化元素，从长

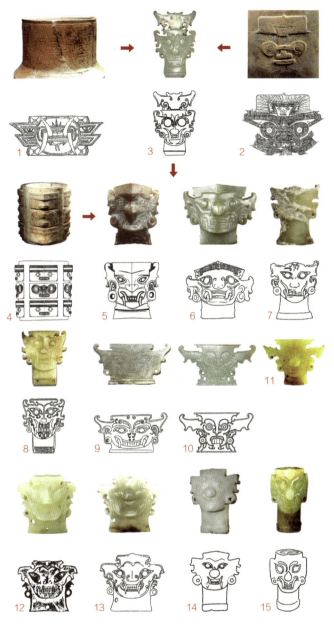

图 5-6　石家河北极玉帝主型：鹰冕玉帝

江中游东传长江下游的南蛮祖族崧泽文化。

仰韶晚期，良渚南蛮族以高庙文化的北斗猪神为基础，创造了分为上下两部分的北极玉帝（图5-6.2）：下半部分的玉帝坐骑北斗猪神，酷似高庙文化的北斗猪神，也有上下交叉的野猪獠牙。上半部分的北极玉帝，则是良渚南蛮族的创制。两者合为良渚国徽"天帝骑猪巡天图"。

龙山中期，石家河南蛮族又把高庙文化的北斗猪神和良渚文化的北极玉帝予以融合，创造了石家河文化的北极玉帝主型：鹰冕玉帝。

鹰冕玉帝的早期形态（图5-6.3），与良渚玉帝一样分为上下两部分，又予改进：拟形北极覆斗的良渚玉帝天盖帝冕，改为业字形的天鹰帝冕。拟形北斗仰斗的玉帝坐骑北斗猪神，参照高庙文化的北斗猪神，夸张野猪獠牙，但把猪脸改为人脸，额部仿照业字形的天鹰帝冕，成为业字形的天鹰帝额。于是石家河玉帝不再包含北极玉帝的坐骑北斗猪神，成为极斗合一的北极玉帝。

由于鹰冕玉帝的早期形态模仿了良渚玉帝的上下结构，分为鹰形帝冕、人形帝面两大部分，导致帝冕、帝额重复了两个业字形；于是鹰冕玉帝的中期形态（图5-6.5—11），把两个业字形简化为帝额的一个业字形。本章所举七例，可以分为两组。

第一组三例，既有湖北天门肖家屋脊的出土品（图5-6.5），也有大英博物馆、美国福格美术馆的收藏品（图5-6.6、7）。由于良渚玉琮把神像刻于四角（图5-6.4），于是石家河鹰冕玉帝的额部模仿了良渚玉琮的折角，前两例是立体折角，后一例转为平面尖角。

第二组四例。前三例分别是陕西长安张家坡西周墓地出土的石家河文化遗物（图5-6.8），美国华盛顿斯密森宁研究院、旧金山亚洲艺术博物馆的收藏品（图5-6.9、10）。第四例是石家河遗址2015年12月的出土品（图5-6.11），证明前三例均为石家河文化遗物。

鹰冕玉帝的晚期形态，又把帝冕的业字形变成了介字形。本章所举四例，分别是北京故宫博物院的收藏品（图5-6.12），美国旧金山亚洲艺术博物馆的收藏品（图5-6.13），陕西岐山凤雏村甲组西周宫室基址出土的石家河文化遗物（图5-6.14），上海博物馆的收藏品（图5-6.15）。

总观鹰冕玉帝的演变谱系可知：后期形态的介字形鹰冕，并非源于早期形态、中期形态的业字形鹰冕，而是源于良渚玉帝的天盖形帝冕（图5-6.2），说明在石家河文化晚期，良渚文化的影响力由于某种原因而再次强化。

中期形态和晚期形态的共同特征是，把早期形态的上下结构融合为一；区别特征是，中期形态的天鹰帝冕是两边上翘的业字形，晚期形态的天盖帝冕是两边下弯的介字形。

鹰冕玉帝的早期形态，双目浑圆如星，不加眼眶。鹰冕玉帝的中期形态、晚期形态，双目仍然浑圆如星，同时另增眼眶，成为华夏最早的臣字眼。夏商周玉器、青铜器的北极天帝、北极天鹰，大量承袭石家河玉帝的臣字眼。

中期形态的数量最多，证明其为石家河鹰冕玉帝的定制。但其不足在于，野猪獠牙原属高庙文化、良渚文化的北斗猪神，由于石家河玉帝是极斗合一的天帝，于是原为北斗猪神标志的野猪獠牙，成了石家河北极玉帝的标志。为了避免北极玉帝被误解为北斗猪神，中期形态的第二种表达做了两项调整（图5-6.10）：一是去除野猪獠牙，强调其非北斗猪神；二是放大拟形北极覆斗的帝冕，强调其为北极天鹰。于是形成了石家河鹰冕玉帝的两大纹样：一种有野猪獠牙，一种无野猪獠牙。

鹰冕玉帝的中期形态和晚期形态，都把早期形态帝冕、帝额的两个业字形简化为一个业字形，尽管鹰冕玉帝更加浑然天成，不再分为上下两部

业字形鹰冕　　　　　　　　　　　　2、3介字形天鹰

图5-7　石家河北极天鹰两大纹样

分，但其重大不足是导致了业字形北极天鹰的隐形，淡化了北极玉帝的天文对位。于是石家河南蛮族又把早期形态（图 5-7.1）上部的北极天鹰独立出来，见于肖家屋脊出土的北极天鹰（图 5-7.2），又见于法国巴黎赛努奇博物馆收藏的北极天鹰璇玑（图 5-7.3）。独立出来的北极天鹰，并非早期形态、中期形态的业字形，而是晚期形态的介字形。于是形成了石家河北极天鹰的两大纹样：一种是业字形，一种是介字形。

石家河鹰冕玉帝的两大纹样和石家河北极天鹰的两大纹样，源于鹰冕玉帝早期形态上下两部分的鹰形帝冕和人形帝面，各有精确的天文对位和宗教内涵：

鹰形帝冕拟形北极覆斗，标示北极玉帝的天文对位。早期纹样是业字形的北极天鹰，晚期纹样是介字形的北极天鹰。

人形帝面拟形人格化的至高神，标示北极玉帝的神话形象。早期纹样有野猪獠牙，晚期纹样无野猪獠牙。

石家河鹰冕玉帝的四大纹样被广泛应用于石家河玉器，成为石家河文化的独特标志。

第二类石家河玉帝是天柱玉帝，源于鹰冕玉帝。

石家河天柱玉帝也有早期、中期、晚期三种形态。

早期形态的一例，见于美国华盛顿斯密森宁研究院的收藏品（图 5-8.1）：上部是头戴业字形天鹰帝冕的北极玉帝，中部是象征地球自转轴的天柱，

图 5-8　石家河天柱玉帝

下部是象征北极玉帝主宰万物生死的虎头。

中期形态的一例，也见于美国华盛顿斯密森宁研究院的收藏品（图5-8.2）：上部是天柱形峨冠，中部是头戴业字形天鹰帝冕的北极玉帝，下部是天柱形帝颈。

两例的共同特征是，正反两面分别是鹰冕玉帝中期形态的两种表达：一面有野猪獠牙，星目加眶如臣字；一面无野猪獠牙，双目浑圆如星斗。

晚期形态的四例，分别是江西新干大洋洲商墓出土的石家河文化遗物（图5-8.3），美国华盛顿赛克勒美术馆、比利时皇家历史艺术博物馆、河南省文物商店的收藏品（图5-8.4—6），均把鹰冕玉帝中期形态的两种表达融为一体，既有野猪獠牙，又有臣字眼。

上古石家河文化区域，中古以后属于楚国区域。楚国式峨冠，源于石家河天柱玉帝的峨冠。

第三类石家河玉帝是兽面玉帝，源于石家河北极天鹰与良渚北极玉帝的融合。

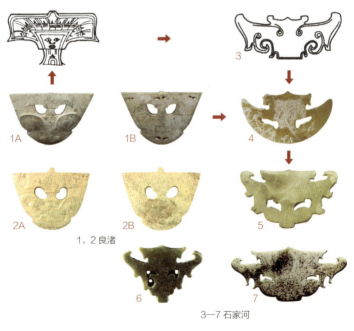

1、2良渚

3—7石家河

图5-9　石家河兽面玉帝

兽面玉帝的早期形态，目前仅见于湖北天门肖家屋脊的出土品（图5-9.4）：上部的业字形天鹰帝冕，近源是石家河鹰冕玉帝早期形态上部的业字形北极天鹰（图5-9.3），远源是良渚玉帝的天盖形帝冕（图9-1A上面的放大图）。下部的弧形帝面，同样源于良渚玉帝，但其两个帝目，源于良渚玉帝颈部、双臂之间的空缺（图5-9.1B），因而风格诡异。这一双臂下按改为双臂上举的良渚玉帝特殊形态，并非孤例，既有瑶山10号墓的出土品（图5-9.1），又有纽约顾为群的收藏品（图5-9.2）。

兽面玉帝的晚期形态，既有湖北钟祥六合（图5-9.5）、湖北天门石家河谭家岭（图5-9.6）的出土品，又有美国西雅图艺术博物馆的收藏品（图5-9.7）：帝冕仍是业字形天鹰，帝面进一步趋近业字形天鹰帝冕（图5-9.3）。

兽面玉帝的早期形态和晚期形态，均为源于良渚玉帝反面的剪影风格，似人非人，似兽非兽，威严狞厉，是商周青铜器"饕餮纹"（又称"兽面纹"）天帝形象的源头（详下第二节）。

第四类石家河玉帝是人面玉帝，源于无野猪獠牙的鹰冕玉帝。

人面玉帝也有早期、中期、晚期三种形态。

人面玉帝的早期形态二例，分别是北京故宫博物院、美国弗利尔美术馆的收藏品（图5-10.1、2），均有拟形北极覆斗的业字形天鹰帝冕，前者兼有兽面玉帝的剪影风格。

人面玉帝的中期形态五例，既有湖北天门石家河、湖北荆州枣林岗的出土品（图5-10.3、4），又有春秋时期河南光山黄君孟夫妇墓出土的石家河文化遗物（图5-10.5、6），另有美国弗利尔美术馆的收藏品（图5-10.7），均有拟形北极覆斗的介字形帝冕或天盖形帝冕。弗利尔藏品的人面玉帝上下，分别是鹰冕玉帝的对称倒影，酷似天津博物馆所藏石家河玉圭的帝面纹样（图5-10.10），证明人面玉帝并非普通人像，而是北极玉帝。

人面玉帝的晚期形态，见于湖北天门肖家屋脊的大量出土品，所举二例（图5-10.8、9），前一例的帝冕纹样，是弗利尔藏品（图5-10.7）上部纹样的简化，再次证明人面玉帝并非普通人像，而是北极玉帝。

以上四类石家河玉帝，除了兽面玉帝，其他三类均有一项共同特征：

图 5-10　石家河人面玉帝

浑圆如星的双目，双耳所带的耳环，构成对应北极七星之覆斗四星的正梯形，证明石家河玉帝正是北极玉帝。

第五类石家河玉帝是祭坛玉帝，因其尚无出土品，仅有四例传世品，常常不被视为石家河文化玉器，而被笼统归入龙山文化玉器。

第一例石家河祭坛玉帝是北京故宫博物院的收藏品（图5-11.4），上部的介字形北极天鹰，是石家河鹰冕玉帝的四大纹样之一（图5-11.1）；下部的侧面双帝，酷似石家河遗址2015年12月出土的双帝首玉玦（图

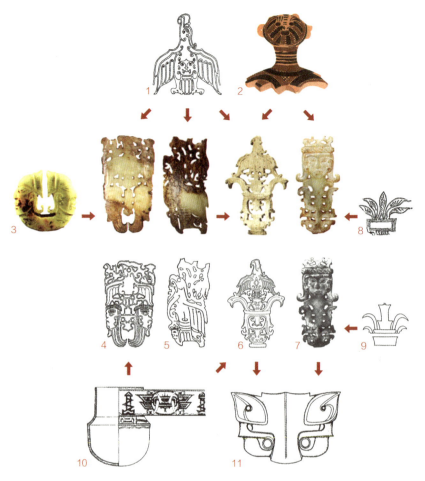

图 5-11　石家河祭坛玉帝

5-11.3）。鹰足之下、双帝中间是祭坛：祭坛上部，酷似高庙北斗猪神两侧的祭坛（图5-11.10），后者是汉阙的上古源头。祭坛下部，是介字形北极天鹰的倒影，又见于第三例（图5-11.6）。

第二例石家河祭坛玉帝是上海博物馆的收藏品（图5-11.5），是第一例（图5-11.4）的简化形式，上部是介字形北极天鹰，下部是北极玉帝侧影。

由于以上两例的结构均为上鹰下人，常被误称为"鹰攫人首"。其实上鹰下人的结构，源于鹰冕玉帝早期形态上部的鹰形帝冕和下部的人形帝面。

第三例石家河祭坛玉帝是天津博物馆的收藏品（图5–11.6），是第一例（图5–11.4）的变化形式——

上部的介字形北极天鹰，同于第一例。

中部的祭坛，酷似浙江余姚河姆渡陶器的祭坛纹（图5–11.8）和山东莒县陵阳河陶尊的祭坛纹（图5–11.9），后者的祭坛之上，是大汶口文化的北斗纹。鹰爪之下、祭坛之上，是业字形北极天鹰的剪影，异于第一例；祭坛之下，是介字形北极天鹰的剪影，同于第一例。至此可明：第一例的祭坛，是高庙阙形祭坛与石家河北极天鹰的融合；第三例的祭坛，是河姆渡、良渚、大汶口祭坛与石家河北极天鹰的融合。

下部的虎头，与天柱玉帝下部的虎头相同，衍生出石家河文化的威仪虎符（图5–11.11），标示北极玉帝主宰万物生死。

天柱玉帝和祭坛玉帝的下部均为虎头，或许另有一层含义：甘肃伏羲族位于华夏西部，对应于西方白虎七宿，所以甘肃伏羲族彩陶器多有虎头人形象（图5–11.2），而且甘肃伏羲族自称"虎族"，中古以后分化为"白虎羌""黑虎羌"两支。石家河天柱玉帝下部和祭坛玉帝下部的虎头，可能同时象征伏羲族，亦即隐喻石家河南蛮族在长江中游战胜了本地的南扩伏羲支族以及长江北岸、黄河南岸的中原神农族。

第四例是天津博物馆收藏的石家河祭坛女神（图5–11.7），总体结构同于第三例（图5–11.6）：中部的祭坛，下部的虎符，同于第三例。仅把第三例上部的北极天鹰改为女神，但是女神的发梢上卷，仍然同于第三例的鹰翅上卷。

第三例（图5–11.6）和第四例（图5–11.7）均被天津博物馆收藏，或非偶然，可能是配套制作的男女至高神，前者当属玉帝，后者当属西王母。判断后者为"西王母"的理由有二。

首先，中古以后的中国神谱，与男性至高神北极玉帝相配的女性至高神，均为西王母。

其次，第四例（图5–11.7）下部的虎符，符合《山海经》所言与虎相关的西王母形象。

中古以后的中国神谱，为了与"西王母"配套，又称北极玉帝为"东王公"。"东王公"又被视为华夏男祖神"伏羲氏","西王母"又被视为华夏女祖神"女娲氏",所以汉代常见的"伏羲女娲交尾图",又称"东王公西王母交尾图"。不过"东王公"之名最终未能取代"玉帝"之名,民间神话以及《西游记》等神话小说仍以"玉皇大帝""王母娘娘"为男女至高神。

或问:"女娲氏"本是伏羲族的女祖神,其变体"西王母"为何见于石家河文化?

因为伏羲族没有把女祖神"女娲氏"改名为"西王母"的必要,而石家河南蛮族广泛接受了伏羲族的先进天文历法和大量文化要素,包括伏羲族的"女娲氏"神话,由于石家河南蛮族不便把伏羲族的女祖神奉为本族的女祖神,于是取其神话而改其神名,把"女娲氏"改名为"西王母","王母"意为"始祖母","西"则标明伏羲族位于华夏西部。这一文化转换,类似于罗马人接受希腊众神以后,全都另取罗马新名。

综上所述,石家河文化的第一祭天玉器是极斗合一的北极玉帝,尽管种类繁多,形制多样,纹样丰富,但是演变谱系完整清晰。石家河玉帝堪称上古四千年华夏全境北极玉帝形象演变发展的顶峰,因而对中古夏商周的天帝形象影响极大。

由于极斗合一的石家河玉帝消化吸收了玉器三族原本独立的北斗猪神,而石家河玉帝对夏商周的天帝形象影响极大,所以上古遍见于华夏全境的北斗猪神,中古以后基本消失。

上古北斗猪神在中古以后的消失,大大增加了今人解读上古彩陶纹样、玉器纹样、天文历法、宗教神话的难度。因为辨识北斗猪神,明其天文历法对位和宗教神话内涵,是解读上古彩陶纹样、玉器纹样、天文历法、宗教神话的关键性突破口。

其二,石家河文化的刻纹玉圭。

上古玉圭,由龙山时代的晚期东夷族创制(详见东夷章),是伏羲族圭表测影的玉器化,形制是上宽下窄,拟形北斗仰斗的倒梯形;下端是源于玉钺的一孔;上端的早期形态是源于玉钺的平口,上端的晚期形态是标示圭表测影的尖口;均为素面,不刻纹样。

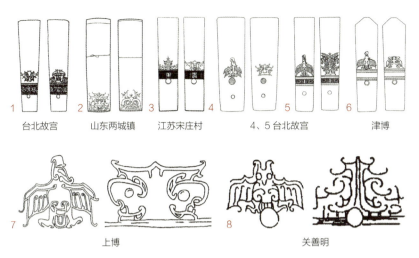

1 台北故宫　　2 山东两城镇　　3 江苏宋庄村　　4、5 台北故宫　　6 津博

7 上博　　　　　　　　　　　　8 关善明

图5-12　石家河刻纹玉圭

石家河玉圭的形制（图5-12），基本承袭东夷族玉圭的形制，上宽下窄，下有一孔；上端多为平口，偶有尖口；但其特色是无一素面，均刻两面纹样。

本章所举八例石家河刻纹玉圭，仅有两例具有明确的出土地点，一例出土于山东日照两城镇（图5-12.2），一例出土于江苏溧阳宋庄村（图5-12.3）。另外六例均为传世品，分别收藏于台北故宫博物院（图5-12.1、4、5）、天津博物馆（图5-12.6）、上海博物馆（图5-12.7）、香港关善明（图5-12.8）。北京故宫博物院、中国台湾蓝田山房、美国芝加哥艺术研究院、美国弗利尔博物馆等处，也有类似收藏品，由于纹样过于模糊或未见图片资料，本书暂不列举。

由于出土地点明确的两例见于石家河文化区域以外的山东、江苏，因而很多学者均将此类玉圭视为山东龙山文化玉圭。其实上古文化的交流、传播常常超乎后人想象，出土地未必是原产地，某地发现的玉器，既可能是来自其他文化区域的馈赠器或战利品，也可能是相邻文化区域原创玉器的仿制品。由于此类刻纹玉圭的两面纹样仅在石家河文化区域拥有完整的演变谱系，而山东龙山文化区域没有完整的演变谱系，可以判定此类刻纹玉圭均为石家河玉圭。

石家河玉圭的两面刻纹，均为石家河鹰冕玉帝的四大纹样：正面（A面）均为鹰形帝冕的两大纹样，反面（B面）均为人形帝面的两大纹样。

　　八例石家河刻纹玉圭，可以分为两组，纹样演变的轨迹极其清晰，一如表5-1所示。

表5-1　石家河玉圭两面纹样演变

　　八例玉圭的正面（A面）纹样，源于石家河鹰冕玉帝早期形态上部的鹰形帝冕：四例早期纹样（表5-1：1、2、3、8之A面），均为"业"字形的拟人化北极天鹰。四例晚期纹样（表5-1：4—7之A面），均为"介"字形的写实性北极天鹰，鹰嘴统一向左。

　　八例玉圭的反面（B面）纹样，源于石家河鹰冕玉帝早期形态下部的人形帝面：四例早期纹样，或为有野猪獠牙的人形帝面（表5-1：1之B面），或为其变化纹样（表5-1：5、6、8之B面）。四例晚期纹样，或为无野猪獠牙的人形帝面（表5–1：3之B面），或为其变化纹样（表5–1：2、4、7之B面）。

由于纹样并非直线演变，早期纹样会因传统惯性而长期沿用，所以演变顺序并不完全符合本文的编号次序。

1、2两例的A面上部，是北极天鹰的早期纹样，为业字形。下部增刻红山文化勾云形玉帝的涡形眼，一方面证明业字形北极天鹰象征北极玉帝，另一方面证明石家河玉帝吸收了红山玉帝的部分要素。同时证明红山玉帝、石家河玉帝的涡形眼，全都标示星象的循环旋转。

4、5两例的A面，是北极天鹰的晚期纹样，为介字形。鹰腹增刻人形帝面，证明鹰嘴向左的介字形北极天鹰正是象征北极玉帝。

或问：1、2两例A面的帝冕，酷似4、7两例B面的帝面，均为业字形，为何前者属于帝冕，后者属于帝面？

因为1、2两例的B面已是人形帝面的早期纹样，所以1、2两例的A面是业字形的北极天鹰早期纹样。因为4、7两例的A面已是介字形的北极天鹰晚期纹样，所以4、7两例的B面是人形帝面的晚期纹样。1、2两例A面的业字形天鹰，之所以酷似4、7两例B面的业字形天帝，乃是因为鹰冕玉帝的早期形态，帝冕、帝额均为业字形。

一旦厘清石家河刻纹玉圭两面纹样的不同内涵，就不会被两面纹样的业字形相似搞混——

玉圭正面（A面），必为早期纹样的业字形天鹰或晚期纹样的介字形天鹰，拟形北极覆斗，标示北极玉帝的天文对位。

玉圭反面（B面），必为早期纹样的有獠牙帝面或晚期纹样的无獠牙帝面，表现人格化的至高神，标示北极玉帝的神话形象。

石家河文化的祭天玉器，北极玉帝重要性第一，刻纹玉圭重要性第二。另有少量重要性不高的祭天玉器，比如玉璧、玉琮、玉璋、玉璜、玉龙、玉凤等等，全都不刻石家河玉帝的四大纹样。

其三，石家河文化的祭天玉璧。

石家河文化的祭天玉璧（图5–13），与玉器三族的祭天玉璧一样，象征天道的循环旋转。

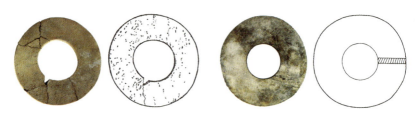

图5-13　石家河祭天玉璧

其四，石家河文化的祭天玉琮。

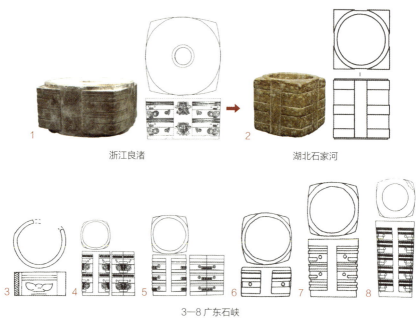

浙江良渚　　　　　　　　　　湖北石家河

3—8广东石峡

图5-14　石家河祭天玉琮

石家河文化的祭天玉琮（图5-14.2），承袭良渚文化的祭天玉琮（图5-14.1），但是仅有类似于良渚玉琮的区间分隔线，没有良渚玉琮必有的北极玉帝或北斗猪神，证明玉琮已非石家河文化的主要祭天玉器。

然而南扩南蛮支族的广东石峡文化，却有比石家河区域更多的良渚式玉琮（图5-14下排），既有圆琮，也有方琮，也有良渚式北斗猪神的多种形态，证明玉琮仍是广东石峡文化的主要祭天玉器。

其五，石家河文化的祭天玉璋。

上古玉璋，由龙山时代的晚期东夷族创制（详见东夷章），是东夷族獐牙观天器的玉器化，形制是上端微凹（图5-15.1）。然而东夷族玉璋西传到西扩南蛮支族的石家河文化区域（图5-15.2），传到西扩黄帝支族的石峁文化区域（详下第三节），上端却从微凹变成了双牙，亦即"牙璋"。形制演变的原因，在石家河文化区域难以找到线索，在石峁文化区域却能找到线索。

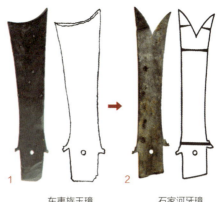

东夷族玉璋　　　　石家河牙璋

图5-15　石家河祭天牙璋

其六，石家河文化的祭天玉龙（珑）、祭天玉凤。

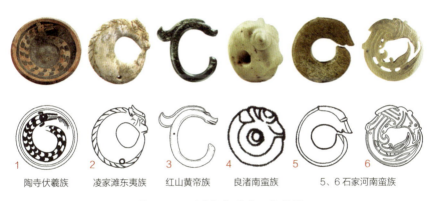

1　　　　2　　　　3　　　　4　　　　5　　　　6

陶寺伏羲族　凌家滩东夷族　红山黄帝族　良渚南蛮族　5、6石家河南蛮族

图5-16　石家河衔尾龙、衔尾凤

石家河南蛮族仿效伏羲族和玉器三族的衔尾龙（图5-16.1—4），制作了衔尾龙，见于肖家屋脊遗址（图5-16.5）。又按照衔尾龙的样式，制作了华夏最早的衔尾凤，见于罗家柏岭遗址（图5-16.6）。

伏羲族对东西七宿连线的早期拟形是东龙西凤，见于先仰韶期（前5200）的陕西宝鸡北首岭[1]。后来伏羲族又把西方七宿连线的拟形改为虎形，

---

[1]　详见张远山：《伏羲之道》42页，岳麓书社2015。作品集第十六卷38页。

见于仰韶中期（前4500）的河南濮阳西水坡[1]。石家河文化的衔尾龙、衔尾凤，对应伏羲族对东西七宿的早期拟形，表现东方七宿、西方七宿的天象循环。

龙、蛇具有盘曲衔尾的天性，导致很多人以为衔尾龙或衔尾蛇仅是表现龙、蛇的天性，并非象征东方苍龙七宿的循环旋转。然而凤、鸟没有盘曲衔尾的天性，所以石家河衔尾凤证明：上古华夏的一切衔尾龙，无不象征东方苍龙七宿的循环旋转。

其八，石家河文化的祭天玉璜、祭天玉虎（琥）。

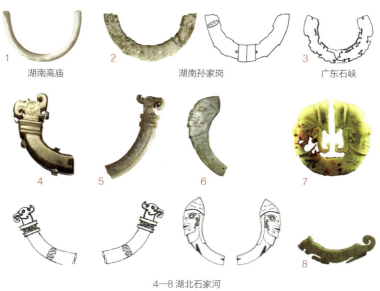

1　湖南高庙　　　2　湖南孙家岗　　　3　广东石峡

4—8 湖北石家河

图 5-17　石家河祭天玉璜、玉琥

南扩伏羲支族的高庙文化，接受了早期西扩南蛮支族的影响，已有简单的玉璜（图5-17.1）。

西扩南蛮支族的石家河文化，则有更为精致的玉璜，见于湖南常德孙家岗遗址（图5-17.2）。

南扩南蛮支族的广东石峡文化，也有独特的玉璜（图5-17.3），其上

---

[1]　详见张远山：《伏羲之道》47页，岳麓书社2015。作品集第十六卷44页。

的扉齿，源于石家河鹰冕玉帝的业字形帝冕，证明石家河文化对珠江流域的两广地区也有影响。

石家河文化另有双凤首玉璜，是石家河衔尾凤的衍生品，目前仅见各存一半的两个残件，分别是天津博物馆的收藏品（图5-17.4），湖北天门罗家柏岭的出土品（图5-17.5）。两者虽非同一玉璜的两半，但是合观两者，可知石家河双凤首玉璜的基本形制。

石家河文化另有双帝首玉璜，是石家河祭坛玉帝的衍生品，目前仅见湖北天门肖家屋脊出土的半个残件（图5-17.6），酷似石家河遗址2015年12月出土的双帝首玉玦（图5-17.7）。

石家河文化另有仿照祭天玉璜而制的祭天玉虎（图5-17.8），虎首向西，虎尾卷曲，对应伏羲族二十八宿的西方白虎七宿。商周祭天玉虎的形制，承袭石家河祭天玉虎（详见夏商周章）。

综上所述，石家河文化的第一祭天玉器是北极玉帝，象征石家河文化的至高神，所以先后演变出五种类型。石家河文化的第二祭天玉器是两面刻纹的祭天玉圭，是祭祀北极玉帝的主要玉器，所以两面纹样分刻北极玉帝的天文对位和宗教形象。石家河文化的其他祭天玉器，大多仿制玉器三族的传统祭天玉器，重要性相对较弱，所以不刻石家河玉帝的四大纹样。

3. 石家河文化的威仪玉器

石家河南蛮族的酋长，共有三种威仪玉器。

其一，石家河文化的威仪权柄。

湖北天门肖家屋脊出土了一件权柄的残件（图5-18.2），残长6.5厘米，全长约10厘米，下端也有可接木柄的榫头。形制与良渚权柄相似（图5-18.1），刻有良渚北斗猪神的简化纹样，证明石家河南蛮族酋长的天文对位也是北斗七星，宗教对位也是北斗猪神。

其二，石家河文化的威仪玉钺。

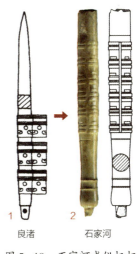

1 良渚　　2 石家河

图5-18 石家河威仪权柄

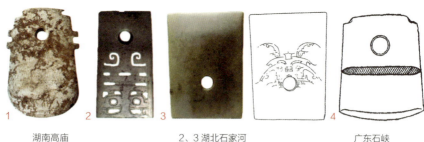

| 湖南高庙 | | 2、3 湖北石家河 | | 广东石峡 |

图 5-19　石家河威仪玉钺

　　南扩伏羲支族的高庙文化，接受了早期西扩南蛮支族的影响，也有简单的玉钺（图5-19.1）。南扩南蛮支族的广东石峡文化，接受了良渚南蛮族的影响，也有简单的玉钺（图5-19.4）。两者全都素面无纹。

　　西扩南蛮支族的石家河文化也有玉钺，目前尚无出土品，仅有若干传世品。香港关善明收藏的一件石家河玉钺（图5-19.2），有石家河文化的业字形玉帝纹样；美国赛克勒博物馆收藏的一件石家河玉钺（图5-19.3），有石家河文化的介字形玉帝纹样。

　　其三，石家河文化的威仪虎符。

图 5-20　石家河威仪虎符

石家河天柱玉帝、祭坛玉帝、祭坛王母的下部（图5-20.1—3），均有象征天帝主宰万物生死的虎面。石家河南蛮族按照祭天玉器衍生威仪玉器的基本原理，又把虎面独立出来，作为酋长的第三种威仪玉器——虎符，标示酋长的生杀大权源于天帝所赐，亦即"君权神授"。

石家河虎符的早期形态（图5-20.4），接近实际的虎面，略呈倒三角形。由于酋长的天文对位是北斗七星，所以后期形态逐渐趋近倒梯形（图5-20.5—8），对应北斗七星之斗魁四星的倒梯形。顶部拟形北极天鹰的业字形。

伏羲族的二十八宿，东方苍龙七宿对应春天，西方白虎七宿对应秋天。伏羲族对西方七宿连线的拟形，之所以从早期的凤形转变为后期的虎形，乃因虎为百兽之王，对应秋气杀物。

石家河南蛮族既接受了伏羲族的早期天象拟形"东龙西凤"，制作了相互配套的祭天玉器衔尾龙、衔尾凤；又接受了伏羲族的后期天象拟形"东龙西虎"，制作了与玉龙配套的祭天玉器玉虎。

4.石家河文化的装饰玉器

石家河文化的装饰玉器，仍然遵循华夏玉器的基本原理，植根于石家河文化的观天玉器、祭天玉器、威仪玉器。

其一，石家河文化的装饰玉佩。

石家河文化的装饰玉佩，主要是龙凤玉佩。

龙形玉佩数量较少，目前仅见湖南常德孙家岗的出土品（图5-21.1）。

凤形玉佩数量较多，外形有所变化。湖北天门石家河的出土品（图5-21.2），美国芝加哥艺术研究院的收藏品（图5-21.3），外形酷似龙形玉佩。北京首都博物馆的收藏品（图5-21.4），外形已有变化。

湖南常德孙家岗出土的凤形玉佩（图5-21.5），外形又有变化。商代妇好墓出土的石家河玉凤遗物（图5-21.6），外形又有进一步变化，但其凤冠源于石家河玉帝的业字形帝冕。

石家河文化的龙凤玉佩，均为石家河玉器特有的透雕风格，酷似石家河祭坛玉帝的透雕风格，工艺水准和美学境界抵达了龙山时代华夏全境装

图 5-21　石家河龙凤玉佩

饰玉器的顶峰。

　　石家河文化的龙凤玉佩，源于伏羲族的早期天象组合"东龙西凤"。伏羲族的早期天象组合"东龙西凤"被后期天象组合"东龙西虎"取代以后，"龙凤"转化为象征阴阳、男女的吉祥符号，传遍华夏全境，成为中华文化的重要标志[1]。

　　其二，石家河文化的日月鹰玉蝉。

　　华夏全境考古出土的上古玉蝉，约有50件左右[2]。

　　华夏东部的玉器三族均有玉蝉，然而数量不多。黄帝族的红山文化区域出土5件，东夷族的凌家滩遗址出土1件，南蛮族的良渚文化区域出土2件，合计不足10件，标志着华夏灵蝉崇拜的发端期。

　　西扩南蛮支族的石家河文化区域出土玉蝉最多，共计40余件，标志着

---

[1]　详见张远山：《伏羲之道》49页，岳麓书社2015。作品集第十六卷47页。

[2]　参看穆朝娜：《史前时期的玉蝉》之《史前玉蝉出土情况一览表》，《文物春秋》2006年6期。

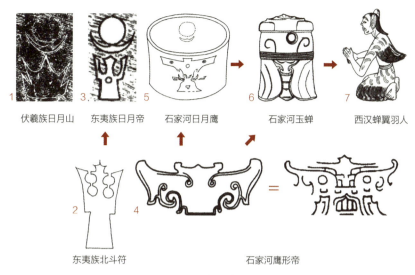

| 1 | 3 | 5 | 6 | 7 |
| 伏羲族日月山 | 东夷族日月帝 | 石家河日月鹰 | 石家河玉蝉 | 西汉蝉翼羽人 |

2 东夷族北斗符

4 = 石家河鹰形帝

图 5-22 石家河鹰纹玉蝉

上古华夏的灵蝉崇拜进入了全盛期。

石家河玉蝉的刻纹"日月鹰",源于伏羲连山历符号"日月山"与石家河北极天鹰的融合,辨析如下。

东扩伏羲支族把伏羲连山历东传玉器三族,被玉器三族称为"连山氏"。山东莒县陵阳河的东扩伏羲支族"太昊氏",以"日月山"符号作为"太昊氏"的族徽和"连山历"的标志(图5-22.1)[1]。

大汶口东夷族接受了伏羲连山历以后,根据本族的天文核心北斗七星,采用大汶口文化的北斗纹(图5-22.2),把伏羲族的"日月山"本土化,改山为斗;再予拟人化,成为安徽蒙城尉迟寺出土大汶口陶尊的"日月斗"符号(图5-22.3)。

石家河南蛮族接受了伏羲连山历以后,根据本族的宗教核心北极玉帝,采用石家河文化的北极天鹰(图5-22.4),把伏羲族的"日月山"本土化,改山为鹰;再予拟人化,成为美国弗利尔博物馆所藏石家河玉镯的"日月鹰"符号(图5-22.5)。

石家河南蛮族又把石家河玉镯的"日月鹰"符号，移用于石家河玉蝉（图5-22.6）：中心纹样即天鹰，上方钻孔即日月。

石家河玉蝉的"日月鹰"符号，证明石家河南蛮族的灵蝉崇拜与天象崇拜息息相关，亦即认为蝉是北极天鹰的化身，长生不死的灵物，生命周期与北极天象一样终始循环：生前吸风饮露，不食五谷；死前遗下蝉蜕，来年复活再生。

中古以后，灵蝉崇拜长盛不衰，又与神仙崇拜合流。商代、汉代均有大量玉蝉，成为承袭石家河灵蝉崇拜的两大时期。汉代的仙人形象（图5-22.7），其羽并非鸟羽之形，而是蝉翼之形。华夏神仙崇拜把"蝉蜕"等同于"尸解"，称为"羽化登仙"，同样证明"羽化"亦非化而为鸟，而是化而为蝉。玉蝉是汉代葬玉之一，置于墓主口中，专名为"琀"，正是希望墓主死后化而为蝉，羽化登仙。

扬雄《方言》记载，"蝉"为楚国方言，宋国称为"蜩"，陈郑之间称为"螗蜩"。华夏全境以楚国方言"蝉"为通名，正是因为楚国区域的上古石家河文化是华夏灵蝉崇拜的源头。

其三，石家河文化的鹰形玉笄。

石家河文化的北极天鹰崇拜（图5-23.1），又衍生了北极天鹰玉笄（图5-23.2—13）。

石家河鹰形玉笄，既有湖北天门肖家屋脊、湖北荆州枣林岗的出土品（图5-23.2、3），又有夏都二里头（图5-23.4）、商代早期湖北盘龙城（图5-23.5）、商代晚期河南殷墟（图5-23.6）、汉代安徽庐江（图5-23.7）出土的石家河文化遗物，另有全球各大博物馆的大量收藏品（图5-23.8—13）。

综上所述，西扩南蛮支族的石家河文化，同样遵循观天玉器衍生祭天玉器、威仪玉器、装饰玉器的华夏玉器基本原理。

西扩南蛮支族的石家河文化玉器，融合了伏羲族的先进天文历法和玉器三族的丰富养料，超越了南蛮祖族的良渚玉器，琢玉技术、美学境界、天文内涵、宗教意蕴全都抵达了上古玉器的顶峰，成为龙山时代华夏全境最为辉煌的玉器文化，因而强烈影响了中古夏商周的玉器形制、玉器纹样乃至青铜器纹样。

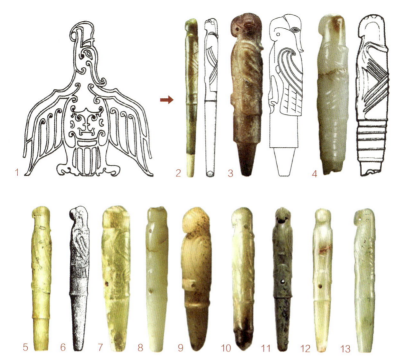

图 5-23　石家河鹰形玉笄

　　龙山末期，黄帝族在唐尧时期征服了以山西陶寺为都的中原伏羲族和以山东日照两城镇为都的东夷族，导致伏羲族、东夷族南撤到石家河文化区域。黄帝族在虞舜、夏禹时期又继续南征石家河文化区域的南撤伏羲族、南撤东夷族、本地南蛮族的三族苗裔，史称"三苗"。虞舜南征三苗而死，见于《淮南子·修务训》："舜南征三苗，道死苍梧。"[1]《礼记·檀弓上》："舜葬于苍梧之野。"夏禹完成了南征三苗，见于《史记·吴起列传》："昔三苗氏左洞庭，右彭蠡，德义不修，禹灭之。""德义不修"是征服者的诬词，舜征三苗、禹灭三苗则是史实，石家河文化就此终结[2]。"九黎三苗"进一步南撤到长江以南的珠江流域，成为中古以后的南方少数民族，保留了上古农

[1]　《淮南子·修务训》："舜南征三苗，道死苍梧。"高诱注："三族之苗裔，故谓之三苗"。

[2]　参看杨新改、韩建业：《禹征三苗探索》，《中原文物》1995 年 2 期；俞伟超：《先楚与三苗文化的考古学推测》，《文物》1980 年 10 期。张绪球：《屈家岭文化》，文物出版社 2004。

耕三族的大量文化和大量风俗，成为今人研究上古华夏文化的重要旁证。

禹征三苗以后，石家河文化的大量玉器作为战利品进入中原，成为夏商周黄帝族世代相传的上古宝物，经由赏赐功臣、王朝更替等各种原因而流散到华夏全境，所以现代考古经常能在夏商周贵族墓葬中发现石家河玉器遗物。历代传世的石家河玉器也数量不少，因其代表着华夏上古玉器的最高水准，近代以来被全球博物馆竞相收藏。

二　龙山伏羲族：陶寺文化玉器和齐家文化玉器

龙山中期以后的中线玉器西传，产生了黄河中上游的龙山伏羲族玉器。本节先言龙山伏羲族的两大分支，再言两大分支的祭天玉器、威仪玉器、装饰玉器。

1. 龙山伏羲族的两大文化类型：陶寺文化和齐家文化

先仰韶至仰韶时期三千年，黄河中上游的伏羲族区域基本没有玉器。仰韶、龙山之交，东扩伏羲支族抵达黄河下游，与东部玉器三族相遇，于是龙山中期以后黄河中上游的伏羲族从东向西逐渐出现了少量玉器。

东扩伏羲支族从黄河上游向黄河中下游的强力东扩，导致黄河下游的东夷族无法从黄河下游向黄河中游西扩，因此玉器西传的中线，并非经由东夷族的西扩，而是东扩伏羲支族在黄河下游接受了玉器三族的玉器文化，然后西传黄河中游、上游的龙山伏羲族两大分支。

东扩伏羲支族于仰韶、龙山之交在黄河下游与玉器三族相遇以后，接受外来玉器文化有一个消化吸收过程，所以黄河中上游的龙山伏羲族直到龙山中期以后，才从东向西逐渐出现玉器。

黄河中游的河南、山西伏羲族，龙山中期以前基本没有玉器，龙山中期才出现玉器，出土玉器的重要遗址，有山西襄汾陶寺和河南灵宝西坡等地，形制、纹样相近，本书称为"陶寺文化玉器"，包括"山西龙山文化"（陶寺文化）和"河南龙山文化"（庙底沟二期文化）。

黄河上游的陕西、甘肃伏羲族，龙山晚期以前基本没有玉器，龙山晚期才出现玉器，出土玉器的重要遗址，有陕西延安芦山峁和甘肃静宁、临洮等地，形制、纹样相近，本书称为"齐家文化玉器"，包括"陕西龙山文化"（客省庄二期文化）和"甘肃龙山文化"（马家窑文化）。

龙山伏羲族两大分支的玉器均属外来文化，总体而言数量不多，质量不高，而且玉器形制、玉器纹样没有自身的演变谱系，也不遵循观天玉器衍生祭天玉器、威仪玉器、装饰玉器的华夏玉器基本原理，主要是仿制玉器三族的龙山时代玉器。

文化形态是动态渐变的历史过程，不断更新，不断替代，不断覆盖，不断扬弃。玉器三族的仰韶时代玉器，到了龙山时代已经逐渐淘汰甚至失传。今人可以通过发掘墓葬等等考古手段，全面了解玉器三族的仰韶时代玉器和龙山时代玉器，但是龙山时代的玉器三族不可能发掘祖先的墓葬，已经不太了解本族的仰韶时代玉器。龙山时代的伏羲族，更不了解玉器三族的仰韶时代玉器，所以龙山伏羲族仿制的观天玉器、祭天玉器、威仪玉器、装饰玉器，均非玉器三族的仰韶时代玉器，而是玉器三族的龙山时代玉器。

龙山伏羲族仿制的玉器三族观天玉器，有璇玑玉衡（三牙璧、有领环）、不规则多孔玉圭（星组定位仪）等等，已详观天玉器章。本章仅言龙山伏羲族仿制的玉器三族祭天玉器、威仪玉器、装饰玉器。

2. 龙山伏羲族的祭天玉器

山西南部、汾水中游的陶寺中期遗址，是龙山中期以后的神农族酋邦国都。

陶寺中期遗址的王级大墓M22，墓室东壁中央的显著位置，放置一件公猪下颌骨，带有又长又弯的獠牙[1]，象征华夏四族共同崇拜的次高神北斗

---

[1]　参看何努等：《陶寺城址发现陶寺文化中期墓葬》，《考古》2003 年 9 期。罗明：《陶寺中期大墓 M22 随葬公猪下颌意义浅析》，解希恭主编《襄汾陶寺遗址研究》，科学出版社 2007。

猪神。同一墓中,出土了陶寺文化的不少代表性玉器,包括华夏四族共同崇拜的至高神北极天帝。

其一,龙山伏羲族的北极玉帝。

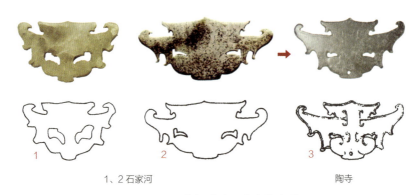

1、2石家河　　　　　　　　　　陶寺

图5-24　石家河兽面玉帝北传中原

湖北钟祥六合出土、美国西雅图艺术博物馆收藏的两件石家河兽面玉帝(图5-24.1、2),器面打磨光滑,没有浮雕。陶寺王墓M22出土的兽面玉帝(图5-24.3),器面另增浮雕,风格有异,证明其为石家河兽面玉帝的仿制品。

先仰韶至仰韶期的伏羲族,其北极天帝"帝俊"的形象,源于北极天象连线而成的"天枢纹",成为甲骨文"帝"字的源头[1]。龙山伏羲族与玉器三族相遇以后,仿制了玉器三族的北极玉帝。由于石家河玉器抵达了龙山时代华夏玉器的最高水准,因此陶寺伏羲族仿制了石家河文化的兽面玉帝。

或问:石家河文化与陶寺文化的兽面玉帝形制相同,如何判断两者谁是原创?谁是仿制?

陶寺伏羲族是彩陶族,原本没有玉器,而且陶寺文化没有兽面玉帝的完整演变谱系;石家河南蛮族是玉器族,而且石家河文化具有兽面玉帝的完整演变谱系;所以不可能是石家河南蛮族仿制陶寺兽面玉帝,只可能是

---

[1]　详见张远山:《伏羲之道》28页,岳麓书社2015。作品集第十六卷25页。

陶寺伏羲族仿制石家河兽面玉帝。

陶寺伏羲族对石家河兽面玉帝的仿制，并非华夏玉器史的普通事件，而是华夏文化史的重大事件，标志着兽面玉帝从长江中游北传至黄河中游，从华夏文化的外围区域进入了华夏文化的核心区域，成为商周青铜器饕餮纹天帝的直接源头。

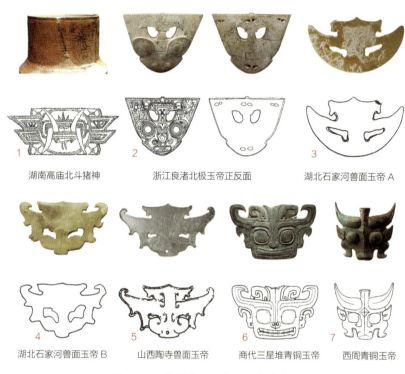

1 湖南高庙北斗猪神　　　　浙江良渚北极玉帝正反面　　　　湖北石家河兽面玉帝 A

4 湖北石家河兽面玉帝 B　　5 山西陶寺兽面玉帝　　6 商代三星堆青铜玉帝　　7 西周青铜玉帝

图 5-25　华夏兽面玉帝四千年演变

商周青铜器的饕餮纹兽面玉帝，经历了上古至中古的四千年演变（前5000—前1000）：远源是仰韶初期南扩伏羲支族的湖南高庙北斗猪神（图5-25.1），中源是仰韶晚期南蛮族的浙江良渚北极玉帝（图5-25.2），近源是龙山中期西扩南蛮支族的湖北石家河兽面玉帝（图5-25.3、4），直接源头是龙山晚期东扩伏羲支族的山西陶寺兽面玉帝（图5-25.5），然后是商代中期南扩伏羲支族四川三星堆青铜器的饕餮纹兽面玉帝（图5-25.6），最后是西周时期陕西周原青铜器的饕餮纹兽面玉帝（图5-25.7）。

商周青铜器的饕餮纹虽有极其复杂的后续演变（详见续著《青铜之道》），但其源于上古玉帝的完整演变过程一目了然。

目前仅在黄河中游的陶寺文化中发现了北极玉帝的仿制品，尚未在黄河上游的齐家文化中发现北极玉帝的仿制品，当与距离东部玉器族的远近有关。

其二，龙山伏羲族的祭天玉璧。

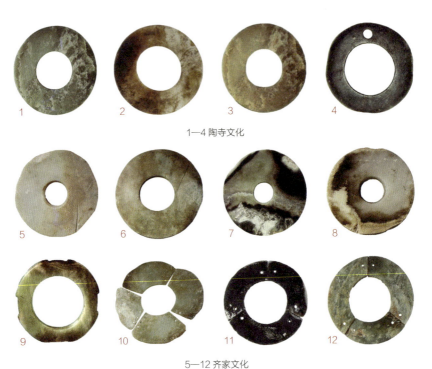

1—4 陶寺文化

5—12 齐家文化

图5-26　龙山伏羲族祭天玉璧

陶寺文化既有普通玉璧（图5-26.1—3），也有红山式单孔玉璧（图5-26.4），证明陶寺玉器也接受了红山黄帝族玉器的影响。

齐家文化除了普通玉璧（图5-26.5—8），另有两种新型玉璧，一是对应二十八宿四大天区的四象玉璧（图5-26.9、10），二是对应北极三大天区（紫微垣、太微垣、天市垣）的三垣玉璧（图5-26.11、12）。

其三，龙山伏羲族的祭天玉瑵。

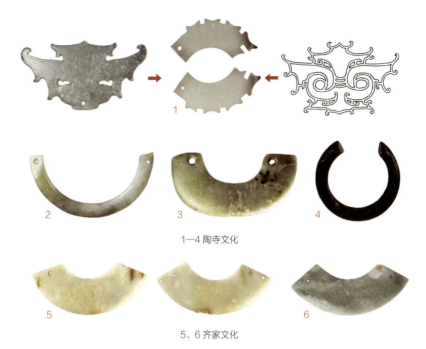

1—4 陶寺文化

5、6 齐家文化

图 5-27　龙山伏羲族祭天玉璜

　　陶寺文化的祭天玉璜精品，见于山西陶寺王墓M22（图5-27.1），其业字形扉齿，源于同墓出土兽面玉帝的业字形天鹰帝冕（图5-27.1左），两者共同源于石家河玉帝的业字形天鹰帝冕（图5-27.1右）。山西临汾下靳、河南临汝北刘、河南灵宝西坡的祭天玉璜（图5-27.2—4），朴素无华。

　　齐家文化的祭天玉璜，见于陕西延安芦山峁、甘肃天水师赵村（图5-27.5、6），同样朴素无华。

　　其四，龙山伏羲族的祭天玉圭。

　　陶寺文化的祭天玉圭，见于山西陶寺（图5-28.1），下端无孔，当属早期仿制品。

　　山西侯马东周祭祀遗址出土的祭天玉圭，是陶寺文化遗物（图5-28.2），下端有孔，当属后期仿制品。正面刻有石家河文化晚期玉圭的介字形北极天鹰，常被误视为石家河文化遗物，但其反面没有石家河玉圭必有的人形帝面，当非石家河文化遗物，仅是陶寺伏羲族对石家河玉圭的仿制品。黄帝族伐灭陶寺神农族酋邦以后，这一陶寺玉圭经过夏商周三代，

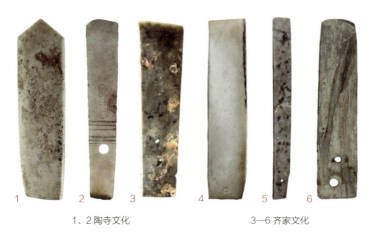

1、2 陶寺文化　　　　　3—6 齐家文化

图 5-28　龙山伏羲族祭天玉圭

保存到东周时期。

　　齐家文化的祭天玉圭，见于陕西延安芦山峁（图5-28.3），下端有孔，是完成品。又见于陕西扶风绛帐（图5-28.4），下端二孔打样，但未钻通，是半成品。又见于甘肃东乡、甘肃玉门火烧沟（图5-28.5、6），分别是单孔和二孔。

　　其五，龙山伏羲族的祭天玉琮。

　　龙山伏羲族的祭天玉琮，分为素面、刻纹两类。素面玉琮当属早期仿制品，尚未掌握刻纹技术。刻纹玉琮当属后期仿制品，已经掌握刻纹技术。

　　陶寺文化的素面玉琮，见于山西陶寺（图5-29.1、2）、山西芮城清凉寺（图5-29.3），均较低矮，其时既未掌握刻纹技术，也不能制作大型玉器。

　　齐家文化的素面玉琮，见于陕西延安芦山峁（图5-29.4、5）、甘肃定西（图5-29.6、7）、甘肃临洮（图29-8、9）、甘肃静宁（图5-29.10、11），高度渐增。

　　陶寺文化的刻纹玉琮，既有陶寺1267号墓出土的圆琮（图5-30.2），也有陶寺3168号墓出土的方琮（图5-30.3），已经初步掌握刻纹技术，但是仅刻石家河玉琮的区间分隔线（图5-30.1），不刻良渚玉琮的北斗猪神，

1—3 陶寺文化

4—11 齐家文化

图 5-29　龙山伏羲族素面玉琮

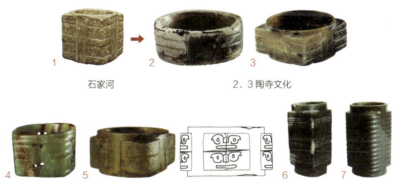

石家河　　　　　　　2、3 陶寺文化

4—7 齐家文化

图 5-30　龙山伏羲族刻纹玉琮

是石家河玉琮的仿制品，而非良渚玉琮的仿制品。

　　齐家文化的刻纹玉琮，见于陕西延安芦山峁（图5-30.4、5），前者仅有区间分隔线而无北斗猪神，是石家河玉琮的仿制品；后者四角刻有良渚式北斗猪神，但是纹样略异，是良渚玉琮的仿制品。又见于甘肃静宁（图

5-30.6、7），纹样异于石家河玉琮的区间分隔线，也不刻良渚玉琮的北斗猪神。

龙山伏羲族的素面玉琮和刻纹玉琮，都是从东向西，年代渐晚，高度渐增，与良渚玉琮的差异也渐大。

综上所述，龙山伏羲族的祭天玉器主要是玉帝、玉璧、玉璜、玉圭、玉琮，均为玉器三族祭天玉器的仿制品。

3.龙山伏羲族的威仪玉器

龙山伏羲族的威仪玉器，目前发现两种。

其一，龙山伏羲族的威仪玉钺。

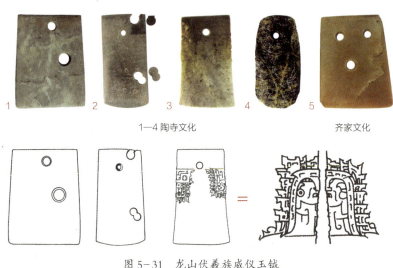

1—4 陶寺文化　　　　　　　　　　齐家文化

图 5-31　龙山伏羲族威仪玉钺

陶寺文化的威仪玉钺，见于山西陶寺（图5-31.1、2）、山西长治黎城（图5-31.3）、河南灵宝西坡（图5-31.4）等遗址。

陶寺3073号墓出土的二孔玉钺（图5-31.1），二孔大小不一，下部大孔歪在一边。根据观天玉器章对不规则多孔玉圭（星组定位仪）的阐释，大小不同的钻孔，必须使用不同的管钻，孔位歪在一边并非一不小心钻歪，而是对位于特定星组的二维分布。这件玉钺的二孔，也有特定的天文对位：上部小孔当属对应北极帝星"紫微星"，下部大孔当属对应伏羲族火历的标志星"大火星"[1]。

陶寺3168号墓出土的三孔玉钺（图5-31.2），中心小孔的右上和右下，各有一个8字形大孔。墓中出土的两片8字形玉片，彻底推翻了钻错之说。钻错论者认为，钻完一孔发现位置不对，于是改正错误另钻一孔。其实钻孔之前必先打样，无须钻透即知位置正误。何况两次钻孔不可能钻出8字形玉片，所以8字孔并非改正错误两次钻成，而是出于特殊意图一次线割而成。这件玉钺的三孔，也有特定的天文对位：中心小孔当属对应北极帝星"紫微星"，两个8字孔当属对应意义特殊的两对双星。可能是标示该墓所葬酋长出生之时或继位之时的特殊天象，隐喻其继位出于天意。

山西黎城出土的单孔玉钺两面刻有石家河风格的北极玉帝纹样（图5-31.3，右为纹样放大）。玉钺两侧的业字形扉齿，仿效石家河玉帝的业字形天鹰帝冕。

齐家文化的威仪玉钺，见于陕西延安芦山峁（图5-31.5），三孔对应意义特殊的三星，或许正是《诗经·绸缪》所言"三星在户"。

其二，龙山伏羲族的威仪虎符。

陶寺文化的威仪虎符（图5-32.2），仿制石家河虎符的早期形态（图5-32.1），琢玉技术逊色甚多。

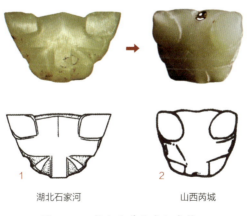

1 湖北石家河　　2 山西芮城

图5-32　龙山伏羲族威仪虎符

---

[1] 伏羲族火历，详见张远山：《伏羲之道》68页，岳麓书社2015。作品集第十六卷71页。

齐家文化距离石家河文化较远，没有威仪虎符。

综上所述，龙山伏羲族的威仪玉器主要是玉钺和虎符，均为石家河威仪玉器的仿制品，没有仿制玉器三族的威仪玉冠和威仪权柄。

4. 龙山伏羲族的装饰玉器

龙山伏羲族的装饰玉器数量少，质量低，因为装饰玉器是玉器产能高度发达的副产品。龙山伏羲族初步接受玉器三族的玉器文化，玉器产能不足，琢玉技术初级，尚无余力大量制作技术水准高超、美学意蕴丰富的装饰玉器。

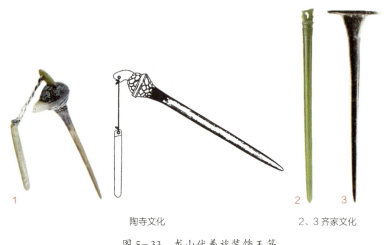

陶寺文化　　　　　　2、3 齐家文化

图 5-33　龙山伏羲族装饰玉笄

龙山伏羲族的装饰玉器，主要是玉笄。见于陶寺文化的山西陶寺 2023 号墓（图 5-33.1），齐家文化的陕西延安芦山峁（图 5-33.2）、陕西武功游凤（图 5-33.3）等少量遗址。

综上所述，龙山伏羲族的玉器，全都仿制玉器三族的玉器。由于琢玉技术初级，玉器产能有限，玉器总量和玉器种类都不太多，主要仿制玉器三族的祭天玉器和威仪玉器，较少仿制玉器三族的观天玉器和装饰玉器。由于黄河中游南岸的龙山伏羲族与长江中游北岸的石家河文化区域距离最近，而且石家河玉器抵达了龙山时代华夏玉器的最高水准，所以龙山伏羲族的玉器受到石家河玉器的影响最大。

三　西扩黄帝支族：石峁文化玉器

龙山中期以后的北线玉器西传，产生了河套地区的石峁文化（前2300—前2000）玉器。本节先言石峁文化的族属和来源，再言石峁文化的祭天玉器、威仪玉器、装饰玉器。

1. 石峁文化的族属和来源

上古早期的黄帝祖族，居于内蒙古东部、辽宁西部、河北北部，以游猎为主，以沙地农业为辅，农业产品仅占食物来源的三分之一。随着全球气候的转暖，沙地肥力的耗尽，黄帝族从游猎为主、农业为辅，逐渐转向以游牧为主、游猎为辅，于是从内蒙古草原的东部，逐渐西扩到内蒙古草原的中西部。

仰韶时期甘肃伏羲祖族的地域扩张，主要是东扩、西扩、南扩，基本没有北扩，因为长城以北的高纬度区域仅适合游牧，不适合农耕。所以红山黄帝族从内蒙古东部向内蒙古中西部的西扩基本没有阻力，沿着长城以北的内蒙古草原一路向西，直抵黄河中游的河套地区和黄河上游的河湟地区，居于甘肃、陕西伏羲祖族的北面。

西扩黄帝支族到达内蒙古中部的包头周边，形成了仰韶中晚期的海生不浪文化（前3700—前3000）、阿善文化（前2500—前2300）；到达内蒙古中南部的鄂尔多斯周边，形成了龙山晚期的朱开沟文化（前2300—前1500）[1]；又从朱开沟区域迅速南下，到达陕西北部的河套地区，形成了龙山晚期的石峁文化（前2300—前2000）。内蒙古中部和西部的西扩黄帝支族区域文化，时间先后相续，特征高度相似，与黄帝祖族的红山文化均有全方位的内在联系。

---

[1] 海生不浪文化（阿善二期）、阿善文化（阿善三期）、朱开沟文化的绝对年代，目前尚无定论，本文参考了相关考古报告和部分学者意见。

出土石峁文化玉器的两大遗址，是陕西北部榆林市神木县[1]的石峁遗址和新华遗址（图5-34）。

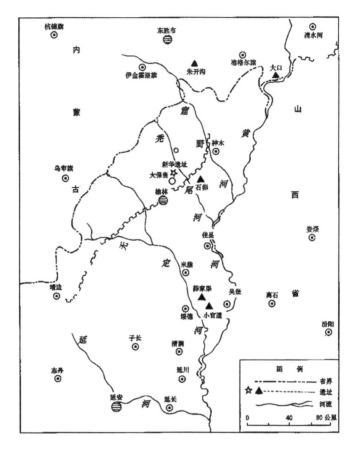

图 5-34　石峁文化位置图

石峁文化区域出土的玉器数量极其巨大，超过上古华夏其他玉器文化区域出土的玉器总量。根据不完全统计，目前国内馆藏和民间收藏的石峁文化玉器约有四千余件，流散海外的约有两千余件。但是石峁文化的玉器数量虽多，形制、纹样却极度缺乏原创性，也没有自身演变过程，大多仿制玉器三族的传统玉器和石家河文化的新型玉器。所以有学者认为，石峁

---

[1]　现为神木市。

文化玉器之所以数量极多又缺乏原创性，是因为均非石峁地区自制，而是石峁游牧民族南下掠夺的战利品。

石峁文化属于龙山时代晚期，所以基本没有先仰韶至仰韶时代的观天玉器，比如观天玉琯、观天玦琯等等，但有龙山时代的观天玉器，比如不规则多孔玉圭（星组定位仪），"璇玑玉衡"（原始浑天仪）等等（详见观天玉器章）。石峁文化的祭天玉器、威仪玉器、装饰玉器，同样具有龙山玉器的时代特征。

2. 石峁文化的祭天玉器

石峁文化的祭天玉器，主要是玉帝、玉璧、玉璜、玉圭。

其一，石峁文化的北极玉帝。

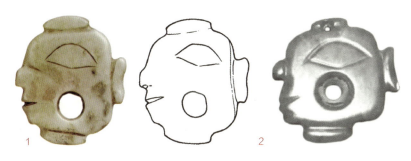

图 5-35　石峁黄帝族北极玉帝

石峁黄帝族与玉器三族一样，以北极帝星为天文中心，以北斗七星为天文核心；以北极玉帝为至高神，以北斗猪神为次高神。政治建构也以酋长对位北斗七星、北斗猪神。

本文所举两例石峁玉帝，一例是陕西省博物馆收藏的征集品（图35-1），一例是民间收藏品（图5-35.2）。两例形制完全相同：均为侧面头像，头戴盖天冠，额部刻月形大眼，腮部钻日形大孔，兼为北极天枢。寓意是北极玉帝主宰日月星辰的循环旋转。

石峁文化区域没有发现红山黄帝族的猪首玦、龙首玦，这是石峁族群属于龙山晚期西扩黄帝支族的旁证。

1

辽西牛河梁

2

陕北石峁

图5-36 黄帝族玄鼋玉璧

其二，石峁文化的祭天玉璧。

石峁文化的祭天玉璧并非正圆（图5-36.2），承袭红山黄帝族的玄鼋玉璧（图5-36.1），这是石峁族群属于黄帝族的重要旁证。

大汶口东夷族、良渚南蛮族的玉璧均为正圆，唯有红山黄帝族的玄鼋玉璧并非正圆。由于制作正圆玉璧比制作非正圆玉璧容易，所以黄帝族制作非正圆玉璧具有特殊意图，即把北极天象拟形为玄鼋（详见黄帝章）。

其三，石峁文化的祭天玉璜。

神木新华遗址出土的石峁文化玉璜（图5-37.2），仿照东夷族玉璜（图5-37.1），取玉璧的二分之一，是西周"半璧为璜"的先驱。良渚玉璜则取玉璧的三分之一，石家河玉璜则有凤鸟纹饰。

1 安徽凌家滩   2 陕北新华   3 陕北石峁

图5-37 石峁黄帝族祭天玉璜

神木石峁遗址出土的玉璜（图5-37.3），则取玉璧的四分之一，是仿照齐家文化四象玉璧（图5-26.10）的组件。红山文化尚未发现玉璜。

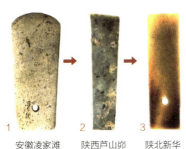

1 安徽凌家滩   2 陕西芦山峁   3 陕北新华

图5-38 石峁黄帝族祭天玉圭

其四，石峁文化的祭天玉圭。

神木新华遗址出土的石峁文化玉圭（图5-38.3），远源是安徽凌家滩出土的东夷族玉圭早期形态（图5-38.1）（晚期形态上端为尖，详见东夷章），近源是陕西延安芦山峁出土的龙山伏羲族玉圭（图5-38.2）。

均为上宽下窄的倒梯形，对应北斗七星之斗魁四星的倒梯形；单孔在下，源于玉圭的原型玉钺。

其五，石峁文化的祭天牙璋。

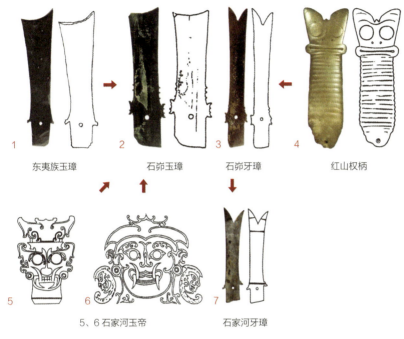

1 东夷族玉璋　　2 石峁玉璋　　3 石峁牙璋　　4 红山权柄

5、6 石家河玉帝　　石家河牙璋

图 5-39　石峁黄帝族祭天牙璋

神木石峁遗址出土的石峁文化玉璋，共有两种形制。

第一种形制（图 5-39.2），融合了两种不同文化的元素：单孔在下，上端微凹，源于东夷族玉璋（图 5-39.1）。下端两侧新增业字形扉齿，源于石家河玉帝的业字形天鹰帝冕（图 5-39.5、6）。

第二种形制（图 5-39.3），上端从微凹变成了双牙；双牙源于红山黄帝族北斗猪神权柄的双耳（图 5-39.4），这是石峁族群属于黄帝族的重要旁证。

石峁文化的牙璋，是上古华夏最早的牙璋。龙山晚期南传石家河文化区域（图 5-39.7），中古以后又见于商代中原和四川三星堆（详见夏商周章）。

石峁玉璋的第一种形制有源于石家河帝冕的业字形扉齿，第二种形制南传石家河文化，证明了石峁文化与石家河文化的双向交流。

3. 石峁文化的威仪玉器

石峁黄帝族酋长的威仪玉器，主要是玉钺和玉戈。

其一，石峁黄帝族的威仪玉钺。

图 5-40　黄帝族威仪玉钺

农耕三族均有源于实用石斧的威仪石钺、威仪陶钺、威仪玉钺，陈列方式均为钺柄竖置，钺身横置。红山黄帝族没有实用石斧，也没有威仪石钺、威仪陶钺、威仪玉钺。

石峁黄帝族仿效农耕三族而制作了威仪玉钺，既有绑于钺柄的横置（图5-40.1左），也有搁于钺架的竖置（图5-40.1右）。

夏商周黄帝族的威仪玉钺（图5-40.2—4），不仅形制承袭石峁黄帝族，仅是玉钺两侧另增源于石峁牙璋的业字形扉齿，而且陈列方式同样承袭石峁黄帝族，多为搁于钺架的竖置，青铜大钺也是搁于钺架的竖置（详见夏商周章）。

其二，石峁黄帝族的威仪权柄。

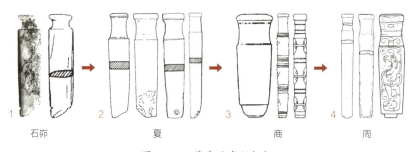

图 5-41　黄帝族威仪权柄

石峁黄帝族的威仪权柄（图5-41.1），形制异于红山黄帝族、大汶口东夷族、良渚南蛮族的威仪权柄，是石峁黄帝族创制的新型威仪权柄。

夏商周黄帝族的威仪权柄（图5-41.2—4），并非承袭红山黄帝族、大汶口东夷族、良渚南蛮族的威仪权柄，而是承袭石峁黄帝族的威仪权柄（详见夏商周章）。

其三，石峁文化的威仪玉戈。

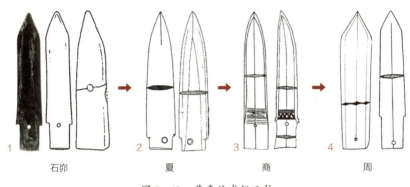

图 5-42　黄帝族威仪玉戈

石峁黄帝族的威仪玉戈（图5-42.1），是其创制的全新威仪玉器。

上古早期的红山黄帝族，以游猎为主、农业为辅，秋冬以后可以凭借农产品维持到开春，偶尔才会南下农耕区域进行掠夺，然而并非常态，所以没有威吓农耕民族的威仪玉戈。

上古晚期的石峁黄帝族，以游牧为主、掠夺为辅，基本放弃了农业，秋冬以后不南下掠夺就难以维持生存，南下掠夺成为常态，专名"打秋草"，于是仿照东夷族的祭天玉圭，创制了威吓农耕民族的威仪玉戈。

夏商周黄帝族的威仪玉戈（图5-42.2—4），承袭上古石峁黄帝族的威仪玉戈（详见夏商周章）。

由于玉质易碎，石峁黄帝族和夏商周黄帝族的玉戈均非实用兵器，而是象征杀伐的威仪玉器，亦即威仪"玉兵"。《越绝书》记载："黄帝之时，以玉为兵。"充分证明石峁族群正是黄帝族。而石峁黄帝族的威仪玉钺、威仪权柄、威仪玉戈均被夏商周承袭，又充分证明夏商周的统治族群均为黄帝族。

4. 石峁文化的装饰玉器

石峁文化的玉器，主要是观天玉器、祭天玉器、威仪玉器，装饰玉器数量不多。

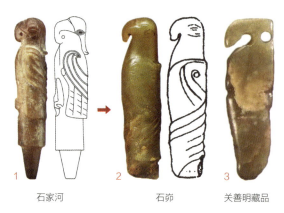

1 石家河 　　2 石峁 　　3 关善明藏品

图 5-43　石峁黄帝族鹰形玉笄

石峁文化的鹰形玉笄（图5-43.2），是石家河鹰形玉笄（图5-43.1）的仿制品，因为石家河鹰形玉笄源于石家河北极天鹰，石峁鹰形玉笄没有自身的形制来源。

两者除了鹰翅纹样不同，另有细微差异：石家河玉笄的鹰嘴不能钩物，鹰首后部有羽。石峁玉笄的鹰嘴可以钩物，鹰首后部无羽。

香港关善明的一件收藏品（图5-43.3），则是石峁鹰形玉笄的仿制品，进一步放大了石峁鹰形玉笄的细节走样，鹰形已经难以辨识。

石峁黄帝族广泛仿制了玉器三族的龙山时代玉器。其与红山玉器的关系，仅是单向承袭，但不反向影响红山玉器。其与石家河玉器的关系，则是双向交流，比如石峁文化仿制了石家河鹰形玉笄，石家河文化仿制了石峁牙璋。

关于石峁玉器为何与石家河玉器颇多相似，台湾学者郭静云另有独到解读（撮引）：

神木玉器都存放在专门的石棺或玉坑里，并未见有放在墓葬中当作随葬品的情况，这说明玉器在神木十分稀少，是来自远地的贵重品，而非本地可以自己制作生产的东西。

石峁和新华两座遗址的情况，显示其先民将所获得的珍贵物品当作地下宝藏。青铜时期，北方族群南下掠夺，带走宝贵的铜器和玉器后，也是存放在地下坑里。神木族群是以掠夺为生的族群，不能过稳定的农耕生活。这也代表在气候冷化、干燥化时期，黄河上游原有的农地变成草原，不利于农耕，反成游牧和掠夺族群的生活区。从青铜初期以来，掠夺族群开始时常顺着黄河经过三门峡而下，掠夺当时江河地区的农耕文明，他们所抢夺而来的玉器、绿松石器都被专门保存在地下当作战利品，神木遗址的美玉棺和玉器坑应亦如此。这些玉器只是战利品，没有被当作祭品或随葬品，也没有进入神木先民的精神生活里[1]。

郭静云认为，石峁文化的玉器之所以与南方农耕区域的玉器相似，是因为石峁族群属于游牧民族，石峁文化的玉器均非石峁族群自制，而是南下掠夺的战利品。

石峁文化的玉器数量如此之大，确有可能部分来自南下掠夺，但是根据本文的辨析，也有部分属于自制。由于石峁遗址的科学发掘尚在进行之中，考古报告尚未正式出版，因此本书对石峁玉器的来源暂不深论，等到将来考古材料更为充分之时再作补充。

综上所述，龙山晚期的石峁文化（前2300—前2000），是西扩黄帝支族的文化，除了大量仿制玉器三族的传统玉器，也对玉器三族的传统玉器略有改造，而其改造的玉器形制，多被夏商周黄帝族承袭。石峁玉器的最大创制，是威吓农耕民族的华夏最早玉兵，因为南下掠夺农耕民族是其生活方式。

5. 石峁巨城与炎黄之战

石峁黄帝族与西部伏羲族在龙山晚期激烈冲突的证据，除了上古最早的石峁玉兵，还有上古最大的石峁巨城（图5-44）。

---

[1]　郭静云：《牙璋起源刍议》，《三峡大学学报》（人文社会科学版）2014年5期。

图 5-44　石峁巨城

　　石峁城址是龙山晚期华夏全境的最大城址，面积425万平方米，而且是砌筑的石头城墙。神农族酋邦的山西陶寺中期城址，面积290万平方米，是板筑的泥土城墙。南蛮族酋邦的浙江良渚反山城址，面积300万平方米，是堆筑的泥土城墙。东夷族酋邦的山东日照两城镇城址，面积100多万平方米，也是堆筑的泥土城墙。

　　石峁城址的石头城墙，与农耕三族的泥土城墙形成了鲜明差异，而与内蒙古中部海生不浪文化的石城、阿善文化的石城，内蒙古东部夏家店下层文化的石城一脉相承，均为龙山晚期黄帝族所建。在内蒙古中南部的长城一线，已经发现了龙山晚期黄帝族所建的二十多座石城[1]。龙山晚期的黄帝族在长城一线普遍建造石城，正是为了进攻南方的农耕三族。秦汉以后的中原统治者建造长城，则是为了防御北方游牧民族的南侵。尽管上古石城由游牧民族建造而用于进攻农耕民族，中古石城由农耕民族建造而用于防御游牧民族，但是全都建于作为农牧分界的长城一线。

　　苏秉琦认为，这些上古石城是中古长城的史前原型：

---

[1]　参看魏峻：《内蒙古中南部史前石城的初步分析》，《古代文明》第2卷，文物出版社2003。

北方早期青铜文化（夏家店下层文化）的小型城堡带，与战国秦汉长城并行，可称做长城的"原型"[1]。

苏秉琦虽未明言建造上古石城的族属，但他认为红山文化属于黄帝族，已经暗示了上古石城的建造者是黄帝族。

龙山晚期长城以南的农耕区域尚无真正的国家，仅有前国家形态的酋邦，所以北方游牧民族建造了一系列石城作为南侵的桥头堡。中古以后，长城以南的农耕区域出现了南下游牧民族统治农耕民族的早期国家，于是中原王朝的黄帝族统治者为了防御仍在北方游牧的其他黄帝族南侵而修建了长城。

长城以北的上古、中古黄帝族各大支族，语言相近，均属阿尔泰语系，族属认同并无困难，但是政治上未必具有统一归属，甚至为了争夺牧区而时常冲突。他们为了各自的部族利益而南侵，犹如不同的狼群各自捕猎羊群。中古以后长城以南的中原黄帝族，为了王朝利益而防范上古同宗的北方黄帝族，犹如捕获羊群的狼群防范其他狼群的觊觎。

石峁巨城显示了西扩黄帝支族与西部伏羲祖族的高度对抗，也显示了西扩黄帝支族对西部伏羲祖族的巨大军事优势，因为作为游牧民族的石峁黄帝族人数极少，建造巨城所需的巨量人力资源，只能来自南下劫掠的农耕族战俘和农耕族奴隶。

《淮南子·原道训》记载：

> 昔者夏鲧作三仞之城，诸侯背之，海外有狡心。禹知天下之叛也，乃坏城平池，散财物，焚兵甲，施之以德，海外宾服，四夷纳职，合诸侯于涂山，执玉帛者万国。

《史记·夏本纪》："禹之父曰鲧，鲧之父曰帝颛顼。"证明"颛顼—鲧—

---

[1] 苏秉琦：《华人·龙的传人·中国人——考古寻根记》92页，辽宁大学出版社1994。参看韩建业：《试论作为长城原型的北方早期石城带》，《华夏考古》2008年1期。

禹"属于同一黄帝族支系。

《史记·六国年表》："禹兴于西羌。""西羌"并非大禹的族属，而是大禹所属黄帝族兴起的地域，亦即兴起于华夏西部的伏羲祖族区域。

龙山晚期兴起于"西羌"区域的黄帝族，正是颛顼—鲧—禹所属的"西夏"。龙山晚期出现于"西羌"区域的石峁巨城，对应于大禹之父夏鲧所建"三仞之城"。龙山末期石峁巨城的毁弃，对应于大禹的"坏城平池"。龙山末期建立于中原的夏朝，对应于"散财物，焚兵甲，施之以德，海外宾服，四夷纳职，合诸侯于涂山，执玉帛者万国"。

《逸周书·史记解》记载了"西夏"之亡：

> 昔者西夏性仁非兵，城郭不修，武士无位，惠而好赏，财屈而无以赏。唐氏伐之，城郭不守，武士不用，西夏以亡。

"西夏性仁非兵，城郭不修"，是夏代黄帝族的自我美饰，与古史所言"黄帝好仁，蚩尤凶暴"性质相同，既与文献记载的"炎黄之战"不可兼容，又与考古发现的石峁巨城不可兼容。

"西夏"二字，"夏"是族名，"西"是相对于中原"夏朝"的方位区别名。十六国时期的匈奴人，北宋时期的党项人，均在同一区域建立了"大夏"，均被中原王朝称为"西夏"。匈奴、党项的中古"西夏"，承于颛顼—大禹的上古"西夏"。

综上所述，龙山晚期建造石峁巨城的黄帝族，正是"颛顼—鲧—禹"一系的西北黄帝族"夏族"。西北石峁文化的黄帝族酋长颛顼，南下征服了黄河上游的西北伏羲族"共工氏"，成为黄帝族部落联盟的"元后"。随后夏鲧治水失败而死，于是东北红山文化的黄帝族酋长唐尧继任"元后"，征服了黄河中游北岸的中原伏羲族"神农氏"，伐灭了神农族酋邦的国都山西陶寺，焚毁了神农归藏历的天文台陶寺太极台[1]。随后东北红山文化的黄帝族酋长虞舜继任"元后"，南征黄河中游南岸、长江中游北岸、石家河文化

---

[1] 详见张远山：《伏羲之道》109页，岳麓书社2015。作品集第十六卷113页。

区域的"三苗"，失败身死，葬于苍梧。随后西北石峁文化的黄帝族酋长大禹继任"元后"，通过治水完成了对农耕三族的征服，也完成了对三苗的征服，建立了中原第一王国"夏朝"[1]。所以河南偃师二里头夏都遗址出土的大量夏代玉器，全都承袭石峁文化玉器。商周玉器又都承袭夏代玉器，从而形成了夏商周黄帝族玉器对石峁黄帝族玉器的全面承袭（详见夏商周章）。

结语　彩陶东传玉器西传，华夏四族文化融合

伏羲族是上古四千年华夏区域的主导族群，又是夏商周两千年的主体族群，因此夏商周文化以伏羲族文化为根本基础，伏羲族的文化印迹在上古以降的口传史和中古以后的历史文献中无所不在，比如夏代《连山》、商代《归藏》、西周《周易》均以伏羲六十四卦为基本模型。而且伏羲族创造的伏羲六十四卦、伏羲太极图均有科学性，亦即上古一次定型、后世无法改变的图像确定性和逻辑唯一性，因此论证上古伏羲族的文化同一性较为容易。

玉器三族既不是上古四千年华夏区域的主导族群，也不是夏商周两千年的主体族群，因此玉器三族的文化成分在夏商周文化中仅仅附丽于伏羲族文化。尤其是上古晚期的龙山一千年，玉器三族大量接受伏羲族的高位文化，导致其自身的低位文化遭到大量覆盖，所以玉器三族的文化印迹在上古以降的口传史和中古以后的历史文献中极为稀少。而且玉器三族的文化符号和文化元素缺乏类似于伏羲六十四卦、伏羲太极图的科学性，亦即缺乏上古一次定型、后世无法改变的图像确定性和逻辑唯一性，因此论证上古玉器三族的文化特征及其文化同一性较为困难。尽管如此，仍然可以举出四大系统证据，证明上古玉器三族的文化同一性。

系统证据一，遗传学证据。上古伏羲族是晚亚洲人西支，父系染色体

---

[1]　详见张远山：《伏羲之道》106页，岳麓书社2015。作品集第十六卷110页。

主要是O3。上古玉器三族是晚亚洲人东支，父系染色体主要是O1、O2[1]。

系统证据二，体质人类学证据和特殊风俗证据。

潘其凤、朱泓的论文《先秦时期我国居民种族类型的地理分布》，从体质人类学、特殊风俗两个角度，提供了区分上古华夏两支四族的系统证据。

> 大汶口文化和仰韶文化居民在体质上的差异主要表现为：与仰韶文化居民相比，大汶口文化居民的身材略高一些，颅型更高，面部比较高、宽。……二者在风俗习惯方面也存在着差别，比如在大汶口文化居民中普遍存在着头骨枕部人工畸形（扁头）以及拔除一对上颌侧门齿的习俗，还有口中含球的特殊习俗。这些习俗在黄河中上游地区十分罕见，迄今为止，我们还只是在河南郑州西山遗址出土的仰韶晚期人骨上发现有枕部人工畸形和拔牙的现象。黄河上游甘肃、青海地区新石器时代居民的颅面形态特征具有中长颅型、高颅型结合较窄的面宽等特点，与现代东亚蒙古人种更为接近，且与现代华北类型较为相似。……进入公元前第3000年以后，黄河中下游地区的仰韶文化和大汶口文化逐渐被新崛起的龙山文化所取代。……山东诸城呈子遗址的龙山文化居民未见大汶口文化中盛行的颅枕部变形和拔牙现象，而在兖州西吴寺龙山文化居民中却仍然保留着上述两种特殊的习俗。……小河沿文化居民中间存在着使头骨枕部人工变形的习俗。……根据浙江余姚河姆渡、上海崧泽、广西桂林甑皮岩、广东佛山河宕和福建闽侯昙石山等遗址出土的古代人骨所反映出的体质特征来看，他们可能是一些同种系的人群[2]。

甘肃、青海伏羲族的体质人类学特征"与现代东亚蒙古人种更为接近，

[1] 详见张远山：《伏羲之道》绪论，岳麓书社2015。作品集第十六卷。
[2] 水涛、贺云翔编著：《考古学与博物馆学研究导引》(上) 288页，南京大学出版社2011。

且与现代华北类型较为相似"，证明伏羲族从甘肃、青海东扩到黄河中下游，成了上古黄河全境的主导族群。

大汶口文化的东夷族和小河沿文化的黄帝族共同具有颅后矫形和拔除二齿的特殊习俗，证明了东夷族、黄帝族属于同一种系。而广泛分布于浙江余姚河姆渡、上海崧泽、广西桂林甑皮岩、广东佛山河宕、福建闽侯县石山等处上古族群的体质人类学特征，又证明南蛮族与东夷族、黄帝族也是"同种系的人群"。

"山东诸城呈子遗址的龙山文化居民未见大汶口文化中盛行的颅枕部变形和拔牙现象"，证明了山东龙山文化并非大汶口文化区域的土著民族东夷族的自有文化，而是东扩伏羲支族带来的新文化，当然也吸纳、融合了东夷族文化的大量元素，因而导致了晚期伏羲族的龙山文化呈现出与早期伏羲族的仰韶文化迥然不同的文化面貌。

系统证据三，玉器三族共有玉器，缺乏彩陶，东扩伏羲支族到达华夏东部沿海之前，玉器三族的素陶以黑陶为共同特征。龙山时代东扩伏羲支族到达华夏东部沿海以后，玉器三族才有了彩陶，并且全盘接受伏羲族的彩陶纹样及其天文历法内涵。山东区域的东扩伏羲支族，又把玉器三族的原始黑陶，提升为山东龙山文化的蛋壳黑陶。

系统证据四，玉器三族的玉器蕴含的天文历法，内容和水准基本相同，远远落后于伏羲族，因为伏羲族既可以夜观星象，又可以昼测圭影，而在伏羲族东扩到达华夏东部以前的两三千年间，玉器三族只能夜观星象，不能昼测圭影。

龙山一千年华夏四族的文化碰撞与文化交流，一方面导致玉器三族接受了伏羲族的彩陶及其先进天文历法，另一方面导致伏羲族吸收了玉器三族的玉器及其天文历法养料，于是华夏四族同时出现了文化升级。

东夷族从后李文化（前6500—前5500）、北辛文化（前5500—前4500）、大汶口文化（前4500—前2500），升级为凌家滩文化（前3800—前2000）。

黄帝族从兴隆洼文化（前6200—前5400）、赵宝沟文化（前5200—前4400）、红山文化（前4700—前3000），升级为小河沿文化（前3000—前

2500）。而其西扩支族则从海生不浪文化（前3700—前3000）、阿善文化（前2500—前2300）、朱开沟文化（前2300—前1500），升级为石峁文化（前2300—前2000）。

南蛮族从河姆渡文化（前5000—前3000）、马家浜文化（前5000—前4000）、崧泽文化（前4000—前3300），升级为良渚文化（前3300—前2200）。而其西扩支族则从屈家岭文化（前3300—前2600），升级为石家河文化（前2600—前2200）。

伏羲族从大地湾文化（前6000—前2800）、仰韶文化（前5000—前3000），升级为龙山文化（前3000—前2000），包括黄河中游的陶寺文化和黄河上游的齐家文化。

华夏四族的整体文化升级，终结了仰韶时代，开启了龙山时代。

先仰韶—仰韶期三千年（前6000—前3000），华夏全境的文化传播主题是甘肃天水大地湾的伏羲祖族大地湾文化东渐，于是东扩伏羲支族依次形成了陕西、山西、河南、河北、山东西部的仰韶文化，并把伏羲族彩陶及其先进天文历法东传玉器三族。东部玉器三族主要是兴隆洼—红山黄帝族的先发玉器南传，河姆渡—良渚南蛮族的后发玉器北传，居于丁字路口的东夷族接受了黄帝族玉器南传、南蛮族玉器北传、伏羲族彩陶东传的综合影响。

龙山期一千年（前3000—前2000），华夏全境的文化传播主题是东扩伏羲支族在黄河中下游吸收了玉器三族的文化养料，把伏羲族的彩陶文化与玉器三族的玉器文化予以融合，升级为山东龙山文化，然后山东龙山文化迅速西传，催生了河南龙山文化（庙底沟二期文化）、山西龙山文化（陶寺文化）、陕西龙山文化（客省庄二期文化）、湖北龙山文化（石家河文化）、甘青龙山文化（马家窑—齐家文化）。

伏羲族主导的三千年文化东渐和一千年文化西传，成就了上古四千年华夏文化的原始积累，为中古以后的中原文化奠定了取之不尽、用之不竭的雄厚基础。

2016年1月12日—12月16日四稿

玉器之道的上古传播和后世影响

华夏万字符是四季北斗合成符
——万字符传播史（上）

内容提要 本章根据考古、文献双重证据，论证上古南蛮族首创的华夏万字符，是四季北斗合成符。上古传遍华夏全境，中古以后见于夏商周的甲骨文、青铜器、陶器，又被秘藏于日晷、盖图、六博棋、规矩镜，导致其在华夏境内失传，中古以后经由印度佛教回传中国。

关键词 河姆渡万字符；万字四斗，柄指四季；绝地天通；秘藏万字符。

弁言　万字四斗，柄指四季

万字符是上古华夏玉器族在天文历法领域最为杰出的创造，是完美表达天象循环核心奥秘的终极符号——四季北斗绕极符。早在新石器时代已经传遍全球，成为人类共同财富。

万字符内涵丰富，历史悠久，影响深远，本书用三章篇幅梳理其上古史。第六章，论证华夏万字符是四季北斗合成符。第七章，论证华夏第一祭天乐舞"万舞"是万字符之舞。第八章，论证华夏万字符、万舞全球传播史。

一　南蛮族万字符北传东夷族黄帝族

创立伏羲学之前，我像很多人一样接受了错误的传统知识，以为佛教东传以前的中国没有万字符，以为遍布全球的万字符是吉祥符号或太阳符号。

2014年8月，我完成伏羲学第一部专著《伏羲之道》，开始撰写伏羲学第二部专著《玉器之道》，研究华夏东部玉器三族的玉器形制、玉器纹样的确切内涵。10月12日，我在《河姆渡》考古报告中，意外发现了距今七千年的全球最早万字符——河姆渡万字符，始知万字符由华夏先民首创。经过系统研究，我还原了万字符的生成过程，解密了万字符是四季北斗合成符。

万字符的生成过程，分为四步（图6-1）。

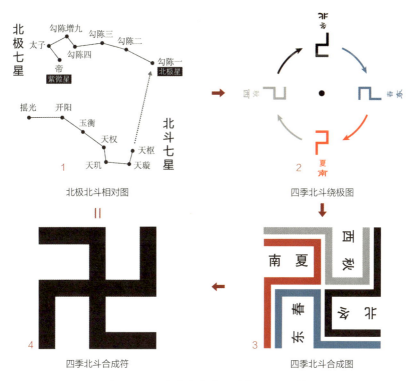

图6-1　万字符生成过程（张远山原创）

第一步，华夏先民通过夜观星象，发现了北斗七星环绕北极七星之"帝星"顺时针旋转，画出了"北极北斗相对图"（图6-1.1）。

华夏先民先把"北斗七星"编组，统称"拱极星"，依次命名为：天枢、天璇、天玑、天权（合称"斗魁四星"），玉衡、开阳、摇光（合称"斗柄三星"或"斗杓三星"）。此即《史记·天官书》所言："斗为帝车，运于中央，临制四乡。分阴阳，建四时，均五行，移节度，定诸纪，皆系于斗。"

华夏先民再把"北极七星"编组，统称"天极星"，依次命名为：勾陈一（北极星，小熊座α）、勾陈二、勾陈三、勾陈四、勾陈增九、太子星、帝星（紫微星，小熊座β）。此即《史记·天官书》所言："中宫天极星，其一明者，太一常居也。""太一"即"帝星"，是华夏天文历法的数术元点[1]。

编组并命名"北斗七星""北极七星"两大天文范畴，是华夏先民创造万字符的绝对前提。

第二步，华夏先民发现了北斗七星每季顺时针旋转90°，北斗斗柄可作四季指针，画出了"四季北斗绕极图"（图6-1.2）。此即先秦道家著作《鹖冠子》所言："斗柄东指，天下皆春；斗柄南指，天下皆夏；斗柄西指，天下皆秋；斗柄北指，天下皆冬。"

第三步，华夏先民把四季北斗合于一图，画出了"四季北斗合成图"（图6-1.3）。

第四步，华夏先民把"四季北斗合成图"的双线叠成单线，画出了"四季北斗合成符"（图6-1.4）。华夏万字符就此诞生！

我把第二图、第三图的四季北斗画成四色，便于读者看清四季北斗在万字符中的具体位置。四色的根据，是伏羲族创造的二十八宿把星空分为

---

[1] 参看《淮南子·天文训》："太微者，太一之庭也。紫宫者，太一之居也。"《鹖冠子·泰鸿》："中央者，太一之位，百神抑制焉。"《礼记·礼运》："礼必本于太一，分而为天地，转而为阴阳，变而为四时。"《吕览·大乐》："太一出两仪，两仪出阴阳，阴阳变化，一上一下，合而成章，浑浑沌沌，离则复合，合则复离，是谓天常。天地车轮，终则复始，极则复反，莫不成当。日月星辰，或疾或徐。日月不同，以尽其行。四时代兴，或暑或寒，或短或长，或柔或刚。万物所出，造于太一，化于阴阳。"《庄子·天下》："建之以常无有，主之以太一。"

四大天区：东方苍龙七宿（青），南方朱雀七宿（红），西方白虎七宿（白），北方玄武七宿（黑）。后来黄帝族加上中央"黄"，合为"五行说"的五方五色。顺便一说，中国谚语"不分青红皂白"，真意是不分东南西北和春夏秋冬，但是为了隐藏秘义，把"白黑"换成了"皂白"，于是真意鲜为人知。

上古华夏共有两种万字符，都是四季北斗合成符，只是旋转方向相反，分别标示天球、地球的旋转方向：

卍标示天球的顺时针旋转，卐标示地球的逆时针旋转。

上古华夏的两种万字符，衍生出商代甲骨文"斗"字的两种写法：

（《甲骨文编》J29266），是斗柄在左、斗口在右的天盘北斗 ⊐L，专名"雄斗"。

（《甲骨文编》J29257），是斗柄在右、斗口在左的地盘北斗 L⊏，专名"雌斗"。

上古华夏的两种万字符和中古甲骨文的两种斗形，衍生出用于占星的两种中国式盘（图6-2）。

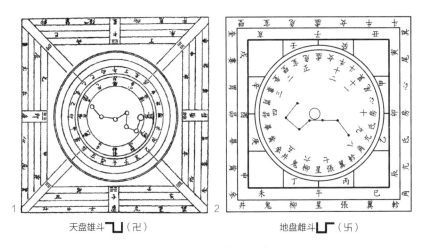

天盘雄斗 ⊐L（卍）　　　地盘雌斗 L⊏（卐）

图6-2　两种中国式盘

《淮南子·天文训》所言："北斗之神有雌雄，雄左行，雌右行。"正是雄斗 ⊐L、雌斗 L⊏ 的不同旋转方向。

占星者使用式盘时，用手转动圆盘下端（转动圆盘上端，手臂挡住视线）：

雄斗┓顺时针左行，四季成象即天盘卍（图6-2.1）。

雌斗┗逆时针右行，四季成象即地盘卐（图6-2.2）。

天文学发轫的初期，河姆渡南蛮族像大地湾伏羲族一样（参看《伏羲之道》），以地观天，采用地面坐标，所以河姆渡万字符并非顺时针的天盘卍，而是逆时针的地盘卐。

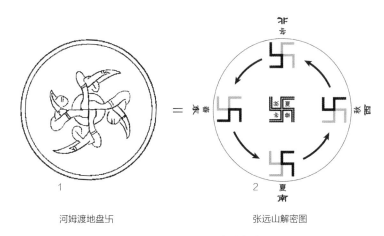

河姆渡地盘卐　　　　　　　　　张远山解密图

图6-3　河姆渡万字符解密

河姆渡万字符包含两个地盘卐（图6-3.1）。

圆心的四鸟颈，把四季北斗合成为地盘卐。

圆周的四鸟首，又把地盘卐解析为四季北斗，一如解密图所示（图6-3.2）：春季北斗┏，斗柄东指。夏季北斗┗，斗柄南指。秋季北斗┗，斗柄西指。冬季北斗┗，斗柄北指。

通过圆心合成四季北斗、圆周解析四季北斗，河姆渡南蛮族自我解密了万字符是四季北斗合成符。

河姆渡万字符诞生于距今七千年的新石器时代中期（前5000），是目前所知华夏最早、全球最早的标准万字符。河姆渡万字符的天文解密，是华夏一切万字符和全球一切万字符的天文解密。

华夏境内和华夏境外的部分区域，号称发现了距今八千年、九千年、上万年的上古万字符，或者缺乏出土年代的确切依据，或者属于不标准的疑似万字符，而且不能像河姆渡万字符那样，用圆周、圆心两个万字符自证其为四季北斗合成符。如果将来确实发现了早于河姆渡的万字符，本书再作修正。

河姆渡万字符通过对四季北斗的合成与解析，完美揭示了北斗七星的四季循环，完美表达了天象循环的核心奥秘，于是在新石器时代晚期迅速传遍华夏全境和全球各地。

同属南蛮族但是晚于河姆渡的上海崧泽文化（前4000—前3300），承袭了河姆渡万字符。上海青浦的崧泽遗址博物馆，把崧泽万字符用作馆标，视为崧泽文化的标志，非常恰当。

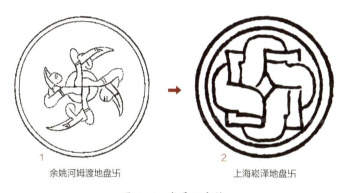

余姚河姆渡地盘卐   上海崧泽地盘卐

图6-4 崧泽万字符

崧泽万字符（图6-4.2），由一条环带和一个方框组成。环带绕过方框，部分隐于方框之后，显露部分与河姆渡地盘卐同形（图6-4.1）。方框标示天文台，本意是河姆渡万字符的解释图，但是对于不明方框标示天文台者，即为加密图。

崧泽万字符是南蛮族万字符传遍华夏的重要一环，首先西传西扩南蛮支族，见于屈家岭文化（前3300—前2600）的湖北宜昌清水滩遗址。

清水滩万字符（图6-5.2），去除了崧泽万字符的天文台方框（图6-5.1），变成了绳结形的地盘卐，是距今五千年的最早中国结，天文内涵一如解密图所示（图6-5.3）：中心是地盘卐，外围是逆时针的四季旋转线。

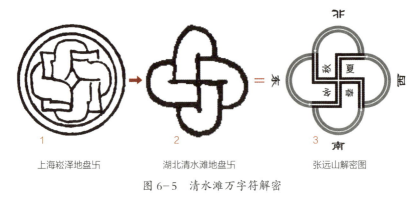

1　上海崧泽地盘卜　　2　湖北清水滩地盘卜　　3　张远山解密图

图 6-5　清水滩万字符解密

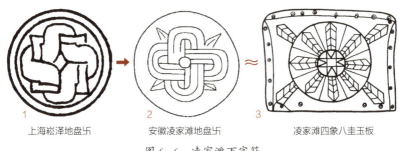

1　上海崧泽地盘卜　　2　安徽凌家滩地盘卜　　3　凌家滩四象八圭玉板

图 6-6　凌家滩万字符

崧泽万字符又北传东夷族，见于安徽凌家滩、南京北阴阳营、山东大汶口等遗址。

安徽凌家滩文化（前3800—前2000）的纺轮，刻有一个四叶形的地盘卜（图6-6.2），也去除了崧泽万字符的天文台方框（图6-6.1），另有三个细节不同。

一是利用纺轮的圆孔，标示北极天枢。

二是环带中间增加一线，变成三线，标示每季北斗对应三月。

三是四维增加四叶，标示东北立春、东南立夏、西南立秋、西北立冬。地盘卜的四季斗柄，标示正东春分、正南夏至、正西秋分、正北冬至。两者共同标示四时八节，与同一遗址出土的凌家滩四象八圭玉板内涵相近（图6-6.3）[1]。

---

[1]　凌家滩四象八圭玉板的天文历法内涵，详见张远山：《伏羲之道》73—75页，岳麓书社 2015。作品集第十六卷75—78页。

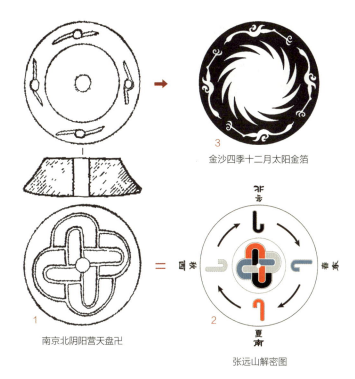

3

金沙四季十二月太阳金箔

北

西 秋　　　　春 东

南
夏

1

南京北阴阳营天盘卍

2

张远山解密图

图6-7　北阴阳营万字符解密

南京北阴阳营的纺轮底部，刻有一个风车形的万字符（图6-7.1下），也去除了崧泽万字符的天文台方框，也用纺轮圆孔标示北极天枢，另有两个细节不同。

一是从逆时针变成顺时针，成为目前所见的最早天盘卍。华夏万字符的两种旋转方向，至此完备。

二是把北斗变形为权杖，因为酋长对应北斗，权柄对应斗柄。四个权杖相叠，呈现为风车形，一如解密图所示（图6-7.2）。

纺轮肩部（图6-7.1上），刻有顺时针旋转的四个星形鸟，每季一鸟对应一斗三月。类似方法，后又见于成都金沙遗址出土的商代蜀国太阳金箔（图6-7.3）：外圈四个太阳鸟，对应地球的逆时针旋转；内圈十二月太阳纹，对应天球的顺时针旋转。

东夷族把地盘卐升级为天盘卍，很可能受到了伏羲族把逆时针的连山历河图升级为顺时针的归藏历太极图之启发（详下图6-20、6-21）。

图 6-8 大汶口双万合符

　　大汶口文化晚期的一件陶罐，把南蛮族北传的地盘卐与东夷族新增的天盘卍合一，成为目前所见的最早双万合符（图6-8），后又见于伏羲族的马家窑文化。大汶口的双万合符，也是目前所见的最早折线内卷万字符。用折线内卷标示天象旋转，后又见于黄帝族的小河沿文化、伏羲族的马家窑文化、商代的甲骨文、战国的中山钺。

　　东夷族又把两种万字符北传黄帝族，于是黄帝族的小河沿文化（前3000—前2500），出现了天盘卍、地盘卐（图6-9）。

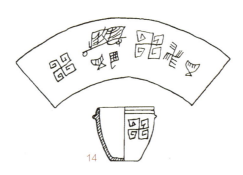

图 6-9　小河沿文化万字符及其变体

内蒙古东部赤峰市翁牛特旗小河沿文化石棚山遗址出土的四件陶器，刻有13个符号。7个是万字符，包括6个天盘卍（图6-9.1—5、13），1个地盘卐（图6-9.8）。另外6个符号，多为万字符变体。

两个天盘卍（图6-9.5、13），折线内卷，标示四季北斗的旋转，承袭大汶口首见的特殊风格。

三个天盘卍（图6-9.2—4），每条折线加画二线，成为三线，标示每季北斗对应三月，承袭北阴阳营首见的特殊风格。个别折线仅有二线或一线，当属漫漶消失。

经过玉器三族的不同贡献，到了黄帝族的小河沿文化，万字符终于脱离了南蛮族、东夷族的早期多变形态，不再拟形为神鸟、环带、绳结、风车、权杖等等，也不再添加解释性的天文台方框、旋转弧线、四维四叶等等，定型为两种标准形式：对应顺时针天球的天盘卍（图6-9.1），对应逆时针地球的地盘卐（图6-9.8）。

黄帝族的夜观星象，始于兴隆洼文化（前6200—前5400），早已发现了四季北斗绕极旋转的天文奥秘，并以旋鼋（即"玄鼋"，后称"轩辕"，旧称"勾云形器"）表达（图6-10）。

图6-10　红山黄帝族北极旋鼋

旋鼋的正面，中心是顺时针旋转，四足酷似天盘卍的四季北斗。

旋鼋的反面，中心是逆时针旋转，四足酷似地盘卐的四季北斗。

旋鼋的两面酷似两种万字符，是黄帝族接受万字符的内在基础。

旋鼋的天文内涵，与万字符等价。

内蒙古东部小河沿文化的黄帝祖族，又把两种万字符西传内蒙古中部和西部的西扩黄帝支族，见于横亘内蒙古的阴山山脉史前岩画（图6-11）。

目前已在阴山史前岩画中发现了4处5个万字符，包括2个天盘卍，3个地盘卐（图6-12）。

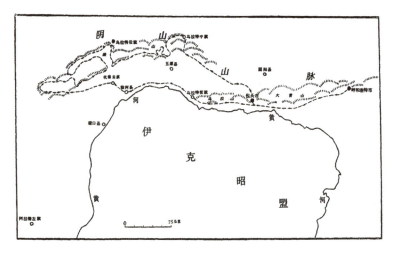

图 6-11　阴山岩画调查路线图（盖山林）

图 6-12　阴山史前岩画万字符

　　一处是单独的天盘卍（图6-12.1），一处是单独的地盘卐（图6-12.2）。

　　一处在天盘卍、地盘卐中间，加画十字车轮（图6-12.3），解释天盘卍、地盘卐对应天球、地球的旋转方向。十字车轮是万字符的特殊形式：断开圆周交点的某一边，即为圆形的天盘卍或地盘卐。两种圆形万字符，后均见于甘青伏羲族。所以十字车轮实为"天文历法之轮"，简称"法轮"。各大宗教所言"法轮"，正是源于上古图像历的"天文历法之轮"，只是把天象符号移用为宗教符号，用宗教新义替代了天文初义。

　　一处的地盘卐，直接画在法轮中心（图6-12.4），解释其天文内涵。拟形为走路的人，折线如同人脚，后又见于甘青伏羲族。

　　南蛮族万字符除了北传和西传，也南传到了南扩南蛮支族的广东石峡文化（图6-13）。

　　如上所言，河姆渡南蛮族首创的四季北斗合成符"万字符"，仰韶

1　　　　　　　　2　　　　　　　　3

浙江河姆渡地盘卐　　　　2、3 广东石峡地盘卐

图 6-13　广东石峡万字符

时期传遍了华夏东部沿海的玉器三族。而西扩南蛮支族和西扩黄帝支族，又在龙山时期把万字符进一步西传黄河中游的东扩伏羲支族和黄河上游的伏羲祖族。

二　玉器族万字符西传伏羲族

甘肃天水大地湾的伏羲祖族，早在先仰韶期（前6000—前5000）已经通过夜观星象、昼测圭影实现了全天候的不间断天文观测，创造了伏羲连山历[1]。上古四千年（前6000—前2000），伏羲族的天文历法始终领先玉器三族，但是尺有所短，没能创造万字符。玉器三族的天文历法尽管长期落后于伏羲族，但是寸有所长，创造了完美表达四季北斗绕极旋转的两种万字符。

仰韶时期（前5000—前3000），万字符传遍玉器三族，尚未西传伏羲族。

仰韶、龙山之交（前3000），东扩伏羲支族与玉器三族相遇，一方面把伏羲族彩陶和伏羲连山历传播给玉器三族，另一方面接受了玉器三族的万字符，但是数量不多，也不标准（图6-14）。

---

[1]　详见张远山：《伏羲之道》第一章，岳麓书社2015。作品集第十六卷。

| 1 | 2 | 3 |
| 山西太谷白燕 | 河北武安赵窑 | 河北涞水渐村 |

图 6-14　中原伏羲族万字符

图 6-15　甘青伏羲族天盘卍、
　　　　　地盘卐纺轮

龙山初期以后，甘青伏羲族的马家窑文化（前3000—前2000）也接受了玉器三族的两种万字符。

图 6-16　甘青伏羲族天盘卍11例

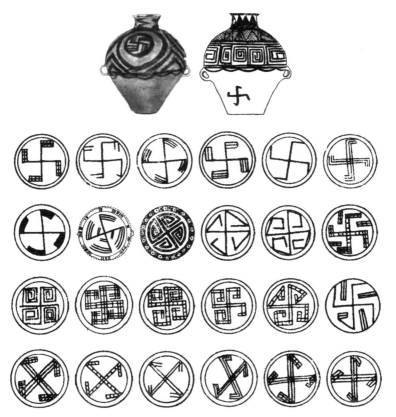

图 6-17　甘青伏羲族地盘卐 26 例

　　甘青伏羲族马家窑文化，集上古万字符大成，数量为华夏、全球之最，风格应有尽有（图6-15、6-16、6-17）。

　　甘青伏羲族的万字符，主要来自沿着阴山南麓西进的西扩黄帝支族，所以大量风格承袭黄帝族，比如折线内卷，分为三线，拟形为走路的人，折线如同人脚，把方形万字符变成圆形万字符等等。

　　尤其值得注意的是，玉器三族的万字符中心均呈"十"字形，所含四季北斗的斗柄，指向太阳历的四时起点春分、夏至、秋分、冬至。而甘青伏羲族的万字符中心多为"乂"字形，所含四季北斗的斗柄，指向阴阳合历的四季起点立春、立夏、立秋、立冬。

　　先仰韶期和仰韶期，"乂"字形是伏羲连山历的太阳历交午纹。龙山时期（亦即马家窑时期），伏羲族把伏羲连山历升级为神农归藏历，于是把万字符中心的"十"字形，转为"乂"字形，标示阴阳合历的四季起点立春、立夏、立秋、立冬；"十"字形、"乂"字形合为"米"字形，标示四时八节，亦即太阳历的四时起点和阴阳合历的四季起点。

甘青伏羲祖族又把万字符西传到新疆的西扩伏羲支族，于是新石器时代晚期的天山史前岩画也出现了两种万字符（图6-18）。

图6-18　新疆天山史前岩画万字符3例

甘青伏羲祖族又把万字符南传到西藏的南扩伏羲支族，于是新石器时代晚期的西藏史前岩画也出现了两种万字符（图6-19）。早在印度佛教传入西藏以前数千年，西藏苯教已把万字符作为标志性符号，藏语称为"雍仲"。

图6-19　西藏史前岩画万字符（雍仲）9例

西藏史前岩画的两种万字符，大多加画解释性的其他天文符号。

4例地盘卐，全都加画天文符号。一例是西藏苯教的标准"雍仲"，四斗中间各加标示"帝星"的一点（图6-19.1），意为四季北斗围绕北极帝星旋转。一例加画十芒太阳纹（图6-19.2），一例加画四时八节法轮（图

6-19.3），一例加画流星纹（图6-19.4）。

5例天盘卍，2例没有加画天文符号（图6-19.5、6），3例加画天文符号。一例加画青稞和兼为太阳纹的青稞果实，另加流星纹（图6-19.7）。一例加画日、月、北斗（图6-19.8），一例加画日月星辰（图6-19.9）。

如上所言，玉器三族的两种万字符，龙山时期传遍了甘青伏羲祖族和所有伏羲支族。

上古华夏四族不仅都有万字符，而且全都明白万字符是四季北斗合成符。

三　玉器族万字符酷似伏羲族太极图

或问：黄河中游的东扩伏羲支族，与东部玉器三族直接相遇，为何万字符数量极少？黄河上游的甘青伏羲祖族，远离东部玉器三族，为何万字符数量极多？

原因极其复杂，主要是以下四项。

其一，伏羲族的天文历法，上古四千年始终领先华夏乃至全球。东扩伏羲支族并非伏羲族的文化原创中心，仅是分享西部伏羲祖族的文化原创，又在东扩途中与玉器三族直接发生冲突或战争，对玉器三族抱有敌意，所以排斥低位文化，不愿接受玉器三族的万字符。

其二，甘青伏羲祖族作为高位文化的原创中心，文化自信强烈，思想高度开放，又与玉器三族没有直接冲突和战争，所以不排斥低位文化的文化精华，欣然接受了玉器三族的万字符，融入了自身的天文历法体系。

其三，甘青伏羲祖族接受万字符的重要原因，是太极图的天文内涵，可与万字符的天文内涵相通。正如黄帝族接受万字符的重要原因，是旋鼋纹的天文内涵，可与万字符的天文内涵相通。

伏羲族和玉器族的天文坐标，都是首先采用地面坐标，然后改用天空坐标。所以伏羲族先有对应地球逆时针旋转的连山历河图（图6-20上排），后有对应天球顺时针旋转的归藏历太极图（图6-21上排），玉器族也是先

图6-20　伏羲族连山历河图四象≈玉器族地盘卍四象

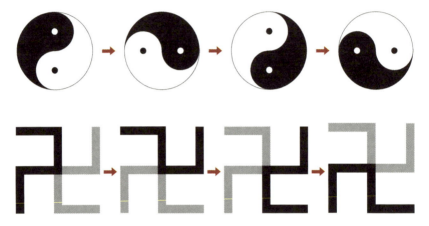

图6-21　伏羲族归藏历太极图四象≈玉器族天盘卐四象

有对应地球逆时针旋转的地盘卍（图6-20下排），后有对应天球顺时针旋转的天盘卐（图6-21下排）。

　　个别天象的局部规律，无不从属于全部天象的宇宙总规律。因此伏羲族表达太阳旋转规律的太极图，与玉器族表达北斗旋转规律的万字符，视觉形象酷似，天文内涵相通——

　　伏羲族的连山历河图四象，酷似玉器族的万字符地盘卍四象（图6-20），是因为全都对应地球的逆时针旋转。

　　伏羲族的归藏历太极图四象，酷似玉器族的万字符天盘卐四象（图6-21），是因为全都对应天球的顺时针旋转。

其四，伏羲族创造的二十八宿，一开始即与北斗七星融为一体，证见仰韶中期（前4500）的河南濮阳西水坡M45，北斗斗柄指向苍龙七宿第一宿"角宿"（图6-22.1）。而中古夏商周的式盘（图6-22.2），北斗斗柄同样指向苍龙七宿第一宿"角宿"。证明《史记·天官书》所言"北斗七星，杓携龙角"（斗杓即斗柄），早在新石器时代中期已经成为华夏天文学的核心知识。司马迁撰写《史记·天官书》之时，这一知识已经延续了四五千年。

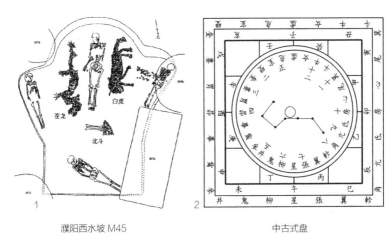

濮阳西水坡 M45   中古式盘

图 6-22　杓携龙角

伏羲族用二十八宿和北斗七星融为一体的"杓携龙角"辨识天象循环，玉器三族仅用四季北斗辨识天象循环，所以伏羲族的天文视野远远超越玉器族，这是玉器三族全面接受伏羲族的先进天文体系和先进历法体系的根本原因。

伏羲族不仅接受了玉器三族创造的四季北斗合成符"万字符"，而且在两大文化体系的交流、碰撞之中，受到了新刺激，激发了新灵感，于是在龙山中期完成了天文体系和历法体系的重大飞跃：天象符号从"伏羲画卦"升级为"伏羲布卦"，图像历从"伏羲连山历"升级为"神农归藏历"，天文理论从"浑天说"升级为"浑夕说"（宣夜说），宇宙论从"太极说"升级为"无极说"[1]。

---

[1]　详见张远山：《伏羲之道》第四章，岳麓书社2015。作品集第十六卷。

四 "绝地天通"与夏商周秘藏万字符

中古夏商周三代，承袭了上古华夏四族的万字符。但是黄帝族通过"炎黄之战"征服神农族、入主中原、建立夏朝以后，为了神化王权，实行"绝地天通"，导致夏商周的万字符极其罕见。

学界对"绝地天通"的基本解释，是剥夺民间的祭天权利。这一解释并不确切，"绝地天通"的核心内容，实为严禁传播天文历法知识，包括天文历法符号。

"绝地天通"的史实，最早见于《山海经·大荒西经》：

> 大荒之中，有山名曰日月山，天枢也。吴姬天门，日月所入。有神，人面无臂，两足反属于头山，名曰嘘。颛顼生老童，老童生重及黎。帝（颛顼）令重献上天，令黎抑下地。下地是生噎，处于西极，以行日月星辰之行次。

《山海经》明言"绝地天通"的三大主角：颛顼、重、黎。又明言"绝地天通"的目的：颛顼让重、黎独掌"日月山""天枢""天门""日月所入""以行日月星辰之行次"。但是仅言"绝地天通"的史实，尚未概括为"绝地天通"四字。

把这一史实概括为"绝地天通"的最早文献，是《尚书·周书·吕刑》：

> （周穆）王曰：若古有训，蚩尤惟始作乱，周中于信，以覆诅盟。（颛顼）哀矜庶戮之不辜，报虐以威，遏绝苗民，无世在下；乃命重、黎绝地天通，罔有降格。

又见于《尚书·吕刑》伪孔安国传：

重即義，黎即和。尧命羲和世掌天地四时之官，使人神不扰，各得其序，是谓绝地天通。言天神无有降地，地祇不至于天，明不相干。

此段《尚书》经、传，要义有四。

其一，明言"绝地天通"以前，蚩尤"作乱"（神农族抵抗黄帝族征服），"苗民"（九黎三苗）不服黄帝族统治。"罔中于信，以覆诅盟"，亦即黄帝族征服王朝的王权统治受到了严重威胁。

其二，明言"炎黄之战"以后，亦即黄帝族的颛顼击败神农族的蚩尤以后，颛顼为了巩固黄帝族的王权统治，实行"绝地天通"。

其三，明言颛顼时代执行"绝地天通"的"重黎"，正是尧舜时代的天文历法官"羲和"。

其四，明言"绝地天通"的内容，就是重黎、羲和等天文历法官"世掌天地四时之官，使人神不扰，各得其序"。

《国语·楚语下》，又为"绝地天通"的真义提供了重要旁证：

（楚）昭王问于观射父曰："《周书》所谓重、黎实使天地不通者，何也？若无然，民将能登天乎？"

对曰："非此之谓也。及少皞之衰也，九黎乱德，民神杂糅，家为巫史。民渎齐盟，无有严威。颛顼受之，乃命南正重司天以属神，命火正黎司地以属民，无相侵渎，是谓绝地天通。"

"绝地天通"的真义是夏商周黄帝族统治农耕三族的最高机密，所以楚昭王也不明其义，误以为"绝地天通"以前人人可以登天。

观射父告诉楚昭王并非如此，而是黄帝族入主中原以前，神农族"民神杂糅，家为巫史"，天文历法知识和天文历法符号并非秘密。黄帝族征服神农族以后，实行"绝地天通"，仅由极少数巫史家族"世掌天地四时"，世袭、专掌、秘传天文历法，天文历法知识和天文历法符号遂成秘密。

《史记·历书》虽未提及"绝地天通"四字，但是明确揭示了"绝地天通"的真义：

> 少暭氏之衰也，九黎乱德，民神杂扰。颛顼受之，乃命南正重司天以属神，命火正黎司地以属民，无相侵渎。尧复遂重黎之后，而立羲和之官，明时正度。年耆禅舜，申戒文祖云："天之历数在尔躬。"舜亦以命禹。由是观之，王者所重也[1]。

　　综上所述，"绝地天通"由"炎黄之战"击败神农族首领蚩尤的黄帝族首领颛顼开创，其后历任黄帝族首领尧、舜、禹一以贯之。核心内容是巫史家族专掌天文历法知识及其符号，"以行日月星辰之行次"；具体手段是巫史家族秘藏天文历法知识及其符号，"世掌天地四时"；根本目的是避免农耕三族"罔中于信，以覆诅盟"，避免"民渎齐盟，无有严威"，以便"人神不扰，各得其序""无相侵渎"，做到"天之历数在尔躬"。因为黄帝族独占天文历法知识及其符号，有利于神化王权，有利于巩固统治。

　　或问：为何"绝地天通"秘藏天文历法知识及其符号，有利于神化黄帝族的王权，有利于巩固黄帝族的统治？

　　因为夏商周黄帝族的最高统治原则，就是"民可使由之，不可使知之"。

　　"绝地天通"以前的上古，伏羲族的彩陶纹样和玉器族的玉器纹样均为天文历法纹样，天文历法知识及其符号，均非秘密知识。"绝地天通"以后的中古，天文历法知识及其符号，由巫史专掌、世袭、秘藏，普通民众、多数文士茫然不知。此即顾炎武《日知录》所言："三代以上，人人皆知天文。后世文人学士，有问之而茫然者矣。"

　　由于"绝地天通"的核心内容是严禁传播天文历法知识及其符号，所以夏商周黄帝族秘藏了上古伏羲族六十四卦的天文初义，对外仅仅宣传卜筮新义；又秘藏了上古伏羲族太极图的天文初义，目前仅见于少量商周文

---

[1]　《史记·历书》："幽、厉之后，周室微，陪臣执政，史不记时，君不告朔，故畴人子弟分散。"《集解》："如淳曰：家业世世相传为畴。律，年二十三傅之畴官，各从其父学。"《索隐》："韦昭云：畴，类也。孟康云：同类之人明历者也。乐产云：畴，昔知星人。"

物[1]；也秘藏了上古玉器族的万字符及其天文初义，导致夏商周的万字符极其罕见，因而四千年来的中国人浑然不知佛教万字符东传中国以前的夏商周，竟然秘密存在作为天象符号的万字符——四季北斗合成符。

现代考古不仅发现了夏商周秘藏的万字符，而且揭示了夏商周万字符的天文历法秘义。

商代万字符，既见于青铜器，又见于甲骨文。

殷墟铜盂天盘卍　　　　　　新干铜镈地盘卐　　　　　甲骨文卍舞（万舞）

图 6-23　商代万字符

其一，河南安阳殷墟侯家庄出土的商代青铜盂（图6-23.1）。盂心一柱，标示北极天枢。柱上四龙，不仅是四季北斗与苍龙七宿合成的天盘卍，而且制作精妙，可以旋转演示，使之与实际天象吻合。又用尖状角和蘑菇状角，把四龙分为相对的两组，以此区别冬至、夏至和春分、秋分的苍龙七宿、北斗七星。四龙位于天盘卍所含四季北斗的斗柄，则是标示北斗斗柄指向苍龙七宿第一宿"角宿"，亦即《史记·天官书》所言"北斗七星，杓携龙角"。

其二，江西新干大洋洲出土的商代青铜镈（图6-23.2）。镈面中心是地盘卐，其外一圈箭头，标示逆时针旋转。但在镈面外周，同时标示天地的不同旋转：上至左的箭头，标示地球的逆时针旋转。右至下的箭头，标示天球的顺时针旋转。

———————————
[1]　详见张远山：《伏羲之道》第五章，岳麓书社2015；及张远山：《史上最美太极图——西周太极图的天文历法解密》，《深圳特区报》2016年5月19日。作品集第十六卷、第十九卷。

其三，河南安阳殷墟的甲骨文"卍舞"（《乙》8518，《合》20974）。

殷墟甲骨十余万片，共见三个万字符，两个是不标准的变体，一个是标准的天盘卍（图6-23.3），折线内卷的特殊风格，承袭上古黄帝族的小河沿万字符。

甲骨文"卍舞"证明，《诗经》《左传》《墨子》《史记》等中古文献记载的华夏第一祭天乐舞"万舞"，实为万字符之舞"卍舞"。亦即按照四季北斗合成符"卍"的造型，模仿北斗循环的祭天乐舞（详见万舞章）。

周代万字符，见于西周、春秋、战国的青铜器和陶器。

图6-24　西周虘钟地盘卐

其一，日本京都泉屋博物馆所藏西周虘钟，下方正中是两个双万合符的美术体，右下是一个地盘卐（图6-24）。

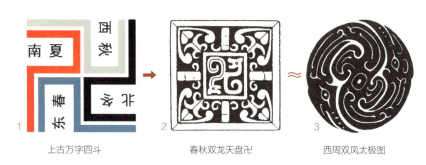

上古万字四斗　　　春秋双龙天盘卍　　　西周双凤太极图

图6-25　双龙万字符与双凤太极图

其二，山西太原金胜村M251，是春秋晋国的赵简子墓。墓中出土的青铜高柄小方壶，盖部俯视图中心，是阴阳两条斗形龙合成的天盘卍（图6-25.2）。阳龙、阴龙的龙首，位于天盘卍所含北斗的斗柄，标示北斗斗柄指向苍龙七宿第一宿"角宿"，其意仍是《史记·天官书》所言"北斗七星，杓携龙角"。

春秋赵简子墓的双龙万字符，又酷似西周伯公父壶的双凤太极图（图6-25.3）：前者的龙首和后者的凤首位置相同，区别只是前者的龙尾外卷，后者的凤尾内卷。证明中古夏商周的天文历法体系已把上古伏羲族的太极图与上古玉器族的万字符融为一体。

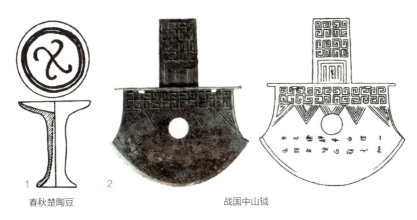

春秋楚陶豆　　　　　　　　　　　　战国中山钺

图6-26　东周万字符

其三，湖北江陵太晖观春秋楚国墓出土的彩陶豆，俯视图也是天盘卍（图6-26.1）。

其四，河北平山战国中山王墓出土的中山侯钺，铸有十个万字符（图6-26.2），天盘卍、地盘卐各五，全都折线内卷，承袭上古黄帝族小河沿万字符和商代甲骨文万字符的特殊风格。

钺肩六个万字符之下，是始于甘肃天水大地湾的伏羲连山纹（旧称"蕉叶纹"）。中心的圆孔，标示北极天枢和太阳。连山纹与圆孔，共同标示太阳从山脚升至山顶。

夏商周的万字符，另有若干文字报道，未见图像资料，暂不列举[1]。

综上所述，夏商周承袭了上古万字符，并以万字符之舞"卍舞"祭天，但是为了神化王权而"绝地天通"，严禁传播天文历法知识及其符号，亦即王蕃所言"史官禁密，学者寡得闻见"(《浑天象说》)，所以夏商周三代除了极少数天文历法官，无人知晓万字符的存在，遑论其天文历法内涵。万字符遂从上古华夏的日常习见，变成了中古夏商周的极其罕见；万字符的天文历法内涵，也从上古华夏的公共知识，变成了中古夏商周的隐秘知识。

五　夏商周日晷、盖图秘藏万字符

夏商周尽管为了神化王权而"绝地天通"，严禁传播天文历法知识及其符号，但是万字符所含四季北斗斗柄精确指向二分二至，具有实用的观天功能，所以夏商周天文历法官专掌、世袭、秘传的日晷和盖图，均有经过加密的万字符。

内蒙古托克托　　　　　　　　　　　　洛阳金村

图 6-27　中古日晷

---

[1]　饶宗颐：《符号·初文与字母——汉字树》(上海书店出版社2000) 101页提及，刘昭瑞发现了其他一些商周万字符，但未出图。

目前考古所见的最早日晷，是秦汉时期的内蒙古托克托日晷和河南洛阳金村日晷（图6-27）。

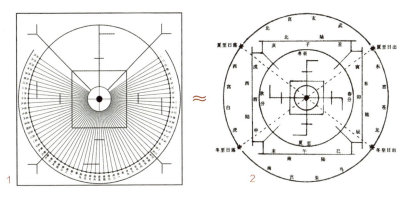

图6-28　中古日晷≈中古盖图

夏商周的盖图（图6-28.2），演绎黄帝族的"盖天说"，仿照日晷（图6-28.1）而绘制，两者基本同形。

日晷的三种刻线（西方学者称为TLV线），全都源于上古华夏四族的天文历法。

日晷四角的L形线，盖图连为"亞"字，"亞"是上古伏羲族所创华夏天文台的象形字。夏商周的无数青铜器均有"亞"字族徽，物主正是专掌、世袭、秘传天文历法的巫史家族。"巫"字从"亞"衍生，"史"字以"手"执"中"，"中"是天文台加圭表的象形字（详见昆仑台章），均与天文历法有关。史官在天文台上执掌天文观测和历法编制，巫者在天文台上采用天文历法工具进行卜筮，两者职司相关但有小异，所以合称"巫史"。

日晷的底纹，是把圆周分为100刻度的69条V形线，亦即观测全年圭影的圭影线，所以日晷又称"地平圭表"。根据圆心圭针的太阳投影，合于某条圭影线，即可判断全年历法的某月某日和全天时辰的某时某刻。

日晷底纹的V形线之上，是观测四季斗柄的地盘卝，但用十字予以加密，西方学者把十字称为T形线。根据四季北斗的斗柄方向，合于地盘卝的某条斗柄线，即可判断二分二至[1]。

中古夏商周的日晷和盖图，既有上古伏羲族观测全年圭影、判断历法月日的圭影线，又有上古玉器族观测四季斗柄、判断二分二至的地盘卜，融合了上古华夏四族的两种天文历法体系，兼用两种观测方法，相互印证并相互校正。

六　秦汉六博棋、规矩镜秘藏万字符

夏商周的天文历法官，专掌、世袭、秘传当时的最高知识，是"绝地天通"、神化王权的关键一环。他们昼夜观测天象，精心编制历法，丝毫不能懈怠，稍有差错即为死罪。沉重压力之下，辛勤工作之余，需要放松消遣，于是把专业工具移用于娱乐，发明了两种棋戏。

天文历法官们根据记录圭影的伏羲六十四卦，发明了伏羲罫棋（九路围棋），纵横九线围出八八六十四格，嵌入伏羲六十四卦，专名"六十四罫"[2]。

天文历法官们又根据观测全年圭影和四季斗柄的日晷和盖图，发明了六博棋，证见东汉武梁祠石刻"羲和观天制历图"（图6-29）。

图 6-29　东汉武梁祠石刻羲和观天制历图

---

[1]　冯时：《中国天文考古学》（中国社会科学出版社2007）207页，认为TLV线即《淮南子·天文训》所言"二绳""四维""四钩"。"二绳""四维""四钩"，实为古代天文历法官秘藏其义的术语。

[2]　详见张远山：《老庄之道》91页，岳麓书社2015。作品集第九卷315页。

李约瑟等西方学者错误认为，武梁祠石刻表现的是巫师作法。其实表现的是天文历法官们根据日晷或盖图讨论天文历法。

巫师作法，仅须一人，立于露天祭坛，仗剑念咒，旋转舞蹈；遵守植根于天文历法的严格程序和特定仪式，模仿万字符的造型"踏罡步斗"，专名"禹步"（详见万舞章）。不可能五人聚于室内，围于一桌，或坐或站，毫无仪式，如同开会。

全图人数有五，天盖同样有五，一是图解黄帝族的"五行说"，二是图解《尚书·尧典》所言五位天文历法官：右下一人冠冕独异，是总领其事的"羲和"。另外四人冠冕相同，分别是专司东方春分的"羲仲"，专司南方夏至的"羲叔"，专司西方秋分的"和仲"，专司北方冬至的"和叔"。

日晷或盖图平置于小几，由于角度关系无法看清，于是在小几上方加刻说明图，但以六博棋盘代替日晷或盖图。六博棋盘的上下，各刻地球南北两极的两个天盖，是以可说不可用的"盖天说"，强解可用不可说的"浑天说"[1]。

"羲和"手按代替浑天仪的圆鼎，因为浑天仪可用不可说。为免观者不明圆鼎代替浑天仪，石刻作者又在圆鼎左面加刻"浑天图"：中间是对应四方、四时、四季的四个亞型天文台，上下仍刻地球南北两极的两个天盖。为了图解"五行说"，又在"浑天图"左面加刻一个天盖，凑成五个。

石刻作者之所以用六博棋盘代替日晷、盖图，技术原因是日晷、盖图较为复杂，六博棋盘较为简单；根本原因是天文历法官们根据日晷、盖图创制了六博棋盘。

《说文解字》："古者乌曹作博。"《世本·作篇》："乌曹作博。"乌曹，一说唐尧时人，一说夏桀时人。《史记·殷本纪》记载，商王"武乙无道，为偶人，谓之天神，与之博"。孔子曾把六博、围棋相提并论："饱食终日，无所用心，难矣哉！不有博弈者乎？为之，尤贤乎已。"《孟子》言及"弈秋"，《庄子》言及"博塞以游"，屈原《招魂》明言"六博"。河北平山战

---

[1]　详见张远山：《伏羲之道》114页，岳麓书社2015。作品集第十六卷118页。

国中山王墓（图6-30.1）、湖北云梦睡虎地秦墓、河南灵宝张家湾汉墓、湖北江陵凤凰山汉墓、湖南长沙马王堆汉墓、甘肃武威磨咀子汉墓等地，出土了大量六博棋盘，汉代石刻则有大量六博棋戏图。

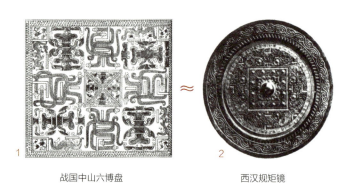

战国中山六博盘　　　　　　　西汉规矩镜

图6-30　规矩镜承袭六博盘

综合考古证据和文献证据，六博棋起源于夏代，流行于商周，普及于秦汉，成为全民热衷的娱乐消遣，但是棋迷们浑然不知天文历法官们隐藏其中的天文历法秘义。

天文历法官们深知，天文历法知识及其符号，既是神化王权的机密，外泄会有杀身之祸，又是家族世袭的饭碗，外泄有损自身利益，因此仅把日晷、盖图上的"亞"字照搬于六博棋盘的四角，省略了日晷、盖图的圭影线，再对日晷、盖图的万字符予以三重加密。

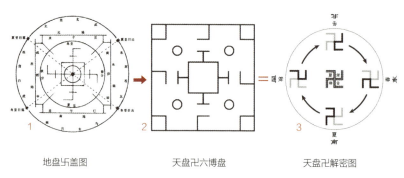

地盘卍盖图　　　　　天盘卍六博盘　　　　　天盘卍解密图

图6-31　盖图和六博盘密藏万字符

第一重加密，把日晷、盖图标有十字刻度的地盘卐，拆分为四条 T 形线和四条 L 形线。四条 T 形线，置于棋盘中心标示北极天枢的方框四面。四条 L 形线，上下左右互换位置，置于棋盘外缘的四正方位。日晷、盖图上原本直观的地盘卐（图6-31.1），遂在六博棋盘上彻底隐形（图6-31.2）。

第二重加密，"亞""卐"在日晷、盖图上本不同形，但在六博棋盘上，"亞"变成了四维的四条L线，"卐"拆分为四正的四条L线，两者同形，互为防止解密的干扰项。

第三重加密，日晷、盖图上的地盘卐，不仅在六博棋盘上拆分，而且上下左右互换位置，因此无法直接还原为日晷、盖图上的地盘卐，只能还原为天盘卍，这是防止解密的最后加密。

只要对照天盘卍解密图（图6-31.3），即可解密六博棋盘隐藏的四项天文历法秘义。

其一，按照顺时针方向，组装四正L线，亦即天盘卍的四个零件，即可还原天盘卍：

正东 ∟，还原到天盘卍东南。

正南 ⌐，还原到天盘卍西南。

正西 ⌐，还原到天盘卍西北。

正北 ⌐，还原到天盘卍东北。

东南 ∟+西南 ⌐+西北⌐ +东北⌐ =天盘卍

其二，四正L线，暗藏天盘卍所含四季北斗的斗柄：

正东 ∟的横线，对应指向正东的春分斗柄。

正南 ⌐的直线，对应指向正南的夏至斗柄。

正西⌐ 的横线，对应指向正西的秋分斗柄。

正北⌐ 的直线，对应指向正北的冬至斗柄。

其三，四正L线暗藏四季斗柄，四维L线暗藏四季斗魁，按照顺时针方向组装两者，即可还原天盘卍所含四季北斗：

正东斗柄 ∟+东南斗魁 ⌐=春分北斗 ⊓

正南斗柄 ⌐+西南斗魁⌐ =夏至北斗 ⊐

正西斗柄┐ + 西北斗魁┛ = 秋分北斗 ┒┛

正北斗柄┛ + 东北斗魁┗ = 冬至北斗 ┏┛

其四，神农归藏历始于东北立春（夏历承之）[1]，每季两条 L 线同形，亦即两条斗柄线方向相同：

春季，东北立春到正东春分，斗柄线 ┗ 指东。

夏季，东南立夏到正南夏至，斗柄线 ┏ 指南。

秋季，西南立秋到正西秋分，斗柄线┐ 指西。

冬季，西北立冬到正北冬至，斗柄线┛ 指北。

天文历法官们不仅在六博棋盘上秘藏了万字符及其天文历法内涵，而且按照万字符的天文历法内涵设定了六博棋的行棋规则。

《列子·说符》张湛注：

> 《古博经》曰：博法：二人相对，坐向局，分为十二道，两头当中名为水，用棋十二枚，六白六黑。……二人互掷采行棋[2]。

局分十二道，棋子十二枚，对应一年十二月。白方六子对应上半年六月，黑方六子对应下半年六月。

双方轮流掷骰，按数行步，屈原《招魂》称为"分曹并进"。行棋方向，仿效天盘卍标示的顺时针天球，从外圈四格转入内圈八格[3]，最后到达对应北极天枢的棋局中心。一子到达棋局中心，取得局部胜利。一方六子先到棋局中心，即胜此局。

天文历法官们最初并非投掷骰子，而是投掷六箸[4]。箸即计算天文历法的现成工具算筹。流行宫廷、普及民间以后，改为掷骰，特制骰

---

[1] 详见张远山：《伏羲之道》191页，岳麓书社2015。作品集第十六卷203页。

[2] 杨伯峻：《列子集释》262页，中华书局1979。鲍宏《博经》："用十二棋，六白六黑，所掷投谓之琼，琼有五采。"

[3] 详见张步华：《局分十二道——六博棋行棋之法》，天涯论坛。

[4] 《说文解字》："簙，局戏，六箸，十二棋也。"《楚辞·招魂》王逸注："投六箸，行六棋，故云六博。"

子名"琼"。

民国时期中国人发明的现代飞行棋（图6-32.2），设计思路全同古代六博棋（图6-32.1），仅是对局者增为四人，每人占据一角。行棋方向也是顺时针旋转，一方所有棋子先到棋局中心为胜。

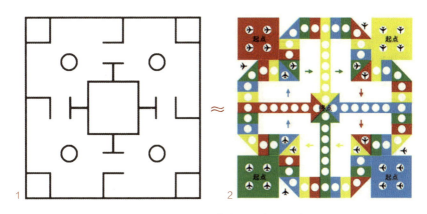

图6-32　古代六博棋≈现代飞行棋

六博棋的智力门槛很低，主要依靠掷骰的运气，仅在棋类游戏极少的中古，才会全民热衷。近古以降，不靠运气仅凭智力的围棋、象棋等高级棋戏普及以后，六博棋即被历史淘汰，正如现代飞行棋仅是幼儿棋戏，成人决不染指。所以六博棋失传并不可惜，隐藏其中的万字符及其天文历法秘义，才是华夏文化瑰宝和人类共同财富。

六博棋于汉代达于极盛，所以汉代出现了照搬六博棋盘的大量规矩镜（图6-30.2），又称"博局镜"。规矩镜只是把六博棋盘的方形变成圆形，圆形既是六博棋的行棋之道，又是日月星辰的天行之道。

李学勤《〈博局占〉与规矩纹》说："博局上的'规矩纹'，或称'TLV纹'，本来便是图解阴阳五行四时的宇宙论的。"

江苏东海县尹湾汉墓出土的规矩镜，上有铭文："刻治六博中兼方，左龙右虎游四彭（旁），朱爵（雀）玄武顺阴阳，八子九孙治中央，常葆父母利弟兄，应随四时合五行。"

中国历史博物馆所藏新莽规矩镜拓本铭文，与之略同："左龙右虎游四彭（旁），朱爵（雀）玄武顺阴阳，八子九孙治中央，刻具博局去不羊（祥）。"[1]

正因汉代规矩镜的铭文并不讳言六博棋和规矩镜隐藏着天文历法秘义，东汉武梁祠石刻"羲和观天制历图"也不讳言六博棋源于日晷、盖图，所以六博棋、规矩镜隐藏着天文历法秘义，并非秘密。但是六博棋、规矩镜"图解"的"阴阳五行四时宇宙论"，具体的天文历法内涵究竟为何，古人从不明言，因为"绝地天通"以后，天文历法知识及其符号成了神化王权的最高机密。

七 "秦火汉黜"延续"绝地天通"

秦汉以后，"绝地天通"并未停止，反而随着皇权专制不断强化而变本加厉。先是秦始皇焚烧百家之书，后是汉武帝"罢黜百家，独尊儒术"。先秦百家古籍，或被直接焚毁，或因遭到罢黜，朝廷不设学官，官学不予鼓励，研习百家之学不仅不能谋生，反而容易惹祸招灾。于是先秦百家古籍大量亡佚，其中涉及的上古、中古天文历法知识和符号随之消失。

除了秦火汉黜，秦汉以后的历朝历代为了神化皇权，继续严禁民间研习天文历法，继续严禁传播天文历法知识及其符号。

江晓原所著《天学真原》，专列《历代对私藏、私习天学之厉禁》一节，列举历代禁令多条：

> （泰始三年）禁星气谶纬之学。（《晋书》卷三武帝纪）
>
> 诸玄象器物、天文图书、谶书、兵书、七曜历、太一、雷公式，私家不得有，违者徒二年。私习天文者亦同。（《唐律疏议》卷九）
>
> 诸道所送知天文相术等人凡三百五十有一，（宋太宗太平兴国二年）十二月丁巳朔，诏以六十有八人隶司天台，余悉黥面流海

---

[1] 李学勤：《〈博局占〉与规矩纹》，《文物》1997年1期。

岛。(《续资治通鉴长编》卷八十)

（宋真宗景德元年春）诏：图纬推步之书，旧章所禁，私习尚多，其申严之。自今民间应有天象器物、谶候禁书，并令首纳，所在焚毁。匿而不言者论以死，募告者赏钱十万。星算伎术人并送阙下。(《续资治通鉴长编》卷五六)

（元世祖至元二十一年）括天下私藏天文图谶、太一、雷公式、七曜历、推背图、苗太监历。有私习及收匿者罪之。(《元史》卷十三世祖纪之十)

（明太祖洪武六年诏：钦天监）人员永不许迁动，子孙只习学天文历算，不许习他业；其不习学者发南海充军。(《大明会典》卷二二三)

国初学天文有厉禁，习历者遣戍，造历者殊死。至孝宗弛其禁，且命征山林隐逸能通历学者以备其选，而卒无应者。(《万历野获编》卷二十历法) [1]

江晓原认为："历代严禁私习天学的种种措施，说到底，都不外上古传说中帝颛顼命重、黎'绝地天通'事的翻版。"[2]实为廓清千古迷雾的透彻之言！

夏商周以降贯彻中古、近古四千年的"绝地天通"，导致天下民众不再明白天象如何观测，不再明白历法如何编制，于是普遍盲信天子颁布的历书之所以合于日月星辰的运转，乃是因为天子是天帝之子，能够预知天象变化，因而无限崇拜享有"严威"的"真命天子"，再也不会"罔中于信，以覆诅盟"。即使"大命已移"，历法失修，十五不再月圆，一个朝代灭亡，下一朝代的民众仍然无限崇拜"真命天子"。

上古以降领先全球七千多年的华夏天文历法，就这样既帮助中华农耕文明抵达了全球顶峰，又支撑中华君主制度抵达了全球顶峰。天子崇

---

[1]　江晓原：《天学真原》63页，辽宁教育出版社1991。

[2]　江晓原：《天学真原》119页，辽宁教育出版社1991。

拜深入血脉，王权根基坚如磐石，于是中华王朝一而再、再而三地循环延续。

结语　华夏首创万字符，中古秘藏沉忘川

距今七千年的新石器时代中期，上古华夏先民首创的全球最早万字符，是完美表达北极天象循环旋转和地球、天球相对旋转的终极符号，新石器时代晚期传遍华夏全境和全球各地。

万字符植根于华夏独有的天文范畴"北斗七星""北极七星"，只可能由上古华夏先民首创，不可能由华夏以外的其他民族首创。

夏商周三代为了神化王权而"绝地天通"，秘藏了万字符及其天文历法内涵，导致夏商周三代仅有极少数天文历法官知其秘义。

秦汉以降为了神化皇权而"秦火汉黜"，销毁了涉及万字符及其天文历法内涵的大量文献，导致秦汉以降无人知晓佛教传入中国以前华夏存在万字符。

中古"绝地天通"，近古"秦火汉黜"，历代严禁传播天文历法知识及其符号，导致上古华夏首创的万字符及其天文历法内涵，逸出了华夏知识总图，沉入了历史忘川。只有凭借现代考古的伟力，才有可能廓清千古迷雾，复原华夏万字符的上古真史，解密华夏万字符的上古真义，抉发沉入忘川的中古秘义。

全球各地虽然发现了上古、中古的大量万字符，但都不是万字符的起源地，所以七千年来都不知万字符是四季北斗合成符，仅仅视为吉祥符号或太阳符号。全球其他民族的天文学都没有"北斗七星""北极七星"两大天文范畴（个别民族有"北斗七星"而无"北极七星"），也没有斗柄指时的文献记载，更没有检测斗柄的日晷、盖图和秘藏万字符的六博棋、规矩镜，所以全球各地都不可能凭借现代考古，破解万字符的天文历法内涵。

2014年12月25日—2016年8月7日五稿

第七章

华夏万舞是万字符之舞
——万字符传播史（中）

内容提要　本章根据考古、文献双重证据，论证华夏万舞即万字符之舞，起源于上古龙山时代，中古夏商周承袭，证见商代甲骨文"卍舞"。华夏万舞（卍舞）共有三大舞姿，分别模仿伏羲族天帝造型、玉器族天帝造型、万字符造型。

关键词　万舞即万字符之舞；甲骨文"卍舞"；甲骨文万字三体；万舞（卍舞）三大舞姿；《诗经》三叠诗、雅乐三叠曲源于万舞三舞姿。

弁言　万舞即万字符之舞

上章论证了南蛮族首创的万字符是四季北斗合成符，兼及万字符上古传遍华夏全境，中古夏商周承袭而秘藏。本章论证上古形成、中古承袭的华夏第一祭天乐舞"万舞"（卍舞），实为万字符之舞。

万舞是万字符之舞，铁证有二。一是商代甲骨文把"万舞"写为"卍舞"，二是万舞舞姿模仿万字符造型。

《诗经》《左传》《礼记》《墨子》《庄子》《吕览》《史记》等大量中古文献，均曾记载万舞，但是大多仅言祭祀宗旨，极少言及万舞场景和万舞舞姿，偶有万舞场景、万舞舞姿的文学化描述，也极含混，对于抉发万舞舞姿帮助不大。

本章根据上古以降的彩陶纹、玉器纹、青铜纹、岩画、壁画、画像砖、画像石、万舞乐器、万舞道具等图像资料保存的万舞场景和万舞舞姿，结合中古文献对万舞场景、万舞舞姿的文学化描述，抉发万舞三大舞姿，论证华夏万舞即万字符之舞。

一　万舞是华夏祭天乐舞通名

上古以降的万舞传承史，见于《吕览·古乐》，全录于下。

乐所由来者尚也，必不可废。有节有侈，有正有淫矣。贤者以昌，不肖者以亡。

昔古朱襄氏之治天下也，多风而阳气畜积，万物散解，果实不成，故士达作为五弦瑟，以来阴气，以定群生。

昔葛天氏之乐，三人操牛尾，投足以歌八阕：一曰载民，二曰玄鸟，三曰遂草木，四曰奋五谷，五曰敬天常，六曰达帝功，七曰依地德，八曰总万物之极。

昔阴康氏之始，阴多滞伏而湛积，水道壅塞，不行其原，民气郁阏而滞著，筋骨瑟缩不达，故作为舞以宣导之。

昔黄帝令伶伦作为律。伶伦自大夏之西，乃之昆仑之阴，取竹于嶰溪之谷，以生空窍厚钧者，断两节间，其长九寸而吹之，以为黄钟之宫，吹曰舍少。次制十二筒，以之昆仑之下，听凤皇之鸣，以别十二律。其雄鸣为六，雌鸣亦六，以比黄钟之宫，适合。黄钟之宫，皆可以生之，故曰：黄钟之宫，律吕之本。黄帝又命伶伦与荣将铸十二钟，以和五音，以施英韶。以仲春之月，乙卯之日，日在奎，始奏之，命之曰《咸池》。

帝颛顼生自若水，实处空桑，乃登为帝。惟天之合，正风乃行，其音若熙熙凄凄锵锵。帝颛顼好其音，乃令飞龙作效八风之音，命之曰《承云》，以祭上帝。乃令鱓先为乐倡，鱓乃偃寝，以其尾鼓其腹，其音英英。

帝喾命咸黑作为声歌，《九招》《六列》《六英》。有倕作为鼙鼓、钟磬、笭管、埙箎。帝喾乃令人抃鼓鼙，击钟磬，吹笭管埙箎。因令凤鸟、天翟舞之。帝喾大喜，乃以康帝德。

帝尧立，乃命夔为乐。夔乃效山林溪谷之音以歌，乃以麋䶄置缶而鼓之，乃拊石击石，以象上帝玉磬之音，以致舞百兽。瞽叟乃拌五弦之瑟，作以为十五弦之瑟。命之曰《大章》，以祭上帝。

舜立，仰延乃拌瞽叟之所为瑟，益之八弦，以为二十三弦之瑟。帝舜乃令质修《九招》《六列》《六英》，以明帝德。

禹立，勤劳天下，日夜不懈。通大川，决壅塞，凿龙门，通漻水以导河，疏三江五湖，注之东海，以利黔首。于是命皋陶作为《夏籥》九成，以昭其功。

殷汤即位，夏为无道，暴虐万民，侵削诸侯，不用轨度，天下患之。汤于是率六州以讨桀罪。功名大成，黔首安宁。汤乃命伊尹作为《大濩》，歌《晨露》，修《九招》《六列》《六英》，以见其善。

周文王处岐，诸侯去殷之淫而翼文王。散宜生曰："殷可伐也。"文王弗许。周公旦乃作诗曰："文王在上，于昭于天。周虽旧邦，其命维新。"以绳文王之德。武王即位，以六师伐殷。六师未至，以锐兵克之于牧野。归乃荐俘馘于京太室，乃命周公作为《大武》。成王立，殷民反，王命周公践伐之。商人服象，为虐于东夷。周公遂以师逐之，至于江南。乃为《三象》，以嘉其德。

故乐之所由来者，尚矣，非独为一世之所造也[1]。

这是本章抉发万舞三大舞姿、论证万舞即万字符之舞的主要文献依据，

---

[1] 引文业已校正。参看陈奇猷：《吕氏春秋新校释》，上海古籍出版社2002。

辨析要义如下。

其一，《吕览·古乐》仅言历代祭天乐舞的专名，未言历代祭天乐舞的总名"万舞"。幸而历代祭天乐舞总名"万舞"的文献证据无数，略举其要。

《礼记·郊特牲》："击玉磬，朱干设锡，冕而舞《大武》。"东汉郑玄注："《大武》，万舞也。"

南宋吕祖谦《吕氏家塾读诗记》："万舞，二舞之总名也。干舞者，武舞之别名也。籥舞者，文舞之别名也。文舞又谓之羽舞。"文舞、籥舞，即夏代万舞《大籥》，所以又名《夏籥》。武舞、干舞，即周代万舞《大武》。

唐人孔颖达《毛诗正义》、南宋朱熹《诗经集传》、清人王先谦《诗三家义集疏》均言："《万》者，舞之总名。"

清人孙诒让《周礼正义·春官·龠师》总结：

> 《万》为大舞，万形兼备，即《大司乐》"玄门""大卷"以下六代舞之通名。《夏小正》之"《万》用入学"，谓《大夏》也。《商颂·那》之"万舞有奕"，谓《大濩》也。《诗》《春秋》及《周书》之《万》，谓《大武》及《大夏》也。

可见《吕览·古乐》尽管仅言历代祭天乐舞的专名，未言总名"万舞"，但其所言历代"古乐"，实为历代"万舞"。

其二，其他中古文献记载夏商周祭天乐舞，多用通名"万舞"。

《墨子·非乐上》记载了夏代的万舞："万舞翼翼，章闻于天。"

《诗经·商颂·那》记载了商代的万舞："庸鼓有斁，万舞有奕。"

《诗经·邶风·简兮》记载了邶国（周封商纣之子武庚）承袭的商代万舞："简兮简兮，方将万舞。日之方中，在前上处。硕人俣俣，公庭万舞。"

《诗经·鲁颂·閟宫》记载了周代的鲁国万舞："万舞洋洋，孝孙有庆。"

《左传·庄公二十八年》记载了春秋的楚国万舞："楚令尹子元欲蛊文夫人，为馆于其宫侧，而振《万》焉。夫人闻之泣曰：'先君以是舞也，习戒备也。今令尹不寻诸仇雠，而于未亡人之侧，不亦异乎？'"

《史记·赵世家》记载了春秋的晋国万舞："赵简子曰：'我之帝之所，

游于钧天，广乐九奏万舞。'"

《墨子·非乐上》记载了战国的姜齐万舞："昔者齐康公兴乐《万》。"

这些记载证明，"万舞"是上古至中古延续三四千年的华夏第一祭天乐舞，也是《吕览·古乐》所言历代祭天乐舞均为"万舞"的系统证据。

其三，《吕览·古乐》所言华夏万舞的第一场景，是上古伏羲族的"葛天氏之乐，三人操牛尾"，合于历代学者对"舞"字结构的统一观点"操牛尾而舞"，证明"舞"字专为万舞而造。《尔雅·释器》注："旄，牛尾，舞者所执。"《周礼·旄人》注："旄，牛尾，舞者所持。"证明"操牛尾而舞"的夏商周万舞承袭上古伏羲族万舞。

其四，《吕览·古乐》所言上古万舞，始于"朱襄氏—葛天氏—阴康氏"。三氏均属龙山晚期的晚期伏羲族，亦即神农族。

我在伏羲学首部专著《伏羲之道》中，已经综合考古证据和文献证据，把上古四千年的伏羲族史对位于"三皇"时代。

上古早期的伏羲族是"女娲氏"时代，终结于"容成氏"时代，相当于先仰韶期一千年（前6000—前5000）。由于上古早期过于邈远，中古文献未记世代。

上古中期的伏羲族是"伏羲氏"时代，相当于仰韶期两千年（前5000—前3000）。中古文献记其八大世代，《遁甲开山图》《金楼子·兴王》《庄子·胠箧》所言顺序全同：1大庭氏，2伯皇氏，3中央氏，4栗陆氏，5骊连氏，6赫胥氏，7尊卢氏，8祝融氏。《汉书·古今人表》仅将"祝融（氏）"单列于后，其余全同。

上古晚期的伏羲族是"神农氏"时代，相当于龙山期一千年（前3000—前2000）。中古文献记其七大世代，《遁甲开山图》所言顺序为：9混沌氏，10昊英氏，11有巢氏，12葛天氏，13阴康氏，14朱襄氏，15无怀氏。《金楼子·兴王》所言顺序为：9浑沌氏，10昊英氏，11有巢氏，12朱襄氏，13葛天氏，14阴康氏，15无怀氏。二者所言三氏顺序略异，但是《金楼子·兴王》同于《汉书·古今人表》。

《吕览》所言三氏顺序同于《金楼子》《汉书》，必有所据。三氏年代正当龙山晚期（前2500—前2000）的山西陶寺神农族酋邦，其时伏羲族已经接受玉器族西传的万字符（详见万字符章），故其祭天乐舞已是万字符之舞"万舞"。

《吕览·古乐》所言万舞史，始于上古晚期的伏羲族，上古、中古之交的黄帝族承之，中古夏商周又承之，合于考古、文献双重证据，确为信史。

其五，现将《吕览·古乐》所言华夏万舞的历代专名总列一表（表7-1），略加说明。

表7-1　华夏万舞历代专名总表

万舞	上古	朱襄氏	葛天氏	阴康氏		
		士达舞	牛尾舞	宣导舞		
	过渡	黄帝	颛顼	帝喾	唐尧	虞舜
		咸池	承云	九招	大章	九韶
	中古	夏代	商代	周代		
		大夏	大濩	大武		

《吕览·古乐》未言上古朱襄氏、葛天氏、阴康氏的万舞专名。尽管《孝经纬·钩命决》曾说："伏羲乐，名扶来，亦曰立本。神农乐，名扶持，亦曰下谋。东夷之乐，曰昧，持矛，助时生；南夷之乐，曰任，持弓，助时养；西夷之乐，曰侏离，持钺，助时杀；北夷之乐，曰禁，持盾，助时藏。"其以伏羲神农居于中原，而辅以四夷。四夷之乐对应四季：春生，夏养，秋杀，冬藏。可证上古万舞对应天文历法。因其所言伏羲、神农乐名无法对应上古具体时代，所以我根据《吕览·古乐》文意，把朱襄氏、葛天氏、阴康氏之万舞拟名为"士达舞""牛尾舞""宣导舞"。牛尾舞的舞者，头戴牛角，后世称为"蚩尤戏"，汉后变成"角抵戏"。《述异记》记载："今冀州有乐，名蚩尤戏。其民两两三三，头戴牛角而相抵。汉造角抵，盖其遗制也。"古之冀州，兼跨山西、河北，正是山西陶寺神农国的核心区域。商周青铜器的"饕餮纹"之所以同样"头戴牛角"，因为"饕餮纹"正是北极天帝纹（详见龙山章）。

《吕览·古乐》所言颛顼万舞《承云》，又名《云门》。《楚辞·远游》："张《咸池》奏《承云》兮，二女御《九韶》歌。"王逸注："《承云》即《云门》。"

《吕览·古乐》仅言虞舜命质重修帝喾万舞的专名《大招》，未言虞舜万舞的专名。虞舜万舞的专名《九韶》，见于《楚辞·远游》，又三见《论语》。

《论语·述而》："子在齐闻《韶》，三月不知肉味，曰：不图为乐之至于斯也。"此言《九韶》之乐。

《论语·卫灵公》："行夏之时，乘殷之辂，服周之冕，乐则《韶舞》。"此言《九韶》之舞。

《论语·八佾》："子谓《韶》，尽美矣，又尽善也。谓《武》，尽美矣，未尽善也。"此言虞舜万舞《九韶》业已完备，尽善尽美。

其六，《吕览·古乐》所言历代万舞宗旨，均为"祭上帝"。所言历代万舞主题，有详有略，取其重复而相近者，一是"敬天常"，二是"达帝功"（或"昭其功""见其善"），三是"明帝德"（或"康帝德""嘉其德"），三者对应万舞三大舞姿。

下文以万舞图像为主，万舞文献为辅，抉发万舞三大舞姿，论证万舞即万字符之舞。

二　万舞第一舞姿模仿伏羲族天帝造型

万舞第一舞姿，模仿伏羲族的北极天帝造型。这一过程，分为三步。

第一步，伏羲族根据北极天象的连线（图7-1.1），创造了"天枢纹"（图7-1.3—6）；演变为"天帝纹"（图7-1.7），成为中古甲骨文"𤯐"（帝）字的源头。

"天枢纹"是上古伏羲族图像历的核心纹样，衍生出标示二分二至的"道枢纹"，标示圭表测影的"圭影符"，标示四季起点的"四维纹"，标示昆仑台的"八角星"，以及南北"对顶山"、东西"对顶山"，"阴阳山""百

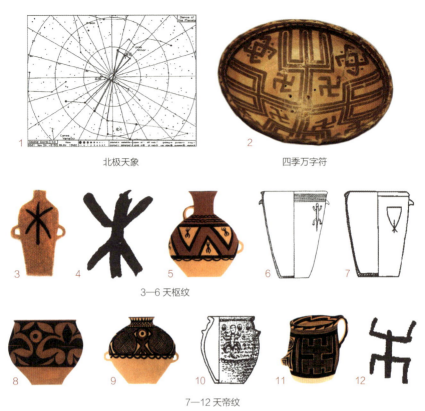

北极天象

四季万字符

3—6 天枢纹

7—12 天帝纹

图 7-1 伏羲族天枢纹与天帝纹

揆纹"等等无数纹样[1]。

第二步,伏羲族把北极天象拟人化、神圣化、宗教化,创造了北极天帝的造型(图7-1.8):天帝纹、谷实纹错位互嵌,完美分割了画面空间,并非单纯的美学趣味,而是图解天道运行与农业丰收的因果关系。

第三步,伏羲族创造了模仿天帝造型的万舞舞姿(图7-1.8—12):双手曲肘上举,双腿屈膝下蹲。马家窑文化彩陶盆把四季万字符与四季天帝造型画在一起(图7-1.2),因为天帝造型正是万字符之舞"万舞"的舞姿。

随着仰韶伏羲族的东扩,伏羲族的天帝造型和万舞舞姿东传玉器三族(图7-2)。

---

[1]　详见张远山:《伏羲之道》,岳麓书社2015。作品集第十六卷。

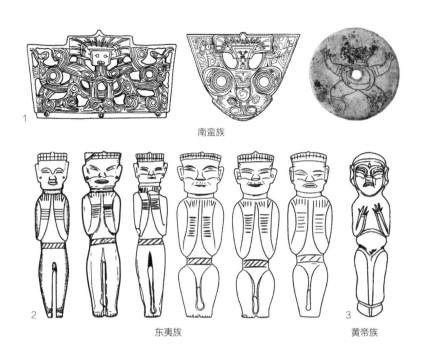

南蛮族

东夷族

黄帝族

图7-2　玉器三族天帝造型及万舞舞姿

　　南蛮族的天帝造型，原本双手下按（见下图7-8），接受伏羲族的天帝造型以后，变成了双手上举（图7-2.1）。

　　东夷族的天帝造型，原本双腿直立（图7-2.2左三），接受伏羲族的天帝造型以后，变成了双手上举、双腿下蹲（图7-2.2右三）。

　　黄帝族的天帝造型，原本另有特点（详见黄帝章），接受伏羲族的天帝造型以后，变成了双手上举、双腿直立（图7-2.3）。

　　上古华夏四族万舞祭天的地点，多为朝向太阳的山崖南面空场，所以山崖南壁多有万舞岩画。其中数量最多的，正是模仿伏羲族天帝造型的万舞第一舞姿。

　　模仿伏羲族天帝造型的万舞第一舞姿，遍布华夏全境，见于西藏（图7-3.1—3）、山西（图7-3.4）、宁夏（图7-3.5、6）、内蒙古（图7-3.7）、蒙古（图7-3.8）、福建（图7-3.9—13）、云南（图7-3.14、15）、广西（图7-3.16、17）等地的岩画，以及中国台湾鲁凯族、排湾族的木雕立柱（图7-3.18、19），辨析要义如下。

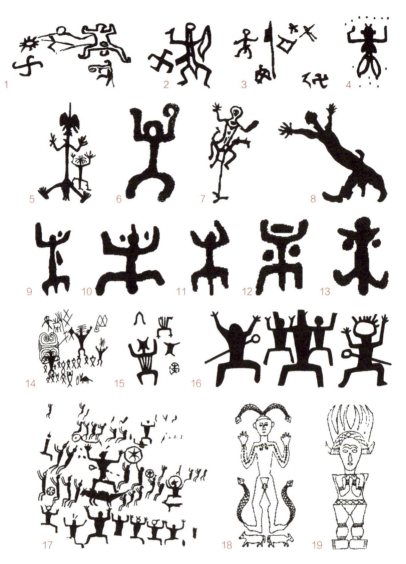

图7-3　上古万舞第一舞姿：北极天帝顶天立地

其一，西藏的万舞岩画，加刻万字符（图7-3.1—3）。山西吉县防风崖的万舞岩画，上刻北斗七星（图7-3.4）。均为万舞即万字符之舞、万字符即四季北斗合成符的硬证。

其二，福建华安仙字潭的万舞岩画（图7-3.9—13），因其无法识读，自古以来被称为"仙字"。现代学者认为，可能是异于汉字的南蛮族古文字。其实均为万舞舞姿。

其三，广西左江花山的万舞岩画（图7-3.17），众多舞者围绕太阳符，太阳符的中心是伏羲族的天枢纹、天帝纹。中心是正面领舞者，周围是侧面伴舞者，舞姿全都模仿天枢纹、天帝纹，是万舞第一舞姿模仿伏羲族天帝造型的硬证。

中心的领舞者，足踩象征东方苍龙七宿的一龙，演绎天帝降龙，祈祷天行有常。

广西左江的万舞岩画，规模极其宏大，领舞者高达1米，岩画分布地点涉及六县，多达70余处，连绵200多公里，宁明花山则是最为集中之地。北京大学考古系和地质矿产部溶岩地质研究所，对其钟乳石做了碳十四年代测定，约为距今4200年以降[1]，从龙山晚期延续至战国时期，符合《吕览·古乐》的记载。龙山晚期到战国时期的广西"少数民族"，实为"炎黄之战"以后从黄河流域南撤到长江流域以南的伏羲族后裔。

研究甘肃青海伏羲族陶器的学者，常把上古伏羲族的天帝造型误释为"蛙神"。研究广西左江岩画的学者，也把中古伏羲族后裔模仿伏羲族天帝造型的万舞舞姿误释为"蛙神"。两者又都根据青蛙多子，把甘肃青海伏羲族的天帝造型和广西左江的万舞舞姿，误释为繁殖之神或性崇拜图腾。而且互相引证、支持，严重误导考古界、学术界。

甘肃青海上古伏羲族的天帝造型，广西左江中古伏羲族后裔的万舞舞姿，均与蛙神毫无关系。所谓繁殖之舞、性崇拜图腾，仅是万舞祭天的附属功能，因为古人认为人类繁殖与农业丰收具有相似性和相关性，所以万舞祭天之时常常伴有交感巫术的交媾仪式，万舞岩画常常突出舞者的性器或性征。中古夏商周的庙堂万舞摒弃或弱化性舞内容，于是成为"雅乐"；郑卫乐舞保留或强化性舞内容，于是成为"郑声淫"；其实两者全都植根于上古万舞。

其四，中国台湾鲁凯族当属上古南蛮族分支，故其木柱人像，两臂在胸外上举（图7-3.18），同于伏羲族、南蛮族的万舞第一舞姿。中国台湾

---

[1] 王克荣、邱钟仑、陈远璋：《广西左江岩画》，208页，文物出版社1988。

排湾族当属上古黄帝族或东夷族分支，故其木柱人像，两臂在胸内上举（图7-3.19），同于黄帝族、东夷族的万舞第一舞姿。

上古伏羲族的天帝造型和万舞舞姿，中古以后又衍生出"盘古神话"：

> 天地混沌如鸡子，盘古生其中。万八千岁，天地开辟，阳清为天，阴浊为地。盘古在其中，一日九变，神于天，圣于地。天日高一丈，地日厚一丈，盘古日长一丈。如此万八千岁，天数极高，地数极深，盘古极长。后乃有三皇。数起于一，立于三，成于五，盛于七，处于九，故天去地九万里[1]。

盘古"日长一丈"，双臂上举，把天推高，双腿下蹲，使地增厚，导致"天日高一丈，地日厚一丈"，"天数极高，地数极深"。上古北方伏羲族的天帝造型"顶天立地"，于是转化为中古南方伏羲族后裔的盘古神话"开天辟地"。

夏商周万舞，承袭了模仿伏羲族天帝造型的万舞第一舞姿，大量见于中古以后的玉器、青铜器、帛画、编钟、漆画、画像砖（图7-4）。

商代万舞模仿伏羲族天帝造型的万舞第一舞姿，见于河南安阳殷墟的天帝玉佩（图7-4.1）和弓形器（图7-4.2），湖南出土的双鸟鼍鼓（图7-4.3），安徽阜南、四川三星堆出土的龙虎尊（图7-4.4、5），日本泉屋博古馆、巴黎赛努奇博物馆收藏的商代天帝伏虎卣（图7-4.6、7），湖南出土的靴形钺（图7-4.8），四川三星堆出土的青铜座（图7-4.9）。

周代万舞模仿伏羲族天帝造型的万舞第一舞姿，见于湖北荆门东周墓出土的楚国大武戚（图7-4.10），台湾古越阁收藏的西周青铜剑（图7-4.11），陕西宝鸡茹家庄1号车马坑出土的西周軎饰（图7-4.12），山西侯马出土的万舞陶范（图7-4.13、14），震旦博物馆收藏的万舞玉人（图7-4.15），湖北随县战国曾侯乙墓出土的建鼓舞漆盒（图7-4.16）、均钟（图7-4.17）、钟虡（图7-4.18）、内棺漆画（图7-4.19），江苏淮阴高庄战国墓出土的铜匜（图7-4.20）、算形器（图7-4.21）。

---

[1] 《艺文类聚》卷一引徐整《三五历记》，另见马骕《绎史》卷一。

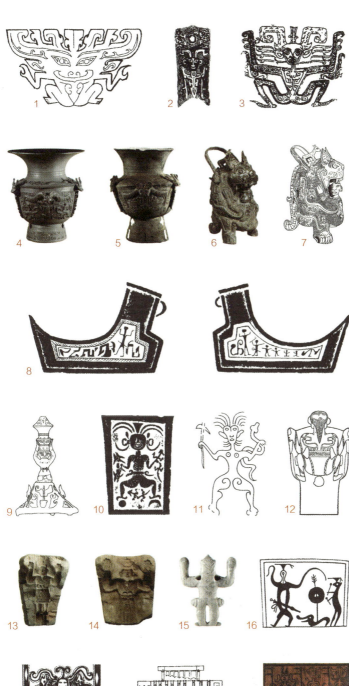

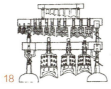

图7-4 中古万舞第一舞姿：北极天帝顶天立地

汉代乐舞虽非万舞，仍然残存模仿伏羲族天帝造型的万舞第一舞姿，见于湖南长沙马王堆西汉墓的帛画（图7-4.22），河南唐河汉墓的壁画（图7-4.23），山东济宁嘉祥东汉武梁祠的壁画（图7-4.24），山东滕县龙阳店东汉墓的画像砖（图7-4.25），湖北秭归台子湾东汉墓的青铜扶桑树残片（图7-4.26），四川崇庆东汉墓的伏羲女娲画像砖（图7-4.27），《山海经》的刑天舞干戚图（图7-4.28），云南晋宁石寨山的西汉滇族万舞图（图7-4.29）以及万舞青铜雕塑（图7-4.30）。辨析要义如下。

其一，河南安阳出土的商代玉帝（图7-4.1），模仿伏羲族天帝造型的万舞第一舞姿。

其二，殷墟弓形器（图7-4.2），铸有模仿伏羲族天帝造型的万舞第一舞姿。天帝头顶的斗形双角：左为雌斗**Γ̄**，四季成象合为地盘𠄌；右为雄斗**⅂Ꞁ**，四季成象合为天盘卐。

其三，商代双鸟鼍鼓是万舞乐器（图7-4.3），铸有模仿伏羲族天帝造型的万舞第一舞姿。天帝头顶的斗形双角，略有变异。

商代鼍鼓，即《诗经·商颂·那》"庸鼓有斁，万舞有奕"之"庸鼓"。《仪礼·大射》郑玄注："古文颂为庸。"[1]庸通颂，庸鼓即颂鼓。《商颂》是商代万舞的歌词，"庸鼓"是为万舞伴奏的颂鼓。周代也有鼍鼓，见于《诗经·大雅·灵台》："鼍鼓逢逢，矇瞍奏功。"

鼍鼓并非始于商代，根据文献证据，首先可以追溯到《吕览·古乐》所言颛顼时代的"鱓鼓"。《说文解字》："鱓，鱼名，皮可为鼓。从鱼，單声。""鼍，水虫，似蜥易，长大。从黾，單声。"鱓、鼍是异体字，形旁或从鱼，或从黾，音旁均从單，均音tuó，均指扬子鳄。庸鼓以鳄皮为鼓面，故名鼍鼓或鱓鼓。

鼍鼓亦非始于颛顼时代，根据考古证据，又可以追溯到龙山晚期，见于神农族的山西陶寺、东夷族的山东野店、刘林等地（图7-5）。这是《吕览·古乐》所言万舞始于上古"朱襄氏—葛天氏—阴康氏"的硬证。

---

[1]　参看陈致：《万（萬）舞与庸奏——殷人祭祀乐舞与〈诗〉中三颂》，《中华文史论丛》2008年4期。

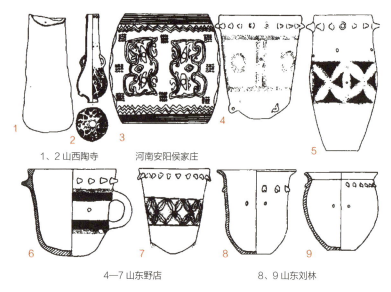

1、2 山西陶寺　　　河南安阳侯家庄

4—7 山东野店　　　8、9 山东刘林

图 7-5　龙山晚期万舞鼍鼓（1、3 木质，其余陶质）

上古神农族、东夷族的鼍鼓，多为木鼓、陶鼓。中古夏商周的鼍鼓，始为铜鼓。无论材质、形制如何变化，鼍鼓始终是为万舞伴奏的主要乐器，因为鼓点的节奏可使全体舞者的动作整齐划一。《世本·作篇》所言"巫咸作铜鼓"，把铜制鼍鼓的发明权归于黄帝族巫师的始祖"巫咸"名下，因为万舞正是祈福攘灾的巫舞。

山间空场举行的民间节庆万舞，未必有鼓，代以举手过顶的击掌，所以万舞又名"抃舞"。"抃"字本义是击掌，引申义才是击鼓，比如《吕览·古乐》即言"帝喾令人抃鼓鼗"。

其四，湖南衡水出土的靴形钺（图7-4.8），是万舞武舞的专用钺。湖北荆门东周楚墓出土的大武戚（图7-4.10），戚柄铸有"大武"字样，是周代万舞《大武》的专用戚：顶饰羽光，两耳珥蛇，腰间饰蛇，左手操龙，右手操蜺，左足踏月，右足踏日，胯下乘龙，符合《山海经》的天神造型。古越阁所藏青铜剑的纹样（图7-4.11），同于大武戚的纹样。

其五，湖北随县战国曾侯乙墓编钟是万舞乐器，故其建鼓舞漆盒（图7-4.16）、均钟（图7-4.17）、钟虡（图7-4.18）、内棺漆画（图7-4.19），均有模仿伏羲族天帝造型的万舞第一舞姿。

"均钟"之"均"，本义为陶轮。由于天象旋转如同陶轮，因此古人把天道称为"天均"（《庄子》）。

《国语·周语》："律，所以立均出度也。古之神瞽，考中声而量之以制，度律均钟，百官轨仪，纪之以三，平之以六，成于十二，天之道也。""度律均钟"四字，说明均钟是为编钟调律的音高标准器。

《吕览·古乐》："昔黄帝令伶伦作为律。伶伦自大夏之西，乃之昆仑之阴（中略）。次制十二筒，以之昆仑之下，听凤皇之鸣，以别十二律。其雄鸣为六，雌鸣亦六。"

"大夏之西""昆仑之阴"均指伏羲族祖地甘肃天水，"昆仑"则是伏羲族的天文台（详见昆仑台章）。"伶伦"是上古伏羲族的乐律祖师，被中古黄帝族称为"黄帝之臣"[1]。

均钟度律，"考中声而量之以制"，是把八度音程等分为十二律（后世称为"十二平均律"），制作乐律吹管"十二筒"。"筒"又作"箭"，原指"用管窥天"的天文窥管（详见观天玉器章），后指"吹管定律"的乐律吹管，后者源于前者。乐律吹管的最早考古证据，见于东扩伏羲支族的河南舞阳贾湖七孔笛[2]。乐律源于天文，乐舞源于万舞，二者同出一源。

万舞祭天娱神，模仿天帝造型，意在祈祷天帝确保天行有常、风调雨顺、阴阳顺遂、农业丰收，所以用十二律对应十二月：雄凤鸣六律，对应上半年六月；雌凰鸣六吕，对应下半年六月。

"钟虡"之"虡"，古又作"鐻"，均读jù。《庄子·达生》："梓庆削木为鐻，鐻成，见者惊犹鬼神。""惊犹鬼神"双关，既言梓庆所雕钟虡鬼斧神工，兼言钟虡模仿天帝造型。梓庆是鲁国大匠，东周王室衰微、礼崩乐坏以后，鲁国保存周礼最为完整。所以鲁国钟虡同于曾侯乙墓钟虡，均为模仿伏羲族天帝造型的万舞第一舞姿。

---

[1] 中古黄帝族常把上古伏羲族名人称为"黄帝之臣"。比如把伏羲族男性始祖"容成氏"称为"黄帝之臣"，把伏羲六十四卦的卦序排定者"共工倕"称为"尧舜之臣"。详见张远山：《伏羲之道》222页，岳麓书社2015。作品集第十六卷235页。

[2] 详见张远山：《伏羲之道》46页，岳麓书社2015。作品集第十六卷42页。

曾侯乙墓内棺漆画，画有模仿伏羲族天帝造型的万舞舞者群像（图7-4.19），囊括夏代万舞《大夏》的文舞、羽舞，周代万舞《大武》的武舞、干舞，证明文舞、武舞仅是道具不同，舞姿基本相同。

其六，万舞的重要情节是演绎"天帝降龙伏虎"，领舞者扮演天帝，伴舞者扮演龙虎。《诗经·邶风·简兮》："硕人俣俣，公庭万舞。有力如虎，执辔如组。"扮演天帝的舞者，头戴羽冠，显得高大，故称"硕人俣俣"。扮演龙虎的舞者，头戴面具，龙腾虎跃，故称"有力如虎"。

天帝所降之"龙"，源于东方苍龙七宿的连线。天帝所降之"虎"，源于西方白虎七宿的连线[1]。所以"天帝降龙伏虎"，象征天帝主宰天象循环，确保了天行有常。天行有常确保了风调雨顺，风调雨顺确保了农业丰收。

上文所举广西左江的万舞岩画（图7-3.17），领舞者模仿伏羲族的天帝造型，足踩一龙，正是演绎"天帝降龙"。

安徽阜南、四川三星堆出土的两件商代龙虎尊（图7-4.4、5），天帝头顶双虎，器肩则有三龙，演绎"天帝降龙伏虎"。日本泉屋博古馆、巴黎赛努奇博物馆收藏的两件商代天帝伏虎卣（图7-4.6、7），天帝力搏一虎，演绎"天帝伏虎"（旧名"虎食人卣"，未明其意）。

江苏淮阴高庄战国墓出土的铜匜和箅形器，一位舞者双手操蛇，左右为龙虎（图7-4.20），一位舞者手执龙虎（图7-4.21），都是演绎"天帝降龙伏虎"。前例的舞者头顶是伏羲族的三层昆仑台，上有圭表测影的四季圭木，正是《山海经》所记昆仑台的"建木""若木""寻木""扶木"，统称"扶桑"。这是万舞植根天文历法的硬证。

其七，模仿伏羲族天帝造型的万舞第一舞姿，常被塑造为"顶天立地"的"擎天力士"。比如四川三星堆出土的青铜座（图7-4.9），湖北曾侯乙墓出土的钟虡（图7-4.18），湖南长沙马王堆西汉墓的帛画（图7-4.22），河南唐河汉墓主室、侧室的壁画（图7-4.23），山东济宁嘉祥东汉武梁祠的壁画（图7-4.24），山东滕县龙阳店东汉墓的画像砖（图

---

[1]　详见张远山：《伏羲之道》49页，岳麓书社2015。作品集第十六卷46页。

7-4.25），都是上举重物的力士形象。山西侯马出土的万舞陶范（图7-4.13、14），震旦博物馆收藏的万舞玉人（图7-4.15），虽不上举重物，但其形象取自万舞力士。

其八，模仿伏羲族天帝造型的万舞第一舞姿，又见于汉代盛行的羲和举日图、常羲举月图、伏羲女娲图。

湖北秭归台子湾东汉墓的青铜扶桑树残片（图7-4.26）：羲和双手举日，常羲双手举月。"扶桑树"是伏羲族昆仑台圭木的神话化，旧多误称"摇钱树"。"羲和"是伏羲族的日神，也是伏羲族男祖"伏羲"的神话化。"常羲"（即"嫦娥"）是伏羲族的月神，也是伏羲族女祖"女娲"的神话化。顺便一说，月宫的"桂树"，桂字从木从圭，是伏羲族"圭木"的神话化。吴刚伐桂，随砍随合，是圭影循环、天象循环的神话化。

四川崇庆东汉墓的伏羲女娲画像砖（图7-4.27）：伏羲双手举日，女娲双手举月。下蹲双腿被蛇尾取代，因为汉代伏羲女娲图的标准图式是伏羲女娲交尾图。伏羲女娲交尾图实为伏羲太极图的变形，正如万舞兼有生殖崇拜的性舞。

其九，《山海经》的刑天舞干戚图（图7-4.28），左手持干，右手持戚，属于万舞之武舞。陶渊明《读山海经》"流观《山海图》，俯仰终宇宙""刑天舞干戚，猛志固常在"，可做这一图像的注脚。"刑天"是反抗黄帝族征服的伏羲族酋长"蚩尤"的神话化。

其十，云南晋宁石寨山的西汉滇族万舞图（图7-4.29），展现了万舞的完整场面。舞者手持道具，符合《诗经·邶风·简兮》所言万舞之羽舞"左手执龠，右手秉翟"。

云南晋宁石寨山的万舞青铜雕塑（图7-4.30），上排四人是模仿伏羲族天帝造型的万舞第一舞姿，下排四人是为万舞舞者伴奏的乐队。

模仿伏羲族天帝造型的万舞第一舞姿，除了见于万舞乐器、万舞道具、万舞图像，又见于万舞之外的其他图像。

内蒙古阴山岩画的上古黄帝族"玄鼋纹"（图7-6.1），河南郑州白家庄商代青铜器和山东沂南东汉画像石的中古黄帝族"玄鼋纹"（图7-6.2、3），中国传统吉祥纹样"寿字纹"（图7-6.4），造型都是模仿伏羲族天帝造型的

1 上古　　　　　　2、3中古　　　　　　寿字纹

图7-6　黄帝族族徽玄鼋

1 甘肃庆阳　　　　2 陕西安塞　　　　3 山西孝义

图7-7　近代剪纸抓髻娃娃

万舞第一舞姿。

　　甘肃庆阳（图7-7.1）、陕西安塞（图7-7.2）、山西孝义（图7-7.3）的近代民间剪纸"抓髻娃娃"（又名"抓鸡娃娃"），造型也是模仿伏羲族天帝造型的万舞第一舞姿，因为万舞祭天常常伴有交感巫术的交媾仪式，而交媾导致生育。"抓髻娃娃"少见于其他地区，多见于甘、陕、晋三省，因为这一区域正是上古伏羲族的核心区域。

　　综上所述，伏羲族的天帝造型和模仿天帝造型的万舞舞姿，龙山晚期传遍华夏全境，后被夏商周万舞承袭。由于上古伏羲族是华夏全境的文化发动机，文化高度和人口数量均居压倒优势，因此伏羲族的天帝造型成为华夏天帝的第一造型，伏羲族模仿天帝造型的万舞舞姿成为华夏万舞的第一舞姿。

　　模仿伏羲族天帝造型的万舞第一舞姿"顶天立地"，合于《吕览·古乐》所言"祭上帝"的第一主题"敬天常"：敬拜天道运行有常。

三　万舞第二舞姿模仿南蛮族天帝造型

万舞第二舞姿，模仿南蛮族的北极天帝造型。

南蛮族的万字符和天帝造型，与伏羲族的天枢纹和天帝造型一样，也是源于北极天象。这一过程，分为三步。

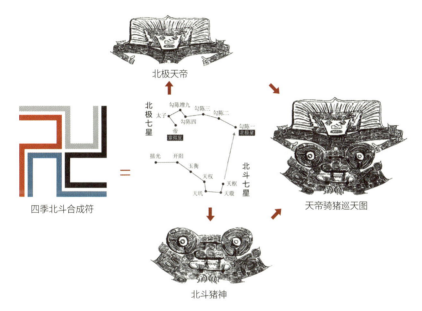

图7-8　南蛮族万字符和天帝骑猪巡天图

第一步，南蛮族根据北极天象的循环旋转（图7-8中），创造了河姆渡万字符，亦即"四季北斗合成符"（图7-8左）。

第二步，南蛮族把北极天象拟人化、神圣化、宗教化，创造了良渚玉帝，亦即"天帝骑猪巡天图"（图7-8右）：玉帝的帝冕，拟形北极七星的覆斗四星（图7-8上）；玉帝所骑北斗之猪的眼鼻四孔，拟形北斗七星的仰斗四星（图7-8下）。

第三步，南蛮族根据良渚玉帝的造型（图7-9.1），创造了万舞舞姿：双

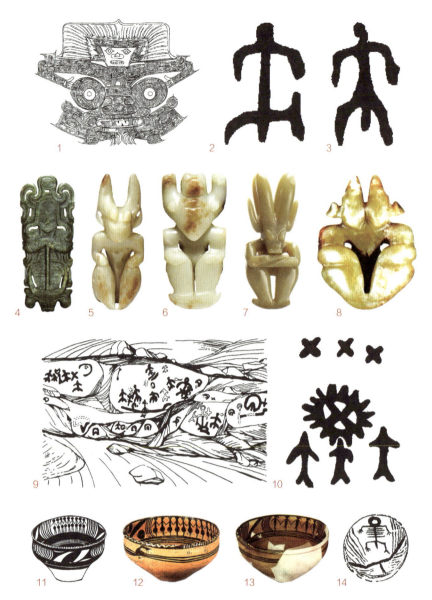

图 7-9 上古万舞第二舞姿：北极天帝降龙伏虎

臂曲肘下按，双腿屈膝下蹲。又见于福建华安仙字潭岩画（图7-9.2、3）。

南蛮族的万字符传遍华夏全境，其玉帝造型和模仿玉帝造型的万舞舞姿，也随之传遍华夏全境。

其一，东夷族接受南蛮族万字符的考古证据已经发现（详见万字符章），接受南蛮族玉帝造型和万舞舞姿的考古证据尚未发现，有待将来的考古补充。

其二，黄帝族接受了南蛮族的万字符（详见万字符章）、玉帝造型、万舞舞姿，所以红山玉帝的早期形态勾云形玉帝（详见黄帝章），变成了模仿良渚玉帝的红山玉帝中期形态（图7-9.4），也是"天帝骑猪巡天图"。红山玉帝的晚期形态（图7-9.5—8），变成了天帝双手按膝，双腿下蹲。

蒙古特斯河左岸的万舞岩画（图7-9.9），黑龙江上游的万舞岩画（图7-9.10），也是模仿南蛮族玉帝造型的万舞第二舞姿。

其三，龙山晚期的甘青伏羲族马家窑文化，也同时接受了南蛮族的万字符（详见万字符章）、玉帝造型、万舞舞姿（图7-9.11—14）。

夏商周万舞，承袭了模仿南蛮族玉帝造型的万舞第二舞姿，大量见于中古以后的岩画、玉器、青铜器、画像砖（图7-10），辨析要义如下。

其一，云南沧源的万舞岩画（图7-10.1），既有模仿南蛮族玉帝的万舞第二舞姿，也有模仿万字符的万舞第三舞姿。云南少数民族多为"炎黄之战"以后从黄河流域南撤到长江流域以南的中古伏羲族后裔。

其二，夏商周玉器、青铜器演绎"天帝降龙"（图7-10.2—4）、"天帝伏虎"（图7-10.5、6），多取模仿南蛮族玉帝造型的万舞第二舞姿。

河南安阳妇好墓出土的商代万舞祭司玉人（图7-10.2），山西侯马晋侯墓出土的商代万舞祭司玉人（图7-10.3），均取万舞第二舞姿"天帝降龙"。前者腰部的"柄形器"，等价于后者腰部的玉龙，因为"柄形器"实为大火星纹，亦即苍龙七宿的心宿二，俗称"龙星"（详见夏商周章）。

其三，美国史密森宁研究院收藏的商代万舞祭司玉人（图7-10.7），舞者头顶有一龙，也是表现"天帝降龙"，正如表现"天帝伏虎"的商代龙虎尊和伏虎卣（见上图7-4.4—7），舞者头顶有一虎或二虎。另有一些商周万舞祭司玉人不骑龙虎（图7-10.8—10），但是舞姿模仿南蛮族的玉帝造型（更多例子详见夏商周章）。

其四，江苏淮阴高庄战国墓的铜匜和算形器，既有模仿伏羲族天帝造型的万舞第一舞姿（见上图7-4.20、21），也有模仿南蛮族玉帝造型的万舞第二舞姿（图7-10.11、12）：手操双龙而舞，足踏交尾双龙，演绎"天帝降龙"。

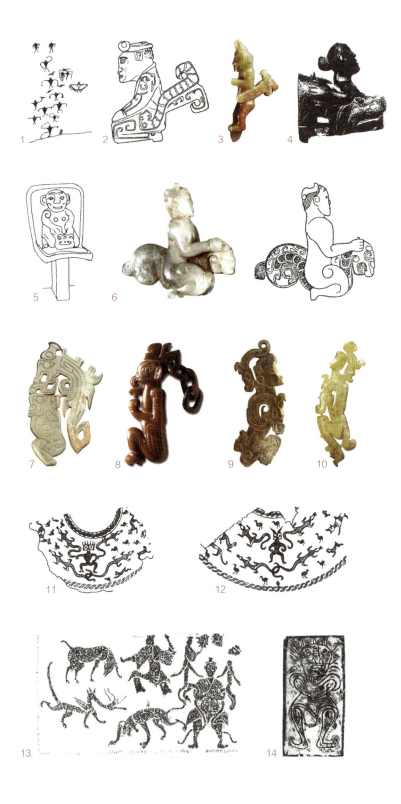

图7-10 中古万舞第二舞姿：北极天帝降龙伏虎

其五，河南唐河汉墓的万舞画像砖，舞姿模仿南蛮族的玉帝造型（图7-10.13）：双臂环抱举日的羲和、举月的常羲；左面上部的斗牛图，象征"斗宿"和"牵牛星"；左面下部是象征苍龙七宿、白虎七宿的龙虎，演绎"天帝降龙伏虎"。

其六，河南郑州汉墓的方相氏傩舞画像砖（图7-10.14），舞姿模仿南蛮族的玉帝造型。方相氏傩舞属于巫舞，是万舞的特殊变种，主要功能是禳灾驱鬼、祈雨御旱。

山东金乡汉墓的方相氏傩舞画像砖，舞姿同样模仿南蛮族的玉帝造型。其一演绎"天帝降龙"（图7-10.15），其一演绎"天帝伏虎"（图7-10.16）。

综上所述，南蛮族的万字符、玉帝造型、万舞舞姿，在龙山时代传遍华夏全境，后被夏商周万舞承袭。由于上古南蛮族的文化影响力，低于上古伏羲族的文化影响力；"炎黄之战"以后良渚文化急剧衰落，中古南蛮族退至长江流域以南，不属中原王朝统治范围，对中原王朝影响力更小；因此南蛮族的玉帝造型成为华夏天帝的第二造型，南蛮族模仿玉帝造型的万舞舞姿成为华夏万舞的第二舞姿。

模仿南蛮族玉帝造型的万舞第二舞姿"降龙伏虎"，合于《吕览·古乐》所言"祭上帝"的第二主题"达帝功"：表达天帝降龙伏虎之功。

模仿上古华夏四族两大天帝造型的万舞两大舞姿，另有两项重要旁证。

其一，商周金文的中古黄帝族族徽"玄鼋"（轩辕）（图7-11.1）："玄"字的造型，模仿南蛮族玉帝的万舞舞姿。"鼋"字的造型，模仿伏羲族天帝和万舞舞姿（更多例子详下表7-2）。

中古黄帝族族徽对万舞两大舞姿的融合，其实是对上古伏羲族、上古玉器族两大文化的融合，有利于黄帝族统治农耕三族。

其二，东汉画像石的伏羲抱日图（图7-11.2）：中部是模仿南蛮族玉帝造型的万舞第二舞姿，下部是模仿伏羲族天帝造型的万舞第一舞姿。上部的伏羲抱日像，象征华夏人文始祖"伏羲"，因为秦汉时代终结了夏商周三代的黄帝族统治，伏羲族收复天下，上古华夏四族的文化融合为中华文化，"伏羲"遂成炎黄子孙共同尊奉的华夏人文始祖。

商周金文玄鼋族徽　　汉代伏羲抱日图

图 7-11　万舞两大舞姿融合

四　万舞第三舞姿模仿万字符造型

万舞第三舞姿，模仿万字符的折线造型。

南蛮族首创了四季北斗合成符"万字符"，也首创了祭天乐舞"万字符之舞"，又首创了模仿万字符造型的万舞舞姿。

东夷族、黄帝族、伏羲族原本各有祭天乐舞，但是原本没有万字符，所以其祭天乐舞原本没有模仿万字符的舞姿，其祭天乐舞也不叫"万舞"。后来接受了南蛮族的万字符和万字符之舞，才把祭天乐舞改名"万舞"，并把模仿万字符造型的舞姿作为万舞第三舞姿。

或问：既然万舞是万字符之舞，舞名也得之于万字符，为何模仿万字符造型的舞姿并非第一舞姿，仅是第三舞姿？

因为万舞用于祭祀天神（天象之神），天神有主有次，舞姿也必须有主有次，编舞思路源于宗教观念，宗教观念对位于天象构成：北极帝星永居天心不动，北斗七星围绕北极帝星旋转，二十八宿又围绕北极帝星、北斗七星旋转，因此对位北极帝星的北极天帝成了华夏至高神，对位北斗七星的北斗星君成了华夏次高神，对位二十八宿和其他繁星的各大"星官"成了华夏众神。

华夏万舞的第一祭祀对象是华夏至高神北极天帝，所以第一第二舞姿模仿北极天帝的两大造型。

华夏万舞的第二祭祀对象是华夏次高神北斗星君，所以第三舞姿模仿四季北斗合成符"万字符"的造型。

华夏万舞的第三祭祀对象是华夏众神二十八宿等各大星官，由于二十八宿围绕北极、北斗旋转，所以不享有基本舞姿，仅在三大舞姿中成为配角，充当北极天帝、北斗星君的降伏对象：第一第二舞姿的领舞者，扮演北极天帝。第三舞姿的领舞者，扮演北斗星君。三大舞姿的伴舞者，扮演龙虎百兽等等二十八宿"星官"，配合领舞者，共同演绎"天帝降龙伏虎"，寓意是北极天帝主宰天象循环和宇宙万物。

万舞第三舞姿，分别模仿万字符的两种造型。

全体舞者围绕领舞者顺时针旋转，舞姿模仿顺时针旋转的天盘卐：左手曲肘上举，右手曲肘下垂；右腿屈膝下弓，左腿弯膝上踢。

全体舞者围绕领舞者逆时针旋转，舞姿模仿逆时针旋转的地盘卍：右手曲肘上举，左手曲肘下垂；左腿屈膝下弓，右腿弯膝上踢。

龙山晚期以后，福建（图7-12.1—3）、甘肃（图7-12.4）、西藏（图7-12.5）、新疆（图7-12.6—9）、云南（图7-12.10）等地的万舞岩画，直观呈现了模仿两种万字符造型的万舞第三舞姿，辨析要义如下。

其一，南扩南蛮支族的福建华安仙字潭万舞岩画，或是手姿模仿地盘卍（图7-12.1、2），或是腿姿模仿地盘卍（图7-12.3）。

仙字潭"仙字"的产生年代，盖山林等人认为产生于新石器时代晚期，俞伟超等人认为产生于商周时期。两种观点各有依据，正好对应华夏万舞从起源到全盛的完整过程，充分证明仙字潭"仙字"并非南蛮族的古文字，

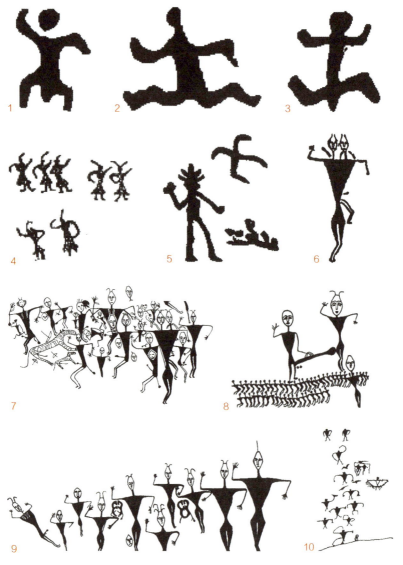

图 7-12　上古万舞第三舞姿：北斗星君踏罡步斗

而是万舞舞姿，否则不可能用万舞三大舞姿瓜分所有"仙字"。何况所有"仙字"都像人形，而任何一种文字体系都不可能如此。

其二，伏羲祖族的甘肃嘉峪关黑山万舞岩画（图7-12.4），上排的五位舞者，手姿模仿天盘卍。下排的两位舞者，手姿模仿地盘卐。合计七位舞者，对应北斗七星，因为万字符是北斗七星四季旋转的合成符号。

其三，南扩伏羲支族的西藏万舞岩画（图7-12.5），手姿模仿地盘卐。上方加画拟形飞鸟的变体万字符，是舞姿模仿万字符造型的硬证。

其四，西扩伏羲支族的新疆万舞岩画（图7-12.6—9），手姿大多模仿地盘卐。其中一图加画二虎（图7-12.7），演绎"北斗星君伏虎"；右面双头舞者上方的舞者，模仿天盘卐。其中一图夸张男子性器（图7-12.8），表演交感巫术的交媾仪式，演绎"雄斗雌斗天旋地转"，天盘卐对应雄斗"天左旋"，地盘卐对应雌斗"地右旋"。

其五，南方伏羲族后裔的云南沧源万舞岩画（图7-12.10），上方第二排的领舞者，手姿模仿天盘卐。下方两位领舞者，手姿模仿地盘卐。其他伴舞者，采用第一舞姿或第二舞姿。

9

10

11

12

图7-13　中古万舞第三舞姿：北斗星君踏罡步斗

夏商周万舞，承袭了模仿万字符造型的万舞第三舞姿，大量见于中古以后的铜鼓、画像砖、乐舞玉人（图7-13），辨析要义如下。

其一，广西贵县罗泊湾汉墓的石寨山式铜鼓（图7-13.1），画有拟形飞鸟的变体万字符，同于西藏万舞岩画拟形飞鸟的变体万字符（图7-12.5）。舞者头饰羽冠，手姿模仿两种万字符。

其二，河南郑州汉墓的建鼓舞画像砖（图7-13.2），两位舞者手执鼓槌，一边击鼓，一边跳舞。左面舞者，手姿模仿天盘卍。右面舞者，手姿模仿地盘卐。

建鼓舞是专祭天文历法的特殊万舞。建鼓是颂鼓的变体，因其中间贯以建木而得名。"建鼓"之"建"，兼扣上古伏羲族的"建木"、上古玉器族的"斗建"，夏历的"正月建寅"，商历的"正月建丑"，周历的"正月建子"。伏羲族昼测圭影的昆仑台"建木"，玉器族夜观星象的四季北斗合成符"万字符"，正是夏历"正月建寅"、商历"正月建丑"、周历"正月建子"的观象制历工具。

其三，四川成都东汉墓的宴乐舞画像砖（图7-13.3），舞者模仿天盘卍。

战国至两汉的宴乐舞玉人，或者单人手姿模仿天盘卍（图7-13.3、5、7）、地盘卐（图7-13.4、6），或者双人手姿模仿天盘卍、地盘卐的合形（图7-13.8）。由于手肘只能一边弯曲，难以自由表现两种万字符的反向折线，为此专门设计了长于手臂的长袖，舞者甩动长袖，即可自由模仿天盘卍、地盘卐的造型，后来演变为中国戏曲舞蹈的水袖舞。

汉代宴乐舞是夏商周万舞消亡以后的世俗化万舞，因为秦汉君王"以王僭帝"，导致了祭祀天帝的万舞消亡，于是祭天娱神的神圣万舞，演变为祭祖娱人的世俗乐舞。由于伎乐群体是师徒传承的专业群体，所以秦汉以后的世俗化乐舞仍然传承上古至中古的万舞舞姿，万舞之名虽亡，万舞之实仍存。

其四，河南洛阳偃师邙山汉墓的两块方相氏傩舞画像砖（图7-13.9、10），腿姿全都模仿地盘卐，手姿分别采用第一第二舞姿。后者左臂环抱举日的羲和，右臂环抱举月的常羲。

河南洛阳西汉卜千秋墓的方相氏傩舞画像砖（图7-13.11），河南南阳东汉墓的方相氏傩舞画像砖（图7-13.12），腿姿全都模仿天盘卍，手姿分别采用第一第二舞姿。后者加画龙虎，演绎"方相氏（北斗星君）降龙伏虎"。

《吕览·察传》《韩非子·外储说》所言"夔一足"，是对万舞第三舞姿的文学化描述。夔是尧舜时代的乐正，也是祭天万舞的领舞者。所谓"夔一足"，正是屈一足而舞，一如方相氏傩舞图所示。《尚书·尧典》《尚书·益稷》所言夔"拊石击石，百兽率舞"，《吕览·古乐》所言夔"拊石击石，致舞百兽"，"百兽"实为扮演龙虎、凤鸟、天翟等等"星官"的伴舞者。

"方相氏"是在昆仑台上专司观天占星、祭天占卜的巫史。"方"字源于昆仑台、万字符的方形，"相"字训司。

方相氏的猪形扮相，证明其所扮演的正是北斗星君。南蛮族、黄帝族的"天帝骑猪巡天图"，天帝的坐骑正是北斗猪神。夏商周承袭上古玉器族的北斗猪神，把北斗七星称为"彘星"，证见《山海经·海内经》"司彘之国"，《大戴礼记·易本命》"时主豕"，《春秋说题辞》"斗星时散精为彘"等等。

方相氏扮演的北斗猪神，又见上引战国曾侯乙墓内棺漆画，两排舞者的领舞者，全都扮演猪耳垂肩的北斗猪神（图7-14）。这一造型，正是《西游记》"天蓬元帅"猪八戒的原型。"天蓬元帅"正是道教的北斗星君，证见《云笈七签》"天蓬元帅即太帝之元帅"。"天蓬"则是黄帝族"盖天说"的"天盖"。

图 7-14　方相氏扮演北斗猪神（猪八戒原型）

方相氏扮演北斗猪神，舞姿模仿四季北斗合成符"万字符"，是相互锁定的配套设计。

万舞第三舞姿，主要是手姿模仿万字符造型。方相氏傩舞作为驱鬼禳灾的特殊万舞，主要是腿姿模仿万字符造型，同时通过左行或右行的特殊步法，走出万字符的两种造型。

方相氏傩舞的特殊步法，中古文献称为"禹步"或"丁字步"，因其步法模仿万字符所含四季北斗，又称"踏罡步斗"。

西汉扬雄《法言·重黎》："巫步多禹。"认为"禹步"即巫舞之步、傩舞之步。所谓"禹步"，实为"大禹万舞《大夏》舞步"的简称。传统认为源于大禹治水辛劳导致的偏瘫跛足，实属附会和演绎。

清人潘荣陛《帝京岁时纪胜·七星坛》记载了道教"禹步"与北斗七

星的深度关联："七月朔至七夕，各道院立坛祀星，名曰七星斗坛，盖祭北斗七星也。"道士七月七夕作法，登七星坛，持七星剑，祭北斗七星，必须"踏罡步斗"跳禹步舞。证明道教禹步舞正是方相氏傩舞的特殊变体。七星剑的玉剑柄，纹样或为北斗猪神，或为花体万字符，同样证明禹步舞即万舞，万舞即万字符之舞。

道教"禹步"的种种别名，诸如"七星禹步""七星罡""七星斗罡""北斗七元罡""交乾步斗罡""既济斗罡""未济斗罡""八卦斗罡"等等[1]，无不证明"禹步"正是通过"踏罡步斗"，走出万字符的两种造型。

斗即北斗，罡即斗柄。罡，从四从正，即言四季北斗的斗柄指向四正。可见"罡"字正是万字符所含天文内涵的文字化，而"禹步"则是万字符所含天文内涵的舞蹈化："禹步"之"步斗"，即走出万字符的四条折线。"禹步"之"踏罡"，即走出万字符的四正斗柄。

大量文献记载的"禹步"步法，同样证明"禹步"是通过"踏罡步斗"走出万字符的两种造型。

> 禹步是禹受于太上，而演天罡地纪，出为禹步。(《太上助国救民总要》)
>
> 步不相过，人曰禹步。(《尸子》)
>
> （禹）步不相过。(《吕览·行论》)
>
> 一跬一步，一前一后，一阴一阳，初与终同步，置脚横直，互相承，如丁字所，亦象阴阳之会也。(《云笈七签·服五方灵气法》)
>
> 禹步法：前举左，右过左，左就右。次举右，左过右，右就左。(《抱朴子·仙药》)

古之一"步"，今为两步。今之一步，古文作"跬"或"武"，故有"跬步""步武"二词。

《尸子》《吕览》所言"步不相过"，《云笈七签》所言"一跬一步"，即

---

[1] 参看熊永翔等：《道教禹步论》，《湖北社会科学》2010年4期。

一足向前，另一足与之并步。《云笈七签》所言"置脚横直，互相承，如丁字所"，即九十度"丁字"转向，一足向前，另一足向前并步。所谓"丁字"，即万字符的四条折线。

《云笈七签》所言"一前一后，一阴一阳，初与终同步"，即走完一条"丁字"折线，退回中心点。走完四条"丁字"折线，完成一个万字符。

《抱朴子·仙药》所言禹步两种"丁字"，分别对应万字符的两种造型——

"前举左，右过左，左就右"，三步一丁，四丁合为天盘卍。

"次举右，左过右，右就左"，三步一丁，四丁合为地盘卐。

《礼记·乐记》又把禹步的"三步一丁"，称为"三步见方"："先鼓以警戒，三步以见方；再始以著往，复乱以饬归；奋疾而不拔，极幽而不隐。"

"先鼓以警戒"，即击鼓前奏，舞者警戒，准备同时起舞。"三步以见方"，即两步（合今四步）折线走丁字，一步（合今二步）斜线退回中心点。"再始以著往，复乱以饬归"，即再走下一丁字，直至走完万字符。"奋疾而不拔，极幽而不隐"，"不隐"是明明白白走万字符，"极幽"是没人知道在走万字符，甚至舞者也不明其义，仅是自古如此传承。

成书于六朝的道教典籍《洞神八帝元变经·禹步致灵》，又把《礼记·乐记》的"三步以见方"，改称"三步九迹"，另有种种神秘化附会和演绎，使之更加"极幽而极隐"，再也无人明白"禹步"是走出万字符，更不明白"禹步"源于模仿万字符造型的万舞第三舞姿。

刘宗迪认为"禹步为巫步，而巫源于舞"，亦即《孔子家语》所言"商羊舞"，"商羊""常羊"即"徜徉"，"徜徉"即徘徊[1]。均为卓见！禹步的徜徉、徘徊，正是走完一个"丁字"退回原点，四个"丁字"合成一个万字符。

方相氏扮演北斗猪神，跳傩舞，走禹步，民间称为"跳大神"，所以《聊斋志异·跳神》把民间跳神称为"屈一足作商羊舞"。

---

[1] 刘宗迪：《禹步·商羊舞·焚巫尪——兼论大禹治水神话的文化原形》，《民族艺术》1997年4期。

综上所述，南蛮族模仿万字符造型的万舞舞姿，龙山晚期传遍华夏全境，后被夏商周万舞承袭，成为祭祀北斗星君的华夏万舞第三舞姿。

模仿万字符造型的万舞第三舞姿"踏罡步斗"，合于《吕览·古乐》所言"祭上帝"的第三主题"明帝德"：彰明北斗围绕帝星旋转之德。

"炎黄之战"以后，黄帝族"绝地天通"（详见万字符章），秘藏天文历法知识及其符号，秘藏上古伏羲族的太极图，秘藏上古玉器族的万字符，秘写"卍舞"为"万舞"（详见下节），加上"秦火汉黜"导致中古文献大量亡佚，于是华夏万字符和华夏万舞全部失传，万舞第一第二舞姿化入世俗化乐舞，万舞第三舞姿作为方相氏傩舞、道教禹步舞、"商羊舞"、"跳大神"的"禹步""丁字""走方""踏罡步斗"流传下来，残存于涉及万字符和万舞的无数信息碎片，成为今人根据考古证据抉发万字符即四季北斗合成符、万舞即万字符之舞、万舞三大舞姿的重要佐证。

五　甲骨文万字三体和金文万舞三姿

甲骨文"万舞"之"万"，共有三种字体[1]。

甲骨文万字第一体，作"卍"，与"舞"连词，即"卍舞"（图7-15），这是万舞即万字符之舞的第一铁证。"万舞"仅是"卍舞"的加密写法，见于无数公开文献。"卍舞"才是"万舞"的标准写法，仅见于禁绝外传的甲骨文。若非现代考古发现甲骨文，万舞即万字符之舞的千古之谜永远不可能破解。

图7-15　甲骨文"万舞"正体：卍舞

现有十五万片甲骨，"卍舞"仅此一见，采用标准的天盘"卍"。"卍"字另有二见，不与"舞"连词，写法也不标准。

"卍舞"二字，见于卜辞《乙》8518（《合》20974）：

---

[1]　参看裘锡圭:《裘锡圭学术文集》第一卷《甲骨文卷》之《说万》，复旦大学出版社2006。本文对万字三体的解释不同于裘氏，裘氏乃言"万""萬"二体的三种用法，未言"卍"。

丙午卜□，卍舞乡雨，不雨。

意为，丙午日卜雨，卍舞祈雨，不雨。

为何祈雨要跳"卍舞"（万舞）？因为万字符揭示了天象循环的至高奥秘，遂被视为法力无边的至高神符，据之编排祭天乐舞，祈求天帝赐雨降福。

万舞祭天的两大祈愿，一是祭神祈福，亦即祈求天行有常，风调雨顺。二是驱鬼禳灾，亦即禳除天道变异，天象失常。前者是在一年四季的重大节气之日（简称"节日"），按照祭天制度的惯例而定期举行。后者是在节气不正、久旱久涝的特殊时期，根据灾情需要而临时举行，或者久旱祈雨，或者久雨祈晴，或者击鼓舞蹈驱逐吞日（日食）的天狗，或者击鼓舞蹈驱逐吞月（月食）的天狗。后者又从万舞之中独立出来，成为方相氏傩舞，后来演化为道教禹步舞、商羊舞、跳大神等等。

按照夏商周礼制，天子独享颁历权，天子所颁历书，则由天文历法官们根据包括万字符在内的华夏天文历法体系编制。天子又独享植根于天文历法的万舞（卍舞）最高规格"八佾"。所以《礼记·祭统》说："八佾以舞《大夏》。"《大夏》即夏代万舞，最高规格的舞者人数是八八六十四人，取自伏羲六十四卦，专名"八佾"。唐尧所创九路围棋是八八六十四格，同样取自伏羲六十四卦，专名"六十四罫"[1]。万舞（卍舞）既植根于上古玉器族标示四季北斗的万字符，又植根于上古伏羲族记录全年圭影的伏羲六十四卦，融合了上古华夏四族的天文历法。

"八佾"的每排八人，一见于《山海经·大荒经·海内经》："帝俊有子八人，是始为歌舞。"这是符合史实的记载，因为"帝俊"是伏羲族的北极天帝。二见于《广博异记》："舜有子八人，始歌舞。"这是夏商周黄帝族截取的后续史实，未言早于虞舜的"朱襄氏—葛天氏—阴康氏"。

按照夏商周礼制，诸侯必须遵守天子所颁历书的正朔，同时按其爵秩高低，依次递降万舞（卍舞）规格：公爵"六佾"（六八四十八人），侯爵

---

[1] 详见张远山：《老庄之道》91、92页，岳麓书社2015。作品集第九卷315、316页。

"四佾"（四八三十二人），士大夫"二佾"（二八十六人）。所以《左传·隐公五年》说："将《万》焉，公问羽数于众仲。对曰：'天子用八（佾），诸侯用六（佾），大夫四（佾），士二（佾）。夫舞，所以节八音而行八风，故自八以下。'于是初献六羽，始用六佾也。"《春秋谷梁传》也说："舞《夏》，公六佾，侯四佾。"

春秋末年礼崩乐坏，诸侯僭越，陪臣执命，鲁国执政大夫季孙氏僭用标志着天子颁历权的万舞（卍舞）最高规格"八佾"，遭到孔子怒斥："八佾舞于庭，是可忍孰不可忍！"

夏商周礼制的根本原则，就是人道仿效天道，人间秩序仿效天象秩序，礼乐制度仿效天文历法。

天上北斗绕极，众星拱月，拱卫北辰紫微星；人间诸侯事王，万民忠君，拥戴北廷天之子。

天子对应北斗，受天命于北极天父，观象授历，临制天下，万舞公庭；诸侯对应群星，受王命于北廷天子，领受历法，遵其正朔，万舞降格。

甲骨文万字第二体，作"万"，与"人"连词，即"万人"，是万舞舞者的专名。"万人"之"万"，是地盘"卐"的加密写法：上半变成直线，下半基本不变。

甲骨文万字第三体，作"萬"（图7-16.2），与"舞"连词，即"萬舞"，是"卍舞"的故意讹写，意在秘藏"万舞"是万字符之舞"卍舞"。"萬"为蝎形（图7-16.2），源于上古伏羲族的蜥蜴形北极天枢纹（图7-16.1）。

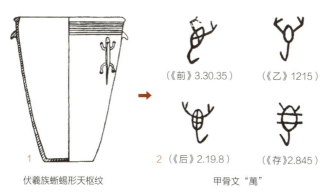

《前》3.30.35）　　　《乙》1215）

2 《后》2.19.8）　　　《存》2.845）

1
伏羲族蜥蜴形天枢纹　　　　　　甲骨文"萬"

图7-16　伏羲族天枢纹与甲骨文"萬"

现代考古泄露的夏商周"绝地天通"天机，古代不会外泄。因为天文历法是巫史家族的世袭饭碗，泄露天机不仅有损自身利益，而且会有灾祸，亦即所谓"天机不可泄露，泄露必遭其殃"。不过"泄露天机"所遭的灾祸，并非来自天庭的天帝，而是来自朝廷的天子。

甲骨文"卍舞"二字，无可辩驳地证明了"万舞"是万字符之舞。商周青铜器的万舞金文，则系统证明了万舞的三大舞姿（表7-2）。

表7-2 商周金文的万舞三大舞姿

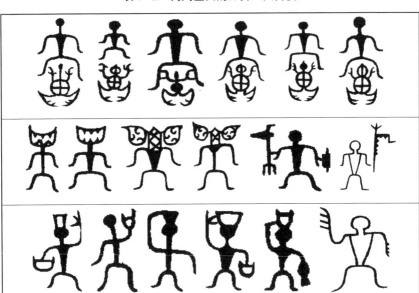

上文已言，商周金文中的黄帝族"玄鼋"族徽，融合了模仿伏羲族天帝造型的万舞第一舞姿和模仿玉器族玉帝造型的万舞第二舞姿。由于黄帝族原是玉器族，因此模仿伏羲族天帝造型的万舞第一舞姿"顶天立地"尽管大量出现于万舞乐器、万舞道具，却未单独出现于商周金文，而是附于"玄鼋"族徽的下部（表7-2上排）。

模仿玉器族玉帝造型的万舞第二舞姿"降龙伏虎"，大量见于商周金文：有些舞者头戴面具（表7-2中排1、2），有些舞者具有北斗猪神的双耳（表7-2中排3、4）。有些舞者左手持干、右手持戚（表7-2中排5），有些舞者单手持戚（表7-2中排6），是为万舞之干舞、武舞。

模仿万字符造型的万舞第三舞姿"踏罡步斗",大量见于商周金文:有些舞者手姿模仿天盘卍(表7-2下排1、2),有些舞者手姿模仿地盘卐(表7-2下排3—6)。有些舞者手持鸟羽(表7-2下排6),是为万舞之羽舞、文舞。

六 《诗经》三叠诗、雅乐三叠曲源于万舞三舞姿

《诗经》有三大诗体,谓之"风雅颂"。颂诗是祭神万舞的歌词,雅诗是祭祖万舞的歌词,风诗是模仿颂诗、雅诗的歌词。三者的诗格均为三叠曲,正是源于万舞三大舞姿。

祭神的万舞和祭祖的万舞,三大舞姿各跳一遍;为之伴奏的颂乐、雅乐也演奏三遍;为之伴唱的颂诗、雅诗也吟唱三遍。

如果同一舞姿跳三遍,同一乐曲奏三遍,同一歌词唱三遍,过于单调,既不能娱神,更不能娱人,因此万舞的三大舞姿必须略做变化,为之伴奏的乐曲必须略做变奏,为之伴唱的歌词必须略做变动。于是万舞的三大舞姿,导致了《诗经》风雅颂的三叠曲和三叠诗。秦火汉黜以后,先秦文化大量失传,万舞的三舞姿和雅乐的三叠曲全部失传,仅剩《诗经》的三叠诗。

《礼记·乐记》:"《清庙》之瑟,朱弦而疏越,壹倡而三叹。"正是万舞三舞姿、雅乐三叠曲、《诗经》三叠诗的写照。中国音乐诗歌舞蹈的三叠曲传统,始于上古万舞,延至中古《诗经》,唐代《阳关三叠》是其余绪。

《礼记·乐记》:"故听其《雅》《颂》之声,志意得广焉;执其干戚,习其俯仰诎伸,容貌得庄焉;行其缀兆,要其节奏,行列得正焉,进退得齐焉。故乐者,天地之命,中和之纪,人情之所不能免也。"

所言全合万舞三大舞姿。"俯仰诎伸",合于第一第二舞姿。"进退得齐",合于第三舞姿。"天地之命,中和之纪",合于万舞宗旨。

《吕览·古乐》所言神农氏时代"葛天氏之乐,三人操牛尾",证明上古万舞起源之时,即以三大舞姿为基本单位。

黄帝万舞《咸池》,"雄鸣为六,雌鸣亦六",是三大舞姿的两倍。

帝喾万舞分为三种,《六列》《六英》是三大舞姿的两倍,《九招》是三大舞姿的三倍。"九招"之"招",意为招神祈福禳灾。第一第二舞姿模仿天帝造型,正是祈请北极天帝赐福禳灾。第三舞姿模仿万字符,正是祈请北斗星君赐福禳灾。

虞舜万舞承袭帝喾万舞《九招》《六列》《六英》,只是把《九招》改称《九韶》。孔子认为虞舜万舞《九韶》已经尽善尽美。

从上古神农族到上古、中古之交的虞舜,万舞已经发展完备,分为三种规格。

其一,宴乐万舞,用于娱人,采用最低规格,三大舞姿各跳一遍。

其二,祭祖万舞《六列》《六英》,用于祭祖,采用中等规格,三大舞姿各跳两遍。

其三,祭天万舞《九招》或《九韶》,用于祭神,采用最高规格,三大舞姿各跳三遍。

夏代万舞承袭虞舜万舞,《吕览·古乐》称为"《夏籥》九成",东汉高诱注:"九成,九变。"

商代万舞承袭夏代万舞,万舞改名《大濩》,歌词改填《晨露》。

周代万舞承袭商代万舞,万舞改名《大武》,分为三种规格。

最低规格的宴乐万舞,称为《三象》;一象伏羲族天帝,二象玉器族玉帝,三象万字符造型。

中等规格的祭祖万舞,类似《六列》《六英》,见于《礼记·乐记》:"且夫《武》,始而北出,再成而灭商,三成而南,四成而南国是疆;五成而分,周公左,召公右;六成复缀以崇天子。"这是为传统万舞注入当代事变的改编和演绎。

最高规格的祭天万舞,类似《九招》《九韶》,见于《尚书·益稷》:"箫韶九成。"伪孔传:"备乐九奏。"《尚书正义》:"郑云:'成犹终也。'每曲一终,必变更奏,故《经》言'九成',《传》言'九奏',《周礼》谓之'九变',其实一也。"

秦汉以后,万舞失传。清代孙家鼐《钦定书经图说》的"箫韶九成图"(图7-17),实为万舞世俗化以后的宫廷宴乐舞,三大舞姿仅剩微弱的影子。

图 7-17 箫韶九成图（《钦定书经图说》）

春秋时代周室王权衰微，称霸中原的晋国首先僭用天子专用的最高规格祭天万舞，见于《史记·赵世家》："广乐九奏万舞。"闻一多《神话与诗》认为："广乐九奏万舞，即九歌。"

最早叛周称王的楚国，同样僭用天子专用的最高规格祭天万舞，见于屈原《九辩》《九歌》。屈原《九歌》总计十一章：1 东皇太一，2 云中君，3 湘君，4 湘夫人，5 大司命，6 少司命，7 东君，8 河伯，9 山鬼，10 国殇，11 礼魂。采用一总九分结构：首章《东皇太一》即北极天帝，总领其后九章，末章《礼魂》即"乱"，仅有三句。游国恩《楚辞概论》认为，《九歌》源于夏代。亦即源于夏代万舞"《夏籥》九成"。

屈原《九歌》极尽文学想象，难以窥见万舞舞姿，但是仍有不少诗句涉及万舞舞姿。

"成礼兮会鼓，传芭兮代舞"（《礼魂》），对应万舞之鼓、万舞之舞。

"华采衣兮若英"（《云中君》），"青云衣兮白霓裳"（《东君》），对应万舞之文舞，唐代《霓裳羽衣舞》是其余绪。

"操吴戈兮被犀甲"（《国殇》），对应万舞之武舞，明代戚继光战舞是其余绪。

"龙驾兮帝服"（《云中君》），"驾飞龙兮北征"（《湘君》），"乘龙兮辚辚"（《大司命》），"驾两龙兮骖螭"（《河伯》），"乘赤豹兮从文狸"（《山鬼》），对应北极天帝"顶天立地"的万舞第一舞姿，以及北极天帝"降龙伏虎"的万舞第二舞姿。

"援北斗兮酌桂浆""举长矢兮射天狼"（《东君》），"登九天兮抚彗星"（《少司命》），对应北斗星君"踏罡步斗"的万舞第三舞姿。

屈原《九辩》同样源于万舞，分为前篇、中篇、后篇，对应万舞三大舞姿；其名为九，则是三大舞姿重复三遍的最高规格。楚人王夫之《楚辞通释》认为："辩犹遍也。一阕谓之一遍。盖亦效夏启《九辩》之名，绍古体为新裁，可以被之管弦。"

综上所述，从上古华夏万舞到中古夏商周万舞，均有三大舞姿，于是形成了雅乐的三叠曲、《诗经》的三叠诗。逐渐踵事增华，变成三的两倍、三倍，但是万变不离其宗，均以三大舞姿为基础。

《庄子·天运》对黄帝万舞《咸池》三叠曲、三叠诗、三舞姿的描写极其准确，精妙程度胜过《吕览·古乐》，堪称华夏万舞的文字化石。

> 北门成问于黄帝曰："帝张《咸池》之乐于洞庭之野，吾始闻之惧，复闻之怠，卒闻之而惑；荡荡默默，乃不自得。"
> 帝曰："汝殆其然哉！"

这是开场铺垫，黄帝在洞庭之野，用万舞《咸池》祭天。北门成看不懂而请教之，各用一句话表达观赏万舞三奏的感受：第一奏的观感是"始闻之惧"，第二奏的观感是"复闻之怠"，第三奏的观感是"卒闻之而惑"。

黄帝首先予以赞许："汝殆其然哉！"随后逐一解释万舞三奏的天文历法寓意。假如不明万舞三大舞姿，黄帝的解释就是凌空蹈虚的玄学；一旦配上万舞三大舞姿（图7–18—20），黄帝的解释就是万舞三奏的白描。

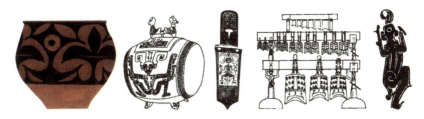

图 7–18 《咸池》第一奏图解：北极天帝顶天立地

　　吾奏之以人，征之以天，行之以礼义，建之以太清。四时迭
起，万物循生；一盛一衰，文武伦经。一清一浊，流光其声。蛰虫
始作，吾惊之以雷霆。其卒无尾，其始无首。一死一生，一偾一起。
所常无穷，而一不可待。汝故惧也！

　　黄帝解释《咸池》第一奏，首言"奏之以人，征之以天"，对应舞人模
仿天帝[1]。

　　"一盛一衰""一清一浊""一死一生""一偾一起"，形容配合舞姿的音
乐旋律，对应万舞第一舞姿"顶天立地"。

　　"建之以太清""惊之以雷霆"，形容天帝威严。"四时迭起，万物循
生"，"其卒无尾，其始无首"，形容天道循环，天行有常，合于《吕览·古
乐》所言"敬天常"。观者恐惧崇敬。

图 7–19 《咸池》第二奏图解：北极天帝降龙伏虎

---

[1]　类似的万舞玉人还有很多，上文所选均为舞姿的标准造型，动态舞姿选用其一示例于此。

吾又奏之以阴阳之和，烛之以日月之明；其声能短能长，能柔能刚，变化齐一，不主故常。在谷满谷，在坑满坑；涂隙守神，以物为量。其声挥绰，其名高明。是故鬼神守其幽，日月星辰行其纪。吾止之于有穷，流之于无止。予欲虑之而不能知也，望之而不能见也，逐之而不能及也；傥然立于四虚之道，倚于槁梧而吟。心困乎所欲知，目穷乎所欲见，力屈乎所欲逐，吾既不及，已夫！形充空虚，乃至委蛇。汝委蛇，故怠。

黄帝解释《咸池》第二奏，"奏之以阴阳之和，烛之以日月之明"，"日月星辰行其纪"，"涂隙守神"，"鬼神守其幽"，对应万舞第二舞姿"降龙伏虎"，合于《吕览·古乐》所言"达帝功"。观者心醉神迷。

图 7-20 《咸池》第三奏图解：北斗星君踏罡步斗

吾又奏之以无怠之声，调之以自然之命，故若混逐丛生，林乐而无形；布挥而不曳，幽昏而无声，动于无方，居于窈冥。或谓之死，或谓之生；或谓之实，或谓之荣；行流散徙，不主常声。世疑之，稽于圣人。圣也者，达于情而遂于命也；天机不张而五官皆备，此之谓天乐，无言而心悦。故有炎氏为之颂曰："听之不闻其声，视之不见其形，充满天地，包裹六极。"汝欲听之而无接焉，尔故惑也。

黄帝解释《咸池》第三奏，"奏之以无怠之声，调之以自然之命"，"行于无方"，对应万舞第三舞姿"踏罡步斗"，合于《吕览·古乐》所言"明帝德"。黄帝同时承认，万舞始于"有炎氏"，即上古神农族。

黄帝最后总结，《咸池》三奏无不演绎天道，所以"道可载尔与之俱"。

《庄子·天运》篇名，点明主题是天道运行，宗旨是人道仿效天道。开篇即问："天其运乎？地其处乎？日月其争于所乎？孰主张是？孰维纲是？孰居无事而推行是？意者其有机缄而不得已邪？意者其运转而不能止邪？云者为雨乎？雨者为云乎？孰隆施是？孰居无事淫乐而劝是？"因此篇末借用黄帝万舞《咸池》，解释天道如何运行，人道如何仿效天道。

《礼记·乐记》许多段落的意旨，与《庄子·天运》所言黄帝万舞《咸池》相近：

> 清明象天，广大象地，终始象四时，周还象风雨，五色成文而不乱，八风从律而不奸，百度得数而有常，小大相成，终始相生，倡和清浊，迭相为经。
>
> 礼乐负天地之情，达神明之德，降兴上下之神，而凝是精粗之体，领父子君臣之节。
>
> 夫歌者，直己而陈德也，动己而天地应焉，四时和焉，星辰理焉，万物育焉。

由此可见，中古文献的一切乐舞理论，无不植根于上古至中古的华夏万舞。只有解密华夏万舞是万字符之舞，进而抉发华夏万舞的三大舞姿，才能全面透彻地理解上古以降的华夏音乐舞蹈诗歌，因为万舞是华夏舞蹈音乐诗歌的总根。

结语　万舞是华夏舞蹈音乐诗歌戏曲杂技武术总根

本章以图像证据为主，以文献证据为辅，抉发了华夏万舞的三大舞姿，论证了华夏万舞即万字符之舞，最后略做小结。

其一，上古至中古的华夏第一祭天乐舞万舞，主祭华夏至高神北极帝君和华夏次高神北斗星君，附祭华夏众神。

第一舞姿的领舞者模仿伏羲族天帝造型，第二舞姿的领舞者模仿玉器族玉帝造型，主祭北极帝君。

第三舞姿的领舞者模仿万字符造型，主祭北斗星君。

三大舞姿的伴舞者扮演龙虎等等星官，附祭华夏众神。

其二，三大舞姿的手姿区别较大，第一舞姿双手上举，第二舞姿双手下按，第三舞姿双手上下曲肘。

三大舞姿的腿姿区别较小，均为双腿下蹲，仅是第三舞姿双腿下蹲的同时一屈一踢。

万舞舞姿的下蹲，源于伏羲族的北极天帝"帝俊"。俊，初文为夋，训蹲。《说文解字》："夋，行夋夋也。一曰倨也。"《山海经·大荒东经》："有一大人踆其上。"郭璞注："踆，或作俊，皆古蹲字。"郝懿行疏："疑俊当为字讹也。蹲、倨其义同，故曰皆古蹲字也。"[1]

伏羲族的北极天帝"帝俊"，后来成为华夏全境的北极天帝"帝俊"，所以万舞三大舞姿除了双手姿势区别较大，双腿姿势均为下蹲，这是万舞舞姿模仿天帝造型的重要旁证。

其三，人间君王作为"天帝之子"（简称"天子"），不能对应北极帝君，只能对应北斗星君。历代先王，生前是北斗星君下凡，死后归位为北斗星君。因此万舞第一第二舞姿祭祀北极帝君，全部功能是"祭神"；万舞第三舞姿祭祀北斗星君，主要功能是"祭神"，附带功能是"祀祖"。

其四，万舞三大舞姿仅是基本舞姿，亦即静态的解析动作。真正舞蹈之时，三大舞姿伴有种种变化，扮演龙虎百兽的伴舞者，围绕扮演天帝的领舞者，模仿天盘卍作顺时针旋转，模仿地盘卐作逆时针旋转。

其五，"国之大事，惟祀与戎"（《左传》），所以周代万舞分为两类。承袭夏代的《大夏》成为文舞，属"祀"，舞蹈道具是牛尾、鸟羽等等。周代新编的《大武》成为武舞，属"戎"，舞蹈道具是干、戚等等。

其六，万舞是一切祭祀乐舞的总名，根据具体的祭祀对象和祭祀目的，

---

[1] 参看张应桥：《试论我国古代的天帝形象》，《洛阳理工学院学报》(社会科学版) 2010年1期。

分化出降神的巫咸巫舞，驱鬼的方相氏傩舞，祭历的建鼓舞，祭天的颂舞，祭祖的雅舞，民间的风舞，宫廷的宴乐舞，祭祀日食的羲和舞，祭祀月食的常羲舞，春分祭天之舞，秋分祭天之舞，婚礼祭祖之舞，丧礼祭祖之舞等等。每种特定乐舞都会对三大舞姿做出特定阐释，因为舞蹈语汇的阐释，比文字词汇更具多义性和开放性。《吕览·古乐》所言"葛天氏之乐，三人操牛尾，投足以歌八阕：一曰载民，二曰玄鸟，三曰遂草木，四曰奋五谷，五曰敬天常，六曰达帝功，七曰依地德，八曰总万物之极"等等，正是此类不断延伸的阐释和演绎。

其七，中古以后的中华舞蹈，源于上古的华夏万舞。

中古以后的中华舞蹈，充分吸收了万舞三大舞姿，仅是已经不知其源于天文，于是重新命名。

万舞三大舞姿共有的双腿下蹲，中华舞蹈的传统术语是"骑马蹲裆势"。

万舞第一舞姿"顶天立地"的手姿，中华舞蹈的传统术语是"托掌姿"。

万舞第二舞姿"降龙伏虎"的手姿，中华舞蹈的传统术语是"按掌姿"。

万舞第三舞姿"踏罡步斗"的手姿，中华舞蹈的传统术语是"顺风旗"。

万舞第三舞姿"踏罡步斗"的腿姿，中华舞蹈的传统术语是"弓箭步"。

再如《拾遗记》记载燕昭王时的舞女旋娟，善跳《旋怀舞》，人名、舞名，全都以"旋"为名，正是源于模仿天象旋转的万舞旋转。一切优秀的舞者，无论是娱神、娱人、自娱，都会忍不住炫技，于是一腿支地、一腿甩动的快速旋转，成为最常炫耀的舞技。唐代的胡旋舞，传统的新疆舞、西藏舞，甚至欧洲的芭蕾舞，均有类似的足尖旋转。

其八，中华百戏、中华杂技、中华武术、中华俳优、中华戏曲无不源于万舞。

秦汉以后，万舞消亡。万舞第一舞姿"顶天立地"、第二舞姿"降龙伏虎"的舞蹈剧情和舞蹈技术，成为中华百戏、中华杂技、中华武术、中华戏曲的源头。

神农族万舞"操牛尾"（《吕览·古乐》）、"戴牛角"（《述异记》），夏商周万舞承之，仍然"操牛尾""戴牛角"。夏商周时代从万舞分化出的"蚩尤戏"，汉代演变为"角抵戏"。

万舞第三舞姿"踏罡步斗"，扮演龙虎百兽的伴舞者不持器械，是后世五禽戏等等健身武术套路和各种形意拳等等徒手武术套路的源头。扮演北极天帝、北斗星君的领舞者手执干戚，手持七星剑走丁字方步旋转舞蹈的道教禹步舞，则是后世各种枪械武术套路以及梅花桩步法的源头。

方相氏傩舞所戴北斗猪神面具，是后世社戏面具的源头。

万舞舞者扮演北极天帝、北斗猪神、龙虎众神，是中华俳优、中华戏曲扮演人物的源头。

张衡《西京赋》："总会仙倡，戏豹舞罴。白虎鼓瑟，苍龙吹箎。"虽是描述汉代百戏，但又完全合于万舞。而其所记汉代百戏的剧目《总会仙倡》《东海黄公》等等，已有简单的神话情节和戏剧情节，被现代学术界公论为中华戏曲的雏形。

其九，"炎黄之战"以后，夏商周黄帝族实行"绝地天通"，统治阶层独占天文历法知识，独霸祭天祀祖特权，庶民只能跪拜天地鬼神，不能使用乐舞祭祀天地鬼神，因为"礼乐"一体，礼仪不下庶人，乐舞同样不下庶人，导致黄河中游的中古神农族后裔和黄河下游的中古东夷族后裔，亦即中原汉族，丧失了上古先民的能歌善舞。

中原以北的中古黄帝族后裔和中原以南的中古伏羲族后裔、中古南蛮族后裔，不属中原王朝的统治范围，仍像上古先民一样乐舞祭天。每逢祭天祭祖的重大节庆，全民载歌载舞，祭祀天地鬼神，因此华夏四裔的"少数民族"区域，中古以后仍有大量的万舞岩画，至今保留能歌善舞的"古风"。

华夏先民首先创造了植根天象的万字符卐、卍，然后创造了万字符之舞万舞，所以甲骨文的标准写法是"卍舞"。华夏万舞（卍舞）的三大舞姿，全都植根于天帝的宗教神话造型和天象的天文历法符号。秦汉以后万舞虽然消亡，但是万舞的基因全面渗透了中华文化，成为中华舞蹈、中华音乐、中华诗歌、中华戏曲、中华武术、中华百戏、中华杂技的终极源头。

2016年4月14日—8月18日三稿

第八章

华夏万字符万舞全球传播史
——万字符传播史（下）

内容提要　本章根据全球万字符图像和全球萨满舞岩画，论证全球万字符的特殊风格全都源于华夏万字符的特殊风格，全球萨满舞的三大舞姿全都源于华夏万舞的三大舞姿；解密全球万字符的天文内涵，探索上古华夏文化的全球传播。

关键词　美洲万字符；亚洲万字符；欧洲万字符；全球万字符天文解密；佛教万字符回传中国；万字符传统释义；全球萨满舞三大舞姿。

弁言　华夏万字符和华夏万舞传遍全球

本书第六章，论证了华夏先民七千年前创造的全球最早万字符，是"斗柄指时"的四季北斗合成符，完美表达了北极天象的核心奥秘。中古夏商周继承了上古万字符，作为"斗建"制历的符号，见于殷墟甲骨文、商代青铜盂、晋国青铜壶、中山青铜钺、楚国彩陶豆等考古证据。

本书第七章，论证了华夏先民五千年前创造的祭天乐舞"万舞"是万字符之舞，以三大舞姿祭祀华夏至高神"北极帝君"、华夏次高神"北斗星君"、华夏众神二十八宿"星官"。中古夏商周继承了上古"万舞"及其三大舞姿，见于甲骨文"卍舞"等文献证据和图像证据。

由于夏商周三代为了神化王权而"绝地天通"，严禁传播天文历法知识，秦汉以后又为了神化皇权而"秦火汉黜"，毁灭了大量中古文献，同时继续严禁传播天文历法知识，最终导致华夏后人不知华夏先民首创了全球最早的万字符，不知华夏万舞即万字符之舞"卍舞"，于是华夏万字符及其天文内涵，华夏万舞（卍舞）及其三大舞姿，全部沉入历史忘川。

尽管华夏万字符和华夏万舞在中古以后的华夏境内因秘藏而失传，但是两者早在新石器时代晚期已经传遍全球。本章在前两章的基础上，描述华夏万字符和华夏万舞传遍全球的基本历程。

一　华夏万字符东传美洲

上古华夏东部沿海玉器三族的玉器文化东传美洲，形成了"几"字形的环太平洋玉文化带，是学界熟知的上古华夏文化外传显例。

美洲印第安人接受了华夏玉器文化，包括玉器之器和玉器之道。华夏玉器之道的核心，正是"斗柄指时"的四季北斗合成符"万字符"。

新石器时代晚期，华夏万字符东传美洲（图8-1）。

其一，美国田纳西州印第安人（图8-1.1）的四鸟万字符，源于华夏南蛮族的河姆渡文化（图8-1. A）。

顺便一提，中美洲奥尔梅克人和玛雅人的亞形宇宙图，同样源于华夏南蛮族的河姆渡文化（图8-2）。

其二，北美纳瓦霍人的四线内折万字符（图8-1.2），源于华夏黄帝族的小河沿文化（图8-1. B）。

其三，中美洲玛雅人的双向万字合符（图8-1.3），源于华夏东夷族的大汶口文化（图8-1. C）。

其四，北美祖尼人的倾斜万字符（图8-1.4），源于华夏伏羲族的马家窑文化（图8-1. D）。

顺便一提，中美洲玛雅人甚至接受了华夏伏羲族的太极图，不仅见于玛雅人的科潘太极图（图8-3.1）、玛雅武士的耳环（图8-3.2），而且进入

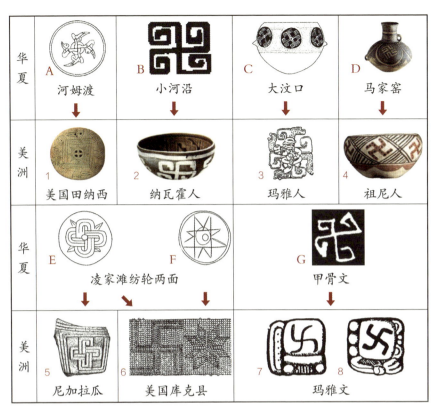

图 8-1　华夏万字符东传美洲

河姆渡宇宙图　　　奥尔梅克宇宙图　　　玛雅宇宙图

图 8-2　美洲印第安人宇宙图源于河姆渡

了玛雅文（图8-3.3—5）。

其五，中美洲尼加拉瓜印第安人的绳结形万字符（图8-1.5），源于华夏东夷族的凌家滩文化（图8-1.E）。

其六，美国伊利诺伊州库克县印第安人的万字符、八角星组合（图

图 8-3　玛雅太极图 5 例

8-1.6），源于凌家滩纺轮的两面（图8-1.E、F）。八角星是华夏天文台的符号，说明印第安人明白万字符不是装饰符号，而是天文符号。

其七，华夏万字符不是装饰符号，而是天文符号，所以进入了甲骨文（图8-1.G）。印第安万字符也不是装饰符号，而是天文符号，所以也进入了玛雅文（图8-1.7、8）。

玛雅圣书《波波乌》既有源于华夏天文学的"北斗七星"范畴，也有北斗七星图，还有北斗之神"七金刚鹦鹉"[1]。而且玛雅北斗之神的造型，直接模仿万字符的造型（图8-4），充分证明印第安人明白万字符是"斗柄指时"的四季北斗合成符。

图 8-4　玛雅北斗神模仿万字符造型

综上所述，新石器时代晚期的美洲印第安人不仅接受了华夏万字符，承袭了大量特殊风格，而且明白万字符是"斗柄指时"的四季北斗合成符，又广泛接受了华夏宇宙图、华夏太极图、华夏八角星、华夏北斗七星等等。

---

[1]　[美]约翰·梅杰·詹金斯:《2012玛雅宇宙的生成》44、45页，陈璐译，光明日报出版社2010。

二 华夏万字符传遍亚洲

新石器时代晚期，华夏万字符又传遍了亚洲（图8-5）。

图8-5 华夏万字符传遍亚洲

其一，华夏万字符东传美洲的过程中，也东传到日本。日本神道教的万字符（图8-5.1），源于上古华夏的天文符号地盘卐，而非源于中古印度的佛教符号天盘卍（图8-5.10）。

其二，华夏万字符西传的第一站，是中亚草原。

草原民族的文物遗存较少，中亚草原的上古万字符暂未发现，但是中古器物上，多有承于上古的万字符。高加索铜壶上有天盘卍（图8-5.2），圆心一点标示北极天枢，点外二圆标示四季北斗绕极旋转。俄罗斯铁矛，兼有天盘卍、地盘卐（图8-5.3）。

其三，华夏万字符西传的第二站，是南亚印度。

由于印度万字符在中古以后通过佛教回传中国（详下第六节），因此本节重点辨析新石器时代晚期华夏万字符西传印度的过程。

上古印度的最早万字符（图8-5.4、5），见于新石器时代晚期印度河谷达罗毗荼人的哈拉巴文化（前2600—前1800）摩亨佐·达罗遗址，时间相当于马家窑文化晚期和龙山时代晚期，晚于马家窑万字符约五百年，晚于河姆渡万字符约两千五百年。

中古以后，中亚草原的游牧民族雅利安人南下印度，征服印度河流域的达罗毗荼人（约前1500），建立印度早期国家，进入吠陀时代（前十二世纪—前六世纪）。类似于华夏北部草原的游牧民族黄帝族南下中原，征服黄河流域的神农族（约前2000），建立华夏早期国家，进入夏商周时代（前二十一世纪—前三世纪）。

中古印度婆罗门教的倾斜万字符（图8-5.6、7），并非源于上古印度达罗毗荼人的哈拉巴文化，而是源于上古华夏伏羲族的马家窑文化（图8-6）。

1、2 华夏马家窑　　　印度婆罗门教　　　以色列国旗

图 8-6　印度婆罗门教万字符源于华夏

雅利安人征服达罗毗荼人而建立的印度早期国家，实行严格的种姓隔离制度。雅利安人，是最高种姓婆罗门。达罗毗荼人的三大阶层，分别成为三大低等种姓：酋长阶层成为第二种姓刹帝利，工商阶层成为第三种姓吠舍，农民阶层成为第四种姓首陀罗。四大种姓严禁通婚，违禁所生子女，即为"不可接触"的贱民。

雅利安人的婆罗门教万字符（图8-6.3），没有采用达罗毗荼人的平正万字符（图8-5.4、5），而是采用了华夏伏羲族马家窑文化的倾斜万字符（图8-6.1）和六角星（图8-6.2），一方面承袭了马家窑万字符的"法轮"观念，用其象征天道循环的天文初义，另一方面又为六角星另增象征"六道轮回"的宗教新义，意在劝导低等种姓：只要服从雅利安人统治，接受现世命运，此生行善积德，来世就能转生高等种姓。

象征"六道轮回"的婆罗门教六角星，后来西传西亚区域，被犹太人称为"大卫之星"，见于现代以色列国旗（图8-6.4）。

雅利安人的征服和统治，激起了达罗毗荼人三大种姓的普遍反抗，尤以刹帝利种姓的反抗最为激烈。刹帝利种姓的"大雄"筏驮摩那，创立了反对婆罗门教的耆那教；刹帝利种姓的"佛陀"释迦牟尼，创立了反对婆罗门教的佛教；掀起了反对种姓不平等、宣扬"众生平等"的沙门思潮（约前六世纪至前五世纪），终结了吠陀时代；类似于春秋战国的"百家争鸣"以"伏羲天道"反对"黄帝人道"，终结了黄帝族的夏商周三代。

耆那教、佛教全都废除了婆罗门教象征"六道轮回"的六角星和象征种姓不平等的倾斜万字符，恢复为达罗毗荼人的平正万字符，象征"四大种姓平等"：耆那教反对婆罗门教不太激进，仍然承袭婆罗门教的地盘卐（图8-5.8），象征"大雄"筏驮摩那的大手印万字符亦然（图8-5.9）。佛教反对婆罗门教较为激进，放弃婆罗门教的地盘卐，改用天盘卍（图8-5.10）。

耆那教、佛教源于达罗毗荼人的信仰，所以耆那教称"大雄"为第七代教主，佛教称释迦牟尼为六位古佛之后的第七佛，全都对应万字符所含的北斗七星。而印度的四季万字符（图8-5.11），源于华夏伏羲族的马家窑文化，证明达罗毗荼人明白万字符是"斗柄指时"的四季北斗合成符（详下第四节）。

其四，华夏万字符西传的第三站，是南亚沿海。

印度尼西亚巴厘岛的四线外折万字符（图8-5.12），尚未发现华夏原型，可能是万字符传播过程中出现的一种新型，天文内涵仍是"斗柄指时"的四季北斗合成符（详下第四节）。

斯里兰卡的四线内卷万字符（图8-5.13），源于华夏黄帝族的小河沿文化。

其五，华夏万字符西传的第四站，是西亚的两河流域。

萨玛拉文化乔加·马米遗址，出土了三件万字符陶片（图8-5.14—16）。美索不达米亚的一件陶器有四季万字符（图8-5.17），近源是印度，远源是华夏；另一件陶器有四线外折万字符（图8-5.18），源于印尼巴厘岛的新型。卢浮宫收藏的苏美尔彩陶盆的万字符（图8-5.19），风格源于华夏伏羲族的马家窑文化。

传统观点认为，万字符由苏美尔人首创，然后传遍全球。然而两河流域的万字符，与马家窑万字符基本同时，晚于河姆渡万字符上千年。而且华夏万字符的早期形态均为拟形万字符，晚期形态才是摆脱拟形的标准万字符。两河流域的万字符均为标准万字符，没有拟形万字符，是其接受华夏万字符晚期形态的重要旁证。

其六，华夏万字符西传的第五站，是犹太区域。

犹太教堂地砖的四线延长万字符（图8-5.20），在四条折线外面另加一线，作为四季北斗旋转线，是华夏旋转万字符的变形（详下表8-1第二横栏）。

犹太教的万字符（图8-5.21），斗柄线外加画三点，标示北斗七星的斗柄三星，证明犹太人明白万字符是"斗柄指时"的四季北斗合成符。

其七，华夏万字符西传的第六站，是阿拉伯区域。

伊斯兰教的万字符是天盘卍（图8-5.22），四条折线改成阿拉伯太阴历的新月弯刀，证明阿拉伯人明白万字符是"斗柄指时"的四季北斗合成符。

其八，华夏万字符西传的第七站，是亚洲西端的小亚细亚。

小亚细亚的倾斜万字符（图8–5.23），近源是印度，远源是华夏。

综上所述，新石器时代晚期的亚洲民族不仅接受了华夏万字符，承袭了大量特殊风格，而且明白万字符是"斗柄指时"的四季北斗合成符。

华夏万字符西传的重要旁证，是华夏二十八宿的西传。

竺可桢、夏鼐均已论证了华夏二十八宿西传印度、巴比伦、埃及等地。根本理由是：二十八宿以天球赤道为天文基准，而全球范围只有华夏从上古以降始终以天球赤道为天文基准，其他民族在近代以前均以太阳黄道为天文基准，因此二十八宿只可能由华夏先民创立，不可能由其他民族创立。

拙著《伏羲之道》又进一步论证了新石器时代中期（前6000）的伏羲族以天球赤道为天文基准创造二十八宿的基本原理：先以二十八山为地面坐标，创造伏羲连山历；再把伏羲连山历的地面坐标二十八山向上投射，创造了天空坐标二十八宿[1]。

三　华夏万字符西传欧洲

新石器时代晚期，华夏万字符又从亚洲西传欧洲（图8–7）。

其一，华夏万字符传入欧洲的第一站，是地中海沿岸的岛屿。

华夏马家窑文化的倾斜万字符，经过印度、两河流域、小亚细亚，西传到地中海的马耳他岛（图8–7.1），又传到爱尔兰（图8–7.2）、特洛伊（图8–7.3）、葡萄牙（图8–7.4）、马恩岛（图8–7.5）等地，风格具有家族性相似。

其二，华夏万字符传入欧洲的第二站，是希腊城邦。

希腊人作为海上商业民族，广泛接触地中海沿岸的多民族文化，所以希腊万字符不仅数量众多，而且风格多样，但其各种特殊风格，均可找到

---

[1]　华夏二十八宿西传印度、巴比伦、埃及，参看竺可桢：《竺可桢文集》之《二十八宿的起源》，科学出版社1979。夏鼐：《夏鼐文集》之《从宣化辽墓的星图论二十八宿和黄道十二宫》，社会科学文献出版社2000。伏羲族创立华夏二十八宿，详见张远山：《伏羲之道》52页，岳麓书社2015。作品集第十六卷50页。

图 8-7　华夏万字符西传欧洲

亚洲源头或华夏源头。

希腊的倾斜万字符（图8-7.6—8），近源是小亚细亚、印度，远源是马家窑。

希腊的折线延长万字符（图8-7.9、10），承袭犹太万字符。

希腊的阿波罗太阳车雕塑（图8-7.11）和四季万字符金盘（图8-7.12），近源是两河流域、印度，远源是马家窑。希腊人把万字符画于阿波罗太阳车的车轮，证明希腊人明白万字符是"斗柄指时"的四季北斗合成符，并且视为象征天道循环的"法轮"。阿波罗盾牌的旋转六线，是伏羲族天枢纹的变形。

希腊的十二鱼万字符彩陶盆（图8-7.13），中心是标示天球顺时针旋转的天盘卍，外围是标示地球逆时针旋转的十二鱼，两者共同标示地球、天球的相对旋转。十二鱼分为四组，每组三鱼，标示一季斗柄指示的三月，再次证明希腊人明白万字符是"斗柄指时"的四季北斗合成符。

这件希腊历法盆，融合了华夏伏羲族的图像历两大元素，两大元素的传播路径非常清晰（图8-8）。

第一元素是伏羲族的四季万字符（图8-8.1），西传印度（图8-8.2），又西传两河流域（图8-8.3），再西传希腊（图8-8.4）。

第二元素是伏羲族的逆时针游鱼，标示地球的逆时针旋转，首先见于

图 8-8　希腊历法盆纹样来源

仰韶文化（前5000—前3000）的陕西临潼姜寨五鱼盆（图8-8.5）。然后西传印度，见于哈拉巴文化的梅赫尔格尔七期（前2800—前2600）五鱼盆（图8-8.6）。最后西传希腊，见于希腊的十二鱼万字符彩陶盆（图8-8.7）。

其三，华夏万字符传入欧洲的第三站，是欧洲新石器时代晚期的最大蛮族凯尔特人区域。

凯尔特人的雷神三足万字符（图8-7.14），源于凯尔特人的四线外折万字符（图8-7.15）。凯尔特人的四线外折万字符，近源是两河流域，远源是印尼巴厘岛。

凯尔特人另有一种特殊风格的万字符，即著名的凯尔特结（图8-7.16），源于上古华夏的湖北清水滩结（详下第四节），清晰标示了万字符是"斗柄指时"的四季北斗合成符。

其四，华夏万字符传入欧洲的第四站，是罗马帝国区域。

罗马帝国全盘接受希腊文化，后来又立基督教为国教，而基督教脱胎于犹太教，所以罗马帝国也承袭了犹太人、希腊人的四线延长万字符，见于罗马和平祭坛（图8-7.17）。

罗马战士的墓碑（图8-7.18）和奥地利教士的墓碑（图8-7.19），均以万字符象征死后"转生"。欧洲人的"转生"观念，源于印度婆罗门教万字符的"轮回"观念；婆罗门教的"轮回"观念，源于上古华夏万字符的"法轮"（天文历法之轮）内涵。除了新石器时代晚期的漫长传播，公元前四世纪的马其顿国王亚历山大东征波斯、印度，又引发了欧亚文化的大规模双向传播，于是希腊的人体雕塑东传印度犍陀罗，印度的万字符及其"轮回转生"观念西传希腊、罗马。

内蒙古呼和浩特土默特左旗毕克齐镇出土的东罗马帝国时期波斯地区金冠饰（图8-7.20），中心是兽首，左侧是天盘卍，右侧是地盘卐。波斯地区的金冠饰见于中国内蒙古地区，再次证明：上古以降的中亚草原，始终是东西方文化双向传播的快速通道。马背上的游牧民族，驼背上的波斯商队，正是文化传播的快递员。

其五，华夏万字符传入欧洲的第五站，是北欧区域。

丹麦石刻的倾斜万字符（图8-7.21），维京金币的万字符（图8-7.22），近源是希腊、罗马或西亚、印度，远源是华夏。

冰岛的三羽万字符（图8-7.23），源于马家窑（详下表8-1）。

北极圈内的拉普兰人四箭头万字符（图8-7.24），精确标示了万字符所含四季北斗的"斗柄指时"（详下第四节）。

其六，罗马帝国把万字符转化为宗教符号。

罗马帝国把基督教定为国教以后，分裂为东罗马帝国和西罗马帝国，基督教随之分化为通行希腊语的希腊东正教和通行拉丁语的罗马天主教。

东罗马帝国的希腊东正教，把古希腊的四线延长万字符，定为东正教万字符（图8-7.25）。

西罗马帝国的罗马天主教，把古希腊的四季万字符，定为天主教万字符（图8-7.26）。

中世纪的法国天主教主教冠冕（图8-7.27），中世纪的德国勃兰登堡骑士铁矛（图8-7.28），沿用天主教的万字符。

其七，中世纪欧洲把万字符十字架化。

中世纪欧洲的基督教化，导致万字符逐渐十字架化。于是斯拉夫人（图8-7.29）、挪威人（图8-7.30）、瑞典人（图8-7.31），都把古希腊的四线延长万字符再加一道内折，使其轮廓酷似十字架。

其八，希特勒把倾斜万字符用作纳粹党徽。

希特勒认为日耳曼人是雅利安人的纯种后裔，于是把印度雅利安人的婆罗门教倾斜万字符，用作纳粹党徽（图8-7.32）。纳粹倾斜万字符的直接源头是印度婆罗门教，终极源头是华夏马家窑文化。

新石器时代晚期以降的欧洲万字符，始于马耳他、希腊的倾斜万字符，终以德国纳粹的倾斜万字符。

综上所述，新石器时代晚期的欧洲民族不仅接受了华夏或亚洲的万字符，承袭了大量特殊风格，而且明白万字符是"斗柄指时"的四季北斗合成符。

华夏万字符的出现时间为全球最早，天文阐释为全球唯一，风格类型为全球最全，是全球标准万字符和特殊万字符的共同源头。华夏以外的其他区域，既找不到标准万字符的精确天文阐释，也找不到特殊万字符的共同源头，充分证明万字符由上古华夏原创，然后传遍全球。

四　全球万字符的天文解密

上文列举了新石器时代晚期以来的美洲、亚洲、欧洲万字符，考察了时间先后，描述了传播路径，梳理了风格传承，论证了全球标准万字符和特殊万字符的唯一共同源头是上古华夏，又从多种角度论证了全球不同民族全都明白万字符是"斗柄指时"的四季北斗合成符。

本节解密全球一切标准万字符和一切特殊万字符的精确天文内涵。

全球一切标准万字符，均为"斗柄指时"的四季北斗合成符：天盘卍对应天球的顺时针旋转（图8-9上排），地盘卐对应地球的逆时针旋转（图8-9下排）。天文内涵即华夏古籍《鹖冠子》所言："斗柄东指，天下皆春；斗柄南指，天下皆夏；斗柄西指，天下皆秋；斗柄北指，天下皆冬。"

全球一切特殊万字符，同样均为"斗柄指时"的四季北斗合成符，然而逐一解密每一例特殊万字符，将会大量重复出图和大量重复论证，为省篇幅，本节重点解密源于华夏、传播最广的三种特殊万字符，其余均可类推。

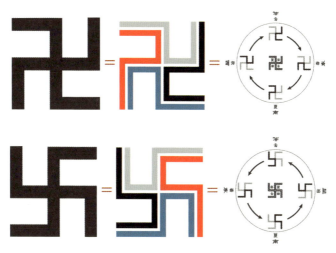

图8-9　全球标准万字符（天盘卍、地盘卐）解密

三种特殊风格的华夏万字符，即四季万字符、旋转万字符、倾斜万字符，天文内涵最为清晰，所以传播范围最广（表8-1）。而伏羲族所居的华夏西部是华夏万字符西传亚洲、欧洲的源头，所以三种特殊风格中的两种，即四季万字符、倾斜万字符，源于伏羲族的马家窑文化。

表8-1　华夏万字符三种特殊风格传遍亚欧

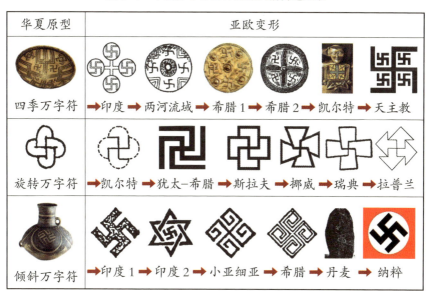

其一，全球四季万字符的天文解密。

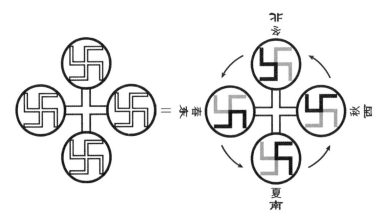

图 8-10　印度四季万字符解密

印度的四季万字符（图8-10左），源于华夏伏羲族的马家窑文化（表8-1第一横栏左），中间是十字，外面是"斗柄指时"的四季万字符（图8-10右）。

两河流域、凯尔特人、希腊人、天主教的四季万字符（表8-1第一横栏右），细节虽有小变，天文内涵不变。

其二，全球旋转万字符的天文解密。

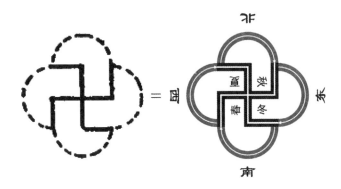

图 8-11　凯尔特旋转万字符解密

凯尔特人的旋转万字符，即"凯尔特结"（图8-11左），承袭华夏湖北清水滩的旋转万字符（表8-1第二横栏左），并把旋转实线改为虚线，更加一目了然。中间是天盘卐，外面是四季北斗的旋转线（图8-11右）。

犹太人、希腊人又把旋转弧线变成延长的折线，而且不再闭合。斯拉夫人、挪威人、瑞典人又把万字符十字架化，为延长的折线再加一道折线，使之重新闭合（表8-1第二横栏右），细节虽有小变，天文内涵不变。

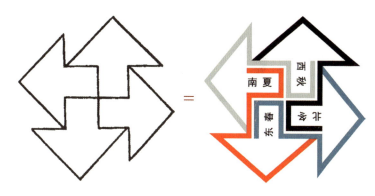

图8-12 拉普兰箭头万字符解密

拉普兰人的箭头万字符（图8-12左），是旋转万字符的变体，把四条旋转线改成四个箭头，更为清晰地标示万字符是"斗柄指时"的四季北斗合成符（图8-12右）。

图8-13 巴厘岛外折万字符解密　　　　图8-14 两河流域外折万字符解密

外折万字符是四季万字符、旋转万字符的合形。

印尼巴厘岛的外折万字符（图8-13左），是地盘卐的四季北斗分解图（图8-13右）。

两河流域的外折万字符（图8-14左），以及凯尔特人的雷神万字符、外折万字符（见上图8-7.14、15），都是天盘卐的四季北斗分解图（图8-14右）。

尽管四线外折万字符未见于上古华夏，可能是域外所创的新型，但是仍然清晰标示了万字符是"斗柄指时"的四季北斗合成符。

其三，全球倾斜万字符的天文解密。

马家窑倾斜万字符　　　　姜寨五鱼盆　　　　神农归藏历四季图

图 8-15　马家窑倾斜万字符的天文内涵

华夏东部玉器三族的万字符，均为平正万字符，四季斗柄指向太阳历的四时起点（见上图8-9）：春分斗柄，指向正东；夏至斗柄，指向正南；秋分斗柄，指向正西；冬至斗柄，指向正北。

华夏最早而且是全球最早的倾斜万字符，见于华夏西部的马家窑文化（图8-15.1）。倾斜万字符的四季斗柄位于四维，正如姜寨五鱼盆的圭影符位于四维（图8-15.2），两者都是标示四季起点。因为晚期伏羲族已把太阳历"伏羲连山历"升级为阴阳合历"神农归藏历"，于是把平正万字符转成倾斜万字符，四季斗柄指向阴阳合历的四季起点（图8-15.3）：立春斗柄，指向东北；立夏斗柄，指向东南；立秋斗柄，指向西南；立冬斗柄，指向西北。

伏羲族的倾斜万字符和伏羲族的二十八宿，全都从属于神农归藏历，所以两者一起西传印度、巴比伦、埃及等地。美洲（图8-1.4）、印度、小亚细亚、希腊、丹麦、纳粹的倾斜万字符（表8-1第三横栏），全都源于华夏伏羲族的倾斜万字符。

综上所述，接受华夏万字符的全球一切民族，无不明白万字符是"斗柄指时"的四季北斗合成符。那么中古以后的全球所有民族，为什么全都遗忘了万字符是"斗柄指时"的四季北斗合成符？

因为上古、中古之交，全球范围普遍发生了游牧民族征服农耕民族建立早期国家的重大历史事件。其后各大文明古国又不断被其他民族反复征服，于是征服民族的文化不断覆盖被征服民族的文化。数千年的无数次文化覆盖，尤其是横跨欧亚非三洲的罗马帝国对希腊文化的强力传播，导致希腊天文学的"大熊星座"覆盖了华夏天文学的"北斗七星"，"大熊星座"尾巴三星的"指时"功能覆盖了"北斗七星"斗柄三星的"指时"功能，于是中古以后的亚洲民族、欧洲民族全都不再明白万字符是"斗柄指时"的四季北斗合成符。

中古以后的中华民族，则是因为夏商周三代"绝地天通"而秘藏万字符，也逐渐遗忘了上古华夏先民首创的万字符，反而认为万字符是从印度东传中国的佛教吉祥符号（详下第六节）。

五　华夏万舞传遍全球

华夏万字符之舞"万舞"，也在新石器时代晚期随着华夏万字符传遍全球。所以全球范围的史前萨满舞，也有华夏万舞的三大舞姿。

华夏万舞的第一舞姿，是模仿伏羲族天帝造型的"顶天立地"：双臂曲肘上举，两腿屈膝下蹲。也是全球萨满舞的第一舞姿（图8-16）。

全球萨满舞的第一舞姿，在三大舞姿中数量最多。

见于美洲者，有美国怀俄明州（图8-16.1）、西北海岸（图8-16.2）、加利福尼亚（图8-16.3），墨西哥巴雅·加利福尼亚（图8-16.4、5），玻利维亚（图8-16.6），巴西（图8-16.7），秘鲁（图8-16.8、9），托利玛人、科克利人、纳瓦霍人（图8-16.10—25）。

见于亚洲者，有韩国（图8-16.26），哈萨克斯坦（图8-16.27），沙特阿拉伯（图8-16.28），印度（图8-16.29），印度尼西亚（图8-16.30—32），两河流域的利凡特（图8-16.33），小亚细亚的安纳托利亚（图8-16.34）。

见于欧洲者，有希腊（图8-16.35），意大利梵尔卡莫尼卡（图8-16.36），瑞士（图8-16.37），德国安德林根（图8-16.38），俄国西北部奥涅加湖（图8-16.39）。

1—25 美洲

26—34 亚洲

35—39 欧洲

非洲　　　　41—45 澳洲

图 8-16　全球萨满舞第一舞姿

见于非洲者，有阿尔及利亚（图8-16.40）。见于澳洲者，有澳大利亚奥兰格（图8-16.41、42），美拉尼西亚（图8-16.43），瓦图阿兹（图8-16.44），新几内亚（图8-16.45）。

辨析要义如下。

其一，萨满舞、万字符见于同一画面（图8-16.35），证明萨满舞是万字符之舞"万舞"。

其二，萨满舞与太阳（图8-16.1、26、32、38、39、45）、天犬星（图8-16.35）、十字（图8-16.40）等天象符号见于同一画面，舞者身上的纹身多为天象符号（图8-16.1、2、17、45），证明全球萨满舞是类似于华夏万舞的祭天乐舞。

其三，舞者手持象征日月的圆形手鼓（图8-16.2、4、18），类似于华夏万舞的羲和举日、常羲举月。

其四，舞者头饰象征阳光的羽毛或羽冠（图8-16.1、2、5、7、9、10、12、13、17、21、24、41、43），类似于华夏万舞的文舞。

其五，舞者手持干戚（图8-16.8、25、32、39），类似于华夏万舞的武舞。

华夏万舞的第二舞姿，是模仿玉器族天帝造型的"降龙伏虎"：双手曲肘下折，双腿屈膝下蹲。也是全球萨满舞的第二舞姿（图8-17）。

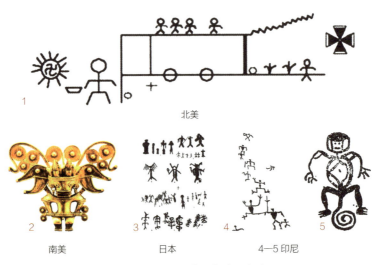

图 8-17　全球萨满舞第二舞姿

全球萨满舞的第二舞姿，在三大舞姿中数量最少。见于北美洲的美国亚利桑那州印第安霍比人（图8-17.1），南美洲的印第安泰罗纳人（图8-17.2），亚洲的日本（图8-17.3）、印度尼西亚（图8-17.4、5）。辨析要义如下。

其一，印第安霍比人的岩画（图8-17.1），印第安泰罗纳人的金饰（图8-17.2），均为萨满舞的第二舞姿。前者从左至右，描述了霍比人的创世神话。

首先是四季北斗合成符"万字符"与太阳的复合符号，象征宇宙诞生。

其次是象征天帝的一个大人，即扮演天帝的领舞者。

再次是对应四季北斗的四个小人，即围绕天帝旋转的伴舞者。下为具有两个车轮的北斗之车，类似于《史记·天官书》所言"斗为帝车，运于中央，临制四乡。分阴阳，建四时，均五行，移节度，定诸纪，皆系于斗"。

随后是两棵禾苗和一个小人，象征太阳滋生万物，养育人类。

最后是霍比人的亞形宇宙图，与奥尔梅克人、玛雅人的亞形宇宙图（图8-2.2、3）同形。

霍比人的萨满舞岩画，始于万字符，终于宇宙图，证明其为万字符之舞"万舞"。

其二，日本的萨满舞岩画（图8-17.3），兼有第一舞姿和第二舞姿；左下角的符号，酷似甲骨文的"帝"字。

其三，印尼的一处萨满舞岩画（图8-17.4），兼有第一舞姿和第二舞姿。印尼的另一处萨满舞岩画（图8-17.5），夸张男子性器，类似华夏万舞的性舞仪式；夸张性器的延长部分，象征天象的四季循环。

华夏万舞的第三舞姿，是模仿万字符造型的"踏罡步斗"：双手曲臂上下，双腿屈膝下蹲。也是全球萨满舞的第三舞姿（图8-18）。

全球萨满舞的第三舞姿，在三大舞姿中数量第二，见于美洲各地（图8-18.1—6）、亚洲各地（图8-18.7—13）、欧洲各地（图8-18.14—17）。辨析要义如下。

其一，玛雅人的北斗神（图8-18.1，已见图8-4），北美易洛魁人的太阳

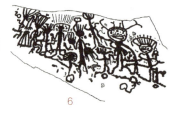

1—6 美洲

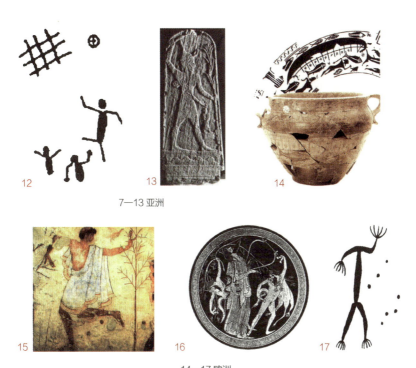

7—13 亚洲

14—17 欧洲

图8-18　全球萨满舞第三舞姿

神（图8-18.2），美国加利福尼亚印第安人（图8-18.3、4）、中美洲奥尔梅克人（图8-18.5）、南美洲智利印第安人（图8-18.6）的萨满舞岩画，分别用手姿、脚姿模仿天盘卍、地盘卐，证明美洲印第安人的萨满舞正是万字符之舞。

其二，夏威夷（图8-18.7）、西伯利亚的贝加尔湖阿雅湖湾（图8-18.8）、印度的皮摩波特卡（图8-18.10）、印尼（图8-18.12）的萨满舞岩画，承于华夏万舞铜鼓的越南东山万舞铜鼓（图8-18.9），印度卡利班干遗址的萨满舞印章（图8-18.11），叙利亚“暴风雨之神”贝尔（图8-18.13），分别用手姿、脚姿模仿天盘卍、地盘卐，证明亚洲各地的萨满舞正是万字符之舞。

其三，意大利公元前八世纪的伊特鲁里亚人彩陶罐（图8-18.14），意大利公元前五世纪的伊特鲁里亚人壁画（图8-18.15），希腊五世纪的酒神舞瓷瓶（图8-18.16），斯堪的纳维亚（图8-18.17）的萨满舞岩画，分别用手姿、脚姿模仿天盘卍、地盘卐，证明欧洲各地的萨满舞正是万字符之舞。

意大利的伊特鲁里亚人彩陶罐（图8-18.14），同时画了十多个万字符和手姿模仿万字符的舞者，更是萨满舞即万字符之舞的铁证。

全球各地还有不少万字符，与萨满舞具有直接、间接的关系（图8-19），辨析要义如下。

其一，美洲印第安酋长的万字符盾牌（图8-19.1），上部是太阳升起于球形地平线，中部是太阳神头戴象征太阳光芒的羽冠，下部是万字符旋转于地球腰部的太阳黄道带，是美洲万字符并非装饰符号、实为天文符号的铁证。酋长一手持刀，一手持盾，类似于周代万舞《大武》之干戚。酋长造型模仿太阳神造型，类似于华夏万舞模仿天帝造型。

图 8-19　全球万字符、萨满舞同图之例

其二，画有万字符的印第安拨浪鼓（图8-19.2），即《诗经·商颂·那》所言为华夏万舞伴奏的"鼗鼓"："猗与那与！置我鼗鼓。奏鼓简简，衎我烈祖。汤孙奏假，绥我思成。鼗鼓渊渊，嘒嘒管声。既和且平，依我磬声。于赫汤孙，穆穆厥声。庸鼓有斁，万舞有奕。"

其三，玛雅四龙万字符（图8-19.3），是玛雅萨满舞之龙舞，源于华夏万舞的"天帝降龙"。后世中国的龙舞，同样源于华夏万舞的"天帝降龙"。

其四，希腊的两件萨满舞图像，均把萨满舞的舞者与万字符画在一起，是希腊萨满舞即万字符之舞的硬证。

希腊陶罐的丰收舞图像（图8-19.4，已见图8-16.35），颂扬四季北斗的循环旋转导致了农业丰收。领舞者旁边的二犬一牛，是拟形天象的动物，由伴舞者扮演。犬即埃及天文学、希腊天文学的"天犬星"，华夏天文学称为"天狼星"，两者孰先孰后，谁影响谁，有待研究。

希腊扣饰的双鹰舞图像（图8-19.5），颂扬众神之父宙斯主宰四季北斗的循环旋转，鹰是宙斯的化身。祭天乐舞的舞者扮演拟形天象的动物，华夏文献称为"百兽率舞"。

其五，凯尔特人的四人拟形万字符（图8-19.6），既是万字符的拟人化，也是萨满舞的万字符化，属于凯尔特萨满舞的文舞，类似于华夏万舞的文舞。

凯尔特萨满舞另有武舞，类似于华夏万舞的武舞。凯尔特人根据万字符的折线类似于闪电的折线，认为万字符是雷神的槌子，于是先把万字符变形为雷神三足万字符（图8-19.7），再变形为奔跑的雷神三足万字符，装饰于凯尔特战士的盾牌（图8-19.8），希望本族战士凭借雷神的威力战胜敌人。凯尔特人的敌人西西里人、希腊人、罗马人受到凯尔特人影响，也希望借助雷神的威力战胜敌人，于是也制作了相似的盾牌（图8-19.9—11）。三足奔跑的雷神形象，源于持干戚而舞的雷神舞。

凯尔特人是欧洲新石器时代晚期的最大蛮族，先后成为希腊人、罗马人的强大对手，最终被罗马军团逐出欧洲大陆，退至欧洲西海岸的爱尔兰、马恩岛等大西洋岛屿。现在的爱尔兰人，仍被欧洲人称为"凯尔特人"。现在的英属马恩岛，地区旗仍然使用凯尔特人的雷神三足万字符，仅是增加了中世纪重装骑士的金属护腿（图8-19.12）。

综上所述，全球萨满舞均为祭天乐舞，均为万字符之舞，均有三大舞姿，均有不持武器的文舞和持有武器的武舞，充分证明全球萨满舞源于华夏万舞。由于华夏万字符传遍了全球，所以从属于华夏万字符的华夏万舞也传遍了全球。

华夏万字符是对应北斗天象的天文符号，传遍全球以后，成为新石器时代人类共享的天文符号，北斗天象不变，万字符也不变，仅是对万字符的读音，由于民族语言的不同而不同（详下第六节）。

华夏祭天乐舞万舞传遍全球以后，成为新石器时代晚期全球不同民族共有的祭天乐舞，三大舞姿基本不变。全球不同民族各有不同语言，但是都把祭天乐舞称为"萨满舞"，充分证明全球"萨满舞"源于华夏"万舞"，因为"萨满舞"之名，正是源于"万舞"之名。

华夏万舞东传美洲、西传亚欧的主要传播者，是华夏北方草原的游牧民族黄帝族。由于黄帝族的"万舞"领舞者是萨满教祭司"萨满"（saman），所以黄帝族把"万舞"称为"萨满舞"："满"是"万"的变音，"萨"是"满"的前缀。黄帝族把"萨满舞"东传美洲，于是美洲印第安人都把万舞称为shamman舞；黄帝族又把"萨满舞"西传亚欧，于是中亚、西亚的很多民族都把万舞称为sama舞。

黄帝族"萨满教""萨满舞"之"满"，则是源于"南蛮族"之"蛮"，亦即南蛮族读"万"为"蛮"，其证有四。

其一，首创万字符和万字符之舞的"南蛮族"，"蛮"是族名，"南"是方位前缀，"族"是类别后缀。上古南蛮族读"万"为"蛮"、读"万字"为"蛮记"的证据是：南蛮族的万字符及其读音东传日本，所以日语把万字符读为"曼记"（manji）。

其二，上古南蛮族的万字符、万字符之舞、万字符读音，北传上古黄帝族，于是上古黄帝族把发明"万字"（蛮记）的华夏南方部族称为"南蛮族"，亦即"南万族"，意为"南方万字符之族"或"南方万舞之族"。夏商周的中古黄帝族，仍称南方部族为"南蛮族"，于是中古南蛮族的不同支族，遂被称为"武陵蛮""苗蛮""洞蛮"等等。

其三，上古黄帝族的通古斯语，读"蛮"（万）为"满"，并加前缀"萨"，合为"萨满"（saman）。于是南蛮族的万字符之舞"万舞"，遂成黄帝族的万字符之舞"萨满舞"。以萨满舞祭天的黄帝族祭司，遂称"萨满"，简称"满"。中古黄帝族入主中原以后，又按照中原读音，读"满"为"万"，称万舞（萨满舞）舞者为"万人"，见于甲骨文。

其四，上古黄帝族把华夏万字符之舞"萨满舞"（万舞）东传美洲、西传亚欧，于是全球不同民族都把万字符之舞"万舞"称为"萨满舞"。主跳"萨满舞"的祭司"萨满"，简称"满"，后来成了印欧语系的男人专名"Man"。

综上所述，新石器时代晚期的全球万字符之舞"萨满舞"，正是源于华夏万字符之舞"万舞"。但是由于数千年的层层文化覆盖，万字符的精确天文内涵和万舞的模糊舞蹈寓意，中古以后在全球范围逐渐失传，于是遍布全球的万字符岩画和萨满舞岩画，成了新石器时代留给后人的千古之谜。

六　两千年后佛教万字符回传中国

中古文化覆盖上古文化的显例之一，就是上古华夏万字符西传上古印度以后两千多年，中古印度的佛教又在汉代把万字符回传中国。后者覆盖了前者，导致中古以后的中国人误以为万字符来自印度佛教，不知其为跨越两千多年的"出口转内销"。

1　中原佛像

2　西藏佛像

3　香港大佛

图 8-20　佛教天盘卍

佛教万字符见于佛像胸口，多为天盘卍（图8-20），偶尔也作地盘卐。

佛经对万字符多有记载。比如《楞严经》："即时如来，从胸卍字，涌出宝光。"《华严经》："如来胸臆有大人相，如万字，形如卍字，名吉祥之海。"《普曜经》："太子胸有卍字。"

唐僧慧苑《华严音义》："卍本非字。周（武则天）长寿二年（公元693年），主上权制此文，著于天枢，音之为万，谓吉祥万德之所集也。"

"著于天枢"四字，直承上古华夏万字符的天文初义，但是慧苑错误认为卍字读"万"始于唐代武则天。饶宗颐《卍（Swastika）考》已举多证驳正，比如前秦（350—394）释道安所撰《胸有万字经》，经名即称万字符为"万"。后秦（384—417）佛陀耶舍等译《长阿含经》亦言，佛有三十六相，第十六相胸有万字。北魏（386—534）菩提流支译《十地经论记》："菩萨胸中，有功德庄严金刚万字相。"南朝梁天监十五年（517），刘勰记剡山石城寺的弥勒石像，也说"当胸万字"[1]。均证南北朝时万字符已经读"万"，并非始于唐代武则天。

但是万字符读"万"并非始于南北朝，而是始于南北朝以前数千年的上古华夏。商代甲骨文已有"卍舞"和"万舞"，证明万字符不仅早已读作"万"，而且已经写作"万"，而"万"是"卐"的加密写法：上半变成直线，下半基本不变（详见万舞章）。

本章第二节已证，印度万字符并非始见于公元前五世纪创立、反对雅利安人婆罗门教的佛教，而是始见于雅利安人入主印度以前、新石器时代晚期的达罗毗荼人哈拉巴文化，而哈拉巴文化的万字符是从华夏西部的伏羲族西传，同时西传的还有伏羲族的二十八宿。所以早在佛教创立以前上千年，吠陀经典《甘露滴奥义书》已言："坐或莲花式，卐字吉祥式。"[2]印度的神像、佛像以及舞者的手姿、腿姿、坐姿，多作"卐字吉祥式"，正是华夏万字符之舞"万舞"的第三舞姿西传所致。只要比较一下印度的上古萨满舞和中古湿婆舞"卐字吉祥式"（图8-21），即可明白两者同出一源。

---

[1][2] 饶宗颐：《梵学集》10页，上海古籍出版社1993。

上古岩画

2—4 中古湿婆舞卍字吉祥式

图 8–21　印度萨满舞

十二世纪的两件印度湿婆神像（图8–21.2、3），外围均饰法轮。

前者的法轮，上有100点。法轮外缘，有51火焰手，255指。法轮之内，是湿婆双手10指。合计365，标示1年365日。

后者的法轮，上有180点。法轮外缘，有35火焰手，175指。法轮之内，是湿婆双手10指。合计365，标示1年365日。

两者数目均为365，不可能是巧合，证明湿婆的法轮正是天文历法之轮。

湿婆是婆罗门教的舞神，标准扮相是四手，所增双手用于计闰，类似于巴比伦扑克历把大怪、小怪用于计闰（其余52张牌合计364日）[1]。所增双手，一手持计时的沙漏，一手持跳舞的法鼓。湿婆的手姿、腿姿，全都模

---

[1]　详见张远山：《伏羲之道》227页，岳麓书社2015。作品集第十六卷240页。

仿万字符造型，证明湿婆之舞正是万字符之舞，因为万字符是四季北斗合成符，每年循环一周。湿婆兼有的毁灭、创生两种神性，同样植根于天文历法的终始循环。

简化的湿婆神像（图8-21.4），虽然取消了法轮，但是舞姿仍然模仿万字符造型。

佛教创立之时的中古印度人，早已不知上古华夏的万字符、二十八宿等等天文历法符号西传印度，仅仅以为来自上古印度。汉代以后的佛经中译者，同样不知上古华夏的万字符西传印度，仅仅以为万字符是印度传入中国的佛教吉祥符号。

图8-22　西藏史前万字符万舞岩画

藏人是南扩伏羲支族后裔，早在佛教传入西藏以前两千多年的龙山晚期，已有两种万字符（图8-22）。

西藏的上古岩画，常把万字符与太阳、法轮、流星、北斗等天象符号画在一起（图8-22.1—9），充分证明万字符是天文符号；又常把万字符与万舞舞姿画在一起，舞姿或者模仿伏羲族的天帝造型（图8-22.10—12），或者模仿万字符的折线造型（图8-22.13），充分证明万舞是万字符之舞。

佛教万字符天盘卍传入西藏以后，藏人把上古万字符岩画中内有4点的地盘卐（图8-22.1），定为西藏本土宗教苯教的专用万字符（图8-23.1），以此区别于佛教的专用万字符。佛教的专用万字符究竟是天盘卍还是地盘卐，佛学界仍有争议。苯教为了区别于佛教天盘卍而采用地盘卐，至少证明藏传佛教的万字符是天盘卍（图8-23.2）。

苯教地盘卐　　　　　　　　佛教天盘卍

图8-23　苯教万字符和佛教万字符

藏语称万字符为"雍仲"。日语称万字符为"manji"（曼记）。梵文称万字符为Srivatsa，音译"室利靺磋"，意译"吉祥海云相"或"吉祥之所集"。英语把梵文Srivatsa，译为Swastika，或者另起新名Gammadion（戈麦丁）。虽然全球万字符全都源于华夏万字符，但是由于全球各地的宗教神话不同，文化传统不同，在万字符的天文初义失传以后新增的新义不同，因而对万字符的读法各不相同。

七　万字符传统释义辨析

早期国家建立、早期文字出现之前，全球各地接受华夏万字符和华夏万舞的所有民族，全都基本了解万字符是四季北斗合成符，全都基本了解万舞是祭天祭神的万字符之舞，证据是上文所举的全球各地一切变形万字符，均可通过分解其中所含的四季北斗予以解密。

青铜时代建立国家、创立文字体系以后，由于后续文化的混杂、替代、覆盖,华夏天文范畴"北斗七星"隐入了希腊天文学的"大熊星座"尾部,亚欧民族以"大熊星座"的尾部三星指示四季,代替了以"北斗七星"的斗柄三星指示四季,于是不再明白万字符是"斗柄指时"的四季北斗合成符,天文符号万字符从此变成了神秘的宗教符号、吉祥符号、民俗符号。

青铜时代以后全球不同民族对万字符的阐释,大致可以分为两大类,第一类是宗教阐释,第二类是学术阐释。

宗教阐释,大致有以下四种。

其一,万字符是"法轮"符号。

华夏万字符原为天文符号,"法轮"的初义是"天文历法之轮"。此义西传印度以后,变成了宗教符号,衍生出婆罗门教的"轮回"教义和佛教的"法轮"教义。

印度婆罗门教把万字符所含四季北斗及其旋转,附会为四大种姓的"轮回转生"。佛教反对四大种姓的不平等和"种姓轮回",主张"众生平等",于是把万字符的"法轮"初义"天文历法之轮",变成了"法轮"教义"佛法之轮"。

其二,万字符是雷神符号,亦即"闪电"符号。

欧洲新石器时代晚期的凯尔特人、日耳曼人认为万字符是雷神托尔的槌子,叙利亚人让闪电之神贝尔的手姿模仿万字符造型(图8-18.13),都是因为万字符的折线酷似闪电的折线。

凯尔特人又把万字符拟形为雷神三足万字符(图8-19.7),进一步变形为奔跑的雷神三足万字符(图8-19.8—12)。希腊人把四季万字符画于太阳神阿波罗的车轮(图8-7.11)。上古华夏认为天帝骑着北斗之猪巡天,中古华夏认为天帝驾着北斗之车巡天。思维方式极其相似,都是认为天神(华夏天帝、希腊太阳神、凯尔特雷神)主宰着北斗七星和全部天象的四季循环,仅是把天象神圣化、宗教化的神话略有不同。

其三,万字符是"四角狮子"符号。

希腊人的多神教,又认为万字符是"四角狮子"的符号。其实狮子根本无角,遑论四角,所以"四角狮子"很可能源于希腊天文学的"狮子座"。

其四,万字符是宇宙符号、曼陀罗符号或坛城符号。

西藏苯教认为，雍仲（万字符）是宇宙中心雍仲山的符号。雍仲山共有九级，山顶是水晶巨石构筑的坛城，山脚是流向四方的四条大江，对应于雍仲的四条折线。这一阐释把宇宙论与西藏地理融为一体，又有伏羲连山历的残存信息。

　　学术阐释，大致有以下三种。

　　其一，万字符是"太阳"符号或"火焰"符号。

　　这一阐释流行于西方。英国人类学家埃利奥特·史密斯的著作《早期文化的移动》，最先提出"日石文化"理论，根据新石器时代全球不同民族普遍崇拜太阳，判定万字符是太阳符号。"日石文化"影响很大，导致很多学者认为万字符中心的"十"字是太阳符号，万字符外围的四条折线象征太阳的光芒和太阳的旋转。然而太阳的光芒是直线照射，并非折线照射。太阳的旋转方向只有一种，并非时而顺时针旋转，时而逆时针旋转。

　　"万字符是太阳符号"纯属从观念出发的想当然，难以令人信服，于是又衍生另一观点，认为"万字符是火焰符号"。然而火焰的基本特征是弧线，并非折线，与万字符的造型距离更远。

　　"太阳说"和"火焰说"的部分依据是，全球范围的万字符岩画，常把万字符与太阳符号、火焰符号画在一起。然而万字符与太阳符号画在一起，只能证明万字符是天文符号，不能证明万字符是太阳符号。万字符与火焰符号画在一起，也不能证明万字符是火焰符号，因为没有理由认定火焰符号是对万字符的定义，火焰符号可能是流星符号，也可能是雷神符号，还可能是万舞之时的祭神之火。

　　其二，万字符是"生殖"符号或"性崇拜"符号。

　　这一阐释流行于中国。有人认为两种万字符分别是女阴、男根的符号。然而把万字符视为女阴符号已很牵强，视为男根符号更为荒谬。

　　于是有人做出修正，认为两种万字符的中心十字是女阴符号，四条折线则是男根符号，是初民乱交或一妻多夫的符号。

　　这一阐释不仅牵强附会，而且无法解释万字符为何有两种旋转方向，更无法解释男根符号为何折断。

　　其三，万字符是"生命"符号。

这一阐释流行于中外。有人根据万字符的旋转形象，附会出宇宙"永恒旋转"，历史"永恒轮回"，生命"循环无尽"等等。有人根据万字符的四条折线，附会出四大阶段，或者象征早晨、中午、黄昏、午夜，或者象征出生、成熟、死亡、再生。

中国民间把建筑、窗格、家具上的连续万字符（图8-24），称为"万字不到头"，寓意"富贵不到头"或"子孙万代不到头"，性质相近。

图8-24　万字不到头罗汉床

以上宗教阐释和学术阐释，全都缺乏确凿证据，无法解释两种万字符的所有细节，更无法解释特殊万字符和变形万字符的所有细节。因此人们最为普遍的态度，是把万字符仅仅视为吉祥符号、神秘符号或符咒、护符，不做确切解释。

万字符的主流宗教阐释"法轮"符号，实为"天文历法之轮"的简称，具有古老的历史传承，比万字符的主流学术阐释"太阳"符号、"火焰"符号更加接近新石器时代初义，只要剥去其神秘化的教义外衣，就能显现万字符的精确天文内涵：万字符是"斗柄指时"的四季北斗合成符。

结语　探索上古文化传播的突破口

早在新石器时代晚期，华夏万字符和华夏万舞已经传遍全球，当时全球范围均未进入青铜时代，游牧民族尚无征服农耕民族的能力，因此全球各地均未建立早期国家，也未出现成熟的文字体系。进入青铜时代并发明车轮以后，人数极少的游牧民族才有可能凭借青铜武器和马拉战车两大利器，征服人数极多的农耕民族，于是中纬度大河流域的农耕民族区域，纷纷出现了早期国家，形成了一系列"文明古国"。

新石器时代晚期的部落联盟或部落酋邦，统治阶层与被统治阶层是同一血缘的同一民族。青铜时代的早期国家，统治阶层与被统治阶层是不同血缘的两个民族。

全球范围的早期国家，出现时间都是距今四五千年的青铜时代初期，出现地点都是中纬度大河流域的农耕民族区域，出现原因都是高纬度草原地带的游牧民族南下征服中纬度大河流域的农耕民族。人数极少的游牧民族统治人数极多的农耕民族，必须统一法令和远距离传递政令，于是催生了文字体系。早期国家和文字体系，都是游牧民族统治农耕民族的产物。

早期国家的文字体系，并非个别先知或天才在短时间内通过拍脑袋凭空创造，而是以农耕民族在新石器时代积累发展了四五千年的陶器纹样、陶器刻画符为基础。而新石器时代农耕民族的陶器纹样、陶器刻画符，均以天文符号、历法符号为核心。

每个民族的众神谱系，首先是天象谱系的拟人化、神圣化、宗教化，其次是天象谱系的向下投射和族群历史的向上投射。每个民族都把本族视为天神的嫡裔，又把本族的伟大酋长视为天神下凡，亦即半人半神的英雄。因此每个民族的神话体系，无不混杂着天象谱系、众神谱系、族群历史的多重叙事。长老、祭司、游吟诗人等等上古口述史的传承者，常常指着天上星象的不同组合，向族群成员讲述"天人合一"的宇宙发生史和民族发展史。比如某位英雄酋长，是天上某颗星星下凡，是众神之父（北极帝星的拟人化、宗教化）的第几个儿子。又如某颗星星在天际出现之时和消失之时，对应某位英雄酋长的出生和死亡，如此等等。

一次又一次的民族征服与反征服，一次又一次的统治民族与被统治民族通婚融合，一次又一次的新征服者击败旧征服者，导致异族新文化对本族旧文化的一次又一次混杂、替代、覆盖，上古文化逐渐埋入越来越深的文化底层。于是全球各地的所有民族，全都遗忘了上古万字符的天文初义和上古万舞的祭天初义，包括首创万字符和万舞的华夏民族。

唯有新石器时代以降的华夏天文学，始终把"北斗七星"作为独立的天文范畴。因此唯有华夏区域的上古、中古相关考古证据出土以后，才有可能与中古以后的华夏文献相互对应，精确解密华夏万字符的天文初义，进而厘清华夏万字符传遍全球的基本史实。

唯有新石器时代以降的华夏祭天乐舞"万舞"，始终具有模仿伏羲族天帝造型、玉器族玉帝造型、万字符造型的三大舞姿，又有甲骨文"卍舞"等铁证，可以证明万舞即万字符之舞，进而厘清华夏万舞传遍全球的基本史实。

距今两亿年至6500万年的恐龙史，已经通过考古发掘基本厘清，栩栩如生地展示在现代人眼前。距今七千年的古埃及史，也已通过商博良对埃及文字的破译，完整地展示在现代人眼前。距今一万年至四五千年的新石器时代人类早期文化史、早期文明史及其传播史，同样可以通过考古发掘基本厘清。

华夏万字符和华夏万舞的全球传播史，正是探索早期国家出现以前人类文化传播史的重要突破口。

2016年5月6日—10月14日五稿

第九章

昆仑台传播史
——解密华夏文化核心奥秘"昆仑之谜"

内容提要　本章根据考古、文献双重证据，论证上古伏羲族的亚形天文台"昆仑台"，位于亚形三层宫殿"大庭"的顶层，专用符号"八角星"；两者东传玉器三族，导致"昆仑台"遍布华夏全境。中古夏商周"明堂"承袭上古伏羲族"大庭"，仍为亚形三层宫殿，顶层"灵台"即"昆仑台"。

关键词　亚形昆仑台；亚形八角星；亚形明堂；昆仑之谜；盘古之谜；库里台即昆仑台。

弁言　昆仑台、八角星之谜

仰韶中期以后，东扩伏羲支族抵达黄河中下游。玉器三族接受了伏羲族彩陶，从此有了彩陶；接受了伏羲族彩陶的天文历法纹样，接受了伏羲连山历，遂称伏羲族为"连山氏"；采用连山历指导农耕具有神效，遂称伏羲族为"神农氏"。

伏羲连山历的技术基础，是圭表测影的"昆仑台"。伏羲族昆仑台的专用符号，是"八角星"。所以玉器三族既接受了伏羲连山历，又接受了伏羲族的"昆仑台"及其专用符号"八角星"。

本章首先论证仰韶中期以前的伏羲族"昆仑台"位于亚形三层"大庭"的顶层，同时论证夏商周"明堂"承袭伏羲族"大庭"的亚形三层结构，"明堂"顶层的"灵台"承袭"大庭"顶层的"昆仑台"。然后论证仰韶中期以后的玉器三族按照伏羲族昆仑台的专用符号"八角星"仿建昆仑台，导致昆仑台遍布华夏全境。最后解密华夏文化的核心奥秘"昆仑"之谜。

一　昆仑考源：葫芦→囫囵→混沦→昆仑

上古四千年（前6000—前2000），伏羲族的天文历法不断进步，天文历法纹样不断变化，为何彩陶的基本器型始终是葫芦形？

首先是形而下原因。旧石器时代的智人利用天然器物盛水、装物，葫芦是不二选择。新石器时代的智人发明了陶器，沿袭数万年的传统惯性，把葫芦形作为陶器的主要器型。这是新石器时代全球智人的共性，所以其他民族也有大量的葫芦形陶器。

其次是形而上原因。伏羲族的葫芦形陶器，不仅是传统惯性使然，而且是宇宙模型，即用葫芦和葫芦形陶器的上下二球象征天球、地球，象征日球、月球。这是伏羲族独有的宇宙模型。

由于伏羲族把葫芦称为"囫囵"，所以伏羲族彩陶的天文历法纹样，常常使用"囫囵纹"（图9-1.1），还有"日囵纹"（图9-1.2）、"月囵纹"（图9-1.3）等等。

　　　囫囵纹　　　　　　　　　日囵纹　　　　　　　　　月囵纹

图 9-1　伏羲族混沦纹

伏羲族的"囫囵纹",并非摩画囫囵(葫芦)本身,而是表达创世神话"囫囵创世说"和天文理论"混沦开天说","囫囵与浑沦同义"(《康熙字典》)。

伏羲族的创世神话"囫囵创世说",认为男女始祖伏羲女娲诞生于葫芦。

伏羲族的天文理论"混沦开天说",后世简称"混沦说""混天说""浑天说""浑沌说"。

"混沦"去水即"昆仑","昆仑"加水即"混沦",两者同出一源,义也相近:"凡物之圆浑者曰昆仑,圆而未剖散者曰浑沦。"(《康熙字典》)

由此可见,伏羲族的"混沦说"和"昆仑台",共同植根于伏羲族的创世神话"囫囵(葫芦)创世说"——

"混沦说"是连山历时期的伏羲族天文理论。

"昆仑台"是连山历时期的伏羲族天文台。

二　伏羲族昆仑台首见之地:大地湾

伏羲族的昆仑台,是上古华夏的最早天文台,平面形状呈亞形,所以"亞"字对中国天文历法的影响极其深远。比如执掌天文历法的"巫史","巫"字即源于"亞"字。又如"葫芦"的最早写法是"壺卢","壺"字下部也是"亞"字。"壺""亞"二字,全都植根于上古伏羲族的宇宙模型"囫囵说"、天文理论"混沦说"、昆仑台亞形。

考古发现的伏羲族亞形昆仑台,首见于伏羲族祖地甘肃天水大地湾,又见于东扩伏羲支族的陕西临潼姜寨。

大地湾四期(前4500)的F901(图9-2.1),建于山顶,底层为亞形,面积420平方米,是上古华夏全境最大的单体建筑,史称"大庭"。姜寨一期(前4500)的F47(图9-2.2),建于村落中心,底层为亞形,面积89平方米,是东扩伏羲支族的"大庭"。伏羲族用连山历指导农耕,农耕文化领先周边民族,在仰韶早期率先抵达酋邦阶段,于是出现了"大庭"。《遁甲

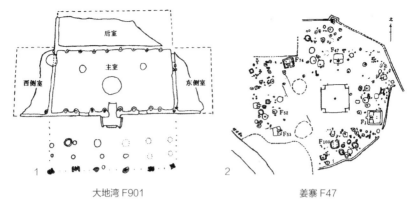

大地湾 F901   姜寨 F47

图 9-2　伏羲族亞形昆仑台

《开山图》记载的伏羲族史，称为"大庭氏王"[1]。

　　根据考古、文献双重证据，大地湾 F901、姜寨 F47 虽然仅存伏羲族"大庭"的底层亞形房基，其实是亞形三层建筑：底层是亞形王宫或酋长居室，中层是亞形宗庙，顶层的敞顶平台是亞形昆仑台。

　　证据一，河北新乐的伏羲台是三层结构[2]，虽然建于商周时期，但是名为"伏羲台"，正是承自上古伏羲族昆仑台的三层结构。

　　证据二，南蛮族、东夷族、黄帝族仿建的昆仑台，均为三层结构，详见下文。

　　证据三，伏羲族、南蛮族、东夷族的昆仑台符号，全都明确标示了昆仑台的三层结构。

　　伏羲族的昆仑台符号"八角星"（图 9-3.1），中心方框外的四个"丙"字纹内，是标示昆仑台三层侧影的"凸"字纹。

　　南蛮族的昆仑台符号"圭柱鸟"（图 9-3.2），底部承袭伏羲族，也是标示昆仑台三层侧影的"凸"字纹。

　　东夷族的昆仑台符号"四象八圭玉板"（图 9-3.3），中心圆圈内的"八角星"，承袭伏羲族的昆仑台符号；另用二圆一方，标示昆仑台的三层结构。

[1]　详见张远山：《伏羲之道》64 页，岳麓书社 2015。作品集第十六卷 66 页。

[2]　芮执俭：《伏羲时代——框架的比较研究》，《天水行政学院学报》2012 年 1 期。

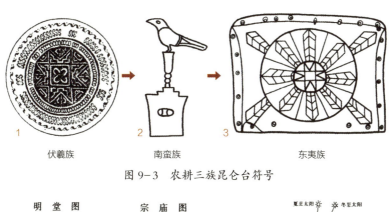

图9-3 农耕三族昆仑台符号

伏羲族　　　　　南蛮族　　　　　东夷族

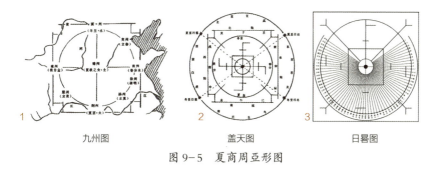

图9-4 夏商周明堂亚形三层

底层宣室　　　　中层宗庙　　　　顶层灵台（昆仑台）

图9-5 夏商周亚形图

九州图　　　　　盖天图　　　　　日晷图

　　证据四，夏商周"明堂"全盘承袭伏羲族"大庭"的亚形三层结构，"明堂"顶层的亚形"灵台"正是"大庭"顶层的亚形"昆仑台"。

　　王国维所撰《明堂庙寝通考》，综合清代学者汪中、阮元等人的研究成果，论证了夏商周明堂、宗庙的平面结构均为亚形（图9-4.1、2）[1]。吕

---

[1]　详见王国维：《观堂集林》卷三67、64、62页，河北教育出版社2003。汪中、阮元均认为明堂为亚形。

第九章　昆仑台传播史　　321

思勉《中国制度史·宫室》采信其说[1]，明堂为亞形已成定论。但是王国维尽管提及"（明堂）太室之上有重屋，汉时谓之通天屋"，却未意识到"重屋""通天屋"即"宗庙"，更未意识到明堂、宗庙、灵台属于同一建筑，错误认为"明堂之制为古代宫室之通制，故宗庙之宫室亦如之"。其对明堂的认知，反而不如蔡邕、卢植、阮元等前代学者。

陆思贤所著《神话考古》，比王国维的认知有所进步，根据大地湾F901的梁柱粗大，以及禹域九州图（图9-5.1）、盖天图（图9-5.2）、日晷图（图9-5.3）均为亞形，认为F901除了底层的亞形"宣室"，另有屋顶平台的亞形"灵台"（图9-4.3）[2]。可惜陆思贤不知"宣室""灵台"之间另有"宗庙"，也不知屋顶"灵台"是上古伏羲族的"昆仑台"。

中古夏商周的亞形三层"明堂"，底层是亞形"宣室"，中层是亞形"宗庙"，顶层平台是亞形"灵台"。证据甚多，略举其要。

第一层面的证据，来自明堂三层的专名和专名的字形。

其一，明堂底层，专名"宣室"。"宣"字从"亘"，即古"恒"字。《说文解字》："恒，古文恆从月。《诗》曰：'如月之恒。'"所以月神名为"姮娥"（后避汉文帝刘恒讳改为"嫦娥"）。"宣室"二字，均以"宀"象形底层。

其二，明堂中层，专名"宗庙"。相对于底层"宣室"，别名"重屋"；相对于顶层"灵台"，别名"通天屋"[3]。两个别名，均有"屋"字，"屋"字从"尸"，既言其双层结构，又言其用于祭祖。《说文解字》："屋，从尸。尸，所主也。一曰尸象屋形。"段注："屋者，室之覆也。"

其三，明堂顶层平台，专名"靈臺"（灵台），二字均为三层结构。别名"玄宫"（《管子·玄宫》《庄子·大宗师》），"玄"通"旋"，言其用于观测天象旋转；"宫"象形，"吕"拟形底层、中层，"宀"拟形顶层平台。

[1] 详见吕思勉：《中国制度史》166页，上海教育出版社2005。

[2] 详见陆思贤：《神话考古》271页，文物出版社1995。

[3] 蔡邕：《明堂月令论》，邓安生编：《蔡邕集编年校注》521页，河北教育出版社2002。

其四，《尔雅》："四方而高曰臺。"《说文解字》："臺，观四方而高者。从至，从高省，与室、屋同意。"证明"室""屋""臺"三字，专为明堂三层"宣室""重屋""靈臺"而造：三字下部均为"至"，乃因明堂顶层平台"靈臺"的亞形，指向二分二至。三字上部分别是"宀""尸"和从"高"省，正是标示其在明堂的不同层位。

其五，"京""高""嵩"三字，全都植根于明堂的三层结构。

《说文解字》："京，人所为绝高丘也。从高省，象高形。"可证"京"字从"高"，乃因三层结构的明堂位于京城。

《说文解字》："高，象臺，观高之形。"可证"高"字与"宫"相似，字形的三层结构，植根于明堂的三层结构。

《说文解字》："嵩，中岳嵩高山也，从山从高。"可证"嵩"字从"高"，非言山"高"，乃言嵩山位于建有明堂的京城附近。其重要旁证是，嵩山最高峰"太室山"之名，取自明堂底层"宣室"中央的"太室"。

第二层面的证据，是历代学者关于明堂、宗庙、灵台属于同一建筑的大量论述。

其一，蔡邕《明堂月令论》："取其宗祀之清貌，则曰清庙。取其正室之貌，则曰太庙。取其尊崇，则曰太室。取其向明，则曰明堂。取其四门之学，则曰太学。取其四面周水圆如璧，则曰辟雍。异名而同事，其实一也。"[1]

其二，贾逵、服虔《左传注》均言："灵台在太庙、明堂之中。"

其三，颖子容《春秋释例》："太庙有八名，其体一也。肃然清静，谓之清庙。行禘祫，序昭穆，谓之太庙。告朔行政，谓之明堂。行飨射，养国老，谓之辟雍。占云物，望气祥，谓之灵台。其四明之学，谓之太学。其中室，谓之太室。总谓之宫。"

其四，卢植《礼记注》："明堂，即太庙也。天子太庙，上可以望气，故谓之灵台；中可以叙昭穆，故谓之太庙；圆之以水似璧，故谓之辟雍。

[1] 蔡邕：《明堂月令论》，邓安生编：《蔡邕集编年校注》518页，河北教育出版社2002。

古法皆同一处，近世殊异，分为三耳。"[1]

其五，阮元《明堂论》："神农氏作，始为帝宫，祀上帝则于是（顶层灵台），祭先祖则于是（中层宗庙），朝诸侯则于是（底层宣室），此古之明堂也。""自汉以来，儒者唯蔡邕、卢植，实知异名同地之制。"[2]

其六，《尔雅·释宫》："宫谓之室，室谓之宫。"《尸子·君治》："黄帝合宫。"郑樵《通志》："黄帝拜祀上帝于明堂，或谓之合宫。"黄以周《礼书通故·明堂礼》："《广雅》云：'堂，合殿也。'明堂本合殿之制，故曰合宫。"

中古文献、历代学者反复论证：夏商周明堂包括"宣室""宗庙""灵台"三层，"异名同地"，"皆同一处"，统称"宫室""合宫"。阮元所言"神农氏作，始为帝宫"，揭破了夏商周"明堂"承于伏羲族"大庭"。仅因东汉以后废弃了明堂古制，亦即东汉卢植所言"古法皆同一处，近世殊异，分为三耳"，导致"古法"仅有文献证据，缺乏考古证据，所以王国维不信"古法皆同一处"。但是王国维死后，出现了三者"皆同一处"的大量考古证据。

1959年，陕西长安南郊大土门遗址发现了西汉末年王莽时代建造的亚形三层明堂（图9-6）。

《汉书·平帝纪》记载："羲和刘歆等四人使治明堂、辟雍，令汉（明堂）与文王灵台、周公作洛同符。"王莽明堂的亚形三层结构，由刘歆设计，

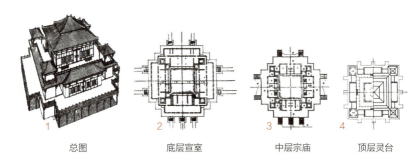

1	2	3	4
总图	底层宣室	中层宗庙	顶层灵台

图 9-6　西汉王莽明堂亚形三层

[1] 贾逵、服虔、颖子容、卢植之言，均见中华书局1980宋本影印本《十三经注疏·诗经》之《大雅·灵台》孔颖达疏引。但是孔颖达认为明堂、宗庙、灵台不在一处，误导王国维等大量后世学者。
[2] 阮元：《挈经室集·明堂论》57—58页，中华书局1993。

仿效周文王建于陕西镐京的"灵台"（武王灭商以前）、周公建于河南洛阳的"明堂"（武王灭商以后），远承上古伏羲族的亞形三层"大庭"。

《汉书·艺文志》则说："数术者，皆明堂羲和史卜之职也。"刘歆的官职是天文官"羲和"，供职于"明堂"顶层的"灵台"，工作是"数术"，即观测天文，编制历法；其所编制的历法，即著名的《三统历》。证明西汉末年刘歆设计的王莽"明堂"，仍是亞形三层，顶层即为"灵台"。

图 9-7 战国秦汉明堂瓦当亞形三层

王莽明堂的瓦当纹样（图9-7.3），也明确标示了王莽明堂的亞形三层。王莽明堂的瓦当纹样，承袭自秦代明堂的瓦当纹样（图9-7.2）。秦代明堂的瓦当纹样，又承袭自战国燕明堂的瓦当纹样（图9-7.1）。而战国燕明堂瓦当纹样，承袭自良渚昆仑台符号和伏羲族八角星的"凸"字纹。证明燕国明堂、秦代明堂、王莽明堂全都近承夏商周的亞形三层"明堂"，远承伏羲族的亞形三层"大庭"，甚至瓦当纹样也历代承袭。战国齐宣王、西汉汉武帝也曾建造亞形三层明堂，只是目前尚未发现遗址，仅有考古旁证或文献证据（详见第十节）。

1975年，河南洛阳南郊发现了东汉光武帝分建两处的明堂、灵台，证实了卢植所言"近世殊异，分为三耳"。光武帝为了对"篡汉奸贼"王莽的全面复古"拨乱反正"，于是把明堂（宣室）、宗庙、灵台分建三处，但是每处仍是亞形三层（图9-8）。

然而明堂"古制"并未在东汉以后彻底消失，南北朝时期又有一次复古重建。

1995年，山西大同平城遗址发现了北魏孝文帝的亞形三层明堂（图

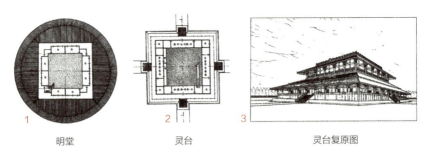

明堂　　　　　　　　　　灵台　　　　　　　　　　灵台复原图

图 9-8　东汉分建明堂、灵台

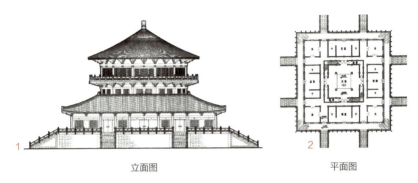

立面图　　　　　　　　　　　　　　　平面图

图 9-9　山西平城北魏孝文帝明堂亚形三层

9-9）。北魏孝文帝主动汉化，其重要举措就是重建作为华夏文明核心标志的明堂。为了原汁原味地学习华夏文明，甚至为了表明北魏是华夏文明的"正宗"传承者，孝文帝没有采用明堂（宣室）、宗庙、灵台分建三处的东汉"新制"，而是复原了宣室、宗庙、灵台合建一处的夏商周"古制"。这一重大考古发现，完美证明了北魏郦道元《水经注》亲见亲历的现场报道：

> 明堂上圆下方，四周十二堂九室，而不为重隅也。室外柱
> 内，绮井之下，施机轮，饰缥碧，仰象天状，画北道之宿焉，盖
> 天也。每月随斗所建之辰，转应天道，此之异古也。加灵台于其
> 上，下则引水为辟雍，水侧结石为塘，事准古制。是太和（孝文
> 帝年号）中之所经建也[1]。

---

[1]　陈桥驿：《水经注校证》315页，中华书局2007。

1986年，河南洛阳唐城遗址又发现了唐代武则天的亚形三层明堂（图9-10）。证明唐代不承认北魏是华夏文明的"正宗"传承者，仍然承袭东汉"新制"，又把明堂（宣室）、宗庙、灵台分建三处，每处仍是亚形三层。

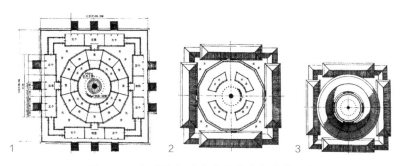

图9-10　河南洛阳唐代武则天明堂亚形三层

综上所述，从夏商周到西汉，明堂都是"事准古制"的亚形三层建筑，宣室、宗庙、灵台"同于一处"，北魏孝文帝则有一次最后复古。从东汉到唐代，把明堂（宣室）、宗庙、灵台分建三处的"新制"最终覆盖了"同于一处"的古制。于是从唐代孔颖达到清末王国维，晚近学者的权威定论多把"新制"视为定制，不信"同于一处"的明堂"古制"，蔡邕、卢植、阮元等人的正确观点遭到了排斥。直到现代考古的系统发现，才彻底厘清了从"古制"到"新制"的历史变迁，终结了聚讼千年的重大公案。

建筑史家杨鸿勋（1931—2016）所著《宫殿考古通论》，综合了古代文献证据和现代考古证据，复原了西周明堂的亚形底层宣室和亚形中层宗庙（图9-11）。其所复原的西周亚形双层明堂，其实是亚形三层，因为中层宗庙的屋顶平台，正是顶层的灵台。

尽管东汉、唐代把明堂（宣室）、宗庙、灵台分建三处，但其亚形的平面结构、三层的立体结构始终不变。尽管东汉以前宣室、宗庙、灵台合于一处，东汉以后分于三处，但其亚形三层永远不变。

考古、文献的双重证据，彻底证明了夏商周"明堂"是亚形三层建筑。那么如何证明夏商周"明堂"的亚形三层是承袭上古伏羲族"大庭"的亚形三层？

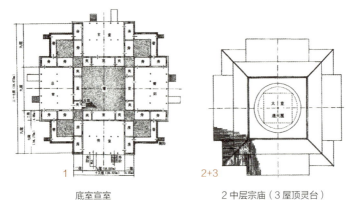

底室宣室　　　　　　　　　　2 中层宗庙（3 屋顶灵台）

图 9-11　西周明堂亚形三层

首先是考古证据，即大地湾 F901、姜寨 F47 等上古伏羲族"大庭"是亚形三层建筑。

其次是文献证据，即《山海经》等中古文献所言"昆仑墟""昆仑之丘"是四方三层结构。

其一，《山海经·南山经》明言，昆仑之丘"四方而三坛"。"四方"是亚形的变异（原因详下），"三坛"即三层。

其二，《楚辞·天问》："昆仑悬圃，其凥安在?"《楚辞·哀时命》："愿至昆仑之悬圃兮，采钟山之玉英。"《楚辞·离骚》："遭吾道夫昆仑兮，路修远以周流""朝发轫于苍梧兮，夕余至乎悬圃""朝吾将济于白水兮，登阆风而绁马"。王逸注："阆风，山名，在昆仑之上。"

《楚辞》一再明言，"昆仑"位于三层人工建筑的顶层，专名"悬圃"。可惜王逸把中层的专名"阆风"，视为自然山体第二层的专名，其实人类只会命名整座山体，不可能分别命名自然山体的每一层。

其三，《尔雅·释丘》："丘，一成为敦丘，再成为陶丘，再成锐上者为融丘。三成为昆仑丘。"尽管三层的专名异于《楚辞》，却再次证明昆仑丘是三层结构的人工建筑。

其四，《史记·封禅书》："初，天子封泰山，泰山东北址古时有明堂处，处险不敞。上欲治明堂奉高旁，未晓其制度。济南人公玉带上黄帝时《明堂图》。明堂图中有一殿，四面无壁，以茅盖，通水。水圜宫垣。为复道，上有楼，从西南入，命曰昆仑，天子从之入，以拜祠上帝焉。于是上令奉高作明堂汶上，如带图。及五年修封，……祠后土于下房，以二十太牢。天子从昆仑道入，始拜明堂如郊礼。"(《孝武本纪》略同。)

黄帝时的"明堂"，不仅下有房，上有楼，而且楼梯专名"昆仑道"，这是夏商周"明堂"承袭伏羲族"大庭"的硬证，也是"明堂"顶层"灵台"承袭"大庭"顶层"昆仑台"的硬证。"昆仑道"之所以设在"明堂"西南，是因为黄帝后天八卦的西南是"坤位"，黄帝族释"坤"为"地"，而中层"宗庙"又名"通天屋"，寓意正是"以地通天""人法地，地法天"。

以上辨析充分证明，夏商周"明堂"顶层的天文台"灵台"，承袭伏羲族"大庭"顶层的天文台"昆仑台"。另有一点尚须辨明，上古伏羲族的天文台，并非仅有一种形制，实有两种形制：连山历时期的伏羲族天文台是亞形"昆仑台"，归藏历时期的伏羲族天文台是圆形"太极台"（浑夕台）。

伏羲族使用亞形昆仑台的时间，与伏羲连山历和"伏羲画卦"全程同步，从先仰韶期、仰韶期到龙山中期，延续三千五百年（前6000—前2500）。龙山中期"伏羲布卦"完成以后，伏羲连山历升级为神农归藏历，亞形昆仑台升级为圆形太极台，见于晚期伏羲族（神农族）酉邦的国都山西陶寺[1]。

仰韶中期，黄帝族接受了伏羲连山历及其亞形昆仑台，但是拒不接受与连山历、昆仑台配套的"混沦说"（浑天说）。

龙山末期，黄帝族又接受了神农归藏历，但是拒不接受与归藏历、太极台（浑夕台）配套的"浑夕说"（宣夜说）。

所以"炎黄之战"黄帝族南下中原征服神农族之时，平毁了山西陶寺的圆形太极台。因此夏商周的"灵台"，全都承袭早期伏羲族的亞形"昆仑台"，而不承袭晚期伏羲族的圆形"太极台"。

---

[1] 详见张远山：《伏羲之道》195页陶寺太极台，岳麓书社2015。作品集第十六卷206页。

三 伏羲族昆仑台定型符号：八角星

昆仑台是伏羲族早期天文历法的基础，所以伏羲族彩陶上有大量的昆仑台符号。但是伏羲族的昆仑台符号并非一次定型，至少经历了三大阶段的发展演变。

伏羲族昆仑台的第一阶段符号，是伏羲连山历的标志性符号：东西七连山。

比如先仰韶期（前5200）的陕西宝鸡北首岭船形壶（图9-12.1）[1]：中间用网格纹标示昆仑台，左右用七连山标示连山历。

马家窑文化也有类似纹样。其中一例（图9-12.2），中间是囫囵纹（葫芦纹），左右是七连山。另外一例（图9-12.3），中间是东西倒影山，左右是东山顶的出山太阳光芒和西山顶的落山太阳光芒，后来衍生出"天帝纹""昊天纹"等等天文历法纹样[2]，以及"太昊纹""少昊纹"等等伏羲支族族徽[3]。

伏羲族昆仑台的第二阶段符号，主要有两种纹样。

一种纹样以连山纹为主体，见于仰韶初期（前5000）的陕西西安半坡（图9-12.4）[4]：中间承袭北首岭的昆仑台符号，用网格纹标示昆仑台，交叉十一线，围出 $10 \times 10 = 100$ 格，因为伏羲连山历采用十进制计历；东西七连山简化为东西各一山，南北各一山代表南北七连山，山顶朝向圆心的北极天枢。因为伏羲族已把东西十四山完善为东南西北二十八山，向上投射为东南西北二十八宿，把地面坐标体系升级为天空坐标体系。

---

[1]　详见张远山：《伏羲之道》42页北首岭船形壶，岳麓书社2015。作品集第十六卷38页。

[2]　详见张远山：《伏羲之道》33—41页连山纹举要，岳麓书社2015。作品集第十六卷30—37页。

[3]　详见张远山：《伏羲之道》66—72页太昊、少昊族徽，岳麓书社2015。作品集第十六卷68—75页。

[4]　详见张远山：《伏羲之道》44页半坡十进制，岳麓书社2015。作品集第十六卷40页。

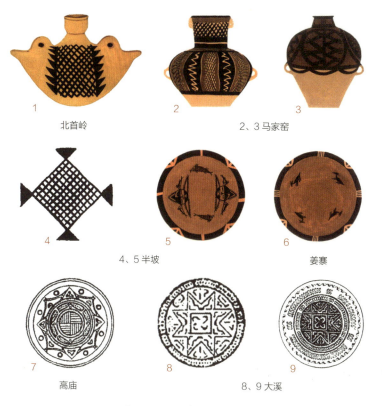

1 北首岭

2、3 马家窑

4、5 半坡

姜寨

7 高庙

8、9 大溪

图9-12　伏羲族昆仑台符号

　　一种纹样以圭影符为主体，见于半坡人面鱼盆（图9-12.5）和姜寨四鹿纹盆（图9-12.6）的外缘[1]。四正均为圭木形的阳爻符：半坡各为一阳爻，合计四爻，标示太阳历四时；姜寨各为三阳爻，合计十二爻，标示太阳历十二月。四维均为圭木和左右圭影合成的山形圭影符"个"，山顶朝向圆心的北极天枢。

　　伏羲族昆仑台的第三阶段符号，才是后来传遍华夏全境的"八角星"。

　　考古发现的最早八角星，见于先仰韶至仰韶初期的南扩伏羲支族湖南高庙文化（前5800—前4500）的松溪口遗址（前4600），四正方位各有一山，是伏羲连山历的标志（图9-12.7），但是八角的方位尚非定制。然后

[1]　详见张远山：《伏羲之道》84—89页连山历河图，岳麓书社2015。作品集第十六卷87—93页。

见于仰韶早期的南扩伏羲支族大溪文化（前4500—前3300），湖南安乡汤家岗的两例（图9-12.8、9），八角的方位已是定制。

甘肃天水大地湾一期的圭影盆[1]，证明伏羲族至迟于大地湾一期（前6000）已经发明了圭表测影，创造了伏羲连山历。但是大地湾一期并非伏羲连山历的起源期，而是成熟期。大地湾一期以前，伏羲族尚未发明圭表测影，也未发明昆仑台，仅以住地东面、西面的七座天然山体为历法坐标。大地湾一期，伏羲族发明了圭表测影，圭木不可能立于远在天边的七座天然山体，只能立于住地中心的昆仑台，所以伏羲族在住地中心建造了昆仑台，并在昆仑台上圭表测影。所以伏羲族的昆仑台始于大地湾一期，但是直到一千五百年后的仰韶早期，才出现了昆仑台的定型符号"八角星"。

汤家岗的两例伏羲族八角星定制，由昆仑台之"亞"、圭影符之"个"合成：东南西北四"个"，嵌入"亞"的四正方位。"个"的山顶朝向圆心的北极天枢，承袭半坡人面鱼盆、姜寨四鹿纹盆。

八角星的中心方框里面，是四季北斗循环纹，近似玉器族标示四季北斗的万字符，但是不如万字符完美，所以龙山时期的伏羲族接受了玉器族的万字符；但是出现八角星的仰韶早期，伏羲族尚未接受玉器族的万字符。

八角星的中心方框外面，是四个"丙"字纹，其中有标示昆仑台三层侧影的"凸"字纹。汤家岗两例八角星均有"凸"字纹，已非孤证。南蛮族的八例昆仑台符号又都袭用了伏羲族的"凸"字纹（详见第五节），构成了牢不可破的系统证据链。

汤家岗八角星的外面，另有不可或缺的圆形。功能有三：一是标示伏羲连山历的天文理论"混沦说"（浑天说）。二是标示"混沦说"的天球、地球。三是标示伏羲族村落外围的环濠，亦即昆仑台外的圆水。

村落外围挖掘环濠，用于防御野兽和敌人，同样始于伏羲族祖地甘肃天水大地湾，遍见于一切伏羲支族住地。所以中古文献记载的伏羲族昆仑台神话，昆仑台外均有"弱水"。

---

[1]　详见张远山：《伏羲之道》124页大地湾圭影盆，岳麓书社2015。作品集第十六卷130页。

昆仑之丘，其下有弱水之渊环之。有人戴胜，虎齿，有豹
尾，穴处，名曰西王母。(《山海经·大荒西经》)

昆仑……又有弱水周回绕匝。(《海内十洲记》)

昆仑之墟……其外绝以弱水之深。(《搜神记》)

昆仑之弱水，鸿毛不能起。(《玄中记》)

"弱水"的神话解释，是浮力极弱，羽毛下沉。这一神话解释，植根于
伏羲族希望村落之外（昆仑台外）的环濠之水，浮力极弱，可以淹死入侵
住地的野兽和敌人。

《大荒西经》不仅提及了"昆仑之丘"和"弱水"，而且提及了另一神
话人物"西王母"，即神话化的伏羲族"女娲氏"。后世的西王母神话，又
把"弱水"称为"醴泉""瑶池"。

昆仑其高二千五百余里，日月所相避，隐为光明也。其上有
醴泉、瑶池。(《史记·大宛列传》引《禹本纪》)

穆王十七年，西征昆仑丘，见西王母。(《古本竹书纪年》)

乙丑，天子觞西王母于瑶池之上。(《穆天子传》)

由此可见，伏羲族的混沦说、昆仑台、八角星，具有精确的对应关系：

亞形昆仑+圆形弱水=混沦说、昆仑台

亞形昆仑+个形圭影+圆形弱水=八角星

八角星的三大元素，全部体现于中古文献记载的伏羲族昆仑台神话和
西王母神话，充分证明八角星是伏羲族昆仑台的专用符号。

夏商周明堂底层"宣室"、中层"宗庙"的室名，以及底层室外的圆水，
同样证明八角星是伏羲族昆仑台的专用符号。

其一，夏商周明堂的底层"宣室"和中层"宗庙"，各有对应一年十二
月的四庙八室（图9-4.1）和四堂八室（图9-4.2），位于八角的八室，全

都名为"左个""右个",正是取自八角星的核心成分圭影符"个"。

用八角星的圭影符"个",命名"宣室""宗庙"八角的八室,不仅证明八角星是伏羲族昆仑台的专用符号,而且再次证明"宣室""宗庙"之上是承袭伏羲族昆仑台的"灵台",因为没有理由用另一建筑的符号,统一命名另外两种建筑的房间。只有位于同一建筑的三层,才有必要用其顶层的符号,命名下面两层的房间。

上古伏羲族"大庭"在亚形昆仑台之下另建两层建筑,其命义是:底层"宣室"的施政,忠于中层"宗庙"的祖训,仿效顶层"昆仑台"观天所知的天道;中层"宗庙"的祭祖、祭天,植根于顶层"昆仑台"的观天。由此开启了华夏道术的核心理念"以人合天,天人合一,顺天应人"。

中古夏商周"明堂"不仅承袭了上古伏羲族"大庭",而且承袭了上古伏羲族开启的华夏道术核心理念"以人合天,天人合一,顺天应人",并用伏羲族昆仑台的专用符号"八角星"所含圭影符"个",命名底层"宣室"、中层"宗庙"的八室为"左个""右个",则是因为天子住在底层"宣室"的四堂八室,每月对应顶层"灵台"所观北斗斗柄的方向,顺时针逐月移居一室。天子居室与天道运行保持一致,一年循环一周,翌年重新开始,寓意天子的施政"与天地合其德,与日月合其明,与四时合其序,与鬼神合其吉凶"(《易传·文言》)。

上古伏羲族"大庭"和中古夏商周"明堂"的亚形平面结构,并非由底层"宣室"、中层"宗庙"决定,而由顶层"昆仑台"或"灵台"决定,堪称"上层建筑决定意识形态"的经典案例。

其二,夏商周明堂的底层"宣室"外面,均有名为"泮宫"或"辟雍"的圆形水池,正是取自八角星外的圆形。

"辟雍"是夏商周太学的名称,太学之所以设于明堂,乃因明堂三层包含了夏商周的全部知识:底层"宣室",可学施政之术;中层"宗庙",可学祭祀之礼;顶层"灵台",可学天行之道。而底层"宣室"所学施政之术,中层"宗庙"所学祭祀之礼,全都源于顶层"灵台"所学天行之道。因此构成"教学"二字的一切元素,全都来自天行之道[1]。

---

[1]　详见张远山:《伏羲之道》215页"教学"释字,岳麓书社2015。作品集第十六卷226页。

伏羲族昆仑台符号八角星的完整形式，包括中间的八角星和外面的圆形。由于圆形是无须特别创造的常见形状，八角星是天才创造的特殊符号，所以伏羲族根据这一符号内为四方、外为八牙，把八角星的创造者称为"伏羲方牙"。

伏羲方牙精作易，无书，以画事。(《易纬·通卦验》)

伏羲方牙精作易，无书，以画字，此画字之始。(《易纬·坤灵图》)

这是"伏羲易"的最早出处，不仅明言"方牙"是伏羲族，而且认为八角星是伏羲族"画字之始"，尽管伏羲族的"画字"其实始于大地湾一期的圭影盆。伏羲族把"方牙"创造八角星视为"画字之始"，一是伏羲族的"方牙画字"先于黄帝族的"仓颉造字"，二是八角星标示的昆仑台是华夏农耕文明的基础。

"方牙画字"创造的昆仑台符号八角星，最早见于南扩伏羲支族的高庙文化、大溪文化，然后见于西扩伏羲支族的甘青马家窑文化和东扩伏羲支族的山东龙山文化。

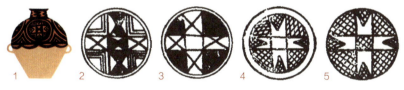

图9-13　西扩伏羲支族八角星：青海柳湾

图9-14　东扩伏羲支族八角星：江苏邳县

青海柳湾的五例八角星，均有外圆。四例见于纺轮（图9-13.2—5），利用了纺轮的现成外圆。一例见于陶罐侧壁（图9-13.1），仍不省略不可或缺的外圆；四正方向均有八角星加外圆，对应四方，标示四季。

江苏邳县大墩子的两例八角星，一例见于纺轮（图9-14.1），也利用了纺轮的现成外圆。一例见于陶盆侧壁（图9-14.2左），共有七个无外圆的八角星（图9-14.2右），标示伏羲连山历的七连山。

综上所述，八角星是伏羲族昆仑台的定型符号，也是伏羲连山历的重要符号，凭借其完美形式，淘汰了伏羲族昆仑台的其他早期符号，与伏羲连山历一起东传玉器三族。

四　伏羲族八角星东传玉器三族

伏羲族于仰韶早期创造了昆仑台定型符号"八角星"以后，南扩伏羲支族、东扩伏羲支族与玉器三族相遇。玉器三族接受了伏羲族彩陶及其天文历法纹样，也接受了伏羲连山历、连山历天文台"昆仑台"及其符号"八角星"，并按照"八角星"仿建了各自的昆仑台。

八角星的第一条东传路线，是长江流域的南路。

仰韶中期，四川大溪文化的南扩伏羲支族东进，首先把伏羲族的昆仑台符号八角星传给了长江中游屈家岭文化的西扩南蛮支族，见于湖北秭归柳林溪（图9-15.1）、江西靖安郑家坳（图9-15.2）。然后继续东传长

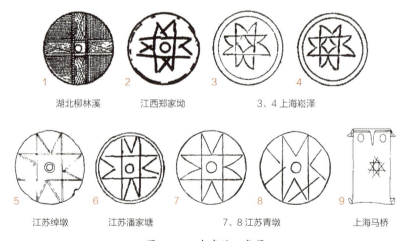

图 9-15　南蛮族八角星

江下游崧泽文化的南蛮祖族，见于上海青浦崧泽遗址的下层、中层（图9-15.3、4）。

早期南蛮族的四例八角星，均在仰韶中期（前4000）以后，比仰韶早期高庙文化松溪口遗址（前4600）和大溪文化汤家岗遗址（前4500）的伏羲族八角星至少晚五百年。

八角星又从浙江、上海的良渚文化区域，北传江苏南部的良渚文化区域，见于江苏南部的昆山绰墩（图9-15.5）、武进潘家塘（图9-15.6）、海安青墩（图9-15.7、8）。

以上八例南蛮族八角星，均有外圆，但是四正方位都没有主影符"个"，可能是南蛮族很长时间未能学会伏羲族的圭表测影。

青墩遗址的第二例八角星（图9-15.8），略有变异，上下四牙分明，左右四牙简化，整体形象近于夏商周青铜器常见的交午纹。

夏商时期上海马桥文化（前2000—前1000）的陶杯柄部，也有一例八角星（图9-15.9），没有外圆。

江苏苏州澄湖良渚文化遗址的一件鱼篓形黑陶贯耳壶，刻有四个陶文（图9-16），第一字正是八角星，成为"方牙画字"的重要旁证。

图9-16　江苏澄湖刻文黑陶贯耳壶

澄湖陶文共有四字，均可识读。

第一字，是两个连笔交午纹相叠而成的八角星，读作"昆仑"。

第二字，是"戉"，通"岁"。古人"用戉为岁，岁与戉古本一字"（郭沫若）[1]。青铜时代以后，"戉"加金旁作"钺"。

---

[1]　《郭沫若全集·考古编》第1卷，《甲骨文字研究》143页《释岁》，科学出版社1982。

第三字，近于交午纹。有学者识读为"五"[1]。"午""五"原本同源，然而"五"字在此无义，当为"午"字。

第四字，是八角星的核心成分，圭影符"个"，说明南蛮族已经学会了伏羲族的圭表测影。有学者识读此字为"矢"或"寅"[2]，然而"矢""寅"在此无义，当为"圭"字。

四字连句，其意当为：昆仑成岁，午测圭影。

早期文字尚未做到一字一音的精确对位，一字可读多音，只能会意，又须补意。

澄湖陶文仅有四字，首字是标示昆仑台的八角星，末字是八角星的核心成分圭影符"个"，第三字是与昆仑台、八角星相关的"午"，因为昆仑台的圭表测影，主要是测量正午圭影的长度及角度，再次证明八角星是伏羲族的昆仑台符号。南蛮族按照伏羲族八角星仿建的昆仑台，对良渚农耕文化的发展繁荣起到了巨大作用，所以四字之中，有三字与昆仑台及其符号八角星直接相关。

第二字"戉"通"岁"，仍与昆仑台及其符号八角星的天文功能直接相关。又是南蛮族创造的重要符号，因为"戉"不仅通"岁"，而且通"越"。上古南蛮族制了大量玉钺，作为本族标志。所以中古以后的南蛮族，称为"越人""百越"。

澄湖陶文四字，可谓字字千金，是中古黄帝族"仓颉造字"以前汉字漫长起源史的重要里程碑。上古华夏四族对中古以后汉字体系的最终完成，均有不同程度的重要贡献。

八角星的第二条东传路线，是黄河流域的中路。

仰韶晚期，东扩伏羲支族抵达黄河下游和淮河流域，把伏羲族的昆仑台符号"八角星"，传给了东夷族的凌家滩文化、大汶口文化（图9-17）。

---

[1]　张明华、王惠菊《太湖地区新石器时代的陶文》读作"五"，陆思贤《神话考古》354页是之。

[2]　详见陆思贤：《神话考古》354页，文物出版社1995。

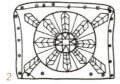

1—3 安徽凌家滩

4—6 山东大汶口　　　　　　　临沂野店

图 9-17　东夷族八角星

东夷族接受伏羲族八角星的早期，八角方向不正，但有外圆，见于安徽凌家滩的猪翅鹰（图9-17.1）。中期，八角方向始正，仍有外圆，见于安徽凌家滩的玉板、纺轮（图9-17.2、3）。后期，八角方向仍正，但无外圆，见于山东泰安大汶口（图9-17.4—6）、山东临沂野店（图9-17.7）的陶豆、陶盆。

八角星的第三条东传路线，是长城以北的北路。

黄帝族的八角星，见于内蒙古赤峰市敖汉旗白斯朗营子小河沿文化遗址的彩陶器座（图9-18.1）：四个无外圆的八角星（图9-18.3），对应四方，标示太阳历四时。器座上缘的俯视图（图9-18.2），四正方位各有三山，

图 9-18　黄帝族八角星：小河沿文化

对应四方，标示太阳历一时三月。

　　玉器三族的无外圆八角星，源头可以追溯到江苏邳县大墩子的东扩伏羲支族（图9-14.2）。东扩伏羲支族、玉器三族的八角星常无外圆，原因之一是符号的简化，原因之二是长江下游、黄河下游、淮河流域水系纵横，河道密布，无须像黄河上游的伏羲族那样在村落外围挖掘人工环濠。

五　南蛮族按照八角星仿建昆仑台

　　仰韶中后期的玉器三族，不仅接受了伏羲族的昆仑台符号八角星，而且按照伏羲族的昆仑台符号八角星仿建了各自的昆仑台，不过均非亚形三层，而是方形三层或圆形三层，这是文化传播产生的变异。

　　南蛮族的方形三层昆仑台，见于浙江余杭的反山、瑶山、汇观山，浙江海宁大坟墩、上海青浦福泉山、江苏吴县张陵山、江苏武进寺墩、江苏吴县草鞋山等地的良渚文化遗址，以及湖南城头山等地的屈家岭文化遗址。

　　瑶山昆仑台的三层方台（图9-19.1），用不同材料堆筑：底层是黄褐土堆成的砾石台，中层是灰土台，顶层是红土台。

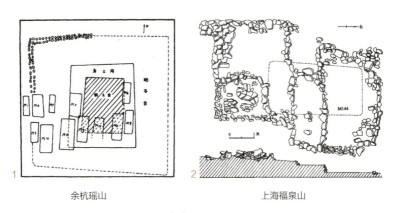

余杭瑶山　　　　　　　　　　上海福泉山

图9-19　南蛮族方形三层昆仑台

　　令人遗憾的是，良渚南蛮族最为重要的反山昆仑台，由于考古工作者经验不足，发掘之时有所损毁。

《反山》考古报告说（撮引）：

> 高约5米的土台，构成了反山的主体，也是一座祭坛遗址。在其西南部位，有M12、M14—M18、M20、M22、M23共9座良渚文化贵族墓葬，这些墓葬均打破祭坛。从地层学来看，祭坛营建在先，墓葬埋入在后，具有相对的早晚关系。但发掘中未见祭坛有任何废弃的迹象，埋葬其上的墓葬排列有序，与祭坛形成一体，密不可分，应该把祭坛和墓地看做一个整体，它们之间的早晚关系是一个连续的过程。当然"祭坛"的命名并不十分确切，尚待研究。但良渚文化先民营建大小、形态不同的高土台，然后埋入一批墓葬，这是非常普遍的现象，是良渚文化特定的墓葬、墓地形式[1]。

良渚文化的三层方台，兼有三大功能：首先是昆仑台，其次是祭坛，最后是酋长陵墓。祭坛的祭天功能，植根于昆仑台的观天功能。酋长死后升天的最佳陵墓，仍是兼用于观天、祭天的昆仑台。一座昆仑台的墓葬空间用完，于是另建一座昆仑台。由于余杭良渚是良渚文化的中心区域和王城所在，所以反山、瑶山、汇观山、大小莫角山密集分布着多座昆仑台。

由于上古玉器三族的昆仑台兼为部族祭坛和酋长陵墓，因此凡是出土大量珍贵玉器的玉器族酋长大墓所在三层土墩，均为昆仑台。

反山墓地的考古发掘队事先不知酋长陵墓兼为祭坛，更不知首先是昆仑台，因而不慎挖掉了顶层的"暗红色硬面"。《反山》报告难能可贵地承认："这是一件非常遗憾的事，承认错误，引以为戒。"《反山》报告又更加可贵地承认："'祭坛'的命名并不十分确切，尚待研究。"[2]根据本书的研究，上古玉器三族的"祭坛"或"积石冢"，正确命名应为"昆仑台"。

南蛮族除了接受伏羲族的昆仑台符号八角星并仿建昆仑台，还自创了

---

[1]　引自《反山》上册16页，文物出版社2005。

[2]　引自《反山》上册16页，文物出版社2005。

1、2 大溪八角星

良渚昆仑台玉片

大汶口昆仑台玉片

图9-20　玉器族按照八角星仿建昆仑台

两种具有本族特色的昆仑台符号。

南蛮族自创的第一种昆仑台符号，就是良渚玉琮。

南蛮族在河姆渡文化、马家浜文化、崧泽文化时期，只有圆柱圆孔的观天玉琯，没有方柱圆孔的祭天玉琮。直到崧泽文化时期接受了伏羲族的昆仑台符号八角星以后，良渚南蛮族才按照八角星仿建了方形三层昆仑台，于是良渚文化时期出现了象征昆仑台的方柱圆孔玉琮（详见南蛮章）。

南蛮族自创的第二种昆仑台符号，初形见于良渚玉饰片，定制见于良渚刻纹玉璧。

良渚文化晚期的好川墓地漆器上的玉饰片，即为南蛮族方形三层昆仑台的侧影（图9-20.3），与福泉山方形三层昆仑台的剖面图（图9-19.2）完全同形，又与伏羲族八角星的"凸"字纹完全同形（图9-20.1、2）。证明南蛮族正是按照伏羲族的八角星仿建了昆仑台。类似的玉饰片，又见于东夷族的大汶口遗址（图9-20.4），当属东夷族接受南蛮族影响而仿制。

良渚刻纹玉璧又在方形三层昆仑台之上增加了太阳鸟，成为南蛮族昆仑台符号的定制。

南蛮族在河姆渡文化、马家浜文化、崧泽文化时期，只有素面玉璧，没有刻纹玉璧。良渚南蛮族建造了昆仑台以后，才出现了刻有昆仑台侧影加太阳鸟的刻纹玉璧。

目前考古所见的良渚刻纹玉璧共计八件（图9-21），六件见于南蛮族的良渚文化遗址，两件见于东夷族的大汶口文化遗址（图9-21.4、8），后者可能属于仿制品，所以鸟形略异。

八件玉璧的刻纹下部，均为方形三层昆仑台的侧影。

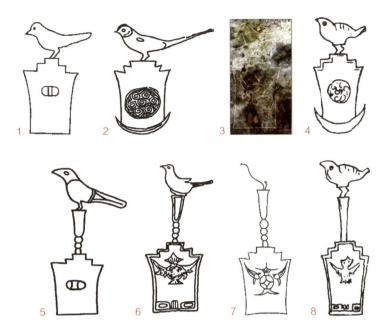

图 9-21　良渚刻纹玉璧：南蛮族方形三层昆仑台符号

八件玉璧的刻纹上部，均为尾东头西的太阳鸟，对应东升西落的太阳。

四件玉璧的刻纹（图 9-21.1—4），没有圭形柱。四件玉璧的刻纹（图 9-21.5—8），增加圭形柱。证明南蛮族仿建昆仑台的初期，尚未掌握伏羲族的圭表测影，后期才掌握了伏羲族的圭表测影。

刻纹下部的凸字形侧影中，另有一些天文历法纹样。

一是太阳纹（图 9-21.1、5），解释顶部之鸟是太阳鸟。

二是星云纹加新月纹（图 9-21.2、4），与顶部太阳鸟合为日月星。

三是九日鸟（图 9-21.3、6—8），与顶部太阳鸟合为十日，亦即《山海经·海外东经》的"扶桑十日"神话："汤谷上有扶桑，十日所浴，在黑齿北。居水中，有大木，九日居下枝，一日居上枝。"

东海"汤谷"，又名"旸谷"，是太阳升于东方大海的神话表述。"扶桑"，又名"扶木"，是昆仑台正东圭木的神话表述。"十日鸟"，是伏羲族计算太阳历的"十天干"的神话表述[1]。

---

[1]　十天干计日，详见张远山：《伏羲之道》197 页，岳麓书社 2015。作品集第十六卷 207 页。

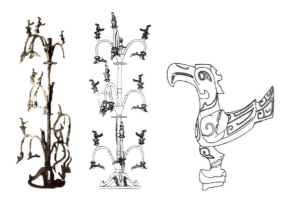

图9-22　三星堆青铜扶桑树和太阳鸟

顺便一说，四川广汉的三星堆文化，是南扩伏羲支族后裔的文化，是四川大溪文化、四川宝墩文化的后续文化（详见续著《青铜之道》）。三星堆二号祭祀坑出土的青铜扶桑树（图9-22），共有三层，每层三条树枝，各栖一只太阳鸟，合计九鸟。中层有一树枝多出一个分叉，隐喻第十只巡游天际的值日太阳鸟，不在扶桑树上。三星堆的青铜扶桑树不仅忠实反映了华夏上古的扶桑树神话和太阳鸟神话，而且全合上古昆仑台的三层结构。

六　东夷族按照八角星仿建昆仑台

东夷族不仅接受了伏羲族的昆仑台符号八角星，而且受到了强势北进的良渚文化巨大影响，所以东夷族的昆仑台同于南蛮族的昆仑台，也是方形三层。

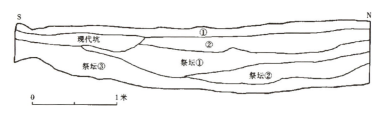

图9-23　东夷族：凌家滩昆仑台西壁剖面图

考古所见的东夷族昆仑台，见于安徽含山凌家滩、安徽合肥荷叶地等遗址。

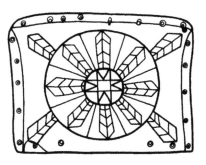

东夷族方形三层昆仑台符号

图 9-24　凌家滩玉板

　　凌家滩昆仑台的三层方台（图9-23），也用不同材料堆筑：底层是黄斑土，中层是小石子黏合土，顶层是鹅卵石三合土。

　　凌家滩的四象八圭玉板（图9-24），里面二圆，外面一方，对应凌家滩昆仑台的方形三层，是东夷族自创的昆仑台符号。

　　内圈是伏羲族的昆仑台符号八角星，中圈、外圈的玉圭是对伏羲族圭木的玉器化。三圈的符号，均有伏羲族的深刻烙印。

　　中圈八支玉圭，各刻三线，标示太阳历二十四节气。

　　外圈四支玉圭，各刻三线，标示太阳历十二月。

　　方框外缘的东南西北均有钻孔，象征繁星。

　　值得注意的是，伏羲族的昆仑台东传南蛮族、东夷族之时，形状、符号、观念逐渐产生了细微差异。

　　伏羲族的昆仑台，内为亚形，外为环濠；昆仑台符号，内为八角星，外为圆形。外圆内方，对应"天道曰圆，地道曰方"观念。

　　南蛮族的昆仑台，内为方形，外无环濠；昆仑台符号，是方形三层昆仑台的侧影，没有外圆。两者均不对应"天道曰圆，地道曰方"。

　　东夷族的昆仑台，内为方形，外无环濠；昆仑台符号，内为圆形，外为方形。后者对应"天道曰圆，地道曰方"。

　　所以伏羲族的昆仑台符号"八角星"和伏羲族的"天道曰圆，地道曰方"观念北传黄帝族以后，又发生了对中古夏商周影响深远的重大变异（详见夏商周章）。

七　黄帝族按照八角星仿建昆仑台

黄帝族不仅接受了伏羲族的昆仑台符号八角星，而且接受了伏羲族的
"天道曰圆，地道曰方"观念，所以黄帝族的昆仑台，既不是伏羲族昆仑台
的亞形三层，也不是南蛮族、东夷族昆仑台的方形三层，而是分化为圆形
三层的天坛和方形三层的地坛，见于内蒙古阿善、黑麻板、莎木佳等地的
阿善文化遗址（图9-25.1），以及辽宁喀左东山嘴（图9-25.2）、辽宁建平
牛河梁（图9-25.3）等地的红山文化遗址。

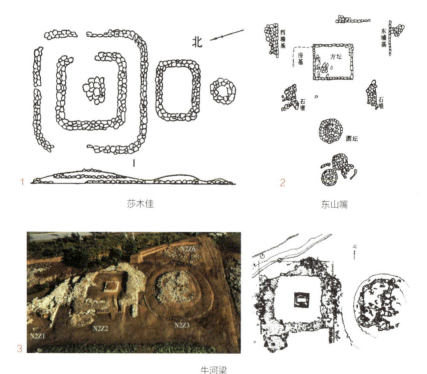

图9-25　黄帝族方圆三层昆仑台

黄帝族的圆形三层天坛，也有三大功能：首先是夜观星象的昆仑台，
其次是祭天的祭坛，最后是酋长墓冢。

黄帝族的方形三层地坛，也有三大功能：首先是昼测圭影的昆仑台，其次是祭地（兼祭祖）的祭坛，最后是贵族墓冢。

黄帝族的天坛、地坛，旧称"祭坛"或"积石冢"，两名均不误，仅是以偏概全，祭坛仅是第二功能，墓冢则是第三功能，昆仑台才是第一功能。

黄帝族把昆仑台分为圆形三层天坛和方形三层地坛，可能是多种原因综合作用的结果（图9-26）。

1　伏羲族二分二至图　　　2　东夷族分至玉璧　　　3　黄帝族分至天坛

图9-26　伏羲族分至图东传

其一，伏羲族的二分二至图（图9-26.1）东传东夷族，于是东夷族制作了凌家滩的二分二至玉璧（图9-26.2）。伏羲族的二分二至图或东夷族的二分二至玉璧北传黄帝族，于是黄帝族建造了表现二分二至的圆形三层天坛（图9-26.3）。尽管伏羲族、东夷族、黄帝族分别用彩陶、玉璧、石坛表现二分二至[1]，但是三者完全同形，时间先后井然，传播路径清晰，不可能是偶然巧合，而是伏羲族天文历法东传、北传的结果。

其二，黄帝族按照伏羲族的昆仑台符号仿建昆仑台，但对夜观星象、昼测圭影做出了分工，于是把昆仑台分为两部分：一是按照八角星建造了方形三层地坛，专司伏羲族传入的昼测圭影。二是按照八角星外的圆形建造了圆形三层天坛，专司玉器族原有的夜观星象。

其三，黄帝族按照伏羲族的"天道曰圆，地道曰方"观念，分别建造了昼测圭影于地的方形三层地坛，夜观星象于天的圆形三层天坛。但是原

---

[1]　参看冯时：《中国天文考古学》351—352页，论证凌家滩玉璧、牛河梁三环石坛符合二分二至，中国社会科学出版社2007。

本对应"天道曰圆，地道曰方"的圆形天坛、方形地坛，后来却被夏商周黄帝族视为"盖天说"的"天圆地方"依据（详见夏商周章）。

无论是伏羲族的亞形三层昆仑台，还是南蛮族、东夷族的方形三层昆仑台，或是黄帝族的圆形三层天坛、方形三层地坛，首先对应天文内涵"二分二至"，其次对应人文内涵"天地人"：顶层"昆仑台"观测天行之道，中层"宗庙"祭祀地下之祖，底层"宣室"居住在世人王。《老子》据此概括为："人法地，地法天，天法道，道法自然。"亦即住在底层"宣室"的在世人王，效法中层"宗庙"祭祀的地下之祖；中层"宗庙"的历代先祖，效法顶层"灵台"观测的天行之道；遍在永在的天行之道，效法"独立而不改，周行而不殆"的自然之道。

由于伏羲族"大庭"和黄帝族"明堂"的三层结构兼有天文、人文双重内涵，因而三层成为华夏人工建筑不可逾越的最高规格。夏桀建造九层的钧台（又作"均台"，均即陶轮，训旋转），商纣建造九层的瑶台（瑶指"瑶池"，即昆仑台外的圆水），均被视为违背天道的逆天之举，成为商汤灭夏、周武王灭商的神圣理由。

或问：上古黄帝族的天坛、地坛并非亞形，为何中古黄帝族的夏商周"明堂"却是亞形？

因为中古黄帝族入主中原以后，大量聘请伏羲族天文历法官担任"羲和""常羲""共工"，于是纠正了上古文化传播产生的变异，夏商周"明堂"忠实照搬了伏羲族"大庭"的亞形三层。

虽然夏商周"明堂"重新师法伏羲族"大庭"，但是仍然承袭上古黄帝族的天坛、地坛，所以中古文献既记载了夏商周的亞形三层明堂，也记载了夏商周的圆形三层天坛、方形三层地坛。比如《礼记·郊特牲》："以圆丘祭天，方坛祭地。"又如《广雅·释天》："圆丘大坛，祭天；方泽大坎，祭地。"秦汉以后两千年，天坛、地坛继续存在，今日仍然见于北京。

中古夏商周"明堂"顶层的亞形"灵台"，始于"炎黄之战"以后，所以夏商周专司"灵台"观天的天文历法官和专司"灵台"祭天的祭司巫师，均以"亞"字为族徽，见于夏商周巫史家族的大量青铜器铭文（图9-27）。

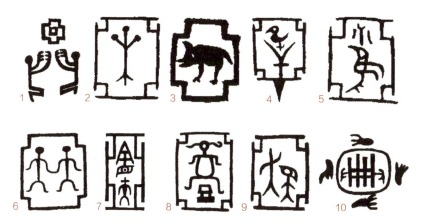

图9-27　商周金文：巫史家族亞字族徽

夏商周的所有巫史家族，均以标示昆仑台的"亞"字为族徽。

有的"亞"字下面，是顶礼昆仑台的形象（图9-27.1），当属总管昆仑台的"羲和氏"族徽。

有的"亞"字中间，是象征圭木的扶桑树（图9-27.2），当属专司圭表测影的"共工氏"族徽。

有的"亞"字中间，是象征北斗七星的北斗猪神（图9-27.3），当属专司观测北斗的"豨韦氏"族徽。

有的"亞"字中间，是象征太阳的太阳鸟（图9-27.4、5），与良渚昆仑台刻纹玉璧的太阳鸟、三星堆青铜扶桑树的太阳鸟同形，当属专司分、至、启、闭的"玄鸟氏""伯赵氏""青鸟氏""丹鸟氏"族徽。

有的"亞"字中间，或有模仿玉器族玉帝造型的万舞第二舞姿（图9-27.6—8），或有模仿万字符造型的万舞第三舞姿（图9-27.9），或有模仿万字符旋转的禹步（图9-27.10），当属专司祈福禳灾的"方相氏"族徽。

| 河南安阳梅园庄 | 山西灵石旌介 | 山东滕州前掌大 |

图9-28　商代八角星

由于夏商周把"亞"字作为灵台符号，又把"亞"字作为巫史族徽，因此上古伏羲族的昆仑台符号八角星遭到淘汰，逐渐成为意义不明的上古天文符号，多见于商代弓形器（图9-28），角度不正，如同凌家滩猪翅鹰。

宋　　　　　　　　　　　元　　　　　　　　郭守敬重修周公观景台

图 9-29　历代方形三层天文台

夏商周的亞形三层"明堂"及其顶层的亞形"灵台"，东汉以后成为礼仪性建筑，不再用于天文观测。从唐至清的历代天文台，都是方形三层昆仑台（图9-29.1、2）。河南洛阳登封告成镇的周公观景台（"景"为"影"之本字，"观景"即观日影，并非观风景），已非周公建于洛阳的亞形三层"灵台"旧观，而是元代郭守敬重修的方形高台（图9-29.3）。

由于玉器三族全都仿建了伏羲族的三层昆仑台，兼为天文台、宗教祭坛、酋长陵墓，因此考古发现的很多上古酋长大墓所在地，至今仍以"墩"为地名，因为"昆仑台"均为本地建筑的最高地标。比如浙江有杭州三墩镇的文星墩、灯彩墩、水月墩，海宁的大坟墩、三官墩、金石墩，嘉兴的戴墓墩、姚墩，平湖的平邱墩；江苏有武进的寺墩、海城墩，常州的圩墩，昆山的绰墩，海安的青墩，溧阳的神墩，金坛的裕巷墩，江阴的高城墩，宜兴的骆驼墩，无锡的仙蠡墩、彭祖墩、邱承墩，镇江大港的双墩，丹徒的九母墩，泗阳的陈墩，高邮的周邘墩，邳县的九女墩、大墩子；湖北有武汉的王家墩、枣阳的九连墩，黄梅的塞墩，随县的擂鼓墩；安徽有蚌埠的双墩，铜陵的师姑墩、夏家墩、神墩，舒城的九里墩，枞阳的汤家墩；江西有靖安的老虎墩，九江的神墩；广东有封开的利羊墩，湛江的鲤鱼墩，东莞的望牛墩；四川有新津的宝墩，等等。所以《尔雅》称昆仑台为"敦丘"，"敦"即"坟墩"，"丘"即"昆仑丘"。

八 伏羲族圭木、玉器族玉琯融合于昆仑台

伏羲族的早期昆仑台，既有昼测圭影的圭木，也有夜观星象的仪器，虽然没有观天玉器，但是最早实现了全天候的不间断天文观测，所以天文历法比玉器三族先进。

玉器三族仿效伏羲族建造昆仑台以前，也有早期天文台，但是只有夜观星象的观天玉器，没有昼测圭影的圭木，不能全天候地不间断天文观测，所以天文历法比伏羲族落后。

伏羲族与玉器族相遇以后，伏羲族的后期昆仑台上，增加了仿效玉器族的观天玉器；玉器三族仿效伏羲族而建的昆仑台上，增加了仿效伏羲族的圭木。于是上古华夏四族的昆仑台，都把玉器族的玉琯，架在伏羲族的圭木之上，合为昆仑台上的"玉树"。所以《山海经·南山经》说："（昆仑）四方而三坛，其上多金玉。"《河图始开图》说："昆仑之虚，四维多玉。"《河图括地象》说："昆仑上有琼玉之树。"《淮南子·坠形训》则说："禹乃以息土填洪水以为名山，掘昆仑墟以下地，中有增城九重，其高万一千里百一十四步二尺六寸。上有木禾，其修五寻，珠树、玉树、琁树。不死树在其西，沙棠、琅玕在其东，绛树在其南，碧树、瑶树在其北。"

伏羲族的早期昆仑台，圭木并无树枝，只可称"木"，不可称"树"。伏羲族的后期昆仑台和玉器三族的昆仑台，玉琯、玉璇玑架在圭木之上，如同树枝，于是称为"琅玕树""玕琪树""文玉树""琼玉树"（《山海经》），"珠树""玉树""琁树""绛树""碧树""瑶树"（《淮南子》）。昆仑台上既有"琅玕"，又有"玗璋"，于是称为"琅玕台"（《山海经·海内东经》）。昆仑台上既有"瑶碧"，又有"瑶树"，于是称为"瑶台"。昆仑台外又有"弱水"，于是称为"瑶池"。

四川广汉三星堆遗址出土的商代中期蜀国青铜扶桑树，正是昆仑台"玉树"的铜器化，可惜被长期误读为"发财树"（详见续著《青铜之道》）。

伏羲族昼测圭影的圭木，玉器族夜观星象的玉琯，在上古华夏四族的

昆仑台上融为一体，延至中古以后。

中古以后立于宫殿之前的华表，由两部分组成，立柱象征伏羲族昼测圭影的圭木，卷云象征玉器族夜观星象的"璇玑玉衡"。所以南朝梁陆倕《石阙铭》说："陈圭置臬，瞻星揆地。兴复表门，草创华阙。""揆地"的天文仪器是上古伏羲族发明的圭木，"瞻星"的天文仪器是上古玉器族发明的玉琯；中古以后两者合体的象征，则是"华阙""表门"，简称"华表"。

九 《山海经》"昆仑"之谜

厘清伏羲族昆仑台及其符号八角星传遍华夏全境的过程之后，《山海经》的"昆仑"之谜，即告水落石出。

其一，《山海经》为何称昆仑台为"昆仑墟""昆仑之丘"？

《山海经》的昆仑台专名，是"昆仑虚"，"虚"通"墟"。自然山体不能称"墟"，人工建筑才能称"墟"，比如河南淮阳的"太昊之墟"，山东曲阜的"少昊之墟"，山西夏县的"夏墟"，河南安阳的"殷墟"，所以"昆仑墟"不可能是自然山体，只可能是人工建筑。

《山海经》的昆仑台别名，是"昆仑之丘"。"丘"虽指"山"，"昆仑"却非山名，因为"昆仑"与"丘"中间，加了一个"之"字，意为"建有昆仑墟之山丘"。正因上古华夏四族和中古夏商周在华夏全境的很多山丘之顶建造了昆仑台，所以《山海经》记载的"昆仑墟""昆仑之丘"遍布华夏全境。

《集韵》："嶽，古作岳。"《六书正讹》："岳，从丘、山，象形。岳、嶽经传通用。""岳"字上为"丘"下为"山"，乃因五岳山顶均有人工建筑"昆仑之丘"即昆仑台。然而建有昆仑台的五岳各有山名，并非均名"昆仑"。《山海经》的"昆仑之丘"，实为建有昆仑台的一切山丘之统称。

历代学者无视"昆仑墟"之"墟"只能指人工建筑，无视"昆仑之丘"不可等同于"昆仑丘"，更不等同于"昆仑山"，而把《山海经》所言"昆仑墟""昆仑之丘"全都错误视为自然山体，于是错误认为："昆仑者，高山

皆得名之。"(毕沅《山海经注》)

其二,《山海经》的"昆仑墟""昆仑之丘",为何均为四方形?

> 昆仑墟在其东,墟四方。一曰在歧舌东,为墟四方。(《海外
> 南经》)
> 共工之台,台四方。隅有一蛇,虎色,首冲南方。(《海外北经》)

"共工"是伏羲族天文历法官的官名。比如排出伏羲六十四卦初始卦序的"共工倕",官名"共工",私名"倕",史称"工倕"[1]。所以"共工之台"实为伏羲族的昆仑台。

> 帝尧台、帝喾台、帝丹朱台、帝舜台,各二台,台四方,在
> 昆仑东北。(《海内北经》)

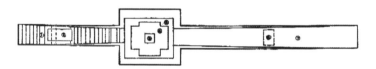

图9-30 河南安阳殷墟:商王亚形大墓

图9-31 河北平山中山王陵:仿效四方三坛昆仑台

---

[1] 详见张远山:《伏羲之道》222页,岳麓书社2015。作品集第十六卷235页。

"帝尧台""帝喾台""帝丹朱台""帝舜台"，都是"炎黄之战"征伐神
农族的黄帝族历代酋长陵墓。上古玉器三族的昆仑台，兼为部族祭坛和酋
长陵墓，是历代酋长的公共墓地。黄帝族征服神农族期间，部落酋长上升
为国家君王，于是按照四方三坛的昆仑台形制，建造了一人一陵的君王陵
墓，后世称为"封土堆"。每位君王有两个"封土堆"，一台是君王墓，一
台是陪葬墓。安徽阜阳双古堆之名，即源于此。河南偃师二里头夏都的君
王大墓，已有陪葬坑、车马坑。河南安阳殷墟的二十余座商代君王大墓或
贵族大墓，平面图多为方形或亚形（图9-30），正是夏商周君王的陵墓形
制。河北平山战国中山王陵（图9-31），同样仿效四方三坛的昆仑台。按
照"事死如生，事亡如存"的夏商周礼制（《荀子·礼论》），君王生前居
于亚形明堂，死后居于亚形陵墓，所以明堂、陵墓之亚形，全都源于昆仑
台之亚形。

　　成山四方而三坛，其上多金玉。会稽之山四方，其上多
金玉。（《南山经》）
　　太华之山，削成而四方。有蛇焉，名曰肥遗。（《西山经》）
　　大咸之山，是山也四方。有蛇，名曰长蛇。（《北山经》）

　　自然山体极少四方三层，偶有一座自然山体恰好四方三层或有可能，
但是华夏全境的大量自然山体全都四方三层绝无可能。因此《山海经》所
言遍布华夏全境的四方三层"昆仑墟""昆仑之丘"，只可能是建有四方三
层昆仑台的山丘。
　　《山海经》的文字，原本按照今已失传的《山海图》而记。《山海图》
画满了遍布华夏全境的四方三层昆仑台，图上注有文字，或写"昆仑墟"，
或写"昆仑之丘"，或写"共工台"，或写"帝喾台""帝尧台""帝舜台"，
或写"成山""会稽山""太华山""大咸山"，文字虽异，图形则同，均为四
方三层的昆仑台。即使写上山名"成山""会稽山""太华山""大咸山"，也
非标示四方三层的自然山体，而是标示山顶所建四方三层的昆仑台。《山海
经》撰者错误理解了《山海图》作者的命义，记为"是山也四方"，误导后

世学者两千多年。

《山海图》作者在太华山的四方三层昆仑台旁，另画与陶寺肥遗盘相似的一首两身肥遗蛇[1]，其意并非太华山上多此怪蛇，而是标示昆仑台的天文历法功能。大咸山的昆仑台和共工台的旁边所画之蛇，其意相同。

其三，《山海经》《淮南子》为何同时记载昆仑台和圭木？

> 汤谷上有扶木，一日方至，一日方出，皆载于乌。(《大荒东经》)
>
> 汤谷上有扶桑，十日所浴，在黑齿北。居水中，有大木，九日居下枝，一日居上枝。(《海外东经》)
>
> 建木，在窫西弱水上。(《海内南经》)
>
> 建木在都广，众帝所自上下，日中无影，呼而无响，盖天地之中也。(《淮南子·坠形训》)
>
> 大荒之中，有衡石山、九阴山、洞野之山，上有赤树，青叶赤华，名曰若木。(《大荒北经》)
>
> 若木在建木西，末有十日，其华照下地。(《淮南子·坠形训》)
>
> 寻木长千里，在拘缨南，生河上西北。(《海外北经》)

"扶木"或"扶桑"是昆仑台正东的圭木，"建木"是昆仑台正中的圭木，"若木"是昆仑台正西的圭木。"扶木"乃言圭木须用矩尺扶正，使之垂直于地面。"建木"乃言圭木是人工所建之木，并非天然之木。"若木"乃言圭木如若天然之木，亦非天然之木。

《海外北经》所言"寻木长千里"，则是神话表述。"寻木"之名，业已明言其为八尺圭木，因为一寻等于八尺。从上古伏羲族到中古黄帝族，圭木的标准高度均为八尺。八尺为寻，八尺为表，八尺汉子，均非偶然巧合，

---

[1] 陶寺肥遗盘的天文历法内涵，详见张远山：《伏羲之道》199页，岳麓书社2015。作品集第十六卷210页。

而是伏羲族以男子的标准身高八尺为圭木的标准高度，因为伏羲族发明圭表测影的灵感，正是来自人体的地面投影。用人的尺度丈量万事万物，是人类早期文化的共同特点，中国人称为"以身为度""以身作则"，古希腊人称为"人是万物的尺度"（普罗泰戈拉）。

《淮南子·坠形训》又说："不死树在其（昆仑）西。""不死树"和"若木"，均在昆仑台西方，所以"不死树"实为"若木"的别名，意为太阳落于西山并未死去，明天又会重生于东山。"不死树"和"不死药"，后来又与西王母神话混合为一，因为西王母神话、昆仑台神话正是同一神话的不同版本。西王母神话源于伏羲族神话，伏羲族昆仑台东传玉器三族以后，昆仑台神话遂成华夏全境所有民族的共同神话。

玉器族的玉器，架在伏羲族的圭木之上，于是"建木"变成"玉树"，也是"建树"一词的源头。"种树"不是成就，"建树"于昆仑台才是成就。

其四，为何《山海经》又把"昆仑墟"称为"帝之下都"？

> 海内昆仑之墟在西北，帝之下都。（《海内西经》）
> 昆仑之丘，是实惟帝之下都，神陆吾司之。（《西山经》）
> 昆仑之墟，地首也。是惟帝之下都，故其外绝以弱水之深，又环以炎火之山。（《搜神记》卷十三）
> 昆仑月精，水之灵府；惟帝下都，西老之宇。（《山海经图赞》）
> 建木在都广，众帝所自上下，日中无影，呼而无响，盖天地之中也。（《淮南子·坠形训》）

伏羲族在昆仑台上圭表测影，把无法测量的天上太阳，转化为可以测量的地面圭影，成为"天帝下凡人间"的可见形式，昆仑台遂成"帝之下都"。

中古夏商周都把洛阳告成镇作为观测天象之地，亦即天下之中，所以《搜神记》《淮南子》把建于中岳嵩山的"昆仑墟"称为"地首""天地之中"。《淮南子》又把昆仑台中心的"建木"，视为"众帝所自上下"的天柱。所谓"建木日中无影"，则是神话表述，每日正午仅是圭影最短，并非没有圭影。

综上所论，"昆仑墟"是四方三层的昆仑台，"昆仑之丘"是建有四方三层昆仑台的山丘。上古华夏四族和中古夏商周黄帝族在华夏全境的很多山丘之上建立了四方三层的昆仑台，所以《山海经》所言"昆仑墟""昆仑之丘"，多达二十余处，东南西北均有，遍布华夏全境。

先有上古伏羲族彩陶、上古玉器族玉器的图像符号，后有中古夏商周的象形文字。夏商周出现文字体系以后，上古以降的图像符号仍有不亚于文字的重要地位。所以夏商周三代都是左"图"右"书"，合称"图书"或"图籍"。夏《连山》、商《归藏》、周《周易》均属"图书"，所以先列图像符号（卦象），再列解释图像符号的文字（卦辞、爻辞），而以图像符号为根本，如果没有卦象，卦辞、爻辞就会失去根本而毫无意义。正如王弼义理易的基本原则"得意忘象"，由于违背了伏羲象数易的根本原理"立象尽意"而毫无意义。

《山海图》正是夏商周"图书"的重要遗物。《山海经》的文字，以《山海图》的图像为基础，《山海图》所画、《山海经》所记的"昆仑墟""昆仑之丘"，则是植根于伏羲族"混沦说"的四方三层昆仑台，而非汉武帝命名的华夏西北自然山体"昆仑山"[1]。

汉武帝之所以把华夏西北的自然山体命名为"昆仑山"，则是因为汉代是伏羲族收复天下的第一个中国朝代，所以汉武帝根据汉文帝时期的"黄龙见成纪"（"成纪"是伏羲族祖地甘肃天水的古名，意为"成就纪年"），一方面恢复了神农归藏历的"正月建寅"，颁布"太初历"，另一方面把华夏西北伏羲族祖地的自然山体，命名为"昆仑山"。

十　《山海图》的亞形结构是亞形昆仑台的放大

《山海图》尽管已佚，但是根据《管子·玄宫图》，即可复原其基本结构。

郭沫若《管子集校》已经综合历代学者的考证，证明《管子》第八《幼

---

[1]　《史记·大宛列传》："汉使穷河源，河源出于寘，其山多玉石，采来。天子（汉武帝）案古图书，名河所出山曰昆仑云。"

官》是"玄宫"的论文，第九《幼官图》是"玄宫图"的论文。又论证了"玄宫"即"明堂"，"玄宫图"即"明堂图"[1]。

图 9-32　玄宫图与明堂图

《管子·玄宫图》原有十图，均有注文。十图虽佚，注文仍存，其要如下：

1中方本图，2中方副图；"和时节，君服黄色"。

3东方本图，4东方副图；"行春政，君服青色"。

5南方本图，6南方副图；"行夏政；君服赤色"。

7西方本图，8西方副图；"行秋政；君服白色"。

9北方本图，10北方副图；"行冬政，君服黑色"。

由此可知"玄宫图"的亚形三层结构（图9-32.1）：奇数五图，即底层宣室的亚形五方图；偶数五图，即中层宗庙的亚形五方图。顶层灵台为敞顶平台，不分四堂八室，因而略之。

齐国《管子》"玄宫图"结构的重要旁证，见于齐都临淄郎家庄东周墓出土漆器盖的齐宣王明堂图（图9-32.2），证明《管子》的"玄宫图"正是夏商周的"明堂图"（图9-32.3）。

或问：《管子》为何不言"明堂"，改言"玄宫"？

因为只有天子有权建造"明堂"。《管子》是战国中期的齐国稷下学士集体编撰的田齐代周为王之书，托名于辅佐春秋姜齐桓公称霸天下的管仲。田齐取代姜齐以后，田齐桓公创立稷下学宫，其谥为"桓"，即言效法姜齐

---

[1]　《郭沫若全集·历史编》第5卷《管子集校》（一）188—190页，人民出版社1984。

桓公之志。田齐桓公之子齐威王，正式叛周称王。齐威王之子齐宣王，正式建造明堂，其谥为"宣"，即言建造"宣室"之功。

为齐宣王监造明堂之人，正是被齐宣王聘为上卿的孟子[1]。所以孟子宣称："五百年必有王者兴，其间必有名世者。由周而来，七百有余岁矣；以其数则过矣，以其时考之则可矣。夫天未欲平治天下也，如欲平治天下，当今之世，舍我其谁也?"

《管子》"玄宫图"，正是齐宣王明堂的结构图。然而《管子》成书于威、宣之间，其时齐宣王尚未正式建造明堂，如果《管子》直言"明堂"，就会预泄齐国一统天下的野心，将被叛周称王的战国列强视为天下公敌，所以《管子》不言"明堂"，晦称"玄宫"。

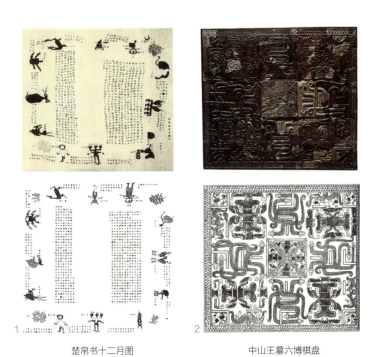

<table>
<tr><td>1</td><td>2</td></tr>
<tr><td>楚帛书十二月图</td><td>中山王墓六博棋盘</td></tr>
</table>

图 9-33　十二月图与六博棋盘

---

[1] 《孟子·梁惠王下》："齐宣王问曰：'人皆谓我毁明堂，毁诸？已乎？'孟子对曰：
'夫明堂者，王者之堂也。王欲行王政，则勿毁之矣。'"另见《吕览·骄恣》："齐宣王为大室。"详见张远山：《庄子传》第五七章，江苏文艺出版社2013。

长沙子弹库战国楚帛书的"十二月图"（图9-33.1），也是与夏商周"明堂图"一样的亞形五方图。两者的唯一区别是：楚帛书标示的是北斗斗柄指向的十二月，明堂图标示的是天子逐月移居的十二室。然而两者完全等价，天子在明堂底层"宣室"逐月移居十二室的依据，正是明堂顶层"灵台"所观北斗斗柄指向的十二月方位。

河北平山战国中山王墓出土六博棋盘的底纹图案（图9-33.2），也是与夏商周"明堂图"、《管子》"玄宫图"、楚帛书"十二月图"一样的亞形五方图。六博棋盘则与夏商周占星盘、日晷图、盖天图一样，既有伏羲族昆仑台的亞形，又有玉器族的万字符，均为上古华夏四族天文历法融合的产物（详见万字符章）。

明堂顶层"灵台"的亞形，既是夏商周的唯一宇宙模式，也是夏商周的唯一人间模式，因为人间模式是宇宙模式的向下投射，正如明堂底层"宣室"、中层"宗庙"之亞形，是顶层"灵台"之亞形的向下投射。上古伏羲族昆仑台之亞形，不仅是夏商周明堂之亞形的源头，也是夏商周一切宇宙图式、一切人间图式的终极源头。

《山海经》根据《山海图》而作，是上古之"图"向中古之"书"转换的产物，也是上古图像历向中古文字历转换的产物。《山海经》的全书结构，证明《山海图》的十八图类似于《管子》"玄宫图"的十图，只不过"玄宫图"仅言京城明堂的亞形三层，《山海图》则把京城明堂的亞形三层，先放大到统治范围的"海内"，再放大到统治范围周边的"海外"，最后放大到天下四方之极的"大荒"。

夏商周的明堂结构（图9-34.1），首先放大为王城结构（图9-34.2），所以明堂的亞形十二室，转化为王城的亞形十二门，仍然对应四季十二月。夏商周的明堂结构，又从王城进一步放大到禹域九州，所以九州图也是亞形图（图9-34.3）。洛书的九宫图和井田制的九百亩，同样植根于明堂图。

《山海图》的十八图，分为四类：五藏山经图，海内四方图，海外四方图，大荒五方图。《山海经》的十八卷，《山经》五卷根据五藏山经图而撰，《海经》十三卷根据海内四方图、海外四方图、大荒五方图而撰。《山经》

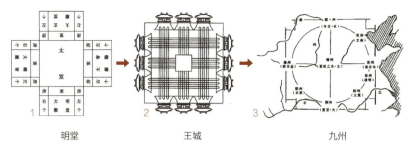

1 明堂　　　　　　　2 王城　　　　　　　3 九州

图 9-34　明堂结构放大为王城、九州结构

《海经》撰者不同，成书时间也不同，西汉末年刘歆始合为一。

《山经》五卷的成书过程是：

"五藏山经图"的结构，植根于先从明堂放大到京城，再从京城放大到九州的亞形（图9-34.3）；于是某甲据之，撰写了南、西、北、东、中《五藏山经》。

《海经》十三卷的成书过程是：

其一，"海内四方图"把明堂顶层"灵台"（昆仑台）的亞形，放大为禹域九州的亞形；于是某乙据之，撰写了南、西、北、东《海内四经》。

其二，"海外四方图"把明堂中层"宗庙"的亞形，放大为禹域九州周边的四方；于是某乙据之，撰写了南、西、北、东《海外四经》。

其三，"大荒五方图"把明堂底层"宣室"的亞形，放大为九州周边的天下四方，又把"海内四方图"浓缩为居中的"海内图"；于是某乙根据前四图，撰写了东、南、西、北《大荒四经》；又根据浓缩的"海内图"，撰写了居中的《海内经》。所以《大荒经》的《海内经》，与《海内四经》的内容多有重叠。

由此可见，《山海图》是把明堂和京城的亞形，向外辐射至整个"天下"，亦即当时华夏知识视野的全部可知世界。由于明堂顶层的亞形"灵台"正是昆仑台，同时《山海图》摩画了遍布华夏的四方三坛"昆仑墟""昆仑之丘"，因此"昆仑"成了《山海经》的第一关键词。

十一　昆仑三层与明堂三层的专名

《山海经》等大量中古文献，均曾记载昆仑台的三层专名，举其五种如下。

其一，李善《文选注》所引《山海经》佚文，言及昆仑台的三层专名：

> 阆风之山，或上倍之，是谓玄圃；或上倍之，是谓大帝之居。

其二，《楚辞》各篇，言及昆仑台的三层专名：

> 昆仑悬圃，其尻安在？（《天问》）
> 愿至昆仑之悬圃兮，采钟山之玉英。（《哀时命》）
> 遭吾道夫昆仑兮，路修远以周流……朝发轫于苍梧兮，夕余至乎悬圃……朝吾将济于白水兮，登阆风而绁马（王逸注：阆风，山名，在昆仑之上）。（《离骚》）

其三，《淮南子·地形训》，言及昆仑台的三层专名：

> 倾宫、旋室、悬圃、凉风、樊桐，在昆仑阊阖之中。……昆仑之丘，或上倍之，是谓凉风之山，登之而不死。或上倍之，是谓悬圃，登之乃灵，能使风雨。或上倍之，乃维上天，登之乃神，是谓太帝之居。

其四，《水经注·河水注》所引佚书《昆仑记》，言及昆仑山的三层专名：

> 昆仑之山三级：下曰樊桐。二曰玄圃，一名阆风。上曰层城，

一名天庭，是为太帝之居。

其五，《尔雅·释丘》，言及昆仑丘的三层专名：

> 丘，一成为敦丘，再成为陶丘，再成锐上者为融丘。三成为
> 昆仑丘。

现将五种文献所记上古昆仑台（昆仑墟、昆仑之丘）的三层专名和中古夏商周明堂的三层专名，总列一表于下（表9-1）。

表 9-1　昆仑三层、明堂三层专名、别名总表

文献	山海经	楚辞	淮南子	昆仑记	尔雅	夏商周
顶层	玄圃 （大帝之居） （帝之下都）	悬圃	悬圃 （倾宫） （旋室）	玄圃 （层城） （天庭） （太帝之居）	融丘	灵台 （昆仑台）
中层	阆风	阆风	凉风	阆风	陶丘	宗庙 （重屋） （通天屋）
底层	（樊桐）	（樊桐）	樊桐	樊桐	敦丘	宣室
总名	昆仑丘	昆仑	昆仑丘	昆仑	昆仑丘	明堂

《山海经》《楚辞》遗漏了昆仑台底层的专名"樊桐"，表中补入，并加括弧。

《昆仑记》误将昆仑台顶层的专名"玄圃"，视为中层"阆风"的别名，表中移正至顶层。而其所言的顶层别名"层城""天庭""太帝之居"，均加括弧。

观表可知，昆仑台的三层专名和别名，是中古以后昆仑神话的重要组成部分。夏商周明堂的三层专名和别名，是夏商周礼制的重要组成部分。

其一，《淮南子》《昆仑记》都记载了上古昆仑台的底层专名"樊桐"，可能是上古伏羲族"大庭"的梁柱采用桐树。中古昆仑神话认为凤凰"非梧桐不栖"（《庄子》），或亦与此有关。凤凰最初是早期伏羲族对西方七宿连线的拟形，亦即西王母昆仑山神话中的"青鸟""鸾凤"。后来南蛮族昆仑台圭形柱的太阳鸟，也融入了这一神话。

夏商周明堂的底层专名，不再采用"樊桐"，而是借用上古昆仑台顶层的别名"旋室"，定名"宣室"，"旋""宣"音同。

其二，《山海经》《楚辞》《昆仑记》都记载了上古昆仑台的中层专名"阆风"，《淮南子》别写为"凉风"。阆训高门，风言居高多风。

夏商周明堂的中层专名，不再采用"阆风"。就其功能而言，专名"宗庙""清庙""太庙"；就其建筑层位而言，别名"重屋""通天屋"。

其三，《山海经》《淮南子》都记载了上古昆仑台的顶层专名"玄圃"，《楚辞》《昆仑记》别写为"悬圃"，"玄""悬"音同；玄训旋，言其观测天象旋转；悬言高，言其悬于三层之顶。《淮南子》说"悬圃登之乃灵，能使风雨"，"登之乃灵"正是夏商周把顶层"悬圃"称为"灵台"的原因，"能使风雨"则是昆仑台天文功能的神话表述。

夏商周明堂的顶层专名，不再采用"玄圃"或"悬圃"。就其功能而言，专名"灵台"，另有别名"旋室""倾宫"；就其建筑层位而言，别名"层城""玄宫"（玄圃）；就其宗教内涵而言，别名"天庭""太帝之居""帝之下都"。

其四，《尔雅》的昆仑丘三层专名自成一体，可能是牛河梁、东山嘴等上古黄帝族昆仑丘的三层专名："融丘"言其底层与地面融为一体，"陶丘"言其中层排列祭天陶器，"敦丘"言其顶层为酋长墓墩。

上古伏羲族昆仑台的三层专名，上古黄帝族昆仑台的三层专名，夏商周明堂的三层专名，虽然并非全同，而有大量变异，但是承袭关系一目了然，而且均以观天功能为基础。

夏商周天子每月的白天，在明堂十二室的某室行政；每月的晚上，在该室后面的房间寝卧。秦汉以后的皇帝，不愿在简陋的明堂中行政和寝卧，于是另建富丽堂皇的殿堂和寝宫，明堂仅是保存古制的礼制建筑。汉代未央宫的主殿"宣室殿","宣室"照搬明堂底层的专名，另加"殿"字，导致"室""殿"二字叠床架屋，则是近古宫殿承袭中古明堂的铁证。

本书之前，很多学者都曾探索过明堂的亚形、商墓的亚形、楚帛书的亚形与上古天文的关系，比如高去寻《殷代大墓的木室及其涵义之推测》、张光直《说殷代的亚形》、冯时《百年来甲骨文天文历法研究》等等，得出了许多与本书相近的结论，仅是尚未挑明夏商周的亚形明堂承袭自上古的伏羲族亚形"大庭"，以及其与伏羲族昆仑台符号八角星的关系。

十二　农耕族的昆仑台与游牧族的库里台

上古黄帝族仿效伏羲族而建造的昆仑台，除了兼用为部族祭坛和酋长陵墓，另有一项重要功能：大酋长死后，所有支族部落的小酋长齐聚东山嘴或牛河梁，举行昆仑台大会，选举下一任大酋长，完成最高权力的代际交替。

或问：选举下一任大酋长，为何必须举行昆仑台大会？

因为昆仑台兼为观天、祭天、埋葬旧酋长之地，也是北极天帝通过圭影的可见形式"下凡"的"帝之下都"，所以新任大酋长作为北斗星君"下凡"的北极天帝之子（简称"天子"），必须在昆仑台举行就职仪式，接受北极天帝授权，领受"君权神授"的"天命"。

《尚书·尧典》把黄帝族支族小酋长统称"群后"，《尚书·大禹谟》把部落大酋长称为"元后"。旧"元后"死后，"群后"齐聚昆仑台举行大会，一是埋葬旧"元后"，二是选举新"元后"。新"元后"并非由旧"元后"之子继任，而是从"群后"之中推选。此即作为游牧民族的上古黄帝族之"贵族公天下"。

黄帝族在"炎黄之战"南下征服中原神农族的"五帝"时期（延续百年以上），仍然实行"贵族公天下"，仍在昆仑台大会选举新"元后"，夏代以后称为"五帝禅让"。但是大禹之子夏后启杀死了昆仑台大会公推的

"元后"伯益（《古本竹书纪年》），自命"元后"，镇压了反对其篡位的有扈氏（《尚书·甘誓》），于是上古黄帝族的"贵族公天下"，变成了夏商周的"君主家天下"。然而商代仍有上古黄帝族的"贵族公天下"遗风，常常兄终弟及。直到西周初年"周公制礼"，才最终肃清上古黄帝族的"贵族公天下"遗风，确立嫡长子继承制。

龙山末期征服中原建立夏朝的仅是长城以北的上古黄帝族一支而非全部，正如宋末征服中原建立元朝的仅是蒙古族一支而非全部，明末征服中原建立清朝的仅是满族一支而非全部，所以夏代以后长城以北的北方游牧民族仍是上古黄帝族后裔，比如成吉思汗蒙古族"室韦氏"，正是上古黄帝族"豨韦氏"后裔。

蒙古族承袭上古黄帝族的传统，每位蒙古大汗死后，仍然通过"库里台大会"选举新任"大汗"。蒙古语"库里台"（Khuruldai），正是"昆仑台"的变音。但是成吉思汗之孙忽必烈，像大禹之子夏后启一样，废除了"库里台大会"的"大汗"选举制，采用中原王朝的嫡长子继承制，于是蒙古族的"贵族公天下"，变成了元朝的"君主家天下"。

成吉思汗的草原帝国，沿着中亚草原一路西征，又把蒙古族的"库里台大会"传播到了突厥族等中亚草原的其他游牧民族。因此以突厥族为主的现代中亚各国，其最高权力机构仍然名为"库里台大会"，成为上古黄帝族"昆仑台大会"的现代活化石。

十三　盘古考源：葫芦→囫囵→匏瓜→盘古

"炎黄之战"以后，中原伏羲族从黄河流域南撤到长江流域以南的南蛮族区域，成为长江流域以南的羌族、彝族、苗族、白族、傈僳族、傣族、景颇族、瑶族、僮族（壮族）等伏羲族后裔或三苗族后裔。这些南方少数民族全都传承了上古伏羲族的昆仑台符号"八角星"和历法符号"太极图"，也传承了上古伏羲族接受的玉器族天文符号"万字符"（图9-35）。

图 9-35 南方伏羲族八角星、太极图、万字符

　　中古以后的南方伏羲族后裔，不仅传承了上古伏羲族的昆仑台符号八角星，而且传承了上古伏羲族的创世神话。本章首节已言，上古伏羲族把葫芦称为"囫囵"，创世神话是"囫囵说"，天文理论是"混沦说"，"混沦说"衍生了"昆仑台"之名。由于长江流域以南的南蛮族把葫芦称为"匏瓜"，所以中古以后的南方伏羲族后裔入乡随俗，把"囫囵创世说"改称"匏瓜创世说"；又把"匏瓜"拟人化为创世之神"盘古"，于是"匏瓜创世说"变成了"盘古创世说"。所谓"盘古开天辟地"，正是"匏瓜开天辟地"，亦即"囫囵开天辟地""混沦开天辟地""昆仑开天辟地"。所以南方伏羲族后裔的创世神话与北方伏羲族一样，认为男女始祖伏羲女娲诞生于葫芦。

　　上古北方伏羲族的"囫囵说""混沦说""昆仑台"，中古南方伏羲族后裔的"匏瓜说""盘古说"，全都植根于八千年前伏羲族祖地甘肃天水大地湾的天文历法。

结语　"昆仑"之谜是华夏文化的核心奥秘

　　"昆仑台"由上古伏羲族首创，传遍上古玉器三族，遍布华夏全境，是华夏文化的核心标志。由于华夏历史过于漫长，上古四千年只有图像，没有文字（但有作为文字前身的大量符号），中古以后四千年虽有文字，却因"炎黄之战""商周之变""秦火汉黜"而多次历史改道，以及"绝地天通"秘藏天文历法等等原因，导致"昆仑"之谜成为华夏文化的核心奥秘，几千年来众说纷纭，难有确解。只有系统解密上古华夏四族的陶器纹样、玉器纹样，并与中古文献的残存碎片系统互证，才能揭开"昆仑台"的神秘面纱。

一旦解密华夏文化的核心奥秘"昆仑"之谜，就能执一御万地系统解密上古的"囫囵说"之谜，"混沦说"之谜，"伏羲女娲诞生于葫芦"之谜，夏商周的"明堂"之谜，北方游牧民族的"库里台"之谜，南方伏羲族后裔的"盘古"之谜，等等。可以随之系统解密的中国之谜还有无数，本书难以尽言，留待续著《青铜之道》。

2015年1月8日—2016年4月11日六稿

第十章

顺天应人，以人合天
——夏商周礼玉制度及祭天、威仪、装饰玉器总论

内容提要　本章首先根据文献证据，梳理夏商周祭天玉器的发展变迁；然后根据考古证据，论证夏商周祭天玉器、威仪玉器、装饰玉器全面承袭上古玉器，具有精确的天文历法对位和宗教神话内涵；最后论证西周按照盖天说的"天圆地方"以琮礼地，"玉器之德"违背"玉器之道"。

关键词　虞夏巡狩五玉；商代方明六玉；西周祭天六玉；西周"以琮礼地"与盖天说"天圆地方"；西周"玉器之德"违背华夏"玉器之道"。

弁言　夏商周统治者均为黄帝族

本书对上古玉器三族的分类，不仅有遗传学和考古学的支持，而且有文献学的支持。根据《尚书·顾命》，西周太庙收藏了三类上古玉器，依次为"大玉""夷玉""越玉"。

"大玉"即上古黄帝族的红山文化玉器和石峁文化玉器。由于夏商周三代的统治族群均为黄帝族，所以把上古黄帝族的传世玉器称为"大玉"，列于传世玉器之首。

"夷玉"即上古东夷族的大汶口文化玉器。由于上古黄帝族与上古东夷族紧邻，中古以后东夷族祖地又是夏商周三代的基本统治范围，因此夏商

周把上古东夷族的传世玉器称为"夷玉"，列于传世玉器之次。

"越玉"即上古南蛮族的良渚文化玉器。由于上古黄帝族与上古南蛮族并不相邻，中古以后南蛮族祖地长期不属夏商周三代的基本统治范围，因此夏商周把上古南蛮族的传世玉器称为"越玉"，列于传世玉器之末。

西周太庙收藏的玉器三族传世玉器，承袭自夏商，证明夏商周三代不仅全面了解上古玉器三族的玉器，而且全面承袭上古玉器三族的玉器，所以夏商周玉器仍然分为四大种类。夏商周的观天玉器（详见观天玉器章），在颛顼"绝地天通"以后，仅供天文历法官使用，其他人员不得染指，不属礼玉制度的管理范围。

夏商周的礼玉制度，仅限于管理祭天玉器、威仪玉器、装饰玉器，而祭天玉器是礼玉制度的根本。因此本章首先根据中古文献，梳理夏商周祭天玉器的发展变迁；然后根据考古证据，总论夏商周祭天玉器、威仪玉器、装饰玉器全面承袭上古玉器三族的玉器，仍然具有精确的天文历法对位和宗教神话内涵。

一　文献记载的夏商周祭天玉器

"炎黄之战"以后黄帝族建立的夏代（前2070—前1600），是华夏区域的最早国家。夏代创建了华夏区域最早的国家制度，也创建了华夏区域最早的礼玉制度。礼玉制度是国家制度的重要部分，祭天玉器则是礼玉制度的核心部分。

1.虞夏巡狩五玉

《尚书·尧典》记载了尧舜禹时期的祭天五玉，夏代承之：

> 正月上日，（舜）受终于文祖，在璿（璇）玑玉衡，以齐七政。肆类于上帝，禋于六宗。望于山川，遍于群神。辑五瑞，既月乃日。觐四岳群牧，班瑞于群后。

岁二月东巡守，至于岱宗，柴。望秩于山川，肆觐东后。协
时月正日，同律度量衡。修五礼、五玉、三帛、二生、一死贽。
如五器，卒乃复。

五月南巡守，至于南岳，如岱礼。

八月西巡守，至于西岳，如初。

十有一月朔（北）巡守，至于北岳，如西礼。

归，格于艺祖，用特。

五载一巡守，群后四朝。敷奏以言，明试以功，车服以庸。

辨析要义如下。

其一，《尧典》此节，四次言"五"。"五器"是虞夏时期的五种祭天
玉器，"五瑞"是虞夏时期的五种威仪玉器（详下"赐瑞制度"），"五玉"
兼言五种祭天玉器和五种威仪玉器，"五礼"是祭天五玉、威仪五玉的使
用礼仪。

龙山时代晚期，经过上百年的"炎黄之战"，来自石峁文化区域的西北
黄帝支族征服了以中原神农族为主的农耕三族，建立了夏朝，创建了华夏
区域最早的国家及其制度，开启了四千年中华文明史（上古四千年为华夏
文化史）。夏代创建国家制度的根本宗旨，是维护黄帝族对农耕三族的统
治，遂以伏羲族的天文理论"阴阳说"为基础，创立了黄帝族的政治理论
"五行说"。两者合为"阴阳五行说"，成为此后四千年中华理论、中华思
维的根本基础。

其二，虞夏时期入主中原的黄帝族，按照"五行说"创建了天子"五
载一巡狩"的巡狩制度，包括天子在巡狩五岳的过程中，用祭天五玉祭祀
五方天帝的礼玉制度。

"巡狩"一词，具有黄帝族作为游牧民族的鲜明烙印。南下入主中原
以前，长城以北的黄帝族在蒙古草原逐水草游牧，"迁徙往来无常处"（《史
记·五帝本纪》），以"巡狩"牛羊野兽为生活方式；南下入主中原以后，
黄帝族天子尽管从蒙古草原南移到黄河流域，但是数千年游牧习性难以瞬
间改变，于是以"巡狩"农耕三族为统治方式。上古的草原"巡狩"是"牧

羊"，中古的中原"巡狩"是"牧民"。黄帝族天子通过巡狩五方五岳，用五玉祭祀五方天帝，维护其对黄帝族四方诸侯的册封权、任命权、统治权，向五方之民宣告天帝授权黄帝族统治农耕三族。

其三，《礼记·月令》《吕览·十二月纪》记载了虞夏时期巡狩五玉的颜色：苍玉祭东，赤玉祭南，白玉祭西，玄玉祭北，黄玉祭中。然而仅言巡狩五玉的颜色，未言巡狩五玉的形制。

《仪礼·觐礼》记载了商代祭天六玉的形制和颜色：青圭祭东，赤璋祭南，白琥祭西，黑璜祭北，黄璧祭下，玄圭祭上。前面五玉的颜色，与虞夏时期巡狩五玉颜色相同，形制很可能也相同，最后一项"玄圭祭上"为商代新增。

其四，虞夏时期黄帝族天子巡狩五岳、以五玉祭祀五帝的人文制度，以天文历法为模型，以"顺天应人，天人合一"为宗旨。其天文历法模型，是龙山晚期神农归藏历的伏羲十二辟卦图（图10-1）。

《尧典》所言"正月上日"，即夏历一年之始的寅月立春（图10-1东北寅位、临卦），因为夏历承于神农归藏历而"正月建寅"，又因立春对应"临卦"，所以君王此日即位，号称"君临天下"。"文祖"，指天文、人文共同之祖北极天帝"太一"。黄帝族天子"正月上日受终于文祖"，即"立春"之日在宗庙接受北极天帝"太一"授权黄帝族统治农耕三族的"天命"，用黄璧祭祀黄帝族神话始祖"黄帝"。

《尧典》所言"二月"，即夏历卯月春分（图10-1正东卯位、泰卦）。黄帝族天子"东巡守，至于岱宗"，即东岳泰山，用青圭祭祀东方苍龙七宿之神"青帝"。由于春分对应"泰卦"，所以东岳名为"泰山"。由于泰山是天子巡狩天下的第一站，所以泰山号称"五岳至尊"。商周

图10-1　神农归藏历伏羲十二辟卦图

两代虽然取消了巡狩制度，但是保留了"封禅"泰山的制度[1]。

《尧典》所言"五月"，即夏历午月夏至（图10-1正南午位、乾卦）。黄帝族天子"南巡守，至于南岳，如岱礼"，即在南岳衡山，用赤璋祭祀南方朱雀七宿之神"赤帝"。

《尧典》所言"八月"，即夏历酉月秋分（图10-1正西酉位、否卦）。黄帝族天子"西巡守，至于西岳，如初"，即在西岳华山，用白琥祭祀西方白虎七宿之神"白帝"。

《尧典》所言"十有一月朔"，是夏历子月冬至（图10-1正北子位、坤卦），黄帝族天子"北巡守，至于北岳，如西礼"，即在北岳恒山，用玄璜祭祀北方玄武七宿之神"黑帝"。

《尧典》所言"归"，即黄帝族天子完成巡狩天下，回到作为天下四方之中央的国都"中国"。

《尧典》所言"艺祖"，即"黄帝轩辕氏"（初作"旋垣"，后作"玄鼋"，夏代以后作"轩辕"，详见黄帝章）。"用特"，即用牛。祭神用玉，祀祖用牛。"黄帝"原为上古黄帝族的北斗之神，证见《河图始开图》："黄帝名轩辕，北斗神也。"又见《河图握矩纪》："黄帝名轩辕，北斗黄神之精。"夏代黄帝族仍把"黄帝"视为北斗之神，同时奉为神话始祖，所以祭祀"黄帝"兼用玉、牛。黄帝族天子"格于艺祖"，即在中岳嵩山兼用黄璧和牛，祭祀兼为北斗之神和神话始祖的"黄帝"，感谢其在天之灵保佑黄帝族子孙统治农耕三族。

夏商周天子作为神话始祖"黄帝"的子孙，在世为北斗之神下凡，去世归天仍为北斗之神。文献证据众多，略举其要。

> 斗居天中，而有威仪，王者法而备之。（《春秋·说题辞》）
>
> 斗为帝令，出号布政，授度四方，故置辅星以佐功。斗为人君之象，而号令之主也。（《春秋元命苞》）
>
> 斗为人君之象，号令之主也。（《晋书·天文志》）

---

[1] 《史记·封禅书》记载，"封禅"泰山始于伏羲族十五氏的最后一氏"无怀氏"。

圣人受命必顺斗。(《诗含神雾》)

天覆地载,谓之天子,上法斗极。(《孝经援神契》)

(天子)法北斗而为七政。(《礼斗威仪》)

天子所心昭察,以从斗枢,禁令天下,继体守文,宿思以合神,保长久。(《春秋汉含孳》)

天子法斗,诸侯应宿。(《春秋佐助期》)

天子不事祠名山,不敬鬼神,则斗第一星不明。数起土功,坏决山陵,逆地理,不从谏,则第二星不明。天子不爱百姓,则第三星不明。发号施令不从四时,则第四星不明。用乐声淫泆,则第五星不明。用文法深刻,则第六星不明。不省江河淮济之祠,则第七星不明。(《孝经援神契》)

虞夏时期创建国家制度及其人文制度的根本原则,就是人文秩序仿效天文秩序。

天文秩序:帝星"太一",居于中央的北极天枢。北斗七星是"太一"之子,围绕帝星旋转。二十八宿是北斗七星之臣,围绕北斗七星旋转。

人文秩序:天帝"太一"为华夏宗教的至高神,即"天父",所以人间没有对应。黄帝族君王的天文对位是作为天帝之子的北斗七星,故称"天子"。"天子"接受"天父"授权统治下民,居于中央都城;百官对应二十八宿"星官",接受天子授权,辅佐天子统治下民。

夏代黄帝族的政治理论"五行说",以及天子五载巡狩五岳的巡狩制度,五玉祭祀五帝的礼玉制度,由对位伏羲族二十八宿之神的"四方之帝"和对位黄帝族北斗七星之神的"中央黄帝"合成。

其五,《尧典》所言"上帝",高于五方天帝,《山海经》的伏羲族神话称为"帝俊",民间俗称"紫微大帝",执掌天文历法的夏商周巫史和出于史官的后世道家称为"太一"或"泰一",证见《史记·天官书》:"中宫天极星,其一明者,太一常居也。"《史记·孝武本纪》:"天神贵者泰一,泰一佐曰五帝。""上帝太一"与"五方天帝",合为《尧典》所言"六宗"。

虞夏时期的巡狩五玉,植根于黄帝族的"五行说",仅设专祭五方天帝的五玉，不设专祭"太一"的礼玉，因为祭祀五方天帝均属祭祀"太一"。所以《尧典》既言祭天五玉的"五器""五礼"，又言"肆类于上帝，禋于六宗"。

《尧典》另有一句总领全篇的"在璇玑玉衡，以齐七政"，也与"六宗"密切相关。"璇玑玉衡"，即原始浑天仪（详见观天玉器章）。"七政"，即"六宗"每一宗均有之"七"：北极七星，北斗七星，东方苍龙七宿，南方朱雀七宿，西方白虎七宿，北方玄武七宿。"以齐七政"，即通过模仿天文秩序的人文秩序，使"六宗"每一宗的"七"种天象，全都合于节气地正常运行，不出乱象。

"政治"的本义，即"政天文，治人事"。

"政天文"，即圭表测影观测天象，编制合于天象的历法。所以"政"从正从攴，"攴"从卜从手，卜是圭表、圭影的象形。

"治人事"，即按照天文秩序，设计人文秩序。所以夏商周的人文秩序，均以天文秩序为模型。

"政天治人"，后来又引申出"上政君臣，下治万民"。由于君臣秩序仿效天文秩序，所以认为君臣秩序若"政"（君臣不出乱象），天文秩序即"政"（天文不出乱象），这是夏商周政治结构导致的"天人合一""天人感应"信仰。

其六，虞夏时期黄帝族天子不巡狩之年的统治方式，是明堂月令制度（图10-2.2），同样以天文历法为模型，以"顺天应人，天人合一"为宗旨。其天文历法模型，仍是龙山晚期神农归藏历的伏羲十二辟卦图（图10-2.1）。秦汉以后的帝国制度，尽管异于夏商周的王国制度，但是西汉式盘的结构（图10-2.3），同于夏商周明堂的结构，仍然植根于伏羲十二辟卦图。

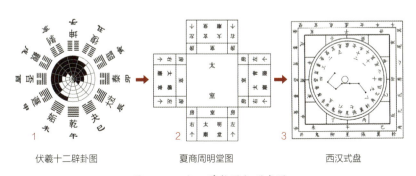

1	2	3
伏羲十二辟卦图	夏商周明堂图	西汉式盘

图10-2　十二辟卦图与明堂图

夏代创制、商周承袭的夏商周明堂月令制度，见于《礼记·月令》（又见《吕览·十二月纪》）：

　　孟春之月，天子居青阳左个；驾苍龙，载青旂；衣青衣，服苍玉。

　　仲春之月，天子居青阳太庙；驾苍龙，载青旂；衣青衣，服苍玉。

　　季春之月，天子居青阳右个；驾苍龙，载青旂；衣青衣，服苍玉。

　　孟夏之月，天子居明堂左个；驾赤骝，载赤旂；衣朱衣，服赤玉。

　　仲夏之月，天子居明堂太庙；驾赤骝，载赤旂；衣朱衣，服赤玉。

　　季夏之月，天子居明堂右个；驾赤骝，载赤旂；衣朱衣，服赤玉。

　　中央土，天子居太庙太室；驾黄骝，载黄旂；衣黄衣，服黄玉。

　　孟秋之月，天子居总章左个；驾白骆，载白旂；衣白衣，服白玉。

　　仲秋之月，天子居总章太庙；驾白骆，载白旂；衣白衣，服白玉。

　　季秋之月，天子居总章右个；驾白骆，载白旂；衣白衣，服白玉。

　　孟冬之月，天子居玄堂左个；驾铁骊，载玄旂，衣黑衣，服玄玉。

　　仲冬之月，天子居玄堂太庙；驾铁骊，载玄旂；衣黑衣，服玄玉。

　　季冬之月，天子居玄堂右个；驾铁骊，载玄旂；衣黑衣，服玄玉。

夏商周的明堂月令制度（图10-2.2），严格遵循"顺天应人，天人合一"（人文秩序仿效天文秩序）的华夏人文制度建构原理：作为北斗之神下凡的黄帝族天子，根据"斗柄指时"的天象，逐月移居斗柄所指的明堂十二室之一，一年循环一周——

　　春季的孟、仲、季三月，天子按照斗柄的顺时针旋转，逐月移居东方三室：孟春正月，居于对应寅位、临卦的青阳左个；仲春二月，居于对应卯位、泰卦的青阳太庙；季春三月，居于对应辰位、大壮卦的青阳右个。

　　夏季的孟、仲、季三月，天子按照斗柄的顺时针旋转，逐月移居南方三室：孟夏四月，居于对应巳位、夬卦的明堂左个；仲夏五月，居于对应午位、乾卦的明堂太庙；季夏六月，居于对应未位、姤卦的明堂右个。

　　秋季的孟、仲、季三月，天子按照斗柄的顺时针旋转，逐月移居西方三室：孟秋七月，居于对应申位、遯卦的总章左个；仲秋八月，居于对应酉位、否卦的总章太庙；季秋九月，居于对应戌位、观卦的总章右个。

　　冬季的孟、仲、季三月，天子按照斗柄的顺时针旋转，逐月移居北方三室：孟冬十月，居于对应亥位、剥卦的玄堂左个；仲冬十一月，居于对应子位、坤卦的玄堂太庙；季冬十二月，居于对应丑位、复卦的玄堂右个。

　　夏商周历法无不承袭陶寺神农族酉邦的阴阳合历"神农归藏历"，实行"十九年七闰"；凡遇闰年，天子在闰月移居明堂中央的太庙太室。证见《周礼·春官·太史》："（太史）正岁年，以序事。颁之于官府及都鄙，颁告朔于邦国。闰月，诏王居门，终月。"所以《说文解字》如此解释"闰"字的构成："余分之月，五岁再闰，告朔之礼，天子居宗庙，闰月居门中。从王在门中。《周礼》曰：'闰月，王居门中。'"

　　由此可见，明堂月令制度与巡狩五岳制度一样，都是黄帝族天子仿效天文秩序，按照东南西北中的次序，作顺时针旋转。天子每五年顺时针"巡狩"天下一次，在五岳用五玉祭祀五帝。另外四年顺时针逐月移居明堂十二室，按照天象的节气发号施令，管理农耕王国的相应农事，故称"月令"；每月朔日，即阴阳合历的太阴历每月初一，天子移居下一室，举行"告朔之礼"，车骑、旗帜、衣服、佩玉，全部改用相应的形制、纹样、颜色。《易传·文言》所言"与天地合其德，与日月合其明，与四时合其序，与鬼神合其吉凶"，是对夏商周明堂月令制度的概括和颂扬。

综上所述，虞夏时期黄帝族创建的国家制度，包括巡狩五岳制度、五玉祭祀五帝制度、明堂月令制度等等，人文秩序无不仿效天文秩序，所以被概括为"顺天应人，天人合一"。其所依据的天文知识，主要是上古伏羲族的天文历法体系；其所增入的人文要素，主要是上古玉器三族的祭天玉器。因此虞夏时期黄帝族创建的中华政治制度，融合了上古华夏四族的天文知识和人文传统。

由于中古黄帝族的人文秩序仿效上古伏羲族的天文秩序，所以炎黄子孙把"伏羲"奉为华夏天道之祖，把"黄帝"奉为中华人道之祖。

2. 商代方明六玉

孔子曰："殷因于夏礼，所损益，可知也。"商代承袭夏代巡狩五玉，发展为方明六玉。

商代方明，见于《汉书·律历志》所引《伊训篇》：

> 维太甲元年十有二月乙丑朔，伊尹祀于先王，诞资有牧方明。

商代方明的形制及其六方、六色、六玉，见于《仪礼·觐礼》：

> 方明者，木也，方四尺。
> 设六色，东方青，南方赤，西方白，北方黑，上玄，下黄。
> 设六玉，上圭，下璧，东方圭，南方璋，西方琥，北方璜[1]。

商代初期，仍然沿袭夏代的巡狩制度，天子仍在五岳以五玉祭祀五帝。直到商汤、外丙、仲壬之后的太甲时期，取消了夏代的巡狩五玉制度，创立了商代的方明六玉制度。

---

[1] 《仪礼·觐礼》原文"东方圭"列于"北方璜"之后，不合上节东南西北之序，本书已做调整。

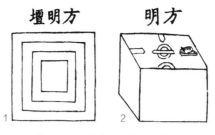

图 10-3　商代方明与方明坛

　　商代方明和商代方明坛的图证，见于南宋聂崇义《新定三礼图》，共有逐层收敛的四个方框（图10-3.1）：外面的三个方框，是仿效三层昆仑台的三层方明坛。中心的一个方框，是置于方明坛顶层的方明（图10-3.2），亦即《仪礼·觐礼》所言："（方明）坛十有二寻，深四尺，加方明于其上。"

　　商代方明坛，具有精确的天文历法内涵：边长十二寻，对应十二月；高四尺，对应四季。方明置于方明坛顶层，方明六面分置六玉，用于六大节气专祭"六宗"，亦即"五方天帝"加"太一上帝"。

　　立春，商代天子在方明坛，以方明东面的青圭，祭祀东方苍龙七宿之神"东方青帝"。

　　立夏，商代天子在方明坛，以方明南面的赤璋，祭祀南方朱雀七宿之神"南方赤帝"。

　　夏至，商代天子在方明坛，以方明下面的黄璧，祭祀北斗七星之神"中央黄帝"。

　　立秋，商代天子在方明坛，以方明西面的白琥，祭祀西方白虎七宿之神"西方白帝"。

　　立冬，商代天子在方明坛，以方明北面的黑璜，祭祀北方玄武七宿之神"北方黑帝"。

　　冬至，商代天子在方明坛，以方明上面的玄圭，祭祀北极帝星之神"太一上帝"。

　　虞夏巡狩五玉分祭"东南西北中"，对应五大天区。商代方明六玉分祭"东南西北上下"，对应六大天区。由于方明六玉全都祭"天"，所以商代玄圭所祭之"上"，并非指"天"，而是对应北极帝星的"太一上帝"；商代黄璧所祭之"下"，并非指"地"，而是对应北斗七星的"中央黄帝"。

虞夏时期黄帝族天子巡狩五岳并以五玉祭祀五帝，体现了中古黄帝族沿袭上古黄帝族的游牧习性。经过夏代五百年（前2070—前1600），中原黄帝族的游牧习性逐渐淡化，因此商代制度的主要设计者伊尹在太甲元年取消了夏代巡狩制度，此后商代天子不再巡狩五岳并以五玉祭祀五帝，改在都城的方明坛以方明六玉祭祀"六宗"；正如清代初期的康熙、乾隆沿袭游牧习性频繁"巡狩"江南，清代中期以后的历代皇帝游牧习性淡化而不再南巡，仅仅保留每年秋天的"木兰秋狩"，并在承德避暑山庄祭祀祖地。

综上所述，商代黄帝族逐渐中原化、定居化，放弃了虞夏时期黄帝族出于游牧传统的巡狩制度，改在都城的方明坛祭祀天神，并且根据虞夏时期已有的"六宗"，把虞夏时期的巡狩五玉扩充为商代的方明六玉，新增专祭"太一上帝"的"玄圭"。

至此或有一疑：商代祭"东"用"青圭"，祭"上"用"玄圭"，两者均名为"圭"，除了颜色不同，形制是否相同？

根据《周礼》郑玄注"圭锐，象春物初生"可知，祭"东"的"青圭"是尖首圭，史称"介圭"；祭"上"的"玄圭"则是璧上圭，史称"圭璧"；两者均为上古东夷族创制（详见东夷章）。

中古黄帝族的文献记载，夏族始祖大禹和周族始祖后稷"出于西羌"，商族始祖虞舜"出于东夷"，都是言其区域，而非言其族属。因为大禹、后稷均非西羌族"小人"，而是统治西羌族（西北伏羲祖族后裔）的黄帝族西方支族"君子"。虞舜亦非东夷族"小人"，而是统治东夷族的黄帝族东方支族"君子"。

汉字体系由中古黄帝族创立，仅供受过太学教育的黄帝族"君子"使用，农耕三族的"小人"无缘接受太学教育，均不识字。而且夏商周黄帝族的史书，只记载统治农耕三族的黄帝族"君子"，不记载黄帝族统治的农耕三族"小人"。所以记载夏族始祖大禹、周族始祖后稷的出身，简述为"出于西羌"；记载商族始祖虞舜、商契、商汤的出身，简述为"出于东夷"；记载楚国始祖季连、鬻熊的出身，简述为"出于南蛮"。

夏商周的黄帝族"君子"无不明白夏商周的特殊语境和黄帝族史书的特殊

"书法"，不可能误解这些简述。秦汉以后的史家不再了解夏商周的特殊语境和黄帝族史书的特殊"书法"，于是常常误解这些简述，误以为夏族始祖及其子孙、周族始祖及其子孙都是西羌族，误以为商族始祖及其子孙都是东夷族，误以为楚族始祖及其子孙都是南蛮族，导致夏商周历史陷入了极大混乱。

中古黄帝族的东方支族商族，从其始祖虞舜开始，即已统治东夷族。经过夏代五百年，商族广泛接受了东夷族的传统文化，于是商代采用东夷族的传统祭天玉器圭璧，专祭"太一上帝"。

西周继承了商代专祭"太一上帝"的圭璧，见于《周礼·春官·典瑞》："圭璧以祀日月星辰。"又见《周礼·冬官·考工记》："圭璧五寸，以祀日月星辰。"尽管商代圭璧和周代圭璧目前尚未发现，有待将来的考古发现补充，但是文献记载不可轻易抹煞。

3. 西周祭天六玉

孔子曰："周因于殷礼，所损益，可知也。"西周承袭商代方明六玉，调整为祭天六玉，见于《周礼·春官·大宗伯》：

> 以玉作六器，以礼天地四方。
> 以苍璧礼天，以黄琮礼地，以青圭礼东方，以赤璋礼南方，以白琥礼西方，以玄璜礼北方。

首句"以玉作六器，以礼天地四方"，总言"六器"祭祀"六宗"，然后逐一分说。

其一，"以苍璧礼天"，郑玄注："礼天以冬至，谓天皇大帝，在北极者也。"

西周苍璧礼天的时间，是阴阳合历的太阳历起点"冬至"。璧色为苍，对应"苍天"。

苍璧所祭之"天"，是"北极天帝"的简称，亦即北极帝星之神"太一上帝"。由于全部星象无不围绕北极帝星旋转，一年一循环，因此用圆璧象征循环无尽的永恒天道。

其二，"以黄琮礼地"，郑玄注："礼地以夏至，谓神在昆仑者也。"

西周黄琮礼地的时间，是阴阳合历的太阳历中点"夏至"，亦即阳半年、阴半年的分界点。琮色为黄，对应黄土堆筑的方形昆仑台。

黄琮所祭之"地"，并非大地，而是昆仑台中心所立圭表的地面投影。郑玄所言"神在昆仑"，乃是神话表述，真意是"圭影在昆仑台"，因为昆仑台是"帝之下都"（《山海经》），圭影是"天帝下凡"的可见形式。昆仑台首先是天文台，其次是祭坛，所以在昆仑台上以黄琮礼地，并非祭祀大地，仍是祭祀天帝；更确切地说，是祭祀作为"天帝下凡"可见形式的圭影。因为伏羲族发明的圭表测影，是华夏天文历法和一切思维的根本基础，所以夏之《连山》、商之《归藏》、周之《周易》，均以"分卦值日"计算全年历法的伏羲六十四卦为最高圣典，并且统摄一切思维[1]。把圭表测影奉为华夏思维的最高准则，叫作"奉为圭臬"：臬即表木，圭即圭影，亦即卦象。证见南朝梁陆倕《石阙铭》："陈圭置臬，瞻星揆地。兴复表门，草创华阙。"

其三，"以青圭礼东方"，郑玄注："礼东方以立春，谓苍精之帝，而太昊、句芒食焉。"

西周青圭礼东的时间，是阴阳合历的太阴历春季起点"立春"。圭色为青，对应春天青苗出土。

"立春"之时，苍龙七宿昏见于东方地平线，所以用青圭祭祀苍龙七宿之神"苍帝"，又名"青帝"。

其四，"以赤璋礼南方"，郑玄注："礼南方以立夏，谓赤精之帝，而炎帝、祝融食焉。"

西周赤璋礼南的时间，是阴阳合历的太阴历夏季起点"立夏"。璋色为赤，对应夏天赤日炎炎。

"立夏"之时，朱雀七宿昏见于东方地平线，所以用赤璋祭祀朱雀七宿之神"赤帝"，又名"炎帝"。

其五，"以白琥礼西方"，郑玄注："礼西方以立秋，谓白精之帝，而少昊、蓐收食焉。"

---

[1]　详见张远山:《伏羲之道》中编，岳麓书社2015。作品集第十六卷。

西周白琥礼西的时间，是阴阳合历的太阴历秋季起点"立秋"。琥色为白，对应秋天白露为霜。

"立秋"之时，白虎七宿昏见于东方地平线，所以用白琥祭祀白虎七宿之神"白帝"。

其六，"以玄璜礼北方"，郑玄注："礼北方以立冬，谓黑精之帝，而颛顼、玄冥食焉。"

西周玄璜礼北的时间，是阴阳合历的太阴历冬季起点"立冬"。璜色为玄（黑），对应冬天日光昏暗。

"立冬"之时，玄武七宿昏见于东方地平线，所以用玄璜祭祀玄武七宿之神"黑帝"。

郑玄注中反复出现的"太昊、句芒食焉""炎帝、祝融食焉""少昊、蓐收食焉""颛顼、玄冥食焉"，体现了始于上古的华夏宗教固有观念"天神以玉为食"，见于《山海经·西山经》（撮引）：

> 密山多白玉，是有玉膏，黄帝是食是飨。天地鬼神，是食是飨；君子服之，以御不祥。

夏代祭天五玉的五个祭祀"节日"（节气之日）是立春、春分、夏至、秋分、冬至，商周祭天六玉的六个祭祀"节日"是立春、立夏、夏至、立秋、立冬、冬至，均为夏商周阴阳合历所含太阳历的二十四节气，因为夏商周的阴阳合历全都承袭上古神农归藏历，均以太阳历为本质，均以太阴历为表象。

郑玄分注西周祭天六玉之后，又做了概括宗旨的总注：

> 礼神者，必象其类：璧圆，象天。琮八方，象地。圭锐，象春物初生。半圭曰璋，象夏物半死。琥猛，象秋严。半璧曰璜，象冬闭藏，地上无物，唯天半见。

首句"礼神者，必象其类"，郑玄总言西周祭天六玉的形制植根于天文历法，所以六玉所祭天神（天象之神、天文历法之神），均为天文历法的神圣化、宗教化。

然后郑玄分说"六玉"象征的天文历法之"神"。

其一，"璧圜，象天"，并非天空的形状为圆，而是天行之道为圆，简称"天道曰圆"。

其二，"琮八方，象地"，并非大地的形状为方，而是观测天行之道的昆仑台为方，简称"地道曰方"。

其三，"圭锐，象春物初生"，是郑玄不明上古至中古玉器源流的附会之言。东夷族首创的华夏玉圭，是对伏羲族圭木的玉器化，故名为"圭"。玉圭的上端尖锐，并非象征春物初生，而是象征圭表测影的太阳双向斜射（详下郭宝钧说）。

其四，"半圭曰璋，象夏物半死"，也是郑玄不明上古至中古玉器源流的附会之言。上古玉璋和夏商玉璋均非源于玉圭，西周对祭天玉器的天文历法内涵予以系统化，才以玉圭的一半为玉璋。

其五，"琥猛，象秋严"，也是郑玄不明上古至中古玉器源流的附会之言，未能揭破玉琥对应西方白虎七宿。

其六，"半璧曰璜，象冬闭藏，地上无物，唯天半见"，也是郑玄不明上古至中古玉器源流的附会之言。上古玉璜和夏商玉璜并无定制，或取玉璧二分之一，象征上下半年；或取玉璧三分之一，象征北极三垣；或取玉璧四分之一，象征四季。西周对祭天玉器的天文历法内涵予以系统化，才以玉璧的一半为玉璜。

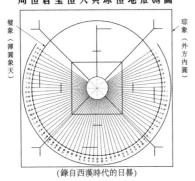

图 10-4　西周苍璧礼天黄琮礼地
推测图（郭宝钧）

郑玄尽管系统阐释了西周祭天六玉的天文历法内涵，但是采用了神秘化的宗教神话语言，并未真正揭破西周祭天六玉的精确天文历法内涵。

中国现代考古先驱之一郭宝钧（1893—1971）所著《古玉新诠》一书，对西周祭天六玉做出了更为精确的科学阐释，远胜郑玄的宗教神话阐释。

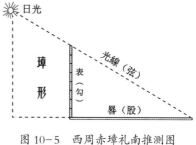

郭宝钧认为，西周以璧礼天、以琮礼地，是因为璧形、琮形植根于日晷（图10-4）：璧形取自日晷的内圆，琮形兼取日晷的内圆和外方。这一观点堪称卓见，不过尚有不足。华夏玉璧为红山黄帝族首创，取自观天玉琯的截面。华夏玉琮为良渚南蛮族首创，

图 10-5　西周赤璋礼南推测图
（郭宝钧）

由取自玉琯的圆孔和标示昆仑台的方柱合成。华夏日晷为中古黄帝族首创，目前考古所见的最早日晷出于西汉。所以不可能是上古玉璧、上古玉琮的形制取自中古日晷，只可能是中古日晷的形制取自上古玉璧、上古玉琮。郭氏尽管弄错了先后，颠倒了因果，但是揭破了玉璧、玉琮的形制植根于天文历法。

郭宝钧又认为，西周以璋礼南，是因为玉璋的形制取自圭表测影（图10-5）。这一观点也是卓见，不过首先适用于上古东夷族的玉圭，因为玉圭是对伏羲族圭木的玉器化，故名为"圭"，并以上端的两条斜边，象征圭表测影的太阳双向斜射。西周玉圭承袭东夷族玉圭，命义相同。西周又对祭天玉器的天文历法内涵予以系统化，于是西周玉璋取西周玉圭的一半，以上端的一条斜边，象征圭表测影的太阳单向斜射。

郭宝钧又认为，西周以璜礼北，是因为玉璜的形制取自圭表投影的集合（图10-6）。这一观点仍是卓见，不过郭氏误将玉璜之形画成了玉珩之形，不合日晷的圭表投影（图10-4）。只要把郭氏图中的玉珩旋转180°变成玉璜，即与日晷的圭表投影同形。

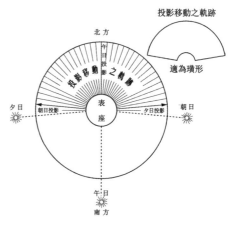

图 10-6　西周玄璜礼北推测图（郭宝钧）

玉璜、玉珩尽管旋转180°完全同形，但是刻纹玉璜、刻纹玉珩均有上下方位，不可上下颠倒。缺口朝上的玉璜是祭天玉器，缺口朝下的玉珩是装饰玉器。由于黄帝族天象图的方位是上南下北，所以礼北的玉璜位置在下。

郭氏系统证明了西周祭天六玉的四玉形制植根于天文历法。其中玉璋又蕴含玉圭，仅仅未言玉琥植根于西方白虎七宿。

综上所述，夏代的巡狩五玉，商代的方明六玉，西周的祭天六玉，无不承袭上古华夏四族的天文历法和玉器三族的祭天玉器，形制、颜色均有精确的天文历法对位和宗教神话内涵，宗教神话内涵则是天文历法内涵的神圣化。

现将夏商周祭天玉器的天文历法对位、宗教神话内涵及其上古源头，总列一表于下（表10-1）。

表 10-1　夏商周祭天玉器的天文历法、宗教神话对位

1	上古源头	伏羲族				玉器三族	
2	六大天区	东天	南天	西天	北天	中天	天枢
3	六大天象	苍龙	朱雀	白虎	玄武	北斗	帝星
4	对应六宗	青帝	赤帝	白帝	黑帝	黄帝	太一
5	对应四季	春季	夏季	秋季	冬季	（卍）	
6	对应五行	木	火	金	水	土	
7	巡狩五岳	东岳	南岳	西岳	北岳	中岳	
8	虞夏五玉 祭祀节日	青玉 春分	赤玉 夏至	白玉 秋分	玄玉 冬至	黄玉 立春	
9	商代六玉 祭祀节日	青圭 立春	赤璋 立夏	白琥 立秋	玄璜 立冬	黄璧 夏至	玄圭 冬至
10	西周六玉 祭祀节日	青圭 立春	赤璋 立夏	白琥 立秋	玄璜 立冬	黄琮 夏至	苍璧 冬至

表10-1第1横栏"上古源头"，即上古华夏四族，包括伏羲族（彩陶族）和玉器三族（黄帝族、东夷族、南蛮族）。

第2横栏"六大天区",包括上古伏羲族的二十八宿四大天区和上古玉器三族的北极两大天区,中古夏商周全盘承袭。

第3横栏"六大天象",对应六大天区,中古夏商周全盘承袭。

第4横栏"对应六宗",即夏商周祭天玉器对应的六大天象之神:对应北极帝星的"太一上帝",下辖绕之旋转的中央北斗七星之神和四方七宿之神即"五方天帝"。夏代仅祭"五方天帝",商、周增祭"太一上帝",从上古至夏代的"多神教",逐渐演进为商周的"一神教"[1]。

第5横栏"对应四季",既对应上古伏羲族二十八宿所含四大天区,又对应上古玉器三族"万字符"(卍)所含四季北斗,中古夏商周全盘承袭。

第6横栏"对应五行",植根于夏商周黄帝族的"五行说":早期仅指观测四方七宿的运行和中央北斗七星的运行,后期扩充为观测太阳系五大行星金星、木星、水星、火星、土星的运行,全都合称"五行"。天象的"五行"秩序又被应用于人间政治建构,因此上古伏羲族的"阴阳"天文学与中古黄帝族的"五行"天文学,融合为中国的终极天文理论"阴阳五行",成为中华政治建构"顺天应人,天人合一"的基本模型。

第7横栏"巡狩五岳",是虞夏时期的巡狩五岳制度,对应于五方天区。

第8横栏"虞夏五玉",是虞夏时期从属于巡狩五岳、对应于五方天区的巡狩五玉。

第9横栏"商代六玉",是承袭虞夏巡狩五玉的商代方明六玉,不用于巡狩五岳,仅用于设在国都的方明坛,增设专祭"太一上帝"的"玄圭"(圭璧)。

第10横栏"西周六玉",是承袭商代方明六玉的西周祭天六玉,承袭夏商祭祀四方天区的四玉,但把商代祭祀"下帝"的黄璧改为祭"地"的黄琮,又把商代祭祀"上帝"的玄圭改为祭"天"的苍璧。这是商周之际的重大改变,对中国历史影响深远(详下第六节)。

---

[1]　详见张远山:《以"王"僭"帝"的秦汉秘史》,《老庄之道》,岳麓书社2015。作品集第十五卷。

夏商周祭天玉器的每种形制、每种颜色，对应特定天区的特殊天象和特定季节的特殊气候，具有精确的天文历法对位和宗教神话内涵。

夏商周黄帝族使用祭天玉器，举行祭祀天象之神的祭天仪式，是宣告并论证国家权力的宗教仪式：一是宣告"君权神授"的政权合法性，二是论证"顺天应人"的制度合理性。政权合法性、制度合理性的根本依据，就是人文秩序仿效天文秩序，建立"天人合一"的国家制度和政治结构。夏商周的国家宗教，植根于天文秩序，显现于人文秩序；借助于祭天玉器，体现于祭天仪式。

二　考古发现的夏商周祭天玉器

考古发现的夏商周祭天玉器，不仅证明了文献记载的夏商周祭天玉器确为信史，并非战国秦汉士人的向壁虚构；而且证明了夏商周的祭天玉器全盘承袭上古玉器三族的祭天玉器，无一全新创制。

其一，考古发现的夏商周祭天玉圭。

祭天玉圭出现于龙山时代，共有两种形制。

龙山时代的第一种祭天玉圭，是横置的多孔祭天玉圭，源于横置的多孔观天玉圭。

多孔观天玉圭（图10-7.1），是锁定特定星组二维分布的"星组定位仪"，所以孔数、孔径、孔距、孔位全无定制（详见观天玉器章）。

多孔祭天玉圭，孔数尽管不同，但是孔径相同，孔距相等，孔位对称，多孔呈直线，没有观天功能，只有祭天功能。

龙山时代的多孔祭天玉圭，最多为十三孔，见于安徽潜山薛家岗（图10-7.2）；其次为九孔，也见于安徽潜山薛家岗（图10-7.3），又见于中国国家博物馆的收藏品（图10-7.4）；通常是七孔，见于江苏南京北阴阳营（图10-7.5）、江苏金坛三星村（图10-7.6）的出土品，以及齐家古玉的传世品（图10-7.7）；最少为三孔，见于山西柳林的出土品（图10-7.8），以及石家河文化的传世品（图10-7.9）。

虞夏时期的七孔祭天玉圭和三孔祭天玉圭，见于河南偃师二里头夏都的出土品（图10–7.10、11）。

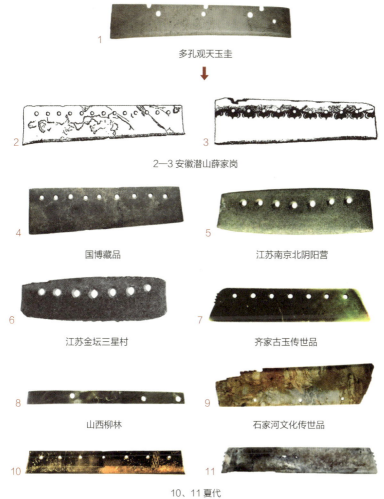

多孔观天玉圭

2—3 安徽潜山薛家岗

国博藏品

江苏南京北阴阳营

江苏金坛三星村

齐家古玉传世品

山西柳林

石家河文化传世品

10、11 夏代

图 10–7　夏代多孔祭天横圭承袭上古

多孔祭天玉圭以七孔为定制，对应北极七星、北斗七星和二十八宿的四方七宿，象征《尧典》所言"以齐七政"。

龙山时代的第二种祭天玉圭，是东夷族对伏羲族圭木予以玉器化的祭天玉圭，不再横置，而是竖置。

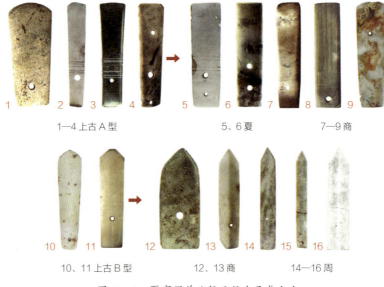

1—4 上古 A 型　　　　5、6 夏　　　　7—9 商

10、11 上古 B 型　　　12、13 商　　　14—16 周

图 10-8　夏商周单孔祭天竖圭承袭上古

东夷族祭天玉圭的早期形制，是单孔的圆首圭（图 10-8.1）。单孔、圆首全都源于威仪玉钺（详见东夷章）。早期形制西传陶寺伏羲族（图 10-8.2），南传石家河南蛮族（图 10-8.3、4），成为夏代有孔祭天玉圭的主要形制（图 10-8.5、6），商代有孔祭天玉圭仍有这一形制（图 10-8.7—9）。这一形制并非定制，个别例外也有双孔或三孔，因为威仪玉钺也有少量例外，以双孔或三孔对应特殊星象。

东夷族祭天玉圭的后期定制，是单孔的尖首圭（图 10-8.10），单孔是多孔观天玉圭的遗形，尖首标示圭表测影的太阳双向斜射。后期形制南传石家河南蛮族（图 10-8.11），成为商代（图 10-8.12、13）和西周（图 10-8.14—16）祭天玉圭的主要形制。单孔祭天玉圭用于"裸（guàn）祭"，《周礼·冬官·考工记》称为"裸圭"。这一形制属于定制，基本没有二孔或三孔。

考古发现的中古文物，证明了中古文献的记载属实，证明了夏商周的祭天玉圭承袭上古，并造专字作"珪"：青色玉珪是东方天象之神的"玉食"，专祭东方苍龙七宿之神"苍帝"（青帝）。

其二，考古发现的夏商周祭天玉璋。

华夏祭天玉璋共有三种形制，两种出现于龙山时代，第三种出现于西周。

1—3 上古 A 型   4、5 夏   6、7 商   8、9 金沙

10、11 上古 B 型   12—16 三星堆

西周新型

三星堆   18、19 秦国

图 10-9　夏商周祭天玉璋承袭上古

第一种祭天玉璋出现于龙山时代，是上端微凹的东夷族玉璋（图10-9.1），源于东夷族的獐牙观天器（详见东夷章）。这一形制西传石峁黄帝族（图10-9.2、3），柄部护手变成了仿照石家河业字形天鹰帝

冕的扉齿（详见龙山章）。夏代祭天玉璋承袭这一形制，见于二里头夏都（图10-9.4、5）。商代祭天玉璋也承袭这一形制，见于河南新郑望京楼（图10-9.6）、郑州南郊扬庄（图10-9.7），又见于商代晚期的成都金沙（图10-9.8、9）。

第二种祭天玉璋也出现于龙山时代，是上端为双牙的石峁黄帝族牙璋（图10-9.10），根据红山黄帝族的北斗猪神权柄，对东夷族玉璋进行了改造（详见龙山章）。龙山晚期，这一形制南传石家河南蛮族（图10-9.11）。中古以后，这一形制南传四川伏羲族后裔（即今凉山彝族），成为商代中期四川三星堆祭天玉璋的基本形制（图10-9.12—15）。三星堆二号祭祀坑出土的青铜像（图10-9.16），祭司双膝跪地，双手持璋，表现了玉璋祭天的真实场景。

《周礼·春官·典瑞》记载："牙璋，以起军旅，以治兵守。"说明西周牙璋不再是祭天玉器，而是天子赐予将军的威仪玉器。

第三种祭天玉璋出现于西周，取祭天玉圭的一半，亦即"半圭为璋"，源于对祭天玉器天文历法内涵的系统化。其实上古的祭天玉圭和祭天玉璋原本来源不同，形制并无关联，天文历法内涵也不相关。

由于西周王陵至今尚未发现，所以西周式"半圭为璋"目前仅见于文献记载，未见于考古发现。不过西周式"半圭为璋"见于商代中期的四川三星堆（图10-9.17），又见于春秋时代的秦国大墓（图10-9.18），以及传世的秦式玉璋（图10-9.19）。蜀地与西周相邻，秦地是周族故地，因此蜀式玉璋和秦式玉璋成为西周式"半圭为璋"的重要旁证。

考古发现的中古文物，证明了中古文献的记载属实，证明了夏商周的祭天玉璋承袭上古，并造专字作"璋"：赤色玉璋是南方天象之神的"玉食"，专祭南方朱雀七宿之神"赤帝"（炎帝）。

其三，考古发现的夏商周祭天玉琥。

龙山时代的东夷族、南蛮族均有祭天玉虎。

凌家滩东夷族的祭天玉虎（图10-10.1），两端均为虎头。石家河南蛮族的祭天玉虎（图10-10.2），虎首向西，虎尾卷曲。两者尽管风格略异，但是均为璜形，全都对应伏羲族二十八宿的西方白虎七宿。

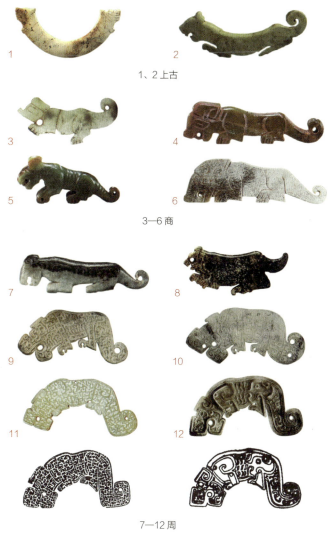

1、2 上古

3—6 商

7—12 周

图 10-10　夏商周祭天玉琥承袭上古

　　夏代的祭天玉琥，目前尚未发现。商代（图 10-10.3—6）、周代（图 10-10.7—12）均有大量的祭天玉琥，总体风格承袭石家河玉虎的虎首向西，虎尾卷曲。但是为了区别于祭天玉璜，商代玉虎逐渐从璜形变为珩形。西周时期的玉虎（图 10-10.7、8）承袭商代玉虎，珩形尚不明显。东周时期的玉虎（图 10-10.9—12），均为明确的珩形。由于玉琥象征西方白虎七宿，所以商周玉虎的标准视角是虎首向西。

战国时期将军专用的青铜虎符，形制仿照祭天玉琥（详见续著《青铜之道》）。

考古发现的中古文物，证明了中古文献的记载属实，证明了夏商周的祭天玉虎承袭上古，并造专字作"琥"：白色玉琥是西方天象之神的"玉食"，专祭西方白虎七宿之神"白帝"。

其四，考古发现的夏商周祭天玉璜。

上古祭天玉璜，源于上古祭天玉璧。良渚南蛮族（图10-11.1），凌家滩东夷族（图10-11.2），石峁黄帝族（图10-11.3），以及石家河南蛮族，龙山伏羲族，均有拟形北斗仰斗的祭天玉璜。红山黄帝族已经发现拟形北极覆斗的玉珩，尚未发现玉璜。

夏代黄帝族的玉璜，承袭石峁黄帝族的玉璜，目前未见出土品，仅见传世品，多为绿松石制作，材料和风格同于二里头夏都的出土品，证明传世品确为传承四千年的"夏后氏之璜"。

所举三例夏代玉璜传世品（图10-11.4—6），纹样均拟人面，实为神面。第一例双目如星，嘴部是大火星纹 ⌒。商周承袭这一大火星纹，大量见于商周玉器、商周青铜器的衔尾龙（详下图10-25）。夏商周的大火星纹，源于龙山中期"龙星纪时"的伏羲族火历，亦即《左传·昭公十七年》所言"太皞氏以龙纪，炎帝氏以火纪"[1]。伏羲族火历以苍龙七宿的心宿二为标志星，心宿二即"大火星"，又称"龙星"。另外两例夏代玉璜均为臣字眼，嘴部则是大火星纹的变体。

商周两代把"夏后氏之璜"视为夏代祭天玉器的经典之作而推崇备至，见于大量中古文献。

《山海经·海外西经》记载了夏后启佩戴玉璜：

> 大乐之野，夏后启于此舞《九代》，乘两龙，云盖三层。左手操翳，右手操环，佩玉璜。

---

[1] 详见张远山：《伏羲之道》68页，岳麓书社2015。作品集第十六卷71页。

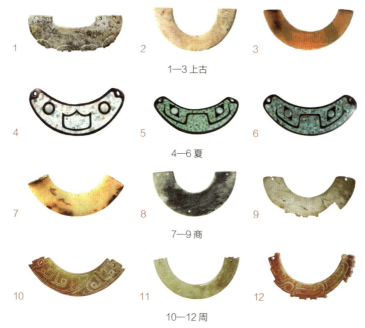

1—3 上古

4—6 夏

7—9 商

10—12 周

图 10-11　夏商周祭天玉璜承袭上古

《左传·定公四年》记载了西周天子赏赐给鲁国诸侯的传国宝玉"夏后氏之璜":

> 分鲁公(周公之子伯禽)以大路、大旗、夏后氏之璜、封父之繁弱、殷民六族。

《淮南子》四次提及"夏后氏之璜"。

> 夫有夏后氏之璜者,匣匮而藏之,宝之至也。(精神训)
> 夏后氏之璜,……天下宝之。(泛论训)
> 和氏之璧、夏后氏之璜,捍让而进之。(说山训)
> 曹氏之裂布,蛛者贵之,然非夏后氏之璜。(说林训)

商代玉璜多有考古发现。所举三例(图 10-11.7—9),前两例是普通形制，光素无纹。第三例是特殊形制，下端是源于石家河玉帝鹰冠帝冕的业字形扉齿，右端多出一块，因其纹样模糊，其意难明。

西周玉璜多有考古发现。所举三例（图10-11.10—12），前两例是普通形制，均刻龙纹，两端均为源于石家河玉帝鹰冠帝冕的业字形扉齿。第三例的外形同于商代第三例，因其纹样清晰，可知右端多出的一块，实为帝面的侧影。

考古发现的中古文物，证明了中古文献的记载属实，证明了夏商周的祭天玉璜承袭上古，并造专字作"璜"：玄色玉璜是北方天象之神的"玉食"，专祭北方玄武七宿之神"黑帝"。

祭祀东方天象之神的青圭，拟形圭表测影的太阳双向斜射；祭祀南方天象之神的赤璋，拟形圭表测影的太阳单向斜射。两者合称"圭璋"，对应上半年的春夏两季。昼测圭影以制历，是上古伏羲族的天文历法遗产。

祭祀西方天象之神的白琥，拟形北极七星的覆斗之形；祭祀北方天象之神的玄璜，拟形北斗七星的仰斗之形。两者合称"琥璜"，对应下半年的秋冬两季。夜观北斗以制历，是上古玉器三族的天文历法遗产。

夏商周黄帝族融合了上古华夏四族的天文历法遗产，以玉器三族的北极北斗两大天区为核心，以伏羲族的二十八宿四大天区为外围，按照东南西北四方之位循环旋转，祭以"圭璋琥璜"四季之玉，配以"青赤白玄"四季之色。

其五，考古发现的夏商周祭天玉璧。

上古玉器三族的玉璧，由红山黄帝族创制，源于观天玉琯的截面（详见黄帝章）。

红山黄帝族的玄鼋玉璧（图10-12.1），不取正圆，上有玄鼋二目。

凌家滩东夷族仿制了红山黄帝族的玄鼋玉璧，已取正圆，保留玄鼋二目（详见东夷章）。另有标示二分二至的分至玉璧（图10-12.2）。

良渚南蛮族的玉璧均取正圆（详见南蛮章），另有对应四季北斗的四帝玉璧（图10-12.3）。

石峁黄帝族的玉璧（图10-12.4），仿制红山黄帝族的玄鼋玉璧，亦非正圆，但是取消了玄鼋二目。

1—4 上古

5—7 夏

8—10 商

11—20 周

图 10-12　夏商周祭天玉璧承袭上古

　　与夏代同时的东北黄帝族夏家店下层文化玉璧（图10-12.5），承袭红山黄帝族的玄鼋玉璧，既有玄鼋二目，亦非正圆。另有正圆玉璧（图10-12.6）。

　　河南淅川下王岗的二里头文化层，出土了夏代的正圆玉璧（图10-12.7）。但是目前考古发现的夏代玉璧数量较少，可能夏代巡狩五玉的主要区别是颜色，而非形制。

商代玉璧的出土数量较多，多为普通形制，光素无纹（图10-12.8、9）。河南安阳妇好墓出土的一例（图10-12.10），上刻天象旋转线，类似《周髀算经》的"七衡六间图"[1]。

西周玉璧的出土数量较多，多为普通形制，光素无纹（图10-12.11、12）。也有大量刻纹玉璧，多为单龙衔尾（图10-12.13）或双龙互衔（图10-12.14），表现苍龙七宿的循环旋转。

春秋时代的秦国玉璧，多刻北斗纹。既有三斗（图10-12.15），也有四斗（图10-12.16），是玉璧象征天象循环的硬证。上海博物馆收藏的战国分至玉璧（图10-12.17），结构、内涵同于东夷族的分至玉璧。

河北平山战国中山王墓出土的双龙出廓玉璧（图10-12.18）和三龙出廓玉璧（图10-12.19），同样是表现苍龙七宿的循环旋转。

河南许昌战国墓出土的四帝玉璧（图10-12.20），结构、内涵同于南蛮族的四帝玉璧。汉代的四帝玉璧数量极多。

考古发现的中古文物，证明了中古文献的记载属实，证明了夏商周的祭天玉璧承袭上古，并造专字作"璧"：夏代以苍色玉璧祭"中"，商代以苍色玉璧祭"下"，都是专祭位于中央都城的昆仑台之神"黄帝轩辕氏"。西周则以苍色玉璧祭"上"，专祭"天圆地方"之"天圆"，以及主宰天象循环的"太一上帝"。

其六，考古发现的西周祭地玉琮。

上古玉琮由良渚南蛮族创制。早期的祭天圆琮（图10-13.1），源于观天玉琯。后期的祭天方琮（图10-13.2），圆柱变成方柱，拟形昆仑台的方形（详见南蛮章）。

良渚玉琮北传东夷族，形制基本不变（详见东夷章）；西传石家河南蛮族（图10-13.3），仅刻区间分隔线，不刻北斗猪神；西传龙山伏羲族（图10-13.4），变成光素无纹。

石峁黄帝族没有玉琮，源于石峁黄帝族的夏代黄帝族也没有玉琮，夏代巡狩五玉也不含玉琮。

---

[1] 详见张远山：《伏羲之道》22页，岳麓书社2015。作品集第十六卷19页。

1—4 上古

5—15 商

16—19 周

图 10-13　西周祭地玉琮承袭上古

商代玉琮数量众多，中原地区既有圆琮（图 10-13.5—7），也有方琮（图 10-13.8—11），但是形制异于良渚玉琮。商代晚期的四川成都金沙也有大量玉琮，既有石家河式区间纹玉琮（图 10-13.12、13），也有良渚式北斗猪神玉琮（图 10-13.14、15）。由于商代方明六玉不含玉琮，因此商代玉琮不是祭天、祭神的玉器，而是专祀祖宗的玉器，所以"琮"字从玉从宗。

西周把商代专祀祖宗的玉琮列入祭天六玉，取代祭地的圆璧，而以方琮专祭"天圆地方"之"地方"，所以西周没有圆琮，均为方琮。考古发现了大量的西周方琮，见于陕西长安张家坡西周墓（图 10-13.16）、河南三门峡虢国墓（图 10-13.17），承袭西北伏羲族齐家文化玉琮的光素无纹。张家坡出土的另一件西周方琮（图 10-13.18），不刻良渚式北斗猪神，改刻周族的凤纹族徽。湖北随县曾侯乙墓出土的战国方琮（图 10-13.19），四面均刻北斗猪神，但是异于良渚玉琮的北斗猪神。

考古发现的中古文物，证明了中古文献的记载属实，证明了夏代巡狩五玉不含玉琮，商代可能以圆琮、方琮专祀祖宗，并造专字作"琮"。西周则把方琮列入祭天六玉，以黄色方琮专祭"天圆地方"之"地方"，以及位于中央都城的方形昆仑台之神"黄帝轩辕氏"。

西周以后，"黄帝轩辕氏"不再兼为北斗之神和黄帝族神话始祖，而被视为实有其人的黄帝族始祖，即从上古至夏商的"天文化"天神（天象之神），变成了"人文化"祖先神。于是华夏宗教形态发生了重大改变，上古至夏商植根"天文"的宗教崇拜，西周以后变成了植根"人文"的祖先崇拜。

"黄帝轩辕氏"原本兼为北斗之神和黄帝族神话始祖，也是中古黄帝族"五帝"颛顼、帝喾、唐尧、虞舜、夏禹共有的族名。西周以后的"黄帝轩辕氏"不再是北斗之神，也不再是黄帝族的神话始祖，而被视为实有其人的黄帝族始祖，于是"黄帝轩辕氏"变成了个体专名，被列入中古黄帝族"五帝"，导致"五帝"变成了"六帝"，于是西周以后的上古伏羲族"三皇"和中古黄帝族"五帝"版本众多：或者把"黄帝"列为"五帝"之首，移出"五帝"之末的"夏禹"，导致"夏禹"既不属于"五帝"也不属于"三王"；或者把"黄帝"列为"三皇"之末，移出"三皇"之首的"女娲氏"，导致"女娲氏"时代消失，难以与考古时代对位。西周的"人文化"思潮，不仅使华夏宗教发生了重大改变，也使华夏古史陷入了极大混乱。

综上所述，考古发现的中古文物，全面证明了中古文献的记载属实，证明夏商周的祭天玉器无不承袭上古玉器三族的祭天玉器。只不过上古玉器三族各有不同的祭天玉器，各有不同的天文历法内涵，玉器三族的各种祭天玉器之间并无严格的等级关系，玉器三族各种祭天玉器的天文历法内涵也无严密的体系关系，而夏商周三代的祭天玉器融合了上古玉器三族的祭天玉器和上古伏羲族的天文历法，并把各种祭天玉器的天文历法内涵逐渐系统化，使之系统对应六大天区的不同天象以及把天象神圣化的天象之神，逐步建立了以玉祭天、以玉事神的祭天体系。这一体系始于夏代，中经商代，完成于西周，又因西周的"人文化"思潮而极大地遮蔽了上古真相。

尽管目前的考古发现不无缺环，现存的文献记载不无疏漏，尚待今后的考古发现进一步补充和今后的文献梳理进一步厘正，但是考古证据与文献证据的全面对应，充分证明了上古玉器三族的祭天玉器是观天玉器的衍生物，具有精确的天文历法对位和宗教神话内涵，并被中古夏商周的祭天玉器全盘承袭和全面融合。尽管商代祭天玉器对夏代祭天玉器有所损益，西周祭天玉器又对商代祭天玉器有所损益，但是夏商周的祭天玉器万变不离其宗，仍然具有精确的天文历法对位和宗教神话内涵。

三　考古发现的夏商周威仪玉器

夏商周的威仪玉器，植根于夏商周的祭天玉器，同样具有精确的天文历法对位和宗教神话内涵。

上古没有国家制度，威仪玉器是部落酋长的行头，等级规定不太繁复严格。夏商周建立国家制度以后，威仪玉器有了繁复严格的等级规定。

《礼记·礼器》："礼仪三百，威仪三千。"祭天玉器对应天文秩序，属于较为简单的"礼仪三百"范畴，因为天象永恒不变，结构比较简单，与之对应的祭天玉器也相对简单。威仪玉器对应人间秩序，属于较为繁复的"威仪三千"范畴，因为人间秩序常变，结构极其复杂，与之对应的威仪玉器也极其复杂。上古已有的威仪玉器，不能完全满足日益繁复、日益严格的等级规定，因此夏商周的威仪玉器部分承袭上古，部分属于新创，本节略言其要。

上古黄帝族的三大威仪玉器，均为夏商周黄帝族承袭。

其一，夏商周的威仪冠冕，承袭红山黄帝族。

上古黄帝族是游牧民族，散发不便于骑马，于是有了束发习俗，红山黄帝族发明的束发玉冠（图10-14.1），是中古黄帝族冠冕的源头。

石峁黄帝族的束发冠冕，可能已经按照红山黄帝族束发玉冠的形制，改用不易保存的其他材质，所以石峁文化目前尚未发现束发玉冠。

夏代黄帝族源于石峁黄帝族，所以夏代天子的束发冠冕可能仍然使用不易保存的材质。然而与夏代同时的东北黄帝族夏家店下层文化，其束发玉冠仍然承袭红山黄帝族（图10-14.2）。

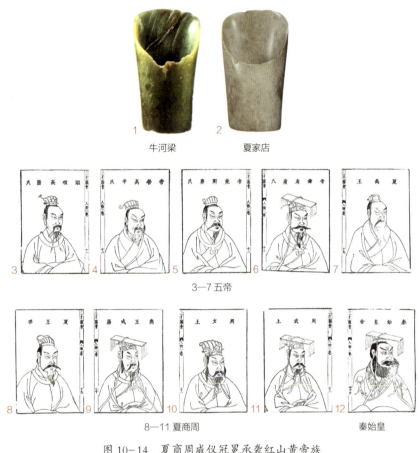

1 牛河梁　　2 夏家店

3—7 五帝

8—11 夏商周　　秦始皇

图 10-14　夏商周威仪冠冕承袭红山黄帝族

　　商周的束发冠冕承袭夏代的束发冠冕，可能仍是不易保存的材质，所以夏商周天子的冠冕仅见于文献记载，未见于考古发现。但是明代《三才图会》的五帝三王戴冠像（图10-14.3—11），证明夏商周天子和秦汉以后皇帝的冠冕（图10-14.12），基本形制承袭红山黄帝族的束发玉冠。

　　黄帝族入主中原以后建立了衣冠制度，史称"黄帝尧舜垂衣裳而天下治"（《易传·系辞》，"黄帝"为"尧舜"的族名）。衣冠制度从属于国家制度，束发冠冕是衣冠制度的核心成分。始于上古黄帝族的束发冠冕，被中古夏商周和秦汉以后承袭了四千年。

其二，夏商周的威仪玉钺，承袭石峁黄帝族。

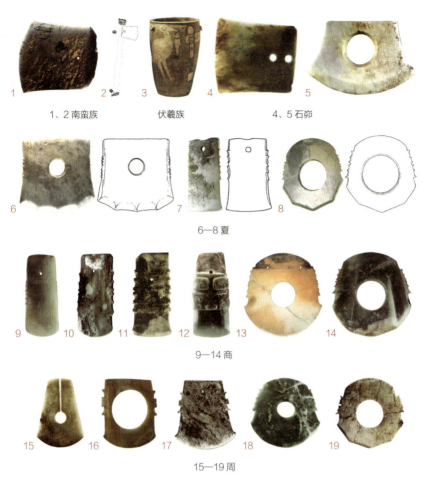

1、2南蛮族　　　伏羲族　　　4、5石峁

6—8夏

9—14商

15—19周

图 10-15　夏商周威仪玉钺承袭石峁黄帝族

上古农耕三族均有威仪玉钺，陈列方式均为钺柄竖置，玉钺横置。第一硬证见于余杭反山良渚王墓出土的钺王（图10-15.1），其上的良渚神徽，证明玉钺横置。第二硬证见于根据余杭瑶山酋长墓出土的玉钺及其配件复原的玉钺陈设图（图10-15.2），第三硬证见于河南临汝阎村出土的仰韶伏羲族"鹳鱼石斧图"陶缸（图10-15.3），证明钺柄竖置，玉钺横置。

红山黄帝族没有玉钺，石峁黄帝族仿效农耕三族制作的威仪玉钺，陈列方式既有横置（图10-15.4），也有竖置（图10-15.5）。

夏商周黄帝族的威仪玉钺（图10-15.6—19），不仅形制承袭石峁黄帝族，而且陈列方式同样承袭石峁黄帝族，多为搁于钺架的竖置，青铜大钺同样是搁于钺架的竖置。

夏商周黄帝族的威仪玉钺两侧，又增加了石峁黄帝族牙璋柄部的业字形（源于石家河玉帝的业字形天鹰帝冕，详见龙山章），定制是玉钺两侧各有业字形六齿，标示上下半年各六月，因为上古以降"钺"均通"岁"（郭沫若）。

夏商周的威仪玉钺，又衍生出上古没有的威仪玉戚（图10-15.8夏，图10-15.13、14商，图10-15.18、19周），因其赐予通婚联姻的戚族，故称"玉戚"。玉戚两侧，也有标示上下半年各六月的业字形六齿。

商代甲骨文的"王"字王，商周金文的"王"字王，下部均取钺形，所以吴其昌认为："斧形之锋刃向下者，演化为王"[1]。"王"字下部的钺形，又酷似大火星纹●和岁星纹●（详下第四节）。所以夏商周威仪玉钺的寓意是：执"钺"的君王，乃是执"岁"者，亦即"执天命者"。

《字林》："钺，王斧也。"（《太平御览》卷三四一引）。斧钺是王权的第一象征，象征天子对天下万民的生杀权力和对四方诸侯的征伐权力。

《说文解字》引《司马法》："夏执玄戈，殷执白戚，周左杖黄戈，右秉白髦。"

《尚书·牧誓》："王（周武王）左杖黄钺，右秉白髦以麾。"伪孔安国传："左手杖钺，示无事于诛；右手把旗，示有事于教令。"

《史记·殷本纪》："汤自把钺，以伐昆吾，遂伐桀。"

《史记·周本纪》："（周武王）以黄钺斩纣头，悬大白之旗。"

商汤、周武王亲自执钺杀死前朝末代天子，并非二人嗜杀，而是象征王权易姓的仪式行为，旁人不可代劳。

王权易姓之后，常例是仪仗执事执钺，证见《诗经·商颂·长发》："武王（商汤）载旆，有虔秉钺。"又见《史记·周本纪》："周公旦把大钺，毕公把小钺，以夹武王。"

---

[1] 转引自林沄：《说"王"》，《考古》1965年6期。

夏商周天子也可以把王钺代表的征伐权力赐予诸侯，制度见于《礼记·王制》："赐铁钺，然后杀。"孔颖达疏："得赐铁钺，然后邻国臣弑君、子弑父者，得专讨之。"其例见于《史记·殷本纪》："（商纣王）赐（周文王）弓矢斧钺，使得征伐，为西伯。"西周虢季子白盘铭文："（周孝王）赐用钺，用征蛮方。"《左传·昭公十五年》："铖钺……文公受之，抚征东夏。"夏商周天子赐予诸侯玉钺或铜钺，相当于秦汉以后皇帝赐予钦差大臣的尚方宝剑。

除了战争时期的出征、拜将、誓师等特殊场合，和平时期的朝会、册封、宴饮等普通场合，夏商周天子的威仪排场通常不设真实斧钺，仅在身后屏风绣有象征斧钺的纹样"黼黻"。

象征斧钺的纹样，专名"黼黻"（fǔ fú），二字与"斧"同音。陈设黼黻的屏风，专名"黼扆"；"黼"是"黼黻"的简称，"扆"即屏风。制度见于《周礼·司几筵》："凡大朝觐、大飨射，凡封国、命诸侯，王位设黼依。"郑玄注："黼谓之斧，其绣黑白采，以绛帛为质；依，其制如屏风然。"其例见于《尚书·顾命》："狄设黼依缀衣。"《礼记·明堂位》："天子负斧依，南面而立。"《逸周书·明堂解》："天子之位，负斧扆，南面立。"

"黼黻"一词几千年未有确解，源于传统解释的不得要领。《周礼·冬官·考工记》："白与黑，谓之黼。黑与青，谓之黻。"《说文解字》："黼，白与黑相次文。黻，黑与青相次文。"二者均言黼黻之色，未言黼黻之形，更未言及"黼黻"象征斧钺的威慑功能。

山东滕州前掌大出土的一柄商代玉钺（图10-16.1），上有拟形北极覆斗的斗形龙。与之同形的独立斗形龙，也见于前掌大商墓（图10-16.2），又见于安阳孝民屯商墓（图10-16.3），又大量见于商周天鹰的冠部（详下第五节）。

图10-16　商代斗形龙玉钺

斗形龙玉钺的寓意是：天子是得到北极天帝授权的龙星下凡，亦即后世所言"真龙天子"或"真命天子"。

上古以玉龙专祭苍龙七宿，以玉虎专祭白虎七宿。由于夏商周把龙作为天子专用的象征，于是改用玉圭专祭东方苍龙七宿，仍以玉虎专祭西方白虎七宿。

商周两代除了威仪玉钺，另有大量的威仪铜钺，也有精确的天文历法内涵（详见续著《青铜之道》）。

其三，夏商周的威仪玉戈，承袭石峁黄帝族。

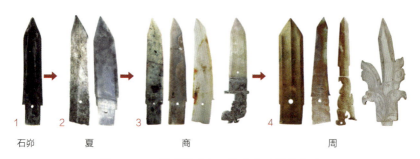

图 10-17　夏商周威仪玉戈承袭石峁黄帝族

华夏玉兵，不见于上古农耕三族，首见于龙山晚期的石峁黄帝族玉戈（图10-17.1），证实了《越绝书》所言"黄帝之时，以玉为兵"。

龙山章已言石峁玉戈为夏商周玉戈的源头，本章再举若干夏商周玉戈以作补充。夏代玉戈（图10-17.2）、商代玉戈（图10-17.3）、周代玉戈（图10-17.4），无不承袭石峁玉戈（图10-17.1），是夏商周统治族群均为黄帝族的重要旁证。

由于玉质易碎，所以石峁玉戈和夏商周玉戈均非实用兵器，仅是列于仪仗的威仪玉器。夏商周另有大量的威仪铜戈，其精雕细琢和繁复纹样，超出了实用兵器的使用需要，所以仍是威仪兵器而非实用兵器，其繁复纹样也有精确的天文历法内涵（详见续著《青铜之道》）。

其四，夏商周的威仪权柄，承袭石峁黄帝族的威仪权柄。

上古唯有伏羲族没有玉制权柄，玉器三族均有玉制权柄。红山黄帝族有两种权柄（图10-18.1、2），良渚南蛮族另创权柄（图10-18.3），东夷族（图10-18.4）和石家河南蛮族（图10-18.5）全都仿效良渚权柄，但是均非夏商周权柄的源头。石峁黄帝族创制的"丙"字形权柄（图10-18.6），才是夏商周威仪权柄（亦即威仪玉圭）的源头。

夏代黄帝族来自华夏西北的石峁黄帝族，所以夏代权柄都是承袭石峁黄帝族的"丙"字形权柄：有些光素无纹（图10-18.7—9），全同于石峁权柄；有些以石峁式权柄为基础，加刻良渚式北斗猪神纹样（图10-18.10—12）。但与夏代同时的东北黄帝族夏家店下层文化，仍然承袭红山黄帝族的斗形权柄（图10-18.13）。

商代的威仪权柄（图10-18.14—21），承袭夏代的"丙"字形权柄。商代黄帝族源于红山黄帝族（含夏家店下层文化），另有少量斗形权柄，见于河南安阳妇好墓（图10-18.22）。妇好经常代替殷高宗武丁领兵出征，所以斗形权柄可能是商代将军的专用权柄。

西周的威仪权柄（图10-18.23—30），仍然承袭石峁黄帝族、夏商黄帝族的"丙"字形权柄，有时加刻周族的凤纹族徽。

上古玉器三族和中古夏商周的玉制权柄，正是中文"权柄"一词的实物证据。旧多误称为"柄形器"，导致"权柄"成为难以落地的无根之词，无法对位于考古发现的实物证据。甲骨文"丙"字作，金文"丙"字作，篆文"丙"字作，均为石峁权柄、夏商周权柄的象形字，也是天子所执顶级权柄"瑁圭"的象形字（详下）。"丙"是"柄"的初文，后来成为十天干列于第三位的专字，于是根据玉制权柄下接木柄，另造加"木"旁的"柄"字。

西周不仅承袭了上古玉器三族和中古夏商的"丙"字形权柄，而且创制了一种此前没有的新型权柄，亦即仿制祭天玉圭的威仪玉圭，其与祭天玉圭的区别，就是无孔。

西周天子、诸侯、士大夫的新型威仪权柄，全都称为"某圭"，简称为"某"。天子用于朝廷的新型威仪权柄，专名"珽（tǐng）圭"，简称"珽"。诸侯用于朝廷的新型威仪权柄，专名"瑹（tú）圭"，简称"瑹"。士大夫用于朝廷的新型威仪权柄，专名"笏（hù）圭"，简称"笏"。

由于西周的新型威仪权柄（威仪玉圭）替代了"丙"字形的传统威仪

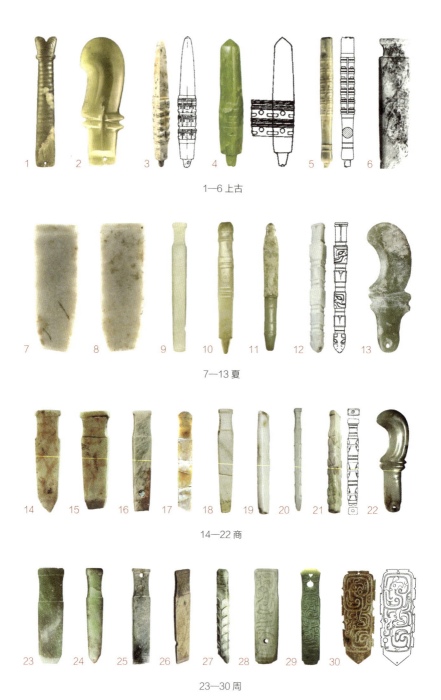

1—6 上古

7—13 夏

14—22 商

23—30 周

图 10-18　夏商周威仪权柄（玉圭）承袭上古

权柄，而且新型威仪权柄不再称为"权柄"，而是称为"某圭"，导致了中文"权柄"一称在西周以后难以对应于实物，进而导致上古玉器三族和中古夏商周的"丙"字形传统威仪权柄，被学者们称为"柄形器"。

但是南宋《新定三礼图》的图像证据（图10-19），证明夏商周天子、诸侯、士大夫在朝廷之上，人手一件威仪权柄。只不过夏商的天子、诸侯、士大夫在朝廷之上，人手一件的是源于石峁黄帝族的"丙"字形传统威仪权柄，亦即"柄形器"；而西周以后的天子、诸侯、士大夫在朝廷之上，人手一件的是西周的新型威仪权柄，亦即无孔的尖首圭。

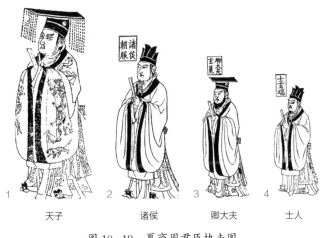

图10-19　夏商周君臣执圭图

《大戴礼记·虞戴德》："天子搢珽，诸侯御瑹，大夫服笏。"《广雅·释器》："瑹、珽，笏也。"可见珽、瑹、笏仅是尺寸、材质、名称有异，其实形制相同，均属威仪玉圭，亦即威仪权柄。

天子手执珽圭，既是宣告君权神授，受命于天，又是表示顺应天道，治理天下。诸侯手执瑹圭，士大夫手执笏圭，既是承认君权神授，受命于天，又是表示受命于君，协助君王顺应天道，治理天下。

士大夫上朝之前，可将欲言之事书于笏板作为备忘。言事的士大夫出列，执笏而言，此即《礼记·玉藻》所言："凡有指画于君前，用笏；造受命于君前，则书于笏。"不言事的士大夫，列于左右两班，所以"班"字有左右二"玉"。笏板插于腰带,谓之"缙绅"。"缙绅之士",简称"绅士"。

其五,夏商周的"命圭""命璧",源于祭天玉圭、祭天玉璧。

夏商周另有天子册封诸侯、贵族的"瑞玉制度";其中赐给诸侯的"命圭",也是祭天玉圭衍生的威仪玉圭,但是不同于朝廷之上的威仪玉圭。

天子把玉圭赐予有封国的诸侯,称为"命圭",意为"授命之圭";把玉璧赐予无封国的贵族,称为"命璧",意为"授命之璧"。命圭、命璧均非祭天玉器,而是威仪玉器,亦即诸侯、贵族的身份凭证和权力凭证。赐圭、赐璧制度,涉及圭、璧两种授命玉器,不能称为"赐圭制度"或"赐璧制度",所以合称"赐瑞制度"。"瑞"字从玉,即言作为身份凭证和权力凭证的授命玉器。后世改朝换代之际,开国天子均言得到获得天命的"祥瑞",作为获得绝对权力的凭证,其意同于"赐瑞制度"的"瑞"字本义。《周礼·典瑞》专言"管理瑞玉"的职事。

赐瑞制度起源于夏代,发展于商代,成熟于西周。夏商两代的赐瑞制度文献不足,只能大致推测如下。

夏代赐瑞制度与虞夏巡狩五玉配套,即《尚书·尧典》所言"辑五瑞",分为五等爵位:公、侯、伯、子、男。《墨子·非攻下》:"禹亲把天之瑞令,以征有苗。"说明夏代已把瑞玉作为权力凭证。

商代赐瑞制度与商代方明六玉配套,即在夏代"五瑞"之外,另增天子专用的瑞玉,遂成"六瑞"。

西周赐瑞制度与西周祭天六玉配套,见于《周礼·春官·大宗伯》:

> 以玉作六瑞,以等邦国:王执镇圭(一尺二寸),公执桓圭(九寸),侯执信圭(七寸),伯执躬圭(七寸),子执谷璧(五寸),男执蒲璧(五寸)[1]。

天子拥有天下,昆仑台设于京城,上有圭木,所以天子手执象征圭木

---

[1] 尺寸均见《周礼·冬官·考工记》。

的镇圭,长度一尺二寸,对应十二月,象征天子"执天命"。其名"镇圭",意为拥有镇压天下、征伐诸侯的绝对权力。

公爵、侯爵、伯爵是既有封爵又有封国的诸侯,有国必有社,有社必有木,亦即仿照圭木的社木,所以赐予象征圭木的"命圭",拥有镇抚一方的相对权力。长度递减:公爵的桓圭,九寸;侯爵的信圭,伯爵的躬圭,均为七寸。《礼记·礼器》所言"以圭为瑞",专言用于封爵的无孔命圭,并非用于祭天的单孔玉圭,亦非用于朝廷的无孔玉圭。

子爵、男爵是仅有封爵没有封国的贵族[1],无国则无社,亦无仿照圭木的社木,所以不能赐予玉圭,只能赐予象征天道循环的"命璧"。祭天玉璧或者光素无纹,或刻具有天文历法内涵的纹样。命璧则刻谷纹、蒲纹,故称"谷璧""蒲璧"。尺寸又减,均为五寸。

《说文解字》所言"瑞,以玉为信也",与祭天玉器无关,专指命圭、命璧是天子封国或赐爵的信物。

西周赐瑞制度的"命圭""命璧",均有大量考古发现。

图 10-20　夏商周无孔命圭

考古发现的最早无孔尖首圭,见于龙山晚期神农族酋邦的陶寺遗址(图10-20.1),异于祭天的单孔尖首圭,是否"命圭"难以判断,可能是单孔尖首圭的半成品。

夏代(图10-20.2)、商代(图10-20.3)、西周(图10-20.4)均有无孔尖首圭,说明命圭制度起源于夏代,发展于商代,完成于西周。

西周命圭的形制,同于陶寺出土的无孔尖首圭,上端为介字形,所以

---

[1]　参看郑玄注:"不执圭者,未成国也。"

俗称"介圭",见于《诗经·大雅·崧高》:"锡尔介圭,以作尔宝。"又作"玠珪",《说文解字》:"玠,从玉介声。《周书》曰:'称奉介圭。'"仅言"玠"声为"介",未言"玠"形为"介"。

东周王权衰落以后,诸侯大多不再朝觐天子,命圭不再是天子赐予诸侯权力的信物,转而成为诸侯结盟的信物。所以山西侯马、河南温县出土的侯马盟书、温县盟书(图10-20.5),仿效命圭的形制,把盟誓文书写于其上。西汉分封王侯,仍然赐予无孔命圭(图10-20.6)。

西周诸侯朝觐天子,必须携带命圭。制度见于《周礼·冬官·考工记》郑玄注:"命圭者,王所命之圭也,朝觐执焉,居则守之。"其例见于《诗经·大雅·韩奕》:"以其介圭,入觐于王。"

诸侯携带的命圭,必须与天子保存的冒圭相配(专字为"瑁")。因为天子、诸侯一旦死去,继位的新天子、新诸侯互不相识,命圭的形制、尺寸因有定制而容易仿制,所以"典瑞"官员必须用与每件"命圭"同时制作的专属"冒圭"验明真伪。制度见于《周礼·冬官·考工记》:"天子执冒四寸,以朝诸侯。"《说文解字》:"诸侯执圭朝天子,天子执玉以冒之,似犁冠。"段注:"《尚书大传》曰:古者圭必有冒,不敢专达也。天子执冒以朝诸侯,见则覆之。"

冒圭、命圭必须相配的图证,见于北宋洪适《隶续》所载东汉柳敏碑的六瑞图(图10-21.1右上、右中),又见于南宋《新定三礼图》(图10-21.2)。

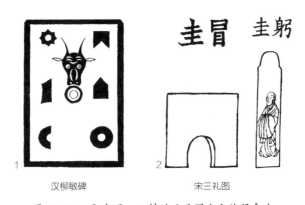

图10-21 取自同一玉料的天子冒圭和诸侯命圭

每件冒圭和每件命圭，不仅同时制作，而且取自同一玉料，色泽、纹理具有唯一性，无法仿冒。

用于朝廷礼仪的威仪玉圭，可以日常使用，不慎损坏不妨更换。用于封国赐爵的授命玉圭，不可日常使用，一旦损坏无法复制。两者均属威仪权柄，然而用途不同，性质有异。

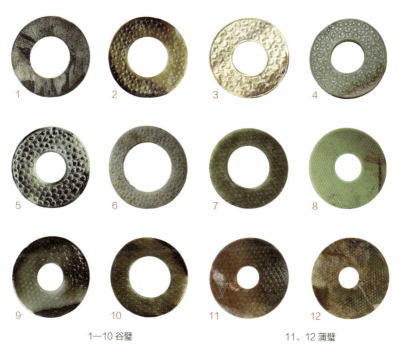

1—10 谷璧   11、12 蒲璧

图 10-22 周代命璧两种

考古发现了大量的春秋战国谷璧（图10-22.1—10）、蒲璧（图10-22.11、12）。祭天玉璧大多光素无纹，授命玉璧则以刻纹标示爵位等级。

秦汉以后废封建，置郡县，终结了夏商周的"赐瑞制度"。作为权柄的威仪玉圭和作为信物的授命玉圭，遗制存于朝廷百官的笏板；作为信物的授命玉璧，成为彰显身份的风俗化装饰玉器。

后人常把"祭天六玉"与"授命六瑞"混为一谈，其实《周礼·春官·大宗伯》分言"以玉作六器，以礼天地四方"和"以玉作六瑞，以等邦国"，两者尽管配套，然而并非一事，相通之处是全都植根于上古玉器，均有精确的天文历法内涵。

郭宝钧《古玉新诠》不仅系统解密了西周祭天六玉的天文历法内涵，而且系统解密了西周封爵六瑞的天文历法内涵："六瑞之制，其源演自土圭，其意甚明，而世无知者。"[1]

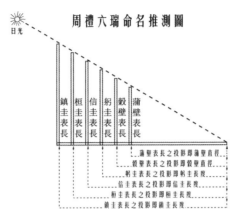

图 10-23　周礼六瑞命名推测图（郭宝钧）

郭氏认为，西周威仪六瑞的尺寸，源于圭表测影的圭影长短（图10-23）。这是揭破千古之谜的卓见，也是东夷族玉圭把伏羲族圭木予以玉器化的重要旁证。

郭氏认为"六瑞源于土圭"，可能受到了《周礼·冬官·考工记》"玉人之事"一节兼言"六瑞""土圭"的启发。此节不仅言及作为祭天玉圭的"裸圭"，作为威仪玉圭的天子"镇圭"，作为"六瑞"的诸侯"命圭"、贵族"命璧"，而且插言并非玉器的"土圭"，证明《考工记》的作者非常明白"六瑞源于土圭"。上古东夷族的祭天玉圭，中古夏商周的祭天玉圭、威仪玉圭、授命玉圭，无不源于伏羲族圭表测影的"土圭"，这是上古玉器族和中古夏商周都把伏羲族的圭表测影"奉为圭臬"的重要证据。

距今八千年的甘肃大地湾一期，上古伏羲族首创圭表测影的圭木，然后东传玉器三族，被东夷族玉器化为祭天玉圭，迅速传遍华夏全境。中古夏商

---

[1]　郭宝钧《古玉新诠》，史语所集刊第20本下册，252页，商务印书馆1949。

周承袭了上古的祭天玉圭，又衍生出威仪玉圭（工作证）、授命玉圭（身份证）。秦汉以后，威仪玉圭转化为记事备忘的笏板。伏羲族圭表测影的圭木，不仅开启了华夏八千年天文历法史，而且贯穿了中华四千年政治文化史。

四　考古发现的夏商周装饰玉器

夏商周的装饰玉器，是夏商周威仪玉器的衍生物，也有繁复的等级规定和精确的天文内涵，由于装饰玉器的形制、纹样都有天文对位和人间对应，所以黄帝族天子、诸侯、贵族根据其不同身份，佩戴或使用不同的装饰玉器。夏商周的装饰玉器数量极多，本章只能略举其要，简释其对上古玉器及其天文历法内涵的承袭。

其一，商周黄帝族的猪首玦，承袭红山黄帝族。

1	2	3	4	5	6
红山	商	周	春秋	战国	清

图 10-24　商周猪首玦承袭红山黄帝族

红山黄帝族的猪首玦（图10-24.1），旧名"玉猪龙"，不确。猪首对应北斗猪神，玦口位于正东春分，天文内涵是北斗七星围绕北极帝星循环旋转，斗柄指示四季（详见黄帝章）。

石峁黄帝族未见猪首玦，夏代黄帝族源于石峁黄帝族，同样未见猪首玦。

商代黄帝族源于红山黄帝族，也有猪首玦，见于河南安阳殷墟商墓（图10-24.2）。

西周承袭商代，也有猪首玦，见于河南三门峡西周虢国墓（图10-24.3），河南韩城梁带村春秋时期芮国墓（图10-24.4），陕西凤翔南指挥镇战国时期秦国墓（图10-24.5）。天津武清区十四仓清代墓，也出土了一件历代传世的猪首玦（图10-24.6）。

猪首玦并非商周的祭天玉器，而是具有天文历法内涵的神圣装饰玉器。

其二，商周黄帝族的衔尾龙，承袭红山黄帝族。

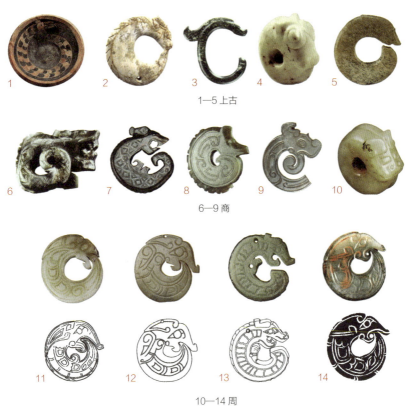

1—5 上古

6—9 商

10—14 周

图 10-25　商周衔尾龙承袭上古

中国龙源于伏羲族二十八宿之苍龙七宿的连线，见于先仰韶期（前5200）陕西宝鸡北首岭的龙凤互衔图，又见于仰韶中期（前4500）河南濮阳M45的龙虎北斗图，但是前者的龙形尚未定型，后者的龙身尚非衔尾龙。目前考古发现的伏羲族最早衔尾龙，见于龙山晚期（前2300）的山西陶寺肥遗盘（图10-25.1），标示"龙星纪时"的伏羲族火历[1]。

---

[1]　详见张远山：《伏羲之道》100页，岳麓书社2015。作品集第十六卷104页。

玉器三族接受了伏羲族的二十八宿、火历及其衔尾龙，于是凌家滩东夷族（图10-25.2）、小河沿黄帝族（图10-25.3）、良渚南蛮族（图10-25.4）、石家河南蛮支族（图10-25.5）都出现了衔尾龙。

　　石峁黄帝族未见衔尾龙，夏代黄帝族源于石峁黄帝族，同样未见衔尾龙。

　　商代黄帝族源于红山黄帝族（含小河沿文化），也有衔尾龙，见于河南安阳妇好墓（图10-25.6、7）、河南安阳花园庄东地商墓（图10-25.8），以及中国国家博物馆的收藏品（图10-25.9）。

　　西周承袭商代，也有衔尾龙。河南三门峡西周虢国墓的一件出土品（图10-25.10），酷似良渚衔尾龙（图10-25.4）。河南三门峡西周虢国墓（图10-25.11）、陕西宝鸡竹沟园西周墓（图10-25.12）、陕西长安张家坡西周墓（图10-25.13）的出土品、香港钟华培的收藏品（图10-25.14），龙身均为大火星纹 ，充分证明衔尾龙象征东方苍龙七宿的循环旋转。

　　妇好墓出土的一件衔尾龙（图10-25.6），只有龙首向东才能看见龙尾，证明衔尾龙象征东方苍龙七宿，所以标准视角是龙首向东；正如祭天玉虎象征西方白虎七宿，所以标准视角是虎首向西。

　　玉器三族的衔尾龙都是象征苍龙七宿的祭天玉器，中古黄帝族天子对位于领衔二十八宿的苍龙七宿，以龙象征天子，所以衔尾龙并非祭天玉器，而是具有天文历法内涵的神圣装饰玉器。中古文献把衔尾龙称为"蟠龙"，"蟠"通"盘"，训盘曲。

　　其三，西周衔尾凤，承袭石家河文化。

　　中国凤源于伏羲族二十八宿之西方七宿的早期连线（仰韶中期以后改为虎形），目前考古发现的最早证据见于先仰韶期（前5200）陕西宝鸡北首岭的龙凤互衔图（图10-26.1），天文内涵是东方七宿、西方七宿的终始循环。

　　仰韶中期（前4500）的红山黄帝族第一祭祀中心牛河梁出土的龙凤互衔玉佩（图10-26.2），是华夏最早的龙凤互衔玉佩，是伏羲族龙凤互衔图的玉器化。牛河梁出土的玉凤（图10-26.3），则是从龙凤互衔图中独立出来的华夏最早单体玉凤，凤首回望凤尾，造型独特。

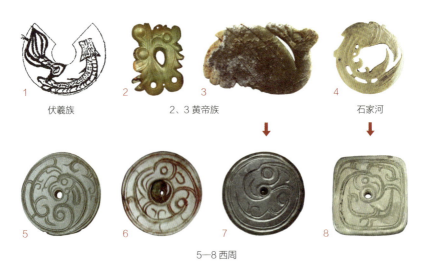

1 伏羲族　　　　　2、3 黄帝族　　　　　　4 石家河

5　　　6　　　7　　　8

5—8 西周

图 10-26　西周衔尾凤承袭上古

龙山中期（前2500）的石家河南蛮族又出现了仿效衔尾龙的华夏最早衔尾凤（图10-26.4）。

石峁黄帝族未见衔尾凤，夏代黄帝族源于石峁黄帝族，同样未见衔尾凤。

红山黄帝族也未见衔尾凤，商代黄帝族源于红山黄帝族，同样未见衔尾凤。

西周黄帝族的族祖后稷，早在尧舜时期已被分封于神农族祖地陕西宝鸡区域，并娶神农族女子姜嫄为妻，因此周族以凤纹为族徽，商末周族崛起称为"凤鸣岐山"。考古发现的西周衔尾凤（图10-26.5—8），既承袭了宝鸡神农族的凤纹，又融合了红山玉凤的回首和石家河玉凤的衔尾。

衔尾凤玉璧既是周族的族徽，也是西周装饰玉器玉组佩的核心构件。西周衔尾凤玉璧，既有圆璧，也有方璧，这与西周盛行"天圆地方"的"盖天说"有关（详下第六节）。最早的方璧，见于红山黄帝族。

其四，商周天帝骑龙巡天玉雕，承袭良渚南蛮族"天帝骑猪巡天图"。

上古玉器三族以北极帝星为北极天枢的标志星，又把围绕北极帝星旋转的北斗七星拟形为猪，于是形成了"天帝骑猪巡天"神话，良渚酋邦则以"天帝骑猪巡天图"为国徽（图10-27.1）。

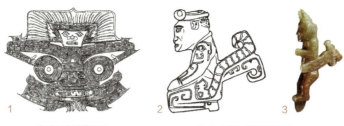

1　良渚玉帝骑猪巡天　　　2、3 商周玉帝骑龙巡天

4、5 西周青铜器龙星纹

6　曾侯乙墓漆箱盖龙星纹　　　7　曾侯乙墓漆箱盖岁星纹

图 10-27　商周玉帝骑龙巡天

　　上古伏羲族也以北极帝星为北极天枢的标志星，又把围绕北极帝星旋转的东方七宿连线为龙，于是形成了"天帝骑龙巡天"神话。

　　夏代黄帝族征服中原神农族建立夏朝，接受了伏羲族的"天帝骑龙巡天"神话。商周黄帝族进而根据这一神话，制作了"天帝骑龙巡天"玉雕。

　　西周之例见于山西曲沃晋侯墓（图 10-27.3）：天帝腰部骑龙，而且龙身刻有三个大火星纹，其为表现"天帝骑龙巡天"无可置疑。

　　商代之例见于河南安阳妇好墓（图 10-27.2），因其与晋侯墓玉雕结构相同，所以也是表现"天帝骑龙巡天"。天帝腰部骑着一首两身的肥遗龙（学界旧称"柄形器"），龙身也有大火星纹。

　　这一肥遗龙的形状，实为大火星纹的变体，常见于商周玉器和商周青铜器。比如西周青铜器臣辰尊（图 10-27.4）、乙公簋（图 10-27.5），大象的尾巴、下唇均为这一纹样。由于大象的尾巴、下唇形状不可能如此，更不可能有斗形角和两条尾巴，证明"大象"实为"天象"，"柄形器"的形状源于大火星纹。

"柄形器"是大火星纹的硬证，见于湖北随县战国曾侯乙墓二十八宿漆箱盖（图10-27.6）：中心是斗字，斗字外一圈是二十八宿的星名，左右是标示苍龙七宿的龙形和标示白虎七宿的虎形。左面虎腹下方则是大火星纹。大火星纹不画于龙腹而画于虎腹，则是标示"龙星"的四季旋转。

夏商周的大火星纹，不仅酷似甲骨文的"火"字，而且酷似甲骨文的"山"字。因为龙山时代的伏羲族火历，承袭先仰韶—仰韶时代的伏羲连山历，所以作为火历符号的大火星纹，承袭作为连山历符号的山形纹，进而导致甲骨文的"山"字、"火"字极其相似。

不仅如此，由于春秋战国曾经采用"木星纪时"，而木星称为"岁星"，因此春秋战国又从大火星纹衍生出岁星纹，见于曾侯乙墓出土的后羿射日漆箱盖（图10-27.7）：上下四棵扶桑树，标示一年四季。每树十枝，枝顶一日，可证扶桑树正是神话化的伏羲族圭木。左侧上下二树，树巅各有二鸟；右侧上下二树，树巅各有二兽；上二树、下二树之间，各有一鸟中箭；合计六鸟四兽，标示"十日神话"。神兽似犬，可能是吞日、吞月的"天狗"，图解"日食""月食"。最右侧是交缠六次的两条双头蛇，图解"阴阳合历"。上下两棵扶桑树之间，各有一人持箭射鸟，可证全图正是图解"羿射九日"的天文神话。主体纹样是大火星纹衍生出的岁星纹（其形酷似钺形，详上"岁""钺"相通）：十三个岁星纹，分为两组，标示阴阳合历闰年的十三个月。右面一组六个，三三分布，标示上半年的春夏两季各有三个月；左面一组七个，四三分布，标示下半年的秋季增加闰月有四个月，冬季仍为三个月。

黄帝族"天子"的天文对位，传统对位是北斗七星，新增对位是苍龙七宿，不能对位作为"天父"的北极七星，所以只有天帝可以"骑龙巡天"，天子不能"骑龙巡天"。《山海经》记载的大部分"乘龙"者均为天神，唯一的例外是《山海经·海外西经》所言"夏后启乘两龙"，这是违背华夏宗教戒律和天子天文对位的严重僭越，所以商代《归藏》严厉批判了"夏后启欲乘龙登天"[1]。不过"夏后启乘两龙"不可能是史实,而是商代黄帝族杜撰的诬词,用于论证商灭夏的合理性、商代夏的合法性。

综上所述,商代妇好墓玉雕与西周晋侯墓玉雕一样,都是表现"天帝骑龙巡天",而且与夏商周万舞的"天帝降龙伏虎"舞姿有关(详见万舞章)。"天帝骑龙巡天"玉雕并非祭天玉器,而是表现天象崇拜和天帝崇拜的神圣装饰玉器。

其五,商周玉蝉,承袭石家河文化的灵蝉崇拜。

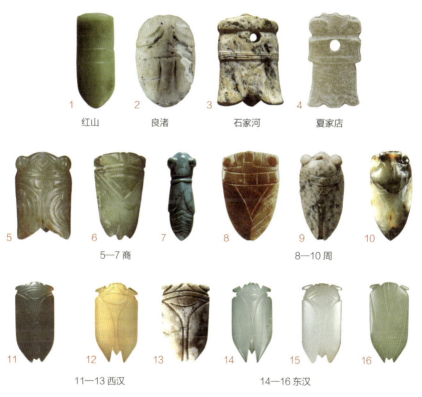

1 红山　　2 良渚　　3 石家河　　4 夏家店

5—7 商　　　　　8—10 周

11—13 西汉　　　　14—16 东汉

图 10-28　商周玉蝉承袭上古

[1] 《王家台归藏》:"明夷曰:昔者夏后启卜乘飞龙以登于天。"引自王明钦《王家台秦墓竹简概述》(《新出简帛研究》,文物出版社2004)。参看《路史·后纪》十四引《归藏·郑母经》:"明夷曰:夏后启筮御龙飞升于天。"《太平御览》九百二十九:"明夷曰:昔夏后启上成龙飞("上成"当为"卜乘"之讹),以登于天,皋陶占之曰:吉。"《山海经·海外西经》郭璞注:"夏后启筮御飞龙登于天。"

华夏灵蝉崇拜，起源于上古玉器三族。红山黄帝族（图10-28.1）、良渚南蛮族（图10-28.2）均有少量玉蝉，东夷族也有一件玉蝉（图例未见），石家河南蛮族则有大量玉蝉（图10-28.3）。

华夏灵蝉崇拜的天文历法内涵，不像华夏四大神兽"青龙、白虎、朱雀、玄武"那样直接来自四方天象的连线，而是上古先民通过主观联想，认为蝉仅需吸风饮露就能生存，而且死后可以复活再生，生死循环类似于天象循环，于是把蝉视为象征天道循环的灵物加以崇拜。

石峁黄帝族未见玉蝉，夏代黄帝族源于石峁黄帝族，同样没有玉蝉。与夏代同时的夏家店下层文化，则承袭红山黄帝族，也有玉蝉（图10-28.4）。

商代黄帝族源于红山黄帝族（含夏家店下层文化），也有不少玉蝉，见于山东滕州前掌大商墓（图10-28.5）、山西灵石旌介村商墓（图10-28.6）、江西新干大洋洲商墓（图10-28.7）。

周代承袭商代，也有不少玉蝉，见于山西曲沃西周晋侯墓（图10-28.8）、浙江安吉递铺镇战国墓（图10-28.9），以及香港钟华培的收藏品（图10-28.10）。

战国秦汉的"神仙"思潮（"神"源于天象，"仙"源于祭司，详下第五节），把华夏灵蝉崇拜推向顶峰，导致汉代把玉蝉列入必备的葬玉，希望死者能像灵蝉一样死而复生，羽化登仙。汉代玉蝉含于死者嘴中，专名"玉琀"。西汉玉蝉（图10-28.11—13）和东汉玉蝉（图10-28.14—16）全都风格简洁，刀法洗练，史称"汉八刀"。

灵蝉崇拜与天象崇拜关系密切，可举两项证据。

一是把观天玉器"璇玑玉衡"的"璇玑"（旧称"三牙璧"）三牙，雕为蝉形，成为三蝉璇玑。第一例见于石家河文化的传世品（图10-29.1），不过三蝉不易辨识。第二例见于河北藁城台西村商墓的出土品（图10-29.2），三蝉清晰可辨。另外两例见于震旦博物馆的收藏品（图10-29.3、4），三蝉更为具象。

二是把祭祖玉器玉琮的四棱雕为蝉形，成为灵蝉玉琮。第一例见于江西新干大洋洲出土的商代早期双节八蝉玉琮（图10-29.5），第二例见于河

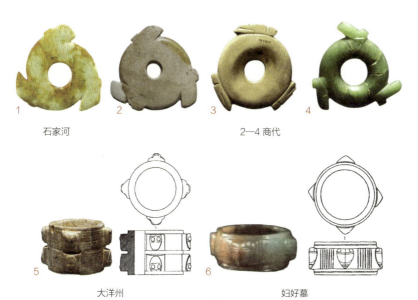

石家河 2—4 商代

大洋州 妇好墓

图 10-29　商代三蝉璇玑和灵蝉玉琮

1—3 商

汉

图 10-30　商代蝉翼仙人

南安阳妇好墓出土的商代晚期单节四蝉玉琮（图10–29.6）。

华夏灵蝉崇拜的最终结果，是诞生了蝉翼仙人的形象。其证见于江西新干大洋洲商墓出土的曲腿羽人玉雕（图10–30.1），陕西西安出土的西汉曲腿羽人铜雕（图10–30.2），香港钟华培收藏的西汉曲腿羽人玉雕（图10–30.3）。这些羽人之羽，并非鸟翅之形，而是蝉翼之形。东汉以后，蝉翼才演变为既非鸟翅又非蝉翼的羽毛之形，见于四川新津东汉画像石的羽仙六博图（图10–30.4）。

上古至夏商周的灵蝉崇拜，仅仅信仰"死后复生"，尚非"神仙"崇拜。战国秦汉以后的"神仙"崇拜，转为信仰"长生不死"，但是后人不再明白羽仙之羽源于灵蝉之翼。

玉蝉并非夏商周的祭天玉器，而是表现灵蝉崇拜的神圣装饰玉器。

其六，西周大火星纹玉项饰，体现了源于伏羲族火历的"龙星"崇拜。

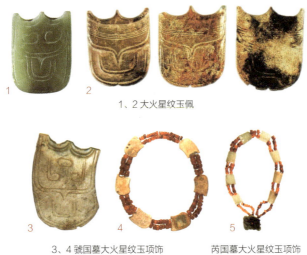

1、2 大火星纹玉佩

3、4 號国墓大火星纹玉项饰　　　　芮国墓大火星纹玉项饰

图 10–31　西周大火星纹玉佩、玉项饰

夏商周玉器、青铜器常见的大火星纹⨆，还被单独制成玉佩，见于山西闻喜上郭村西周墓（图10–31.1），又见于山东沂水刘家店子战国墓（图10–31.2），尽管时空相距甚远，但是细节部分的刻纹完全相同，证明夏商周王朝类似于良渚酋邦，也对祭天玉器、威仪玉器、装饰玉器的形制和纹

样实行了严格有效的统一管理。

河南三门峡虢国墓出土的西周装饰玉器，则用玛瑙珠把六个大火星纹玉佩串连成玉项饰（图10-31.3、4），陕西韩城芮国墓也出土了类似的玉项饰（图10-31.5），既体现了源于上古伏羲族火历的"龙星"崇拜，又体现了中古以后天子对位"龙星"衍生出的"天子"崇拜。

本节仅仅列举了一部分源于天象崇拜和宗教崇拜、具有天文历法内涵的夏商周神圣装饰玉器。夏商周另有大量的世俗化装饰玉器和世俗化实用玉器，比如玉笄、玉梳、玉碗、玉杯、玉韘（音shè，射箭拉弓的扳指）、玉觿（音xī，解开绳结的工具）等等，这些世俗化装饰玉器、实用玉器的形制，大多出于实用需要，但其纹饰无不源于观天玉器、祭天玉器、威仪玉器。夏商周黄帝族最重要的装饰玉器，是把各种玉器串连成组、用于彰显世俗身份的玉组佩，其每一组件无不源于观天玉器、祭天玉器、威仪玉器，如同虢国墓、芮国墓的大火星纹玉项饰，均有精确的天文历法对位和宗教神话内涵。

综上所述，中古夏商周的玉器全面承袭上古玉器三族的玉器，夏代玉器主要承袭西北石峁黄帝族的玉器，商代玉器主要承袭东北红山黄帝族（含小河沿黄帝族、夏家店下层黄帝族）的玉器，西周玉器则对承袭石峁黄帝族、红山黄帝族的夏商玉器兼收并蓄。所以夏商周的祭天玉器、威仪玉器、装饰玉器，与上古玉器三族的祭天玉器、威仪玉器、装饰玉器一样，均有精确的天文历法对位和宗教神话内涵。

五　考古发现的夏商周祭司玉人

夏商周黄帝族的四类玉器，均由祭司阶层执掌。观天玉器尽管是一切玉器的源头和基因，但是夏商周的礼玉制度，仅是祭天玉器、威仪玉器、装饰玉器的使用制度，而非观天玉器的使用制度。因为黄帝族入主中原以后实行"绝地天通"，严禁传播天文历法知识，因此观天玉器仅在祭司阶层内部使用，中古文献绝不记载观天玉器的使用制度，仅仅记载祭天玉器、威仪玉器、装饰玉器的使用制度，但又绝不解释祭天玉器、威仪玉器、装饰玉器必须如此制作、如此使用的天文历法对位和宗教神话内涵。

祭司阶层内部使用观天玉器，观测天象，编制历法，外部执掌祭天玉器、威仪玉器、装饰玉器的使用制度；并且根据天文历法对位和宗教神话内涵，对每种玉器的形制、颜色、纹样、尺寸，做出权威规定，但是绝不对外解释。

祭司阶层外部执掌祭天玉器的使用制度，必须根据天文历法对位和宗教神话内涵，确定每种祭天玉器的形制、颜色、尺寸，监督玉工制作；然后根据其所编制的历法，确定祭天的具体时间，主持祭天的繁复仪式，使用祭天的相应玉器。

祭司阶层外部执掌威仪玉器的使用制度，必须根据天文历法对位和宗教神话内涵，确定天子、诸侯、贵族所用威仪玉器的形制、纹样、尺寸，监督玉工制作，发放给相应等级的使用者。

祭司阶层外部执掌装饰玉器的使用制度，必须根据天文历法对位和宗教神话内涵，规定什么等级可以使用什么装饰玉器，不能使用什么装饰玉器，不可越礼僭用。

如果没有夏商周祭司阶层明确规定又不对外解释的天文历法对位和宗教神话内涵，那么夏商周玉工就不可能制作出不同用途的不同玉器，本章所举夏商周玉器的形制、颜色、纹样、尺寸也不可能与华夏天文历法、华夏宗教神话具有全方位的精确对应。如果夏商周祭司阶层轻易对外解释，就会消解绝对王权和礼玉制度的神圣性、神秘性。因此夏商周玉器的天文历法对位和宗教神话内涵，既是本文系统论证的客观存在，又是不见于明文规定的隐秘存在。

夏商周祭司作为礼玉制度执掌者的重要证据，见于表现祭司祭天的大量祭司玉人（图10-32）。这些表现祭司祭天的夏商周祭司玉人，集中体现了夏商周的天文历法观念和宗教神话理念。

华夏祭司玉人的最初形象，由红山黄帝族创制，见于牛河梁的出土品（图10-32.3）：祭司玉人双臂曲肘拜天，双腿直立。这一造型南传东

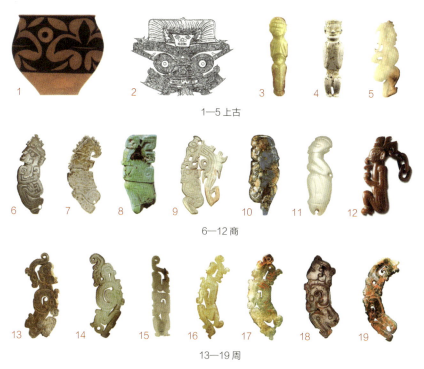

1—5 上古

6—12 商

13—19 周

图 10-32　商周祭司玉人承袭上古

夷族，见于凌家滩的出土品（图10-32.4），祭司玉人仍然双臂曲肘拜天，双腿变为曲腿下蹲。这一造型西传石家河南蛮族，见于巴黎赛努奇博物馆的收藏品（图10-32.5），判断族属的依据是石家河文化特有的天盖冠（详见龙山章）。石家河祭司玉人把凌家滩祭司玉人的正面下蹲，转换为侧面曲腿。

石峁黄帝族没有祭司玉人，源于石峁黄帝族的夏代黄帝族也没有祭司玉人。

商代的祭司玉人（图10-32.6—12），承袭石家河文化的祭司玉人，均为侧面曲腿。冠冕形制则有多种，既有斗形冠（图10-32.6、7），又有斗形龙冠（图10-32.8—10），也有天盖冠（图10-32.11）。

西周的祭司玉人（图10-32.13—19），承袭石家河南蛮族至商代黄帝族的祭司玉人，均为侧面曲腿。冠冕形制均为斗形龙冠，主要是龙首在下，龙尾在上，卷曲如同发髻；少数是龙首在上，龙尾在下（图10-32.19）。

或问：为何石家河南蛮族和商周黄帝族的祭司玉人都是侧面曲腿？

原因大致有二。

其一，蹲姿源于伏羲族的北极天帝"帝俊"（图10-32.1）。"俊"字古作"夋"，又作"踆"，训"蹲"。伏羲族"帝俊"东传良渚南蛮族，导致骑着北斗猪神巡天的良渚玉帝也是蹲姿（图10-32.2）。伏羲族"帝俊"东传东夷族，导致凌家滩的祭司玉人尽管整体承袭牛河梁的祭司玉人（图10-32.3），双腿却从直立变为正面曲腿下蹲（图10-32.4）。伏羲族"帝俊"南传石家河南蛮族，导致石家河的祭司玉人变为侧面曲腿下蹲（图10-32.5）。

北极天帝"帝俊"是上古至中古的华夏至高神，是全部天象的最高主宰。祭司的一切祭祀仪式，即使是专祭局部天象及其神灵，归根结底都是祭祀全部天象的最高主宰"帝俊"。因此祭司所跳万舞的第一舞姿和第二舞姿，双腿的腿姿均为模仿"帝俊"的下蹲，仅是手姿有所区别，或为模仿伏羲族天帝的双手上举，或为模仿南蛮族天帝的双手下按（详见万舞章）。

其二，祭司所跳万舞的第三舞姿，模仿万字符的折线，侧面曲腿正是万字符折线的最佳拟形（详见万舞章）。

由此可见，侧面曲腿最为浓缩、最为直观地概括了祭司所跳祭天乐舞"万舞"的三大舞姿。所以侧面曲腿的商周祭司玉人，成为表现祭司万舞祭天的最佳形象。这些万舞祭司玉人，旧称"玉人""玉羽人""玉舞人"等等，均不确切。

商周两代另有大量的侧面曲腿玉鹰（图10-33）。鸟类的最大特征是双翅而非双腿，然而这些商周玉鹰却强调其侧面曲腿，除了人首换为鹰首，其他细节均与万舞祭司玉人基本相同，一是均为侧面曲腿，二是多有斗形冠（图10-33.1—3、5、15、16），三是多有斗形龙冠（图10-33.10—12），四是多有大火星纹（图10-33.2、4、9、10、12、13）。说明这些玉鹰实为万舞祭司玉人的神化形象，亦即表现祭司在万舞祭天之时的灵魂飞升状态。

春秋战国"礼崩乐坏"以后，祭司阶层消失，万舞秘义失传，因此秦汉以后无法正确理解这些万舞祭司玉人和象征祭司通灵升天的玉鹰，而是根据秦汉之际曲解华夏天文历法和华夏宗教神话的"神仙说""仙人说"，

图 10-33　商周玉鹰与商周祭司玉人同形

把这些玉人、玉鹰视为"羽人""仙人""神仙"等等。

　　华夏宗教神话，植根于华夏天文历法。华夏"神""仙"观念，同样植根于华夏天文历法。尽管"神"与"仙"密切相关，但是不宜混为一谈："神"是天上星象的神化，"仙"是人间祭司的神化。祭司万舞祭天，意在"降神"。祭司万舞迷狂，谓之"升仙"。

　　由于商周之变的"人文化"、春秋战国的"礼崩乐坏"、秦汉之际的"秦火汉黜"，中国文化发生了多次重大断裂，中国历史发生了多次重大改道，夏商周观天玉器、祭天玉器、威仪玉器、装饰玉器的天文历法内涵和宗教神话内涵全部失传，八千年华夏玉器的天文历法源头也全部沉入历史忘川。

六　西周"以琮礼地"与盖天说"天圆地方"

王国维《殷周制度论》认为："中国政治与文化之变革，莫剧于殷、周之际。……夏、商二代文化略同。……夏、殷间政治与文物之变革，不似殷、周间之剧烈矣。殷、周间之大变革，自其表言之，不过一姓一家之兴亡与都邑之移转；自其里言之，则旧制度废而新制度兴，旧文化废而新文化兴。"

玉器领域的"商周之变"，总括而言是商代以前的一切玉器无不"天文化"，西周以后的一切玉器无不"人文化"。影响中国文化最为深远的一例"商周之变"则是：商代方明六玉"以圭璧祭上（上帝，北极之神），以圆璧祭下（下帝，北斗之神）"，西周祭天六玉"以圆璧祭天，以方琮祭地"。商周的最大不同在于，商代用圆璧祭下，仍然遵循"天地皆圆"的"浑天说"；西周用方琮祭地，不再遵循"天地皆圆"的"浑天说"，改为遵循"天圆地方"的"盖天说"。

"浑天说"属于天文理论，出于上古伏羲族。"盖天说"属于意识形态，出于中古黄帝族。

上古伏羲族的天文历法远比玉器三族的天文历法先进，所以伏羲族的天文理论"浑天说"，以及伏羲族的连山历、昆仑台、二十八宿、圭表测影、天球赤道等等天文知识、天文方法、天文基准全部东传玉器三族，成为上古华夏四族（包括上古黄帝族）共同接受的天文历法体系。

中古夏商周的天文历法官多由伏羲族担任或主导，所以夏商周的天文理论仍是上古伏羲族的"浑天说"，夏商周的天文台仍是上古伏羲族的"昆仑台"，夏商周的天文基准仍是上古伏羲族的"天球赤道"。然而夏商周三代为了维护黄帝族对农耕三族的统治，仅在天文历法领域秘密遵循作为天文理论的"浑天说"，但在人文政治领域却公开宣扬作为意识形态的"盖天说"。不过夏商两代又与西周略有不同：夏商尽管已经实行"绝地天通"，严禁传播天文历法知识，但是仍然严格区分天文理论"浑天说"与意识形态"盖天说"的使用范围，所以均以圆璧祭地，亦即承认大地实为圆球。西周为了避免天文理论、意识形态的对立和分裂，不再以圆璧祭地，改以方琮祭地，亦即否认大地实为圆球，公开宣扬"大地为方"。

中古黄帝族的意识形态"盖天说"并非凭空炮制，而是出于政治利益的实际需要，对上古伏羲族的天文理论"浑天说"进行了偷梁换柱的改造。具体手段有二：一是曲解"浑天说"的正确理论，二是暗用"浑天说"的正确数据。

先言"盖天说"如何曲解"浑天说"的正确理论。

上古伏羲族的"浑天说"，包括"天道为圆，地道为方"两个层面。"天道为圆"意为，天象运行的轨道（道之第一义，道体），乃是终始循环。"地道为方"意为，获取天文知识"天道为圆"的方法（道之第二义，道术），乃是建立地面的方形昆仑台，昼测圭影，夜观星象。

"浑天说"的两大要义"天道为圆，地道为方"，见于多种中古文献，略举其要。

其一，《吕览》：

> 尝得学黄帝之所以诲颛顼矣，爰有大圜在上，大矩在下，汝能法之，为民父母。（《序意》）
> 天道圜，地道方；圣王法之，所以立上下。
> 何以说天道之圜也？精气一上一下，圜周复杂，无所稽留，故曰天道圜。
> 何以说地道之方也？万物殊类殊形，皆有分职，不能相为，故曰地道方。（《圜道》）

其二，《淮南子·天文训》：

> 天道曰圆，地道曰方。方者主幽，圆者主明。

其三，《大戴礼记·曾子天圆》（撮引）：

单居离问于曾子曰:"天圆而地方者,诚有之乎?"

曾子曰:"如诚天圆而地方,则是四角之不掩也。参尝闻之夫子曰:'天道曰圆,地道曰方。'"卢辩注:道曰方圆耳,非形也。

可见"天圆地方"之"地方",真意并非"大地为方",而是"地道曰方","道曰方圆耳,非形也"。《大戴礼记》所记曾参之言,是对"盖天说"致命漏洞的最强驳斥:圆天不能盖住方地的四角。

或问:询问曾参的单居离,以及古今无数人,为何会把"浑天说"的"天道为圆,地道为方",普遍误解为"盖天说"的"天空为圆,大地为方"?这一普遍误解始于何时?为何虽经多种文献反复辟谣,甚至被尊为"至圣先师"的孔子及其弟子曾参也曾辟谣,这一普遍误解仍然难以消除?

古今无数人的普遍误解,源于西周庙堂出于统治需要的故意误导。西周以方琮祭地,则是普遍误解积重难返、反复辟谣毫无效果的重要原因。

西周庙堂故意误导民众的证据,并非西周遵循"盖天说"的方琮祭地,而是西周"盖天说"的集大成著作《周髀算经》。

昔者周公问于商高曰:"窃闻乎大夫善数也,请问古者包牺立周天历度。夫天不可阶而升,地不可将尺寸而度。请问数安从出?"

商高曰:"数之法,出于圆方。圆出于方,方出于矩。……"

周公曰:"大哉言数!请问用矩之道?"

商高曰:"平矩以正绳,偃矩以望高,覆矩以测深,卧矩以知远,环矩以为圆,合矩以为方。方属地,圆属天,天圆地方。方数为典,以方出圆。"

《周髀算经》故意不言"天道为圆,地道为方",仅言其缩略语"天圆地方",正是为了确保除了天文历法官之外的一切人,包括天子、诸侯、百官、民众,都把"浑天说"的"天道为圆,地道为方",普遍误解为"盖天说"的"天空为圆,大地为方"。

那么西周庙堂为何刻意宣传错误的天文知识"天空为圆，大地为方"？

因为"浑天说"的正确天文知识"天道为圆，地道为方"，不利于支持王权、强化王权、神化王权。而"盖天说"的错误天文知识"天空为圆，大地为方"，有利于支持王权、强化王权、神化王权。

夏商周的人间秩序仿照天文秩序而建构，黄帝族天子对位于龙星，黄帝族百官对位于繁星，农耕族民众对位于大地，如果遵循"天地皆圆"的"浑天说"，亦即遵循天象绕着地球转的天文秩序，那么黄帝族的天子百官就必须以农耕族的民众为中心。只有设定天空为盖而永远在上，大地为方而永远在下，才能使农耕族的民众永远在下，黄帝族的天子百官永远在上。

再言"盖天说"如何暗用"浑天说"的正确数据。

数学史大家钱宝琮（1892—1974）的《盖天说源流考》认为，《周髀算经》的天文数据与"盖天"理论互相矛盾，天文数据并非出于客观实测，而是出于主观虚构[1]。

天文史学家薄树人（1934—1997）的《再谈〈周髀算经〉中的盖天说》进而认为：

> 《周髀》的天和地是两块平行的平面或曲面，并且天的转动轴线是垂直于地面的。所以在《周髀》的体系里就不可能建立起赤经差的正确概念，更无法提出测量赤经差的方法。无法测量赤经差，却又说出了一个测量的结果，而且是和实际赤经差相符的结果，这个奇妙的情况说明，在《周髀》的作者面前，这个结果早就已经有了。赤经差正是浑天说的表征。这样，我们可以肯定，《周髀》中的盖天说乃是在浑天说创立和浑仪发明之后出现的。
>
> 过去人们总以为盖天说的成立要比浑天说早。这是一种成见，实在是没有什么根据的。《周髀》中的盖天说，只能在浑天说发展起来以后，借助于浑天说提供的若干数据，才组织起目前这

[1] 详见《钱宝琮科学史论文选集》377页，科学出版社1983。

样的数学模型来。……中国历法的发展与盖天说没有关系[1]。

　　钱宝琮首先揭示了《周髀算经》的天文数据与"盖天"理论互相矛盾的事实，薄树人进而揭示了《周髀算经》的天文数据与"盖天"理论互相矛盾的原因：天文数据并非主观虚构，而是借用了遵循"浑天说"实测所得的真实数据，用于支持"盖天说"的虚构理论。

　　钱、薄二氏的杰出研究，充分证明《周髀算经》的"盖天说"是无法用于天文历法的政治理论，是配合"绝地天通"、用于支持王权、强化王权、神化王权的伪天文理论。因为"盖天说"的"天圆地方"可以支持"天尊地卑"，"天尊地卑"可以支持"君尊臣卑"。

　　至于薄树人所言《周髀算经》借用的浑天说数据，究竟来自何时何地，仍是一个重大悬案。然而历史之谜的揭破常常出人意表，却又丝丝入扣，毫厘不爽。

　　2002年，中国社科院考古所的何驽研究员，在山西陶寺观象台旁的大墓中发现一件用黑、绿、红三色漆分出色段的漆杆[2]。

　　中国科学院的孙小淳研究员认为，漆杆是横置于地，测量表木投影的圭尺。较长的黑色段、绿色段，功能是间隔。较短的红色环，功能是刻度。

　　2009年，孙小淳使用陶寺圭表的复制品，在陶寺观象台遗址进行实测（图10-34.1），证实了二分二至等重要节气的表木之影，全都投于漆杆圭尺的红色环带；每条红色环带的对应日期，又符合陶寺观象台每条日出测缝的对应日期。夏至的表木之影，投于圭尺的11号红色环，影长1.6尺，正是《周髀算经》借用的浑天说数据"夏至之日晷一尺六寸"[3]。夏至是圭影最短之日，所以清代孙家鼐的《钦定书经图说》，即以"夏至致日图"解说《尚书·尧典》的圭表测影（图10-34.2），证明夏商周圭表承袭陶寺圭表。

---

[1]　薄树人：《再谈〈周髀算经〉中的盖天说——纪念钱宝琮先生逝世十五周年》，《自然科学史研究》1989年4期。

[2]　何驽：《山西襄汾陶寺城址中期王级大墓ⅡM22出土漆杆"圭尺"功能试探》，《自然科学史研究》2009年3期。

[3]　黎耕、孙小淳：《陶寺ⅡM22漆杆与圭表测影》，《中国科技史杂志》2010年4期。

陶寺圭表实测图

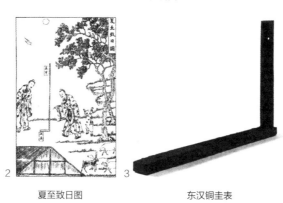
夏至致日图　　　　　　　东汉铜圭表

图 10-34　伏羲族圭表测影

南京博物院所藏东汉铜圭表（图 10-34.3），仍然承袭陶寺圭表。

何驽、孙小淳的天文考古和实测发现，充分证明《周髀算经》用于支持伪天文理论"盖天说"的真实天文数据，正是来自西周遵循伏羲族"浑天说"的圭表测影数据。

中国天文学史上的最大公案，至此水落石出：黄帝族通过"炎黄之战"伐灭山西陶寺神农族酋邦，平毁了陶寺太极台，废弃了伏羲族"浑天说"的升级版"浑夕说"（宣夜说），因为"浑夕说"的"宇宙无极论"，更加不利于黄帝族的统治[1]，所以夏商周黄帝族仅在天文历法领域秘密接受上古红山黄帝族早已接受的伏羲族"浑天说"，且在天文观测和历法编制中始终使

---

[1]　详见张远山：《伏羲之道》110、201页，岳麓书社2015。作品集第十六卷114、211页。

用伏羲族"浑天说"及其观天仪器，包括圭表、浑天仪等等；但在意识形态领域，始终宣传有利于黄帝族统治的伪天文理论"盖天说"。

必须特别强调，《周髀算经》为了支持"盖天说"而暗用的浑天说数据，尽管与陶寺神农族酉邦的浑天说数据相同，但是这些数据并非来自陶寺神农族酉邦的浑天仪实测，而是来自夏商周的浑天仪实测。因为从上古伏羲族四千年，到中古夏商周两千年，再到秦汉至今两千年，八千年来的华夏天文学始终遵循伏羲族的"浑天说"观测天文、编制历法，未有一日遵循中古黄帝族的"盖天说"观测天文、编制历法，此即东汉末年蔡邕所言：

> 周髀术数具在，考验天象，多所违失，故史官不用。
> 惟浑天者，近得其情。今史官所用候台铜仪，则其法也[1]。

《周髀算经》论证"盖天说"的天文数据，分为真实数据和伪造数据两部分：真实数据借用了实测的浑天说数据，伪造数据则是支持意识形态的故意伪造。两者夹在一起，第一作用是混淆视听，使人如堕迷雾；第二作用是永远无法证实，也永远无法证伪。不懂天文历法的外行，包括使用"盖天说"支持"君尊臣卑""三纲五常"的绝大多数经学家，并不知晓《周髀算经》具有浑天数据与盖天理论的内在矛盾。了解天文历法的历代史官，也不敢点破"盖天说"并非天文理论仅是意识形态，于是支持王权并被庙堂力挺四千年的伪天文理论"盖天说"，遂被绝大多数中国人误视为曾经长期使用、甚至使用时间最长的中国天文理论。

由于庙堂力挺伪天文理论"盖天说"，因此执掌天文历法的史官制作的天文仪器，不得不用外在的"天圆地方"假象，掩盖其内在的"天地皆圆"真相。为此三国时代的王蕃不得不发明了假装"天圆地方"、实为"天地皆圆"的浑象，宋代苏颂所制浑象承之：外部结构貌似"天圆地方"（图10-35.1），内部结构实为"天地皆圆"（图10-35.2）。

---

[1] 《后汉书·天文志》注引。参看张远山：《伏羲之道》111页，岳麓书社2015。作品集第十六卷116页。

综上所述，黄帝族的伪天文理论"盖天说"，滥觞于牛河梁、东山嘴的红山黄帝族方形地坛、圆形天坛（详见昆仑台章），形成于"绝地天通"的夏商两代，定型于"方琮祭地"的西周，记载于首言"天圆地方"的《周髀算经》。"盖天说"并非真正的天文理论，而是意识形态和政治理论，先以"天圆地方"的伪天文知识虚构"天尊地卑"的伪天文秩序，再以"天尊地卑"的伪天文秩序设定"君尊臣卑"的人间秩序，从而达到支持王权、强化王权、神化王权的政治目的。夏商周黄帝族的伪天文理论"盖天说"，背离了华夏政治的最高原则"顺天应人，以人合天"，走上了"悖天逆人，以人灭天"的歧途。西周的"圆璧祭天，方琮祭地"，则是支持伪天文理论"盖天说"的政治表演。

所谓"中国人自古以来认为大地为方"，并非真正的史实，而是夏商周黄帝族的伪天文理论"盖天说"四千年来愚民洗脑虚构的伪史实。这一流传极广、贻笑世界的谬论，侮辱了中华民族的杰出智商，玷污了伏羲族领先全球七千多年的先进天文历法。

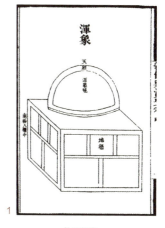

外观假象

内部结构

图 10-35　王蕃浑象的伪天圆地方

七　西周"玉器之德"违背华夏"玉器之道"

夏商周的观天玉器、祭天玉器、威仪玉器、装饰玉器，只有作为统治族群的黄帝族"君子"有权使用，作为被统治族群的农耕族"小人"无权使用，亦即"君子用玉，小人用陶"。黄帝族"君子"（"君王之子"的简称）

佩戴使用的装饰玉器，既是身份标志，更是族群标志，亦即统治族群的标志，所以《礼记·玉藻》说，"古之君子必佩玉"，"居则设佩，朝则结佩"，"君子无故，玉不去身，君子于玉比德焉"。《山海经·西山经》则说："天地鬼神，是食是飨；君子服之，以御不祥。"前八字言天神以玉为食，后八字言君子以玉为饰，两者深刻相关，亦即黄帝族之神食玉，黄帝族之人佩玉。

由于西周把玉器的"天文化"内涵予以"人文化"，并且强调"以德治国"，于是形成了"君子以玉比德"的"人文化"玉器新义，严重阻碍了后人探索华夏"玉器之道"的天文历法初义和宗教神话内涵。

"人文化"的西周"玉德"，不见于商代甲骨文和涉及上古、涉及夏商的所有文献，主要见于春秋末期孔子创立儒家以后的四种文献。

其一，玉有十德，见于《礼记·聘义》：

> 子贡问于孔子曰："敢问君子贵玉而贱珉者何也？为玉之寡而珉之多欤？"
>
> 孔子曰："非为珉之多故贱之也，玉之寡故贵之也。夫昔者君子比德于玉焉：温润而泽，仁也；缜密以栗，知也；廉而不刿，义也；垂之如队，礼也；叩之，其声清越以长，其终诎然，乐也；瑕不掩瑜，瑜不掩瑕，忠也；孚尹旁达，信也；气如白虹，天也；精神见于山川，地也；圭璋特达，德也；天下莫不贵者，道也。《诗》云：'言念君子，温其如玉。'故君子贵之也。"

其二，玉有七德，见于《荀子·法行》：

> 子贡问于孔子曰："君子之所以贵玉而贱珉者，何也？为夫玉之少而珉之多邪？"
>
> 孔子曰："恶！赐！是何言也！夫君子岂多而贱之，少而贵之哉！夫玉者，君子比德焉：温润而泽，仁也；栗而理，知也；坚刚而不屈，义也；廉而不刿，行也；折而不挠，勇也；瑕谪并见，情也；扣之，其声清扬而远闻，其止辍然，辞也。故虽有珉之

雕雕，不若玉之章章。《诗》曰：'言念君子，温其如玉。'此之谓也。"

其三，玉有九德，见于《管子·水地》：

> 夫玉之所贵者，九德出焉。夫玉，温润以泽，仁也；邻以理者，知也；坚而不蹙，义也；廉而不刿，行也；鲜而不垢，洁也；折而不挠，勇也；瑕㻞皆见，精也；茂华光泽，并通而不相陵，容也；叩之，其音清搏彻远，纯而不杀，辞也。是以人主贵之，藏以为宝，剖以为符瑞，九德出焉。

其四，玉有五德，见于《说文解字》：

> 玉石之美，有五德：润泽以温，仁之方也；腮理自外，可以知中，义之方也；其声舒扬，专以远闻，智之方也；不挠而折，勇之方也；锐廉而不忮，洁之方也。

《礼记》《荀子》所记孔子之言，大同小异。《管子》《说文解字》所记玉德，又与孔子之言基本相同。可见四种文献所记"玉德"，是孔子对西周黄帝族关于"君子佩玉""君子以玉比德"的"人文化"附会的概括。孔子称颂西周制度"郁郁乎文哉"，也称颂"君子以玉比德"的"人文化"附会。孔子"不语怪力乱神"，也不语天文历法和宗教神话，又对上古至夏商的华夏宗教神话进行了全面解构和"人文化"附会。

孔子创立的儒家，出于执掌朝廷礼仪的礼官，传承黄帝族的人文政治之术，所以借由褒扬"玉器之德"，褒扬"君子之德"。

老子创立的道家，出于执掌天文历法的史官，传承伏羲族的天文历法之道，所以借由贬抑"玉器之德"，贬抑"君子之德"。所以《老子》反对西周对"君子用玉""君子以玉比德"的"人文化"附会，讽刺"金玉满堂，莫之能守"，表示"不欲琭琭如玉，（宁可）珞珞如石"，主张"见素抱朴

（璞）"，反对玉器式的雕琢。《庄子》同样反对西周对"君子佩玉""君子以玉比德"的"人文化"附会，因而讽刺"白玉不毁，孰为珪璋?"主张"雕琢复朴（璞），息黥补劓"，反对玉器式的雕琢。

由于只有黄帝族君子可以佩玉并且"以玉比德"，所以西周所言世俗化装饰玉器的"玉器之德"，是违背华夏玉器"天文化"初义的"人文化"附会，属于意识形态，不是玉器本义，不仅违背华夏"玉器之道"，而且并非真正的"玉器之德"，仅是根据黄帝族君子所佩世俗化装饰玉器的政治属性、意识形态而附会出来的"君子之德"。

大部分玉器研究者常常既不探索华夏"玉器之道"的天文历法起源，也不了解从上古玉器到夏商玉器的"天文化"初义已被西周"玉器之德"的"人文化"新义彻底遮蔽，于是把西周"玉器之德"（实为离题万里的意识形态"君子之德"）的"人文化"附会，视为上古至夏商"玉器之道"的本义，因而难以窥破华夏"玉器之道"的真正奥秘。

结语　春秋战国礼崩乐坏，玉器古义沉入忘川

夏商周的礼玉制度，从属于夏商周的国家制度，即游牧民族统治农耕民族的征服者国家制度。其国家形态是天子分封诸侯的"分封制王国"，天子是天下共主，诸侯是天子之臣。每个诸侯国的统治者都是黄帝族或非黄帝族的功臣、戚族。经过夏商周两千年，黄帝族与农耕三族已经高度融合，无法区分黄帝族"君子"和农耕族"小人"，于是中国的国家形态从"分封制王国"走向了"郡县制帝国"。"分封制"走向"郡县制"的历史变迁，经历了从春秋到战国的五百年震荡，最终结果是秦国统一天下，秦"王"僭号称"帝"，终结了夏商周两千年的中华王国史，开启了秦汉以后两千年的中华帝国史。

两千年中华王国史，"天子"是对位北斗七星的"王"，"天父"是对位北极帝星的北极帝君"太一"。所以夏商周天子必须祭祀天帝，因为天父高于天子，神权高于君权，君权必须神授，所以夏商周祭司地位极高、权力

极大，可以左右政治。

两千年中华帝国史，"天子"是对位北极帝星的"帝"，"天子"占据了"天父"的位格，"天子"没有"天父"。"天帝""上帝"不再有明确的天文对位，仅是虚幻无据的"天意"，"君权神授"变成了"君权天授"。所以秦汉以后祭司阶层彻底消失。皇帝登基，上帝退位，宗教退场，天子高于"天父"，君权高于"神权"。

由于夏商周礼玉制度的族群背景、历史背景、政治背景、宗教背景、神话背景、天文背景，经过春秋战国的礼崩乐坏，在秦汉以后全部消失，因此礼玉制度在秦汉以后退出了历史舞台。实用的观天玉器、神圣的祭天玉器全部消失，仅剩无根的威仪玉器、世俗的装饰玉器。上古四千年至夏商周两千年华夏"玉器之道"的天文历法初义及其宗教神话内涵日益淡化，不再为人所知。

本章论证了夏商周的观天玉器、祭天玉器、威仪玉器、装饰玉器无不全盘承袭上古玉器三族的玉器，主要承袭上古黄帝族的玉器，其次融合了上古东夷族、上古南蛮族的玉器，无不具有精确的天文历法对位和宗教神话内涵，而夏商周的天文历法则以上古伏羲族的天文历法为核心，融合了上古玉器三族天文历法的部分特色。

夏商周礼玉制度经历了从夏到商、从商到周的演变，尤其是从"天文化"到"人文化"的商周剧变。因此研究上古玉器和夏商玉器，必须避免的最坏倾向，就是把西周"玉器之德"的"人文化"内涵，直接视为上古玉器至夏商玉器的标准解释。

华夏八千年玉器史，经历了五大历史时期。

第一时期是上古玉器三族的神玉时代和巫玉时代，历时四千年（前6000—前2000），核心是观测天象的观天玉器。

第二时期是中古夏商周的王玉时代和礼玉时代，历时一千八百年（前2000—前200），核心是祭祀天象的祭天玉器。

第三时期是两汉的葬玉时代，历时四百年（前200—200），核心是祈求永生的升天玉器。

第四时期是三国至唐代的贵族玉时代和世俗玉时代，历时八百年

（200—1000），核心是彰显身份的威仪玉器。

第五时期是宋代以降的平民玉时代和商品玉时代，历时千年（1000—2000），核心是美化生活的装饰玉器。

尽管华夏玉器的上古初义逐渐失传，每一历史时期的玉器核心不断偏移，但是华夏玉器的上古精魂长存至今，直至永远。

2016年5月28日—2017年1月25日八稿

图表索引

郑重声明 注明张远山原创的解密图，学术引用必须注明，商业使用须获授权。

第一观天玉器章

图 1-1　兴隆洼文化早期天文窥管：骨管、石管 4 例

1、2 采自《白音长汗》311、91 页（出版信息详见附录 2《参考文献》，下同）。

3、4 采自《内蒙古敖汉旗兴隆洼聚落遗址 1992 年发掘简报》，《考古》1997 年 1 期。

图 1-2　兴隆洼文化中期天文窥管：玉琯 7 例

1、2 采自《中国出土玉器全集》（以下简称《出土玉器》）内蒙古卷 13 页。

3、4 采自《中国传世玉器全集》（以下简称《传世玉器》）第 1 卷 4、27 页。

5 采自《中国民间藏玉精品特集》17 页。

6 采自《辽宁阜新县查海遗址 1987—1990 年三次发掘》，《文物》1994 年 11 期。

7 采自《白音长汗》309 页。

图 1-3　兴隆沟观天玉琯：45 例（第 46 例右最长者兴隆洼出土）

采自《玉器起源探索》189—191 页。

图 1-4　兴隆洼文化观天玦琯：6 例

1—4 采自《玉器起源探索》9、72 页。5 采自《传世玉器》第 1 卷 3 页。6 采自《红山文化玉器鉴赏》增订本 37 页。

图 1-5　兴隆沟 M4 墓主右眼玉玦

采自《玉器起源探索》118 页。

图 1-6　牛河梁女神像以玉为目

采自《牛河梁》图版 10。

图1-7　北斗岩刻与北斗形遗址布局

1 张远山 2015 年 10 月 6 日摄于赤峰敖汉旗小古力吐遗址（敖汉旗博物馆前馆长邵国田先生发现）。

2、3 采自孙小淳、何驽等：《中国古代遗址的天文考古调查报告——蒙辽黑鲁豫部分》，《中国科技史杂志》2010 年 4 期。

图1-8　红山文化四斗旋垣（勾云形器Ⅰ型）

采自《牛河梁》图版 79、92 页。

图1-9　南蛮族小型玉琯：2 例（附俄罗斯 1 例、日本 2 例）

采自《玉器起源探索》132—134 页。

图1-10　南蛮族小型玦琯：5 例

1—3 采自《玉器起源探索》127 页。

4、5 采自葛金根：《马家浜文化玉玦小考》，《东方博物》2006 年 3 期。

图1-11　南蛮族早期天文窥管：木管 3 例

1 采自《河姆渡》彩版 37，《河姆渡遗址第一期发掘报告》，《考古学报》1978 年 1 期。

2、3 采自《浙江余姚市鲻山遗址发掘简报》，《考古》2001 年 10 期。

图1-12　良渚观天玉琯：反山 6 例，瑶山 18 例

1—6 采自《反山》彩版 60、59、695、746、747。

7、24 采自《出土玉器》浙江卷 125、57 页。

8—23 采自《瑶山》彩图 85、107、175—177、291、318、320、394—396、502、619、620、645、644。

图1-13　石家河观天玉琯：1 例

采自《湖北石家河罗家柏岭新石器时代遗址》，《考古学报》1994 年 2 期。

图1-14　东夷族观天玉琯：凌家滩 2 例

采自《凌家滩玉器》114 页。

图1-15　牙璧（璇玑）演变过程：19 例

1 采自《东亚玉器》第 1 册 44 页。

2 采自《长海县广鹿岛大长山岛贝丘遗址》，《考古学报》1981 年 1 期。

3 采自《花厅》彩版 13。

4、8 采自《出土玉器》山东卷 35、30 页。

5—7、9—12、15、16、18、19，采自栾丰实：《牙璧研究》，《文物》2005 年 7 期。

13 采自《传世玉器》第 1 卷 61 页。

14 采自《中国古代玉器图谱》（以下简称《玉器图谱》）。

17 采自《襄汾陶寺遗址研究》彩插页。

图1-16　有领环（玉衡）2 例

1 采自《大汶口》图版 94、102 页。2 采自《东亚玉器》第 1 册 236、361 页。

图 1-17 东夷族璇玑玉衡套装（山东海阳司马台）

采自栾丰实：《牙璧研究》，《文物》2005 年 7 期。另见《出土玉器》山东卷 35 页。参看
王洪明：《山东省海阳县史前遗址调查》，《考古》1985 年 12 期。

图 1-18 伏羲族璇玑玉衡和黄帝族玉衡

1—3 采自《出土玉器》山西卷 3、1 页，内蒙古卷 55 页。

图 1-19 龙山时代 1.0 版浑天仪

见图 1-15.14、图 1-17.14、图 1-13。

图 1-20 元代郭守敬浑天仪

采自《中国古代天文文物图集》15 页。

图 1-21 清代璇玑玉衡图

采自《钦定书经图说》。

图 1-22 上古天球仪：15 例

1 采自《姜寨》266 页。

2 采自《巫山大溪遗址第三次发掘》，《考古学报》1981 年 4 期。

3 采自汤斌、刘红艳：《四川博物院藏巫山大溪遗址出土彩陶球制作工艺研究》，《四川文
物》2015 年 6 期。

4—7 采自《京山屈家岭》22、72 页。

8—15 采自《潜山薛家岗新石器时代遗址》，《考古学报》1982 年 3 期。

图 1-23 龙山时代多孔观天玉圭：9 例

1、2、8 采自《出土玉器》陕西卷 8 页，甘肃卷 39 页，山东卷 21、24 页。

3—6 采自《齐家古玉》138、133、136、134 页。

9 采自《传世玉器》第 1 卷 71 页。

图 1-24 龙山时代石制星图：3 例

采自《中国民间藏玉精品特集》9、7、2 页。

图 1-25 中古玉琯：13 例

1 采自《安阳殷墟花园庄东地商代墓葬》彩版 49。

2、5—10、12 采自《出土玉器》江西卷 27 页，陕西卷 82、102 页，山西卷 76、217、
186 页，内蒙古卷 169 页，安徽卷 93 页。

3、4 采自《商代遗珍》149、148 页。

11 采自《鸿山越墓》525 页图版 149。

13 采自《大汉楚王》287 页。

图 1-26 春秋战国玦琯：8 例

1、2、3 各一对，采自《出土玉器》河南卷 185 页，山东卷 188 页，安徽卷 99 页。4 一
对，采自《熙墀藏玉》76 页。

图 1-27 商周璇玑：15 例

1、2、12，采自《出土玉器》河北卷 123 页，河南卷 113、53 页。

3、4、5、9、10、13、14、15，采自栾丰实：《牙璧研究》，《文物》2005 年 7 期。

6、7、11，采自《传世玉器》第 1 卷 84、85、86 页。

8 采自《古玉图考》。

图 1-28　商代玉衡：12 例

采自《出土玉器》河南卷 79 页，江西卷 10、9 页，广东卷 24 页，四川卷 26、36、37、38、39、57、65、64 页。

第二黄帝章

图 2-1　从天象到陶文、甲骨文"帝"

1 采自《中国上古史实揭秘》354 页。2 采自《汝州洪山庙》46 页。3 采自《古文字诂林》第 1 册 45 页。

图 2-2　兴隆洼—红山文化主要遗址分布图

采自《中国考古学》新石器时代卷 343 页。

图 2-3　兴隆洼玉玦与黄帝后天八卦

1 见前。2 玉玦六例，采自《出土玉器》内蒙古卷 2、3、4、5、196、64 页。

图 2-4　红山猪首玦：30 例（正反各 15 例）

0、12、14、16、18、21、27、30、24、25，采自《出土玉器》内蒙古卷 2、22、21、20、111、24、19、25 页，河北卷 122、121 页。

1 采自中国国家博物馆官网。

2、6、10、13，采自《牛河梁》图版 69、70、320、319。

3、5、7—9、11、15、17、20、22、23、26、29，采自《红山文化玉器鉴赏》增订本 174、204、146、219、202、203、133、44、218、164、194、45、177 页。

4 采自《传世玉器》第 1 卷 14 页。

19 采自震旦博物馆官网。

28 采自《关氏所藏中国古玉》25 页。

图 2-5　牛河梁遗址

采自《牛河梁》9 页。

图 2-6　城子山遗址

采自孙小淳、何驽等：《中国古代遗址的天文考古调查报告——蒙辽黑鲁豫部分》，《中国科技史杂志》2010 年 4 期。

图 2-7　农耕三族北斗猪神

1 采自《中国彩陶图谱》（以下简称《彩陶图谱》）编号 23。2 采自《反山》56 页。3 采自《凌家滩》249 页。

图 2-8　北斗七星斗魁四星＝北斗猪神眼鼻四孔

1 张远山绘。2 采自《玉器图谱》35 页，另见《牛河梁》100 页。

图 2-9　兴隆洼人猪合葬酋长大墓（M118）

采自《内蒙古敖汉旗兴隆洼聚落遗址 1992 年发掘简报》,《考古》1997 年 1 期。

图 2-10　赵宝沟文化雌雄猪神彩陶尊

采自《内蒙古敖汉旗小山遗址》,《考古》1987 年 6 期。

图 2-11　牛河梁双猪首与凌家滩猪翅鹰

1 采自《牛河梁遗址》75 页图 95,另见《牛河梁》图版 284;线描采自《玉器图谱》48 页。

2 采自《凌家滩玉器》图版 3。

3 采自马昌仪《古本山海经图说》445 页,原载毕沅《山海经图注》。

图 2-12　中古黄帝族式盘:天盘北斗、地盘北斗各 1 例

1 采自严敦杰:《跋六壬式盘》,《文物参考资料》1958 年 7 期。原刊 [日] 原田淑人、田泽金吾等:《乐浪五官掾王盱的坟墓》,东京刀江书院 1930 年。

2 采自网络,原载《阜阳双古堆西汉汝阴侯墓发掘简报》,《文物》1978 年 8 期。原图均为篆字,摹图改为楷体。

图 2-13　红山黄帝族北斗猪神:4 例

1 采自《出土玉器》内蒙古卷 15 页。

2 采自《北福地》彩版 6。

3 采自《牛河梁》图版 85。

4 采自《长海县广鹿岛大长山岛贝丘遗址》,《考古学报》1981 年 1 期。

图 2-14　"北斗猪神仰望星空"彩陶罐

张远山 2015 年 10 月 10 日摄于赤峰市博物馆。

图 2-15　从猪首玦到龙首玦

1 见图 2-4。2、3 详见张远山《伏羲之道》47、100 页。

4 龙首玦 7 例,前 6 例采自《出土玉器》内蒙古卷 18、17 页,《红山文化玉器鉴赏》增订本 128、180、159 页,震旦博物馆官网。第 7 例纽约顾为群藏,图片为顾氏向笔者提供,特别致谢。

图 2-16　黄帝族观天玦珩与祭天玉玦三型（见前）

图 2-17　黄帝族观天玉珩与祭天玉璧三型

1 见图 1-2。2—4 采自《牛河梁》图版 72、73、80 页。

图 2-18　从红山旋龟到红山玉龟

采自《红山文化玉器鉴赏》增订本 198、89、90 页,《牛河梁》图版 226、227。

表 2-1　红山旋龟衍生红山勾云形器三型（张远山原创）

第一横排旋龟,见图 2-18.1。

第二、三、四横排勾云形器三型九图,采自《玉器图谱》45、46、33、34 页。

第五横排商代青铜方鼎两件,采自《中国青铜器全集》（以下简称《青铜器全集》）第 1 卷 49 页、第 4 卷 15 页。

表 2-2　商周金文玄豕（天猪）、玄鼋（旋鼋）

采自《金文编》1024、1023。

图 2-19　红山玉帝晚期形制

1 采自《中国传世玉器全集》第 1 卷 7 页。2—4 采自《红山文化玉器鉴赏》增订本 233、234 页。5 采自震旦博物馆官网。6 采自莫离《玉器图谱》7 页。

图 2-20　从观天玉琯到威仪玉冠

1 见图 1-2。2 采自《牛河梁》图版 60。3 采自《红山文化玉器鉴赏》增订本 47 页。4 采自《三才图会》528 页。

图 2-21　黄帝族权柄：9 例

1、3 采自《出土玉器》内蒙古卷 49、79 页。2、4—9 采自《红山文化玉器鉴赏》增订本 166、113、167、76、166、205、165 页。

图 2-22　玄鼋与斗形权柄

1 见表 2-1。2 张远山组合。

图 2-23　北斗猪神玉佩与权柄

1 采自《牛河梁》图版 85。2 采自震旦博物馆官网。3 见图 2-21.7。

图 2-24　黄帝族酋长与埃及法老威仪造型

1 张远山 2015 年 10 月 10 日摄于赤峰市博物馆。2 采自《牛河梁》图版 279。3 张远山组合。4 采自网络。

图 2-25　牛河梁与医巫闾山

采自《牛河梁》2 页。

图 2-26　双龙首玉珩的形制来源

1、2 见图 2-11、15。3 采自《出土玉器》内蒙古卷 125 页。

图 2-27　牛河梁玉凤

采自《牛河梁》图版 276、404 页。

图 2-28　从龙凤陶纹到龙凤玉佩

1 详见张远山《伏羲之道》42 页。2 采自《牛河梁》图版 96、107 页。3 采自网络。

图 2-29　黄帝族天鸟的两种形制

1 采自《出土玉器》内蒙古卷 27 页、《玉器图谱》36 页。2 采自《牛河梁》图版 63、77 页。

第三南蛮章

图 3-1　南蛮族玉玦源于黄帝族玉玦

1 采自《牛河梁》图版 70。2 采自《玉器起源探索》126 页，另见浙江博物馆官网。3 采自《出土玉器》山东卷 128 页。4 采自《东亚玉器》彩版 190。

图 3-2　河姆渡双鸟象牙佩与四鸟兽骨尺

1 见图 3-1.2。2、3 采自《河姆渡》285、116 页。

图 3-3　新石器时代中期北极天象图（张远山原创）

图 3-4　西汉占星盘的斗柄指时

见图 2-12.2。

图 3-5　河姆渡万字符解密

1 采自《河姆渡》343 页。2 张远山原创。

图 3-6　南蛮族北斗猪神：4 例

1 张远山 2015 年 10 月 24 日摄于浙江余姚河姆渡博物馆。2 张远山 2015 年 10 月 20 日摄于上海青浦崧泽博物馆。3、4 采自《中国文物精华大辞典·陶瓷卷》42、47 页。

图 3-7　良渚文化分布图

采自《中国考古学》新石器时代卷 675 页。

图 3-8　南蛮族十二月神玉琯

采自《反山》37 页。

图 3-9　伏羲族十二月神彩陶罐

采自《龙岗寺》35 页。

图 3-10　南蛮族万字符和天帝骑猪巡天图（张远山原创）

图 3-11　天帝驾车巡天图

采自冯时：《地下的星空》，《大自然探索》2006 年 8 期。

表 3-1　良渚玉器三大纹样和三种图式（张远山原创）

采自《反山》56、188、52、283、280、52、143、154、162 页。

图 3-12　良渚玉璧源于良渚玉琯截面

1 见图 1-12.1。2 采自《反山》彩版 1010、1017、1024、1031、1038、1045。3 采自张明华：《良渚玉璧研究》，《故宫博物院院刊》1995 年 5 期。4 见图 3-5.1。

图 3-13　良渚祭天圆琮 8 例

1—4 采自《瑶山》302、267、281、271 页。

5 采自《反山》彩版 1098。

6 采自《1982 年江苏常州武进寺墩遗址的发掘》，《考古》1984 年 2 期。

7 采自王巍：《良渚文化玉琮刍议》，《考古》1986 年 11 期。

8 采自《福泉山》彩版 17。

图 3-14　良渚祭天方琮 8 例

1、5 采自《瑶山》74、39 页。

2、3、4、6、7 采自《反山》304、46、351、52、237 页。

8 采自《玉器图谱》81 页，原载吴大澂《古玉图考》。

图 3-15　祭祀北极天帝的顶级方琮：2 例

1 采自《反山》54 页、彩版 141。2 采自《瑶山》183 页、彩图 581。

图 3-16　良渚玉瑁衍生圆琮、方琮：各 2 例

1 见图 1-12.1、图 3-12.1。2 见图 3-13.2。3 采自《传世玉器》第 1 卷 36 页。4 采自大英博物馆官网。

图 3-17　酋长玉冠形制来源

1—3 采自《瑶山》142 页、彩图 418，133 页、彩图 380，116 页、彩图 316。4 采自《新地里》329 页、彩版 46。

图 3-18　玉冠纹样对位北斗猪神：2 例

1 采自《反山》97 页、彩版 422。2 采自《瑶山》78 页、彩图 167。

图 3-19　良渚酋长戴冠图

采自网络。

图 3-20　权柄纹样对位北斗猪神：11 例

1—5 采自《反山》34 页、彩版 55，155 页、彩版 631，190 页、彩版 697，231 页、彩版 810，231 页、彩版 814。6—9 采自《瑶山》37 页、彩图 37，45 页、彩图 55，118 页、彩图 325、324。10、11 采自《福泉山》47 页、彩版 25，84 页、彩版 25。

图 3-21　农耕三族石钺、陶钺：5 例

1—4 线描采自杨晶：《中国史前玉器的考古学探索》213、210、209；1 彩图采自《中国美术全集·绘画编》第 1 卷《原始社会至南北朝绘画》35 页。5 采自纪仲庆：《江苏海安青墩遗址》，《考古学报》1983 年 2 期。

图 3-22　良渚王刻纹玉钺、刻纹钺瑁

1、2 采自《反山》64 页、彩版 298，66 页、彩版 305。

图 3-23　良渚大酋长素面玉钺、简纹钺瑁和陈列图

1、2 采自《瑶山》80、81 页，彩图 191、192。3 采自《瑶山》82 页。

图 3-24　良渚小酋长素面钺瑁

1、2 采自《福泉山》彩版 14、13。

图 3-25　良渚玉镯源于良渚圆琮

1、2、4 见图 3-13.4、图 3-13.1、图 3-5.1。3 采自《瑶山》28 页、彩图 12。

图 3-26　良渚玉璜源于良渚玉璧

1 见图 3-12。2 采自《瑶山》157 页、彩图 470。

图 3-27　良渚装饰玉器的三大纹样及三种图式（张远山原创）

1、2、10、13、15，采自《瑶山》142 页、彩图 418，35 页、彩图 30，62 页、彩图 116，154 页、彩图 466，96 页、彩图 222。

3—9、11、12、14，采自《反山》283 页、彩版 1005、1007，114 页、彩版 495，188 页、彩版 692，280 页、彩版 988，32 页、彩版 48，308 页、彩版 1112，142 页、彩版 561，154 页、彩版 591，162 页、彩版 652。

第四东夷章

图 4-13　凌家滩祭司玉人的腿姿

1 采自《彩陶图谱》编号 79。2 采自《牛河梁》407 页。3、4 采自《凌家滩》38、248 页。5 采自《反山》56 页。

图 4-14　凌家滩陶轮双面纹样来源

1 采自《湖南安乡县汤家岗新石器时代遗址》,《考古》1982 年 4 期。2 采自《凌家滩》209 页。3 采自《崧泽》56 页。

图 4-15　凌家滩猪翅鹰的三族元素

1—4、6 见前。5 采自《凌家滩》249 页。

图 4-16　凌家滩玉龟、玉板来源

1 采自《牛河梁》图版 87。2、3 采自《凌家滩》彩版 21、20。

图 4-17　凌家滩玉龟背甲纹样

1 采自《凌家滩》49 页。2、3 采自《大汶口文化》108 页。

图 4-18　凌家滩四象八圭玉板纹样来源

1、2 见前。3、4 采自《凌家滩》144、49 页。

图 4-19　道枢纹与分至图

1、2、3、6 见《伏羲之道》第一章,另有伏羲族大量道枢纹。4 采自《大汶口续集》166 页。5 张远山 2015 年 10 月 6 日发现并拍摄于内蒙古赤峰市敖汉旗小古力吐遗址。7 采自《凌家滩玉器》101 页,另见《凌家滩》彩版 6。8 采自《牛河梁》图版 118。

图 4-20　凌家滩倾斜玉珩来源

1 详见张远山《伏羲之道》47 页,参看同书 32 页伏羲族的大量地轴倾斜纹。2 采自《凌家滩玉器》63 页。3 采自《传世玉器》第 1 卷 241 页。

图 4-21　东夷族玉珑来源

1—3 详见张远山《伏羲之道》47、103、100 页。4 采自《凌家滩玉器》11 页。5、6 采自《出土玉器》内蒙古卷 17 页、浙江卷 62 页。

图 4-22　东夷族玉璜衍生东夷族玉琥

采自《凌家滩》91 页、《凌家滩玉器》59 页。

图 4-23　东夷族玉钺衍生东夷族玉圭

1、2 采自《凌家滩》44 页、彩版 18。3—7 采自《凌家滩》116 页、彩图 87、213 页、彩版 167、94 页、彩版 69、55 页、彩版 41、55 页、彩版 42。

8 采自《安徽含山县凌家滩遗址第五次发掘的新发现》,《考古》2008 年 3 期。

图 4-24　东夷族玉璋产生过程

1 采自陆思贤《神话考古》150 页。

2、3 采自栾丰实:《大汶口文化》97 页。参见《花厅》190 页。

4、5 采自冯沂:《山东临沂市大范庄遗址调查》,《华夏考古》2004 年 1 期。

6 采自王洪明:《山东省海阳县史前遗址调查》,《考古》1985 年 12 期。

7 采自《出土玉器》山东卷 27 页。

图 4-25 东夷族圭璧产生过程

1 见图 4-4。

2、3 采自《凌家滩》43 页、彩版 16,《凌家滩》144 页、《凌家滩玉器》113 页。

4 采自《东亚玉器》第 3 册 166 页、《玉器图谱》786 页。

5 采自《新定三礼图》151 页。

图 4-26 西周祭祖圭璧

采自《钦定书经图说》。

第五龙山章

图 5-1 伏羲族彩陶南传东传

1—4 均见张远山《伏羲之道》32 页。5—8 采自《彩陶图谱》编号 1948、1944、1955、1954。

图 5-2 伏羲族八角星东传

1 采自潘茂辉:《试论湖南高庙文化和汤家岗文化的陶器装饰艺术及其演变》,《湖南省博物馆馆刊》2014 年第 11 辑。

2、3 采自《湖南安乡县汤家岗新石器时代遗址》,《考古》1982 年 4 期。

4 采自《秭归柳林溪》71 页。

5 采自《青海柳湾》146 页。

6 采自《江西靖安郑家坳新石器时代墓葬清理简报》,《东南文化》1989 年增 1 期。

7 采自《崧泽》21 页。

8 采自《江苏昆山市绰墩遗址发掘报告》,《东南文化》2000 年 1 期。

9 采自《江苏武进潘家塘新石器时代遗址调查与试掘》,《考古》1979 年 5 期。

10 采自《江苏海安青墩遗址》,《考古学报》1983 年 3 期。

11 采自《江苏邳县四户镇大墩子遗址探掘报告》,《考古学报》1964 年 2 期。

12 采自《凌家滩》209 页。

13 采自《大汶口续集》163 页。

14 采自《辽宁敖汉旗小河沿三种原始文化的发现》,《文物》1977 年 12 期。

图 5-3 伏羲族北斗猪神南传

1、2 采自《彩陶图谱》编号 23、81。

3、4 彩图采自网络;3 线描采自潘茂辉:《试论湖南高庙文化和汤家岗文化的陶器装饰艺术及其演变》,湖南省博物馆馆刊 2015 年;4 线描采自《石家河文化玉器》14 页。

5、6 采自顾万发:《论高庙文化中獠牙兽的动物属性、神格及相关问题》,《黄河黄土黄种人》2016 年 1 期。

图 5-4 石家河文化分布图

采自《中国考古学》新石器时代卷 659 页。

图 5-5 石家河北斗猪神

1 采自《肖家屋脊》120 页。2 采自《邓家湾》彩版 20。

图 5-6 石家河北极玉帝主型：鹰冕玉帝

1 见图 5-3。2、4 采自《反山》56 页、彩版 142，52 页、彩版 137。3 采自《山西曲沃羊舌晋侯墓地发掘简报》，《文物》2009 年 1 期。5 采自《肖家屋脊》316 页、彩版 1。6 采自大英博物馆官网。7 采自美国福格美术馆官网。8、14 采自《出土玉器》陕西卷 28、27 页。9、13 采自《玉器时代：美国博物馆藏中国早期玉器》150、146 页。10 采自美国芝加哥美术研究所官网。11 采自 2015 年 12 月 21 日《楚天都市报》。12 采自《传世玉器》第 1 卷 51。15 彩图采自上海博物馆官网，线描采自《古文物称谓图典》314 页。3、6—10、12—14 线描，采自林继来、马金花：《论晋南曲沃羊舌村出土的史前玉神面》，《考古与文物》2009 年 2 期。

图 5-7 石家河北极天鹰两大纹样

1 见图 5-6。2 采自《石家河文化玉器》101 页。3 彩图采自法国巴黎赛努奇博物馆官网，线描采自《神与兽的纹样学》97 页。

图 5-8 石家河天柱玉帝

1、2 彩图采自《玉器时代：美国博物馆藏中国早期玉器》148 页。3 彩图采自《新干商代大墓》彩版 45。4 照片，1—6 线描，采自林继来、马金花：《论晋南曲沃羊舌村出土的史前玉神面》，《考古与文物》2009 年 2 期。

图 5-9 石家河兽面玉帝

1 采自《瑶山》彩图 418、419，线描局部采自 142 页。

2 纽约顾为群藏，图片为顾氏向笔者提供，特别致谢。

3 即图 5-6.3 上部。

4 采自《出土玉器》湖北卷 11 页。

5 采自《石家河文化玉器》94 页。

6 采自方勤：《荆楚故事——从石家河谈起》，中国考古网 2017 年 2 月 17 日。

7 采自美国西雅图艺术博物馆官网。

图 5-10 石家河人面玉帝

1 彩图采自《传世玉器》第 1 卷 203 页，线描采自林继来、马金花：《论晋南曲沃羊舌村出土的史前玉神面》，《考古与文物》2009 年 2 期。

2 彩图采自《玉器时代：美国博物馆藏中国早期玉器》147 页，线描采自网络。

3、4 采自《石家河文化玉器》42、35 页。

5、6 采自《出土玉器》河南卷 183 页、182 页，《石家河文化玉器》7、8 页。

7 采自美国弗利尔美术馆官网。

8、9 采自《石家河文化玉器》27、28、29 页。

10 采自《神与兽的纹样学》76 页。

图 5-11　石家河祭坛玉帝

1 采自《石家河文化玉器》19 页。

2 采自《彩陶图谱》编号 553。

3 采自 2015 年 12 月 21 日《楚天都市报》。

4 采自《出土玉器》河南卷 182 页，《玉器图谱》144 页。

5 采自上海博物馆官网，《玉器图谱》144 页。

6、7 采自《传世玉器》第 1 卷 56 页、74 页，《神与兽的纹样学》78 页、《玉器图谱》154 页。

8 采自《河姆渡》67 页。

9 采自《山东莒县陵阳河大汶口文化墓葬发掘简报》，《史前研究》1987 年 3 期。

10 采自《湖南黔阳高庙遗址发掘简报》，《文物》2000 年 4 期。

11 采自《肖家屋脊》324 页。

图 5-12　石家河刻纹玉圭

1—6 采自《玉器图谱》133、134、136 页。7、8 采自《神与兽的纹样学》77、93 页。

表 5-1　石家河玉圭两面纹样演变（张远山原创）

出处均见图 5-12。

图 5-13　石家河祭天玉璧

采自《石家河文化玉器》161、162 页。

图 5-14　石家河祭天玉琮

1 采自《反山》54 页、彩图 141。2 采自《石家河文化玉器》165。3—8 采自《玉器图谱》180、181 页。

图 5-15　石家河祭天牙璋

1 采自《出土玉器》山东卷 34 页，王洪明:《山东省海阳县史前遗址调查》，《考古》1985 年 12 期。2 采自《石家河文化玉器》167 页。

图 5-16　石家河衔尾龙、衔尾凤

1 彩图采自《1978—1980 年山西襄汾陶寺墓地发掘简报》，《考古》1983 年 1 期；线描采自《彩陶图谱》212 页。

2 采自《凌家滩玉器》197 页、彩版 157。

3—5 彩图采自《出土玉器》内蒙古卷 17 页，浙江卷 62 页，湖北卷 13 页；线描采自《玉器图谱》29、140 页;《浙江余杭星桥后头山良渚文化墓地发掘简报》，《南方文物》2008 年 8 期。

6 采自《石家河文化玉器》99 页。参看《出土玉器》湖北卷 31 页。

图 5-17　石家河祭天玉璜、玉琥

1 采自《湖南洪江市高庙新石器时代遗址》，《考古》2006 年 7 期。

2、6 采自《石家河文化玉器》159、31 页。

3 采自《玉器图谱》182 页。

4、5 彩图采自各博物馆官网,线描采自《玉器图谱》138 页。

7 采自 2015 年 12 月 21 日《楚天都市报》。

8 采自方勤:《荆楚故事——从石家河谈起》,中国考古网 2017 年 2 月 17 日。

图 5-18　石家河威仪权柄

1 采自《玉器图谱》113 页。2 采自《石家河文化玉器》122 页。

图 5-19　石家河威仪玉钺

1 采自《湖南洪江市高庙新石器时代遗址》,《考古》2006 年 7 期。

2 采自《关氏所藏中国古玉》72 页。

3 彩图采自美国赛克勒博物馆官网,线描采自《神与兽的纹样学》74 页。

4 采自《广东曲江石峡墓葬发掘简报》,《文物》1978 年 7 期。

图 5-20　石家河威仪虎符

1—3 见前。4—8 采自《石家河文化玉器》87、78—83 页,参看《肖家屋脊》彩版 9—11。

图 5-21　石家河龙凤玉佩

1、5 采自《石家河文化玉器》97、100 页。

2 采自 2015 年 12 月 21 日《楚天都市报》。

3 采自《玉器时代:美国博物馆藏中国早期玉器》134 页。

4 采自《传世玉器》第 1 卷 121 页。

6 彩图采自《出土玉器》河南卷 30 页,线描采自《玉器图谱》141 页。

图 5-22　石家河鹰纹玉蝉

1、2 采自栾丰实:《大汶口文化》106、108 页。

3 采自《蒙城尉迟寺》256 页。

4 见前。

5 采自孙机《从历史中醒来》10 页。

6 采自《石家河文化玉器》47 页。

7 采自《青铜器全集》第 12 卷 18 页。

图 5-23　石家河鹰形玉笄

1 见前。

2、3 采自《石家河文化玉器》107—109 页。

4 采自《二里头》第 2 册 1004 页、第 4 册彩版 289。

5 采自《盘龙城》彩版 28。

6 采自《玉器图谱》161 页。

8 采自《传世玉器》第 1 卷 52 页。

7、9—13 采自网络。

图 5-24　石家河兽面玉帝北传中原

1、2 彩图见前,线描采自《石家河文化玉器》94 页、《玉器图谱》155 页。

3 采自《出土玉器》山西卷 47 页、《玉器图谱》155 页。

图 5-25　华夏兽面玉帝四千年演变（张远山原创）
1—5 见前。6 采自《三星堆祭祀坑》198 页。7 采自《周原出土青铜器》1275 页。

图 5-26　龙山伏羲族祭天玉璧
1、2、4—8，10—12，采自《出土玉器》山西卷 46、35、37 页，陕西卷 6、7 页，甘肃卷 2、4、1、23、24 页。3 采自《襄汾陶寺遗址研究》彩插页。9 采自网络。

图 5-27　龙山伏羲族祭天玉璜
1、2 采自《出土玉器》山西卷 48、23 页。

3、6 采自《出土玉器》河南卷 1 页、甘肃卷 27 页。

4 采自《灵宝西坡墓地》图版 58。

5 采自网络。

图 5-28　龙山伏羲族祭天玉圭
1、2，4—6，采自《出土玉器》山西卷 34、49 页，陕西卷 11 页、甘肃卷 40、54 页；1 线描采自《玉器图谱》168 页。3 陕西延安芦山峁出土，采自网络。

图 5-29　龙山伏羲族素面玉琮
1—3，6—11，采自《出土玉器》山西卷 41、26、2 页，甘肃卷 32、34、33、31、38、37 页。4、5 采自网络。

图 5-30　龙山伏羲族刻纹玉琮
1 见前。2—7 采自《出土玉器》山西卷 25、27 页，陕西卷 22、23 页，甘肃卷 36、34 页；5 线描采自《玉器图谱》167 页。

图 5-31　龙山伏羲族威仪玉钺
1—3、5，采自《出土玉器》山西卷 29、30、50 页，陕西卷 21 页；1—3 线描采自《玉器图谱》175、173 页。4 采自《灵宝西坡墓地》图版 89。

图 5-32　龙山伏羲族威仪虎符
1 采自《石家河文化玉器》87 页。2 采自《出土玉器》山西卷 11 页、《玉器图谱》146 页。

图 5-33　龙山伏羲族装饰玉笄
1—3 采自《出土玉器》山西卷 40 页，陕西卷 16、4 页。1 线描采自《襄汾陶寺》第 2 册 765 页。

图 5-34　石峁文化位置图
采自《神木新华》2 页。

图 5-35　石峁黄帝族北极玉帝
1 采自《出土玉器》陕西卷 15 页，线描采自网络。

2 采自叶舒宪：《玉文化先统一中国说》，《民族艺术》2013 年 4 期。

图 5-36　黄帝族玄鼋玉璧
1 采自《牛河梁》图版 80。

2 采自戴应新:《回忆石峁遗址的发现与石峁玉器》(上),《收藏界》2014 年 5 期。

图 5-37 石峁黄帝族祭天玉璜

1 采自《凌家滩》彩版 65。2 采自《神木新华》彩版 8。3 采自《中国文物定级图典·三级品》134 页。

图 5-38 石峁黄帝族祭天玉圭

1 采自《凌家滩》彩版 167。2 采自网络。3 采自《神木新华》彩版 21。

图 5-39 石峁黄帝族祭天牙璋

1—3 彩图采自《出土玉器》山东卷 34 页,陕西卷 18、17 页;线描采自王洪明:《山东省海阳县史前遗址调查》,《考古》1985 年 12 期;《玉器图谱》168 页。

4 采自《红山文化玉器鉴赏》增订本 166 页,《玉器图谱》35 页。

5—7 见前。

图 5-40 黄帝族威仪玉钺

1 左,采自戴应新:《回忆石峁遗址的发现与石峁玉器》(上),《收藏界》2014 年 5 期。1 右,采自许满贵:《赏玉戚话亲戚》,《东方收藏》2015 年 9 期。

2 采自《1981 年河南偃师二里头墓葬发掘简报》,《考古》1984 年 1 期。

3 采自《出土玉器》河南卷 86 页。

4 采自《张家坡西周墓地》彩图 12。

图 5-41 黄帝族威仪权柄

1 照片采自《神木新华》图版 60,线描采自《陕西神木新华遗址 1999 年发掘简报》,《中原文物》2002 年 1 期。

2、A、B 采自《玉器图谱》216 页,C、D 采自《偃师二里头》234 页。

3、A、C 采自《玉器图谱》236 页,B 采自《新干商代大墓》151 页。

4、均采自《玉器图谱》304、305 页。

图 5-42 黄帝族威仪玉戈

1、A 采自戴应新:《回忆石峁遗址的发现与石峁玉器》(上),《收藏界》2014 年 5 期;B、C 采自《玉器图谱》171 页。

2、A 采自《玉器图谱》212 页,B 采自《偃师二里头》250 页。

3、4 采自《玉器图谱》243、298 页。

图 5-43 石峁黄帝族鹰形玉笄

1 见前。

2 采自《出土玉器》陕西卷 24 页、《玉器图谱》161 页。

3 采自《关氏所藏中国古玉》114 页。

图 5-44 石峁巨城

采自《陕西神木县石峁遗址》,《考古》2013 年 7 期。

第六万字符章

图 6-1　万字符生成过程（张远山原创）

图 6-2　两种中国式盘

见图 2-12。

图 6-3　河姆渡万字符解密

1 采自《河姆渡》343 页。2 张远山原创。

图 6-4　崧泽万字符

1 见前。2 采自《崧泽》56 页。

图 6-5　清水滩万字符解密

1 见前。2 采自《宜昌县清水滩新石器时代遗址的发掘》，《考古与文物》1983 年 2 期。3
张远山原创。

图 6-6　凌家滩万字符

1 见前。2、3 采自《凌家滩》209、49 页。

图 6-7　北阴阳营万字符解密

1 采自《北阴阳营》141 页。2 张远山原创。3 金沙太阳金箔，采自网络。

图 6-8　大汶口双万合符

采自《中国文物定级图典·一级品》下册 18 页，《大汶口续集》174 页。

图 6-9　小河沿文化万字符及其变体

采自《昭乌达盟石棚山考古新发现》，《文物》1982 年 4 期。

图 6-10　红山黄帝族北极旋鼍

采自《红山文化玉器鉴赏》增订本 198 页。

图 6-11　阴山岩画调查路线图

采自《阴山岩画》2 页。

图 6-12　阴山史前岩画万字符

采自《阴山岩画》192、190、276、337 页。

图 6-13　广东石峡万字符

1 见前。2、3 采自《广东曲江石峡墓葬发掘简报》，《文物》1978 年 7 期。

图 6-14　中原伏羲族万字符

1、2 采自王克林：《"卍" 图象符号源流考》，《文博》1995 年 6 期。参见《山西太谷白燕
遗址第一地点发掘简报》，《文物》1989 年 3 期；《武安赵窑遗址发掘报告》，《考古学报》
1992 年 3 期。3 采自《河北涞水渐村遗址发掘报告》，《文物春秋》1992 年 1 期。

图 6-15　甘青伏羲族天盘卍、地盘卐纺轮

采自《青海柳湾》96 页。

图 6-16　甘青伏羲族天盘卍 11 例

采自《青海柳湾》99、100、102、128、146、148、156、161 页、图版 106，《中国文物精华大辞典·陶瓷卷》31 页。

图 6-17　甘青伏羲族地盘卐 26 例

采自《青海柳湾》102、110、128、146、148、161 页。

图 6-18　新疆天山史前岩画万字符 3 例

1、2 采自《丝绸之路岩画艺术》491 页。3 采自《生殖崇拜文化论》198 页。

图 6-19　西藏史前岩画万字符（雍仲）9 例

采自《西藏的岩画》100、105、106、108、113、196、209 页。

图 6-20　伏羲族连山历河图四象≈玉器族地盘卐四象（张远山原创）

图 6-21　伏羲族归藏历太极图四象≈玉器族天盘卍四象（张远山原创）

图 6-22　枸携龙角

1 详见张远山《伏羲之道》47 页。2 见前。

图 6-23　商代万字符

1 采自孙机《仰观集》20 页。2 采自《新干商代大墓》82 页。3 采自《甲骨文合集》第 7 册 2703 页，编号 20974，《乙》8518。

图 6-24　西周虘钟地盘卐

采自《殷周金文集成》77 页。

图 6-25　双龙万字符与双凤太极图

1 张远山原创。2 采自《太原金胜村 251 号春秋大墓及车马坑发掘简报》，《文物》1989 年 9 期。3 采自《周原出土青铜器》484 页。

图 6-26　东周万字符

1 采自《湖北江陵太晖观楚墓清理简报》，《考古》1973 年 6 期。2 采自《青铜器全集》第 9 卷 166 页。

图 6-27　中古日晷

采自《中国古代天文文物图集》42、43 页。

图 6-28　中古日晷≈中古盖图

1 张远山绘。2 采自《天文考古通论》230 页。

图 6-29　东汉武梁祠石刻羲和观天制历图

采自李约瑟原著、柯林·罗南改编《中华科学文明史》第 2 卷 151 页。

图 6-30　规矩镜承袭六博盘

1 采自《玉器图谱》559 页。2 采自李约瑟原著、柯林·罗南改编《中华科学文明史》第 2 卷 150 页。

图 6-31　盖图和六博盘密藏万字符（见前）

图 6-32　古代六博棋≈现代飞行棋

1 见前。2 采自网络。

第七万舞章

表 7–1　华夏万舞历代专名总表（张远山原创）

图 7–1　伏羲族天枢纹与天帝纹

1 采自《中国上古史实揭秘》354 页。2 采自网络。3、5、8、9、11 采自《彩陶图谱》编号 129、944、79、562、1191。4 采自《青海柳湾》162 页。6、7 采自《汝州洪山庙》42、46 页。10 采自杨晓能《另一种古史》85 页。12 采自《姜寨》142 页。

图 7–2　玉器三族天帝造型及万舞舞姿

1A、1B 见第三章，1C 采自《南京历代风华》。2、3 采自《玉器图谱》59、60、61、42 页。

图 7–3　上古万舞第一舞姿：19 例

1—3 采自《西藏的岩画》105、106 页。

4 采自《图说中国图腾》88 页。

5、14 采自《中国岩画图案》73、112、125 页。

6 采自《中卫岩画》173 页。

7 采自《阴山岩画》301 页。

8 采自《世界岩画的文化阐释》277 页。

9—13 采自欧谭生、卢美松：《福建华安仙字潭岩画新考》,《考古》1994 年 2 期。

15、16 采自《中国岩画艺术图式》153、125、128、130 页。

17 采自《太平洋岩画》258 页。

18、19 采自《丝绸之路岩画艺术》677、678 页。

图 7–4　中古万舞第一舞姿：30 例

1 采自《图说中国图腾》157 页，原载梅原末治《河南安阳遗物之研究》。

2、10 采自《商周青铜器纹饰》344 页。

3、6 采自日本泉屋博古馆官网。

4 采自《青铜器全集》第 13 卷 78 页。

5 采自《三星堆：古蜀王国的圣地》88 页。

7、11、12 采自《中国古代青铜器造型纹饰》90、317、167 页。

8 采自《中国图案大系》第 2 册第 3 卷《春秋战国时代》100 页。

9 采自《三星堆出土文物全记录》第 1 册《青铜器》50 页。

13、14 采自国家博物馆官网、《晋国雄风：山西出土两周文物精华》111 页。

15 采自震旦博物馆官网。

16—19 采自《中国图案大系》第 2 册第 3 卷《春秋战国时代》297 页、谭维四《曾侯乙墓》101 页、湖北省博物馆编《曾侯乙墓》76 页、《中国美术全集·绘画编》第 1 卷《原始社会至南北朝绘画》43 页。

20、21 采自《淮阴高庄战国墓》156、160 页。

22 采自《长沙马王堆一号汉墓》40 页。

23 采自《唐河针织厂汉画像石墓的发掘》,《文物》1973 年 6 期。

24 采自《汉武梁祠画像考》414 页。

25 采自《中国美术全集·画像石画像砖》(以下简称《画像砖》) 24 页图 28。

26 采自《湖北库区考古报告集》第 1 卷 483 页 (《秭归台子湾遗址发掘简报》)。

27 采自《画像砖》173 页图 215。

28 采自袁珂《山海经校注》214 页。

29 采自何新《诸神的起源》35 页。

30 采自《东南亚:重新找回的历史》56 页。

图 7-5 龙山晚期万舞鼍鼓: 9 例

采自陈国庆:《鼍鼓源流考》,《中原文物》1991 年 2 期。

图 7-6 黄帝族族徽玄鼋

1 采自《阴山岩画》198 页。2 采自《中国古代青铜器造型纹饰》66 页。3、4 采自网络。

图 7-7 近代剪纸抓髻娃娃

1 采自《中国民俗剪纸图集》254 页。2 采自《图说中国图腾》407 页。3 采自《中国美术全集·民间玩具剪纸皮影》89 页。

图 7-8 南蛮族万字符和天帝骑猪巡天图 (见前)

图 7-9 上古万舞第二舞姿: 14 例

1 见图 3-10。

2、3 采自欧谭生、卢美松:《福建华安仙字潭岩画新考》,《考古》1994 年 2 期。

4、5 采自《传世玉器》第 1 卷 12、7 页。

6 采自徐琳:《故宫博物院藏红山文化动物形玉及人形玉研究》(下),《荣宝斋》2012 年 5 期。

7 采自震旦博物馆官网。

8 采自莫离《玉器图谱》7 页。

9 采自《世界岩画的文化阐释》107 页。

10 采自《太平洋岩画》57 页。

11—13 详见《伏羲之道》38 页。

14 采自《中国新石器时代陶器装饰艺术》23 页。

图 7-10 中古万舞第二舞姿: 16 例

1 采自《丝绸之路岩画艺术》574 页。

2 采自《殷墟的发现与研究》341 页。

3 采自《出土玉器》山西卷 115 页。

4、5 采自《神与兽的纹样学》174 页。

6 采自《洛阳西郊一号战国墓发掘记》,《考古》1959 年 12 期。

7 采自美国华盛顿赛克勒美术馆官网。

8 采自《商代遗珍》153 页。

9 采自《三门峡虢国墓》彩版 39。

10 采自《传世玉器》第 1 卷 157 页。

11、12 采自《淮阴高庄战国墓》190、160 页。

13、14 采自《画像砖》194 页。

15、16 采自《山东金乡县发现汉代画像砖墓》,《考古》1989 年 12 期。

图 7-11　万舞两大舞姿融合

1 采自《金文编》1023 页。2 采自《画像砖》34 页图 38。

图 7-12　上古万舞第三舞姿：10 例

1—3 采自欧谭生、卢美松：《福建华安仙字潭岩画新考》,《考古》1994 年 2 期。

4 采自《古代岩画》34 页。

5 采自《西藏的岩画》108 页。

6 采自《世界岩画的文化阐释》321 页。

7—10 采自《丝绸之路岩画艺术》178、574 页。

图 7-13　中古万舞第三舞姿：12 例

1 采自庄礼伦：《浅谈东南亚古代铜鼓装饰艺术》,《铜鼓和青铜文化的新探索——中国南方及东南亚地区古代铜鼓和青铜文化第二次国际学术讨论会论文集》91 页。

2、3 采自《画像砖》191 页图 251、187 页图 241。

4—8 采自《玉器图谱》522、607 页。

9、10 采自《洛阳新发现一组汉代壁画砖》,《文博》2009 年 4 期。

11 采自《洛阳西汉卜千秋壁画墓发掘简报》,《文物》1977 年 6 期。

12 采自《画像砖》122 页图 145。

图 7-14　方相氏扮演北斗猪神（猪八戒原型）

采自《中国美术全集·绘画编》第 1 卷《原始社会至南北朝绘画》45 页。

图 7-15　甲骨文"万舞"正体：卍舞

采自《甲骨文合集》第 7 册 2703 页, 编号 20974,《乙》8518。

图 7-16　伏羲族天枢纹与甲骨文"萬"

1 见图 7-1.6。2 采自《甲骨文合集》。

表 7-2　商周金文的万舞三大舞姿

采自《金文编》1023、1026、1027、1031、1035 页。

图 7-17　箫韶九成图

采自《钦定书经图说》。

图 7-18　《咸池》第一奏图解

最右西周万舞玉人, 采自《玉器图谱》351 页。其他见前。

图 7-19　《咸池》第二奏图解（见前）

图 7-20　《咸池》第三奏图解（见前）

第八万字符万舞全球传播章

图 8-1　华夏万字符东传美洲：8 例

A—G 见第七章。1 采自《天地父母——印第安神话》54 页。

2、4 采自《卐和纳粹》4 页。

3、7、8 采自《图说美洲图腾》209 页。

5、6 采自《万字符：最古老的标志和它的演变》902 页图版 16。

图 8-2　美洲印第安人宇宙图源于河姆渡

1 采自《浙江河姆渡遗址第二期发掘的主要收获》,《文物》1980 年 5 期。

2 采自张光直《中国青铜时代（二集）》90 页。

3 采自《太阳与献祭众神：阿兹特克与玛雅神话》97 页。

图 8-3　玛雅太极图 5 例

采自《图说美洲图腾》204、206 页。

图 8-4　玛雅北斗神模仿万字符造型

1 采自《太阳与献祭众神：阿兹特克与玛雅神话》33 页。2 张远山原创。

图 8-5　华夏万字符传遍亚洲：23 例

1、6、9、10、12、19、20、21、22 采自网络。

2、7、8、11、13、17、23 采自《万字符：最古老的标志和它的演变》805、808、809、813（参见 834—837）、867、877 页。

3 采自《卐和纳粹》23 页。

4、5 采自《走近古印度城》139、184 页。

14、15、16 采自王克林:《"卍" 图象符号源流考》,《文博》1995 年 6 期。

18 采自饶宗颐《梵学集》7 页，参见饶宗颐《符号·初文与字母——汉字树》94 页。

图 8-6　印度婆罗门教万字符源于华夏

1—3 见前。4 采自网络。

图 8-7　华夏万字符西传欧洲：32 例

1、3—5、9、10、12—14、16、17、19、21—23、26、27、29、30、32 采自网络。1 参见《卐和纳粹》43 页；3 参见《万字符：最古老的标志和它的演变》768 页；13 参见陈进海《世界陶瓷》第 1 卷 28 页；14 参见《符号的迁移》104 页。

2、7、8、11、18、24、25、28 采自《万字符：最古老的标志和它的演变》868、851、850、853、869、784、956、839、863 页。

6 采自饶宗颐《梵学集》5 页，参见饶宗颐《符号·初文与字母——汉字树》92 页，《万字符：最古老的标志和它的演变》846 页。

15 采自《瑞典·丹麦户外历史博物馆》106 页。

20 采自《呼和浩特市附近出土的外国金银币》,《考古》1975 年 3 期。

31 采自《符号的迁移》39 页。

图 8-8　希腊历法盆纹样来源

1—4、7 见前。5 采自《彩陶图谱》编号 1537。6 采自《走近古印度城》59 页。

图 8-9　全球标准万字符（天盘卍、地盘卐）解密（张远山原创）

表 8-1　华夏万字符三种特殊风格传遍亚欧（张远山原创）

图 8-10—14　印度四季万字符、凯尔特旋转万字符、拉普兰箭头万字符、巴厘岛外折万字符、两河流域外折万字符解密

左图出处均见前，右解密图均张远山原创。

图 8-15　马家窑倾斜万字符的天文内涵

1、2 见前。3 详见张远山《伏羲之道》191 页。

图 8-16　全球萨满舞第一舞姿：45 例

1—4、6、7、29、31、32、43 采自《世界岩画的文化阐释》277—279、195、210、204、302、154、166 页。

5、26 采自《太平洋岩画》381、109 页。

8、9、27、38—42 采自《世界岩画资料图集》191、37、31、34、126、202、197 页。

10—21 采自《图说美洲图腾》244—246、250、173（15 参看《安第斯之谜：寻找黄金国》29 页）。

22、23 采自《安第斯之谜：寻找黄金国》50 页、前插页。

24 采自《柏林世界民族博物馆》79 页。

25 采自《印加人：黄金和荣耀的主人》191 页。

28、30、36、37、44 采自《外国岩画发现史》177、196、122、98、377 页。

33 采自《两河流域史前时代》13 页。

34 采自《安纳托利亚：文化繁盛之地》31 页。

35 采自网络。

45 采自《生殖崇拜文化论》前插页。

图 8-17　全球萨满舞第二舞姿：5 例

1 采自网络。

2 采自《安第斯之谜：寻找黄金国》33 页。

3 采自《世界岩画的文化阐释》136 页。

4、5 采自《外国岩画发现史》373、196。

图 8-18　全球萨满舞第三舞姿：17 例

1 采自《太阳与献祭众神：阿兹特克与玛雅神话》33 页。

2、5 采自《图说美洲图腾》331、359 页。

3、4、6、12 采自《世界岩画的文化阐释》182、279、207、154 页。

7 采自《太平洋岩画》第 368 页。

8、10 采自《外国岩画发现史》154、183 页。

9 采自《东南亚：重新找回的历史》52 页。

11 采自《走近古印度城》204 页。

13 采自《叙利亚国立博物馆》62 页。

14、15 采自《伊特鲁里亚人》32、40 页。

16 采自网络。

17 采自《世界岩画资料图集》19 页。

图 8-19　全球万字符、萨满舞同图之例：12 例

1、2 采自《卐和纳粹》4 页。

3、4、7、12 采自网络。7 参看《符号的迁移》104 页。

5、9 采自《万字符：最古老的标志和它的演变》847、873 页。

6、8、10、11 采自《符号的迁移》文前 24 页，54、20、181 页。

图 8-20　佛教天盘卍：3 例

采自网络。

图 8-21　印度萨满舞：4 例

1 见前。2 采自《印度国立博物馆》116 页。3 采自《古印度：神秘的土地》93 页。4 采自《比较图像学百科全书》206 页。

图 8-22　西藏史前万字符万舞岩画：万字符 9 例，万舞 4 例

采自《西藏的岩画》100、105、106、108、113、196、209 页。

图 8-23　苯教万字符和佛教万字符

1 见前，参见《卐和纳粹》23 页。2 采自网络。

图 8-24　万字不到头罗汉床

采自网络。

第九昆仑台章

图 9-1　伏羲族混沦纹

1 采自网络。2、3 详见张远山《伏羲之道》170 页。

图 9-2　伏羲族亞形昆仑台

采自《神话考古》272、155 页。1 参看《甘肃秦安大地湾 901 号房址发掘简报》,《文物》1986 年 2 期。

图 9-3　农耕三族昆仑台符号

1、3 见前。2 采自网络。

图 9-4　夏商周明堂亞形三层

1、2 采自《观堂集林》卷三 67 页。3 采自《神话考古》183 页。

图 9-5　夏商周亞形图

1、2 采自《天文考古通论》228、230 页。3 见第 7 章。

图 9-6　西汉王莽明堂亞形三层

1 采自《汉长安城南郊礼制建筑遗址群发掘简报》,《考古》1960 年 7 期。

2—4 采自《西汉礼制建筑遗址》229、228、216 页。

图 9-7　战国秦汉明堂瓦当亞形三层

1 采自《中国历代装饰纹样》第 2 册（战国秦汉）182 页。

2 采自王力《中国古代文化常识》插图修订本 164 页。

3 采自《西汉礼制建筑遗址》180 页。

图 9-8　东汉分建明堂、灵台

采自《宫殿考古通论》327、336、338 页。参看《汉魏洛阳城南郊的灵台遗址》,《考古》1978 年 1 期。

图 9-9　山西平城北魏孝文帝明堂亞形三层

采自《北魏平城明堂形制考略》,《中国建筑史论汇刊》2009 年。

图 9-10　河南洛阳唐代武则天明堂亞形三层

采自《宫殿考古通论》506—508 页。参看《唐东都武则天明堂遗址发掘简报》,《考古》1988 年 3 期。

图 9-11　西周明堂亞形三层

采自《宫殿考古通论》110、111 页。

图 9-12　伏羲族昆仑台符号

1—6 详见张远山《伏羲之道》42、35、44、86 页。7—9 见前。

图 9-13　西扩伏羲支族八角星

1 采自《彩陶图谱》编号 1013。2—5 采自《青海柳湾》146 页。

图 9-14　东扩伏羲支族八角星

见图 5-2.11。

图 9-15　南蛮族八角星

1—3，5—7，见图 5-2.4、6—10。

4 采自《崧泽》70 页。

8 采自《江苏海安青墩遗址》,《考古学报》1983 年 3 期。

9 采自《马桥》52 页。

图 9-16　江苏澄湖刻文黑陶贯耳壶

采自《中国文物定级图典·一级品》上卷 13 页,张明华、王惠菊:《太湖地区新石器时代的陶文》,《考古》1990 年 10 期。

图 9-17　东夷族八角星

1—3 采自《凌家滩》249、49、209 页（3 已见图 5-2.12）。

4—7 采自《大汶口续集》163、167 页,《大汶口文化》82 页。

图 9-18　黄帝族八角星：小河沿文化

1 张远山 2015 年 10 月 8 日摄于赤峰市博物馆。

2、3 采自《辽宁敖汉旗小河沿三种原始文化的发现》，《文物》1977 年 12 期。

图 9-19　南蛮族方形三层昆仑台

1 采自贺云翱:《良渚文化祭台遗迹浅论》，《上海博物馆集刊》1992 年 6 期。

2 采自《福泉山》68 页。

图 9-20　玉器族按照八角星仿建昆仑台

1、2 见图 5-2.2。3. 3 采自《好川墓地》彩版 31、159 页。4 采自《出土玉器》山东卷 12 页。

图 9-21　良渚刻纹玉璧: 南蛮族方形三层昆仑台符号

1、2、5—7，采自杨晓能《另一种古史》126、122、127、129 页。3 采自网络。4、8 采自《神话考古》345 页。

图 9-22　三星堆青铜扶桑树和太阳鸟

1 采自《三星堆: 古蜀王国的圣地》62、63 页。2 采自《三星堆祭祀坑》221 页。

图 9-23　东夷族: 凌家滩昆仑台西壁剖面图

采自《凌家滩》30 页。

图 9-24　凌家滩玉板

见图 4-17.1，参看张远山《伏羲之道》73 页。

图 9-25　黄帝族方圆三层昆仑台

1 采自《中国考古学》新石器时代卷 403 页。2 采自《神话考古》54 页。3 采自《牛河梁》图版 38、《神话考古》56 页。

图 9-26　伏羲族分至图东传

1 详见张远山《伏羲之道》22 页。2 采自《凌家滩玉器》101 页。3 采自《牛河梁》图版 118。

图 9-27　商周金文: 巫史家族亞字族徽 10 例

采自《金文编》1050、1058、1063、1065（二例）、1069、1070（二例）、1077、1135 页。

图 9-28　商代八角星

1 采自《河南安阳市梅园庄东南的殷代车马坑》，《考古》1998 年 10 期。

2 采自《灵石旌介商墓》84 页。

3 采自《滕州前掌大墓地》331 页。

图 9-29　历代方形三层天文台

1、2 采自《中国古代的天文与历法》155、157 页。3 张远山 2017 年 5 月 17 日摄于河南登封告成镇。

图 9-30　河南安阳殷墟: 商王亞形大墓

采自刘敦桢《中国古代建筑史》33 页。

图 9-31　河北平山中山王陵: 仿效四方三坛昆仑台

采自《宫殿考古通论》190 页。

图 9-32　玄宫图与明堂图

1、3 张远山绘。2 采自《临淄郎家庄一号东周殉人墓》,《考古》1977 年 1 期。

图 9-33　十二月图与六博棋盘

1 彩图采自傅举有:《帛书帛画出土记——长沙子弹库 1 号楚墓的盗掘与再发掘》,《上海文博论丛》2005 年 6 期。线描采自网络。

2 采自《战国中山灵寿城》彩版 39、《玉器图谱》559 页。

图 9-34　明堂结构放大为王城、九州结构

1、3 见前。2 采自《新定三礼图》。

表 9-1　昆仑三层、明堂三层专名、别名总表(张远山原创)

图 9-35　南方伏羲族八角星、太极图、万字符

采自《中国贵州民族民间美术全集》蜡染卷 104 页、挑花织锦卷 72 页。参看冯时《中国天文考古学》375 页,彝族、白族、傈僳族、傣族、景颇族、瑶族、苗族、僮族(壮族)等南方少数民族八角星。

第十夏商周章

图 10-1　神农归藏历伏羲十二辟卦图(张远山原创)

详见张远山《伏羲之道》177 页

图 10-2　十二辟卦图与明堂图

见图 10-1,图 9-32.3,图 6-2.2。

图 10-3　商代方明与方明坛

采自《新定三礼图》。

图 10-4~6 西周苍璧礼天黄琮礼地推测图,西周赤璋礼南推测图,西周玄璜礼北推测图

采自郭宝钧《古玉新诠》,史语所集刊第 20 本下册 255、253、254 页。

表 10-1　夏商周祭天玉器的天文历法、宗教神话对位(张远山原创)

图 10-7　夏代多孔祭天横圭承袭上古

1、8、10、11 采自《出土玉器》陕西卷 8 页、山西卷 52 页、河南卷 14、13 页。

2、3 采自《潜山薛家岗新石器时代遗址》,《考古学报》1982 年 3 期。

4 采自中国国家博物馆官网。

5 采自《北阴阳营》169 页彩版 1。

6 采自《最新中国考古大发现——中国最近 20 年 32 次考古新发现》15 页。

7 采自《齐家古玉》124 页。

9 采自美国弗利尔美术馆官网。

图 10-8　夏商周单孔祭天竖圭承袭上古

1 见图 4-23.4。

2、5、8、9、12、13、14 采自《出土玉器》山西卷 49、84 页，河南卷 10、51、108 页，四川卷 107 页，安徽卷 69 页。

3、4、11 采自《传世玉器》第 1 卷 67、65、48 页。

6 采自杨伯达:《夏商出土古玉鉴考》,《故宫学刊》2013 年 1 期。

7 采自《安阳殷墟花园庄东地商代墓葬》彩版 44。

10 见图 4-23.8。

15 采自《平顶山应国墓地》彩版 63。

16 采自《上马墓地》图版 80。

图 10-9　夏商周祭天玉璋承袭上古

1—10，12—15，17、18，采自《出土玉器》山东卷 27、34 页，陕西卷 17、18、108 页，河南卷 11、12、19、102 页，四川卷 16、28、29、30、31、68、69 页。17、18 线描采自《玉器图谱》226、445 页。

11 采自《石家河文化玉器》167 页。

16 采自《三星堆祭祀坑》560 页图 67。

19 采自《关氏所藏中国古玉》248 页。

图 10-10　夏商周祭天玉琥承袭上古

1 见图 4-22。

2 采自方勤:《荆楚故事——从石家河谈起》,中国考古网 2017 年 2 月 17 日。

3—7，9—12，采自《出土玉器》山东卷 99、54、97 页，河南卷 54、122、193、190、188 页，陕西卷 103 页。11、12 线描采自《玉器图谱》416 页。

8 采自《平顶山应国墓地》彩版 87。

图 10-11　夏商周祭天玉璜承袭上古

1—3 见前。4—6 采自网络。7 采自《安阳殷墟出土玉器》51 页。8、11、9、10、12 采自《出土玉器》河南卷 46、159 页，湖北卷 56 页，山西卷 101、102 页。

图 10-12　夏商周祭天玉璧承袭上古

1—5，见图 2-17.4，图 4-19.7，图 3-12.3，图 5-36.2、3。

6、8、9、11、13—15、18—20，采自《出土玉器》内蒙古卷 66 页，河南卷 20、42、210 页，陕西卷 37、38、91 页，山西卷 113 页，河北卷 179、173 页。18—20 线描，采自《玉器图谱》457、454、450 页。

7 采自《淅川下王岗》图版 98。

10 采自《殷墟妇好墓》彩版 15。

12 采自《平顶山应国墓地》彩版 13。

16 采自《关氏所藏中国古玉》260 页。

17 张远山 2015 年 10 月 28 日摄于上海博物馆。

图 10-13　西周祭地玉琮承袭上古

1—3，采自《瑶山》271 页,《福泉山》彩版 15,《石家河文化玉器》165 页。

4—6，8—10，12—14，16—19，采自《出土玉器》甘肃卷38页，陕西卷31、42、43页，河南卷22、89、165页，山西卷157页，安徽卷68页，四川卷48—50页，湖北卷100页。

7、11、15，采自《新干商代大墓》彩版39，《红粉帝国的幽梦——图说殷墟妇好墓》73页，《走进古蜀都邑金沙村》91页。

图10-14　夏商周威仪冠冕承袭红山黄帝族

1采自《红山文化玉器鉴赏》增订本47页。2采自《出土玉器》内蒙古卷80页。3—12采自《三才图会》。

图10-15　夏商周威仪玉钺承袭石峁黄帝族

1—3采自《反山》64页、彩版298，《瑶山》76页，《中国美术全集·绘画编》第1卷《原始社会至南北朝绘画》35页。

4采自戴应新：《回忆石峁遗址的发现与石峁玉器》（上），《收藏界》2014年5期。

5—8、10、12、17，采自许满贵《赏玉戚话亲戚》，《东方收藏》2015年9期。6、7线描采自《玉器图谱》213页。8线描采自《偃师二里头》251页。

9、11、13、14、18，采自《出土玉器》河南卷86、105、84、83、125页。

15、19采自《平顶山应国墓地》彩版63、82。

16采自《张家坡西周墓地》彩版12。

图10-16　商代斗形龙玉钺

1—3采自《出土玉器》山东卷105、119页，河南卷101页。1线描采自《滕州前掌大墓地》385页。

图10-17　夏商周威仪玉戈承袭石峁黄帝族

1采自戴应新：《回忆石峁遗址的发现与石峁玉器》（上），《收藏界》2014年5期。

2采自《考古精华》122页，《偃师二里头遗址新发现的铜器和玉器》，《考古》1976年4期。

3采自《出土玉器》河南卷21、115、45页，四川卷84页。

4采自《出土玉器》陕西卷34、35页，山西卷110、112页。

图10-18　夏商周威仪权柄（玉圭）承袭上古

1、2、22采自《红山文化玉器鉴赏》增订本165、113、73页。

3采自《反山》155页、彩版631。

4、12—16、18—21、23—28、30，采自《出土玉器》江苏卷51页，河南卷9、82、81、50、124页，内蒙古卷79页，山东卷43、185页，湖北卷49页，江西卷25、24页，山西卷78、77、100页，甘肃卷66页，陕西卷83页。4线描采自《花厅》170页，12线描采自《偃师二里头》257页，21线描采自《新干商代大墓》151页，30线描采自《玉器图谱》302页。

5采自《石家河文化玉器》122页。

6采自《神木新华》图版60。

7、8、10、11 采自《二里头》第 4 册彩版 330、288、137。

9 采自《偃师二里头遗址新发现的铜器和玉器》，《考古》1976 年 4 期。

17 采自《安阳殷墟出土玉器》29 页。

29 采自蔡庆良：《商西周玉器风格比较》(下)，《紫禁城》2010 年 4 期。

图 10-19　夏商周君臣执圭图

采自《新定三礼图》。

图 10-20　夏商周无孔命圭

1、2B、2C、3A、3B、4B、6，采自《出土玉器》山西卷 34 页，内蒙古卷 73 页，甘肃卷 41 页，四川卷 83、108 页，6 第 80 页，河北卷 183 页。

2A 采自《玉器图谱》210 页。

4A 采自《陕西凤翔孙家南头春秋秦墓发掘简报》，《考古与文物》2013 年 4 期。

5A 采自《侯马盟书》37 页。

5B 采自《河南温县东周盟誓遗址一号坎发掘简报》，《文物》1983 年 3 期。

图 10-21　取自同一玉料的天子冒圭和诸侯命圭

1 采自洪适《隶释·隶续》320 页。2 采自《新定三礼图》。

图 10-22　周代命璧两种

1、2，4—12，采自《出土玉器》河南卷 186 页，山西卷 169 页，湖北卷 70 页，山西卷 220 页，陕西卷 113 页，河南卷 199、201、206 页，山东卷 209、198、194 页。3 采自《鸿山越墓》图版 145。

图 10-23　周礼六瑞命名推测图

采自郭宝钧《古玉新诠》，史语所集刊第 20 本下册 252 页。

图 10-24　商周猪首玦承袭红山黄帝族

1、5、6 采自《出土玉器》内蒙古卷 20 页，陕西卷 25 页，天津卷 103 页。

2 采自《安阳殷墟出土玉器》64 页。

3、4 采自《红山文化玉器鉴赏》增订本 74、78 页。

图 10-25　商周衔尾龙承袭上古

1—5 见图 5-16。9 采自中国国家博物馆官网。14 采自《熙墀藏玉》58 页。

6—8、10—13，采自《出土玉器》河南卷 40、39、80、166、150 页，陕西卷 47、45 页。8 线描采自《安阳殷墟花园庄东地商代墓葬》181 页。11 线描采自《玉器图谱》335。12、13 线描采自孙机《仰观集》21 页。

图 10-26　西周衔尾凤承袭上古

1—4 见前。5、6 采自《出土玉器》陕西卷 54 页，山西卷 140 页。7、8 采自佳士得 2009 年春季拍卖会图册。

图 10-27　商周玉帝骑龙巡天

1 见前。

2 采自《玉器图谱》252 页，另见《殷墟妇好墓》152 页。

3 采自《出土玉器》山西卷 115 页。

4 采自《商周彝器通考》126 页图 161。

5 采自《中国古代青铜器造型纹饰》134 页。

6、7 采自湖北省博物馆编《曾侯乙墓》356、357 页，参看《随县曾侯乙墓》图版 89、90。

图 10-28　商周玉蝉承袭上古

1、2、4—6、8、9、14、16，采自《出土玉器》内蒙古卷 29、77 页，浙江卷 99、176 页，山东卷 81 页，山西卷 66、99 页，河北卷 218、223 页。

3 采自《石家河文化玉器》47 页。7 采自《商代遗珍》151 页。10 采自《熙墀藏玉》108 页。11—13 采自杨伯达主编《中国玉器全集》376、389、374 页。15 采自《传世玉器》第 2 卷 108 页。

图 10-29　商代三蝉璇玑和灵蝉玉琮

1 采自《传世玉器》第 1 卷 46 页。2 采自《出土玉器》河北卷 123 页。3、4 采自震旦博物馆官网。5 采自《商代遗珍》136 页、《新干商代大墓》142 页。6 采自《殷墟妇好墓》彩版 16、《殷墟的发现与研究》329 页。

图 10-30　商代蝉翼仙人

1 采自《商代遗珍》153 页、《新干商代大墓》158 页。2 采自《青铜器全集》第 12 卷 18、141 页。3 采自《熙墀藏玉》124 页。4 采自孙机《从历史中醒来》388 页。

图 10-31　西周大火星纹玉佩、玉项饰

1、2 采自《出土玉器》山西卷 156 页，山东卷 190 页。3、4 采自《三门峡虢国墓》第 1 卷彩版 16。5 采自《梁带村芮国墓地》彩版 44。

图 10-32　商周祭司玉人承袭上古

1—3 见前。

4 采自《凌家滩玉器》50 页。

5 采自巴黎赛努奇博物馆官网。

6 采自中国国家博物馆官网。

7、16 采自《传世玉器》第 1 卷 111、157 页。

8、14、15 采自《出土玉器》河南卷 93、175 页，山西卷 116 页。

9 采自网络。

10、17、19 采自《熙墀藏玉》47、55、54 页。

11 张远山 2015 年 10 月 15 日摄于上海震旦博物馆。

12 采自《商代遗珍》153 页。

13 采自《三门峡虢国墓》第 1 卷彩版 39。

18 采自《关氏所藏中国古玉》214 页。

图 10-33　商周玉鹰与商周祭司玉人同形

1、4、5，8—11、14，采自《出土玉器》河南卷 31—33、61 页，山东卷 141 页，山西

卷 53、127、163 页。

2 采自《熙墀藏玉》64 页。

3、18 采自美国赛克勒博物馆官网。6 采自中国国家博物馆官网。12 采自台北故宫博物院官网。

7 采自《安阳殷墟出土玉器》113 页。

13 彩图、线描均采自《山东济阳刘台子西周六号墓清理报告》,《文物》1996 年 12 期。

15 采自《三门峡虢国墓》第 1 卷彩版 15。

16、17 采自《传世玉器》第 1 卷 126、122 页。

图 10–34   伏羲族圭表测影

1 采自黎耕、孙小淳:《陶寺 II M22 漆杆与圭表测影》,《中国科技史杂志》2010 年 4 期。

2 采自《钦定书经图说》。

3 采自中国博物馆丛书第 4 卷《南京博物院》图版 70,参看《中国古代天文文物图集》44 页。

图 10–35   王蕃浑象的伪天圆地方

1 采自苏颂《新仪象法要》。

2 采自《中国古代天文与历法》33 页。

参考文献

一　古籍

山海经，左传，国语，史记，吕氏春秋（即吕览），鹖冠子，尚书，诗经，周礼，礼记，老子，庄子，淮南子，列子，水经注

[日]安居香山、中村璋八：纬书集成，河北人民出版社1994

[汉]蔡邕：明堂月令论，蔡邕集编年校注，邓安生编，河北教育出版社2002

[北宋]苏颂：新仪象法要，中华书局1985

[南宋]聂崇义：新定三礼图，宋淳熙二年刻本，上海古籍出版社1984影印本

[明]王圻、王思义：三才图会，上海古籍出版社2011

[清]孙家鼐：钦定书经图说，光绪内府石印本

[清]吴大澂：古玉图考，中华书局2013

[清]阮元：明堂论，揅经室集，中华书局1993

[清]王国维：今本竹书纪年疏证，辽宁教育出版社1997

方诗铭、王修龄：古本竹书纪年辑证，上海古籍出版社1981

二 考古报告

1. 新石器时代（上古）

【黄帝族】

白音长汗，科学出版社2004

敖汉赵宝沟，中国大百科全书出版社1997

牛河梁，文物出版社2012

牛河梁遗址，学苑出版社2004

大南沟，科学出版社1998

北福地，文物出版社2007

朱开沟，文物出版社2000

神木新华，科学出版社2005

【东夷族】

大汶口，文物出版社1974

大汶口续集，科学出版社1997

凌家滩，文物出版社2006

蒙城尉迟寺，科学出版社2001

邹县野店，文物出版社1985

胶县三里河，文物出版社1988

花厅，文物出版社2003

龙虬庄，科学出版社1999

北阴阳营，文物出版社1993

潜山薛家岗，文物出版社2006

山东王因，科学出版社2000

泗水尹家城，文物出版社1990

【南蛮族】

跨湖桥，文物出版社2004

河姆渡，文物出版社2003

崧泽，文物出版社1987

反山，文物出版社2005

瑶山，文物出版社2003

福泉山，文物出版社2000

庙前，文物出版社2005

毘山，文物出版社2006

新地里，文物出版社2006

好川墓地，文物出版社2001

良渚遗址群，文物出版社2005

京山屈家岭，科学出版社1965

彭头山与八十垱，科学出版社2006

秭归柳林溪，科学出版社2003

秭归官庄坪，科学出版社2005

邓家湾，文物出版社2003

肖家屋脊，文物出版社1999

马桥1993—1997，上海书画出版社2002

【伏羲族】

秦安大地湾，文物出版社2006

宝鸡北首岭，文物出版社1983

姜寨，文物出版社1988

西安半坡，文物出版社1963

青海柳湾，文物出版社1984

汝州洪山庙，中州古籍出版社1995

龙岗寺，文物出版社1990

灵宝西坡墓地，文物出版社2010

2. 夏商周（中古）

【夏】

夏县东下冯，文物出版社1988

淅川下王岗，文物出版社1989

登封王城岗与阳城，文物出版社1992

偃师二里头（1959—1978），中国大百科全书出版社1999

二里头（1999—2006），文物出版社2014

大甸子，科学出版社1998

【商】

藁城台西商代遗址，文物出版社1985

盘龙城，文物出版社2001

新干商代大墓，文物出版社1997

殷墟妇好墓，文物出版社1980

安阳殷墟花园庄东地商代墓葬，科学出版社2007

滕州前掌大墓地，文物出版社2005

三星堆祭祀坑，文物出版社1999

金沙淘珍，文物出版社2002

【周】

张家坡西周墓地，中国大百科出版社1999

上村岭虢国墓地，科学出版社1959

宝鸡强国墓地，文物出版社1988

三门峡虢国墓，文物出版社1999

梁带村芮国墓地，文物出版社2010

平顶山应国墓地，大象出版社2012

上马墓地，文物出版社1994

鸿山越墓，文物出版社2007

随县曾侯乙墓，文物出版社1980

曾侯乙墓，文物出版社1989

曾侯乙墓，文物出版社2001

淮阴高庄战国墓，文物出版社2009

3.秦汉以降（近古）

西汉礼制建筑遗址，文物出版社2003

长沙马王堆一号汉墓，文物出版社1973

三　考古简报

1.新石器时代（上古）

【黄帝族】

社科院考古所内蒙古工作队：内蒙古敖汉旗兴隆洼聚落遗址1992年发掘简报，《考古》1997年1期

社科院考古所内蒙古第一工作队：内蒙古赤峰市兴隆沟聚落遗址2002—2003年的发掘，《考古》2004年7期

刘国祥：兴隆沟遗址第一地点发掘回顾与思考，《内蒙古文物考古》2006年2期

辽宁省考古所：辽宁阜新县查海遗址1987—1990年三次发掘，《文物》1994年11期

社科院考古所内蒙古工作队：内蒙古敖汉旗小山遗址，《考古》1987年6期

李恭笃：辽宁敖汉旗小河沿三种原始文化的发现，《文物》1977年12期

李恭笃：昭乌达盟石棚山考古新发现，《文物》1982年4期

辽宁省博物馆：长海县广鹿岛大长山岛贝丘遗址，《考古学报》1981年1期

陕西省考古所：陕西神木县石峁遗址，《考古》2013年7期

陕西省考古所：陕西神木新华遗址1999年发掘简报，《中原文物》2002年1期

戴应新：回忆石峁遗址的发现与石峁玉器（上），《收藏界》2014年5期

【东夷族】

王树明：山东莒县陵阳河大汶口文化墓葬发掘简报,《史前研究》1987年3期

中美两城地区联合考古队：山东日照市两城地区的考古调查,《考古》1997年4期

中美两城地区联合考古队：山东日照地区系统区域调查的新收获,《考古》2002年5期

安徽省文物工作队：潜山薛家岗新石器时代遗址,《考古学报》1982年3期

安徽省考古所：安徽含山县凌家滩遗址第五次发掘的新发现,《考古》2008年3期

冯沂：山东临沂市大范庄遗址调查,《华夏考古》2004年1期

王洪明：山东省海阳县史前遗址调查,《考古》1985年12期

南京博物院：江苏邳县四户镇大墩子遗址探掘报告,《考古学报》1964年2期

【南蛮族】

浙江省文管会、浙江省博物馆：河姆渡遗址第一期发掘报告,《考古学报》1978年1期

河姆渡遗址考古队：浙江河姆渡遗址第二期发掘的主要收获,《文物》1980年5期

浙江省考古所：浙江余姚市鲻山遗址发掘简报,《考古》2001年10期

浙江省考古所：浙江余杭星桥后头山良渚文化墓地发掘简报,《南方文物》2008年8期

苏州博物馆：江苏昆山市绰墩遗址发掘报告,《东南文化》2000年1期

武进县文化馆：江苏武进潘家塘新石器时代遗址调查与试掘,《考古》1979年5期

南京博物院：江苏海安青墩遗址,《考古学报》1983年3期

南京博物院：1982年江苏常州武进寺墩遗址的发掘,《考古》1984年2期

南京博物院：江苏海安青墩遗址,《考古学报》1984年4期

苏州博物馆：江苏昆山市绰墩遗址发掘报告,《东南文化》2000年1期

江西省文物工作队：江西靖安郑家坳新石器时代墓葬清理简报,《东南文化》1989年增1期

湖南省博物馆：湖南安乡县汤家岗新石器时代遗址,《考古》1982年4期

宜昌县清水滩新石器时代遗址的发掘,《考古与文物》1983年2期

南京大学考古学系：秭归台子湾遗址发掘简报（湖北库区考古报告集第1卷）,科学出版社2003

湖北省考古所：湖北石家河罗家柏岭新石器时代遗址,《考古学报》1994年2期

广东省博物馆石峡发掘小组：广东曲江石峡墓葬发掘简报,《文物》1978年7期

香港古物古迹办事处：香港涌浪新石器时代遗址发掘简报,《考古》1997年6期

【伏羲族】

甘肃省文物工作队：甘肃秦安大地湾901号房址发掘简报,《文物》1986年2期

何驽：陶寺城址发现陶寺文化中期墓葬,《考古》2003年9期

社科院考古所山西工作队：1978—1980年山西襄汾陶寺墓地发掘简报,《考古》1983年1期

晋中考古队：山西太谷白燕遗址第一地点发掘简报,《文物》1989年3期

河北省文物研究所：武安赵窑遗址发掘报告,《考古学报》1992年3期

河北省文物研究所：河北涞水渐村遗址发掘报告,《文物春秋》1992年1期

四川省博物馆：巫山大溪遗址第三次发掘,《考古学报》1981年4期

湖南省考古所：湖南黔阳高庙遗址发掘简报,《文物》2000年4期

湖南省考古所：湖南洪江市高庙新石器时代遗址,《考古》2006年7期

2. 夏商周（中古）、秦汉以降（近古）

社科院考古所二里头工作队：偃师二里头遗址新发现的铜器和玉器,《考古》1976年4期

社科院考古所二里头工作队：1981年河南偃师二里头墓葬发掘简报，《考古》1984年1期

社科院考古所安阳工作队：河南安阳市梅园庄东南的殷代车马坑，《考古》1998年10期

山西省考古所：山西曲沃羊舌晋侯墓地发掘简报，《文物》2009年1期

山西省考古所：太原金胜村251号春秋大墓及车马坑发掘简报，《文物》1989年9期

陕西省考古研究院：陕西凤翔孙家南头春秋秦墓发掘简报，《考古与文物》2013年4期

湖北省博物馆：湖北江陵太晖观楚墓清理简报，《考古》1973年6期

河南省文物研究所：河南温县东周盟誓遗址一号坎发掘简报，《文物》1983年3期

山东省博物馆：临淄郎家庄一号东周殉人墓，《考古》1977年1期

淮阴市博物馆：淮阴高庄战国墓，《考古学报》1988年2期

考古所洛阳发掘队：洛阳西郊一号战国墓发掘记，《考古》1959年12期

社科院考古所汉城发掘队：汉长安城南郊礼制建筑遗址群发掘简报，《考古》1960年7期

安徽省文物工作队：阜阳双古堆西汉汝阴侯墓发掘简报，《文物》1978年8期

傅举有：帛书帛画出土记——长沙子弹库1号楚墓的盗掘与再发掘，《上海文博论丛》2005年6期

周到、李京华：唐河针织厂汉画像石墓的发掘，《文物》1973年6期

洛阳博物馆：洛阳西汉卜千秋壁画墓发掘简报，《文物》1977年6期

山东省济宁市文物处：山东金乡县发现汉代画像砖墓，《考古》1989年12期

曹建强：洛阳新发现一组汉代壁画砖，《文博》2009年4期

内蒙古博物馆：呼和浩特市附近出土的外国金银币，《考古》1975年3期

社科院考古所洛阳工作队：汉魏洛阳城南郊的灵台遗址，《考古》1978年1期

社科院考古所洛阳唐城队：唐东都武则天明堂遗址发掘简报,《考古》1988年3期

四 研究资料

古方主编：中国出土玉器全集，科学出版社2005

古方主编：中国传世玉器全集，科学出版社2010

江伊莉、古方：玉器时代：美国博物馆藏中国早期玉器，科学出版社2009

常素霞：中国古代玉器图谱，金城出版社2013

莫离：玉器图谱，湖南美术出版社2011

马自树主编：中国文物定级图典，上海辞书出版社1999—2001

郭大顺、洪殿旭：红山文化玉器鉴赏增订本，文物出版社2014

安徽省考古所：凌家滩玉器，文物出版社2000

荆州博物馆：石家河文化玉器，文物出版社2008

彭燕凝、仁厚：齐家古玉，天地出版社2005

中国收藏家协会玉器收藏委员会：中国民间藏玉精品特集，江西美术出版社2007

杨伯达：关氏所藏中国古玉，香港中文大学出版社1994

杨伯达主编：中国玉器全集，河北美术出版社2005

姜涛、刘云辉：熙墀藏玉，文物出版社2006

社科院考古所：安阳殷墟出土玉器，科学出版社2005

深圳博物馆、江西省博物馆：商代遗珍：江西新干大洋洲出土文物精品，文物出版社2010

张朋川：中国彩陶图谱，文物出版社1990

国家文物局主编：中国文物精华大辞典·陶瓷卷，上海辞书出版社、商务印书馆（香港）1995

常任侠主编：中国美术全集·画像石画像砖，上海人民美术出版社1988

常任侠主编：中国美术全集·陵墓建筑，人民美术出版社2006

常任侠主编：中国美术全集·民间玩具剪纸皮影，人民美术出版社1988

盖山林：中国岩画图案，上海三联书店1997

盖山林：阴山岩画，文物出版社1986

盖山林：世界岩画的文化阐释，北京图书馆出版社2001

王克荣、邱钟仑、陈远璋：广西左江岩画，文物出版社1988

张亚莎：西藏的岩画，青海人民出版社2006

周兴华：中卫岩画，宁夏人民出版社1991

周菁葆：丝绸之路岩画艺术，新疆人民出版社1993

宁克平：中国岩画艺术图式，湖南美术出版社1990

李淼、刘方：世界岩画资料图集，中国工人出版社1992

李洪甫：太平洋岩画，上海文化出版社1997

陈兆复：古代岩画，文物出版社2002

陈兆复：外国岩画发现史，上海人民出版社1993

潘鲁生：中国民俗剪纸图集，北京工艺美术出版社1999

马承源主编：中国青铜器全集，文物出版社1995

陈振裕：中国古代青铜器造型纹饰，湖北美术出版社2001

上海博物馆：商周青铜器纹饰，文物出版社1984

曹玮主编：周原出土青铜器，巴蜀书社2005

湖南省博物馆：湖南出土殷商西周青铜器，岳麓书社2007

五　学术专著

张远山：伏羲之道，岳麓书社2015

张忠培、严文明：中国远古时代，上海人民出版社2010

社科院考古所：中国古代天文文物图集，文物出版社1980

冯时：中国天文考古学，中国社会科学出版社2007

陆思贤：神话考古，文物出版社1995

陆思贤、李迪：天文考古通论，紫禁城出版社2000

陈久金、杨怡：中国古代天文与历法，中国国际广播出版社2010

苏秉琦：中国文明起源新探，三联书店1999

郭宝钧：古玉新诠（史语所集刊第二十本下册），商务印书馆1949

吕思勉：中国制度史，上海教育出版社2005

吕思勉：中国政治思想史十讲，天津古籍出版社2007

杨虎、刘国祥、邓聪主编：玉器起源探索——兴隆洼文化玉器研究及图录，香港中文大学中国考古艺术研究中心2007

赤峰学院红山文化研究中心编：红山文化研究，文物出版社2006

赤峰学院红山文化研究院编：红山文化论坛，赤峰画报社2014

赤峰学院红山文化研究院编：红山文化研究，吉林出版集团2015

赤峰学院红山文化研究院编：第八届红山文化高峰论坛论文集，辽宁大学出版社2014

赤峰学院红山文化研究院编：第九届红山文化高峰论坛论文集，吉林出版集团2015

张星德：红山文化研究，中国社会科学出版社2005

栾丰实：大汶口文化——从原始到文明，山东文艺出版社2004

张敬国主编：凌家滩文化研究，文物出版社2006

方辉：岳石文化，山东文艺出版社2004

陈忠来：太阳神的故乡——河姆渡文化探秘，宁波出版社2000

江浙省社科院国际良渚文化研究中心编：良渚文化探秘，人民出版社2006

中共杭州余杭区委宣传部编：良渚文化，西泠印社2008

刘恒武：良渚文化综合研究，科学出版社2008

张绪球：屈家岭文化，文物出版社2004

杨建芳：大溪文化玉器渊源探索，《南方民族考古》，四川大学出版社1987

杨建芳：中国古玉研究论文集，众志美术出版社2001

杨晶：中国史前玉器的考古学探索，社会科学文献出版社2011

邓聪主编：东亚玉器，香港中文大学中国考古艺术研究中心1998

解希恭主编：襄汾陶寺遗址研究，科学出版社2007

杨鸿勋：宫殿考古通论，紫禁城出版社2001

许顺湛：五帝时代研究，中州古籍出版社2005

杜金鹏、许宏主编：二里头遗址与二里头文化研究，科学出版社2006

陈德安：三星堆：古蜀王国的圣地，四川人民出版社2000

容庚：金文编，中华书局1985

容庚：商周彝器通考，中华书局2012

胡厚宣主编：甲骨文合集，中华书局1982

社科院考古所：殷周金文集成，中华书局2007

郭沫若：甲骨文字研究（郭沫若全集·考古编第1卷），科学出版社1982

裘锡圭：甲骨文卷（裘锡圭学术文集第1卷），复旦大学出版社2006

郭沫若：管子集校（郭沫若全集·历史编第5卷），人民出版社1984

饶宗颐：梵学集，上海古籍出版社1993

饶宗颐：符号·初文与字母——汉字树，上海书店2000

瞿中溶：汉武梁祠画像考，北京图书馆出版社2004

孙机：仰观集——古文物的欣赏与鉴别，文物出版社2012

孙机：从历史中醒来，三联书店2016

戴尔·布朗主编："失落的文明"丛书：东南亚：重新找回的历史；安第斯之谜：寻找黄金国；印加人：黄金和荣耀的主人；安纳托利亚：文化繁盛之地；伊特鲁里亚人；古印度：神秘的土地，华夏出版社、广西人民出版社2002

江晓原：天学真原，辽宁教育出版社1991

杨建华：两河流域史前时代，吉林大学出版社1993

[英]李约瑟原著、柯林·罗南改编：中华科学文明史第二卷天文卷，上海人民出版社2002

[美]班大为（徐凤先译）：中国上古史实揭秘，上海古籍出版社2008

[美]杨晓能：另一种古史，生活·读书·新知三联书店2008

[美]乔纳森·马克·基诺耶：走近古印度城，浙江人民出版社2000

[美]约翰·梅杰·詹金斯（陈璐译）：2012玛雅宇宙的生成，光明日报出版社2010

[美]时代生活图书公司编（孙书姿译）：太阳与献祭众神：阿兹特克与玛雅神话，中国青年出版社2003

[日]讲谈社：世界博物馆丛书：柏林世界民族博物馆，叙利亚国立博物馆，印度国立博物馆，台湾锦绣出版公司1987

[日]林巳奈夫（常耀华等译）：神与兽的纹样学——中国古代诸神，三联书店 2009

[比利时]Goblet D'Alviella：符号的迁移（The Migration of Symbols），密歇根大学图书馆1894

[美]托马斯·威尔森（Thomas Wilson）：万字符：最古老的标志和它的演变（swastika history report），美国国家博物馆1896

[美]塞尔万多·冈萨雷斯（Servando Gonzá lez）：卐和纳粹（The Swastika and the Nazis），InteliBooks2013

六　学术论文

朱乃诚：苏秉琦与中国文明起源研究，《中原文物》2005年5期

潘其凤、朱泓：先秦时期我国居民种族类型的地理分布（水涛、贺云翱编著：《考古学与博物馆学研究导引》），南京大学出版社2011

何驽：山西襄汾陶寺城址中期王级大墓ⅡM22出土漆杆"圭尺"功能试探，《自然科学史研究》2009年3期

黎耕、孙小淳：陶寺ⅡM22漆杆与圭表测影，《中国科技史杂志》2010年4期

孙小淳、何驽等：中国古代遗址的天文考古调查报告——蒙辽黑鲁豫部分，《中国科技史杂志》2010年4期

竺可桢：二十八宿的起源（竺可桢文集），科学出版社1979

夏鼐：从宣化辽墓的星图论二十八宿和黄道十二宫（夏鼐文集），社会

科学文献出版社2000

逯宏：黄帝族源地新考，《张家口职业技术学院学报》2007年4期

陈成杰、刘保康：黄帝神话来源考略，《湖北大学学报》(哲学社会科学版）1995年6期

陈星灿：中国史前的玉（石）玦初探（邓聪主编《东亚玉器》第一册），香港中文大学中国考古艺术研究中心1998

徐琳：故宫博物院藏红山文化动物形玉及人形玉研究（下)，《荣宝斋》2012年5期

葛金根：马家浜文化玉玦小考，《东方博物》2006年3期

王巍：良渚文化玉琮刍议，《考古》1986年11期

张明华：良渚玉璧研究，《故宫博物院院刊》1995年5期

王书敏：良渚文化三叉形玉器，《四川文物》2005年2期

周晓晶：红山文化玉器研究（吉林大学博士论文）

贾宁宁：红山文化与商族起源研究（辽宁师大硕士论文）

孙研：大汶口文化玉器研究（吉林大学硕士论文）

曲石：为璇玑正名，《文博》1988年5期

栾丰实：牙璧研究，《文物》2005年7期

安志敏：牙璧试析（邓聪主编《东亚玉器》第一册），香港中文大学中国考古艺术研究中心1998

潘茂辉：试论湖南高庙文化和汤家岗文化的陶器装饰艺术及其演变，《湖南省博物馆馆刊》2014年第11辑

顾万发：论高庙文化中獠牙兽的动物属性、神格及相关问题，《黄河·黄土·黄种人》2016年1期

张长寿：记沣西新发现的兽面玉饰，《考古》1987年5期

林继来、马金花：论晋南曲沃羊舌村出土的史前玉神面，《考古与文物》2009年2期

欧谭生、卢美松：福建华安仙字潭岩画新考，《考古》1994年2期

夏鼐：商代玉器的分类、定名和用途（夏鼐文集），社会科学文献出版社2000

杨伯达：夏商出土古玉鉴考，《故宫学刊》2013年1期

蔡庆良：商西周玉器风格比较（下），《紫禁城》2010年4期

严敦杰：跋六壬式盘，《文物参考资料》1958年7期

孙庆伟：出土资料所见的西周礼仪用玉，《南方文物》2007年1期

孙庆伟：《左传》所见用玉事例研究，《古代文明》辑刊2002年4期

石荣传：三代至两汉玉器分期及用玉制度研究（山东大学博士论文）

张忠培、关强：河套地区新石器时代遗存的研究，《江汉考古》1990年4期

魏峻：内蒙古中南部史前石城的初步分析（《古代文明》第2卷），文物出版社2003

韩建业：试论作为长城原型的北方早期石城带，《华夏考古》2008年1期

郭静云：牙璋起源刍议，《三峡大学学报》（人文社会科学版）2014年5期

许满贵：赏玉戚话亲戚，《东方收藏》2015年9期

穆朝娜：史前时期的玉蝉，《文物春秋》2006年6期

叶舒宪：玉文化先统一中国说：石峁玉器新发现及其文明史意义，《民族艺术》2013年4期

贺云翱：良渚文化祭台遗迹浅论（《上海博物馆集刊》6期），上海古籍出版社1992

张明华、王惠菊：太湖地区新石器时代的陶文，《考古》1990年10期

徐中舒：耒耜考、耒耜考续，《农业考古》1983年1、2期

王克林："卍"图象符号源流考，《文博》1995年6期

张应桥：试论我国古代的天帝形象，《洛阳理工学院学报》（社会科学版）2010年1期

钱宝琮：盖天说源流考（钱宝琮科学史论文选集），科学出版社1983

薄树人：再谈《周髀算经》中的盖天说——纪念钱宝琮先生逝世十五周年，《自然科学史研究》1989年4期

庄礼伦：浅谈东南亚古代铜鼓装饰艺术（铜鼓和青铜文化的新探索——中国南方及东南亚地区古代铜鼓和青铜文化第二次国际学术讨论会论文集），广西民族出版社1993

王明钦：王家台秦墓竹简概述（新出简帛研究），文物出版社 2004

阮元：明堂论（揅经室集），中华书局 1993

王国维：明堂庙寝通考（观堂集林），河北教育出版社 2003

黄明崇：明堂与上古之宇宙观，《城市与设计学报》1998 年 4 期

王世仁：北魏平城明堂形制考略，《中国建筑史论汇刊》2009 年

陈梦家：战国楚帛书考，《考古学报》1984 年 4 期

李零：楚帛书与式图，《江汉考古》1991 年 4 期

林沄：说"王"，《考古》1965 年 6 期

陈致：万（萬）舞与庸奏——殷人祭祀乐舞与《诗》中三颂，《中华文史论丛》2008 年 4 期

陈国庆：鼍鼓源流考，《中原文物》1991 年 2 期

熊永翔等：道教禹步论，《湖北社会科学》2010 年 4 期

刘宗迪：禹步·商羊舞·焚巫尪——兼论大禹治水神话的文化原形，《民族艺术》1997 年 4 期

李学勤：《博局占》与规矩纹，《文物》1997 年 1 期

张步华：局分十二道——六博棋行棋之法，天涯论坛

俞伟超：先楚与三苗文化的考古学推测，《文物》1980 年 10 期

杨新改、韩建业：禹征三苗探索，《中原文物》1995 年 2 期

芮执俭：伏羲时代——框架的比较研究，《天水行政学院学报》2012 年 1 期

王晖：盘古考源，《历史研究》2002 年 2 期

穿越历史风沙，回到上古现场

2015年8月，岳麓书社出版了我的两本新书。《老庄之道》是我第二个写作十年"庄子工程"的收官之作，《伏羲之道》是我第三个写作十年"道术工程"的第一本书。责任编辑杨云辉先生专程从长沙飞到上海主持首发式，尽管大雨倾盆，来自全国各地的读者仍然热情不减，预备的一百多套新书抢购一空。

《伏羲之道》是伏羲学的开山之作，而伏羲学是我先秦研究的分水岭。此前我主要研究先秦道术，宗旨是复原战国秦汉"道术灭裂"以前的中古两千年"天地之纯，古人之大体"（《庄子·天下》）。伏羲学则是研究先秦道术的上古源头，宗旨是复原夏代以前的上古四千年"天地之纯，古人之大体"。

伏羲学是我意外发现的上古宝藏，我完全没想到研究先秦的一切积累都是在为伏羲学做知识准备，而华夏祖先的卓绝智慧又远远超出了任何知识准备。所以我的伏羲学研究，与其说是研究，不如说是学习，与其说是学习，不如说是从零开始求道。于是华夏文化的开天辟地者，引领我穿越历史风沙，回到上古现场，窥见了中华道术的"天地之纯，古人之大体"。

我在知识准备严重不足的情况下对华夏文化起源史的初步探索，却得到了始料未及的意外鼓励。

《伏羲之道》被《南方都市报》评选为2015年"社科十大好书"第一名，认为"对中华文明的起源、中华上古价值体系做出了重新论断。张远山的研究科学性强，如剥蕉见心，让读者穿过历史的迷雾，探求真相。读者不得不对其丰富的论据，严密的论证，惊世骇俗却又不可动摇的结论望洋兴叹"（徐晋如）。

著名作家兼学者李劼先生撰写了长篇书评《全息思维的文化源起》，认为"《伏羲之道》之于上古文化和上古历史研究的开拓性，可谓前无古人。使上古史研究获得了具有划时代意义的突破，可谓继王国维古史研究之后的又一个里程碑式重大突破。如此重大的突破，假设王国维有知，恐怕就没功夫去昆明湖自杀了"。

北京中医药大学校长徐安龙先生认为，《伏羲之道》建立的伏羲学框架不仅对探索中国文化的起源具有重要意义，而且对研究中医起源也有启发作用和借鉴意义。

《伏羲之道》出版以后，我着手准备撰写《玉器之道》，系统考察了上古玉器三族的大量遗址。

我首先前往山东泰安市，登临了泰山绝顶，考察了大汶口文化遗址，受到了大汶口博物馆馆长卢继超先生的热情接待。又顺道路过北京，与《伏羲之道》的读者朋友一起参观了中国国家博物馆的陶器馆、玉器馆、青铜馆。随后前往内蒙古赤峰市敖汉旗，考察了兴隆洼文化、赵宝沟文化、红山文化、小河沿文化、夏家店下层文化的多处遗址，受到了新州博物馆馆长杨晓明先生的热情接待。敖汉旗博物馆前馆长、红山文化专家邵国田先生不仅亲自担任导游，而且热心赠送了红山文化的很多研究资料。

我又分别考察、参观了安徽含山凌家滩遗址及其博物馆，浙江余姚河姆渡遗址及其博物馆，浙江余杭良渚遗址及其博物馆，上海青浦崧泽遗址及其博物馆，参观了江苏省博物馆、南京博物院、浙江省博物馆、上海博物馆、震旦博物馆等等。实地考察得到了书本上难以觅得的第一手资料，获得了书斋中难以想象的丰富感受，对于《玉器之道》的写作帮助极大。

经由李劼先生介绍，我结识了纽约的玉器收藏家顾为群。经由薄小波先生和汤光明先生介绍，我结识了上海的陶器收藏家冯学锋。顾、冯两位先生慷慨提供了他们多年收藏的上古玉器、上古陶器以及其他藏品的实物、图片，允许我在书中自由选用。

还有很多不愿具名的朋友，或者赞助考察经费，或者馈赠参考书籍，或者寻找资料图片，或者校阅探讨文稿，或者连载转载书稿，或者安排公益讲座，对我的考察、研究、写作，以及伏羲学的传播推广，提供了各种形式的支持，在此一并致谢！

伏羲学目前处于开荒拓地的起步阶段，我牙牙学语的有限成绩，只能起到抛砖引玉的作用，期待有识者批评，更期待有志者加入。伏羲学的未来发展，需要各门学科的大量优秀学者和无数新生力量加入研究行列，通力合作，共同探索，辨疑驳难，继长增高，不断廓清"东方神秘主义"的重重迷雾，逐渐揭开"中国之谜"的神秘面纱，最终找到中华文明的知识总根，贯通华夏文化的八千年史，完成炎黄子孙的认祖归宗，实现中华民族的伟大复兴。

2017年3月6日